Arthur Schnitzler
Meistererzählungen

Arthur Schnitzler

Meistererzählungen

Jokers edition

Die Deutsche Nationalbibliothek verzeichnet diese Publikation in der Deutschen Nationalbibliografie; detaillierte bibliografische Daten sind im Internet unter http://dnb.d-nb.de abrufbar.

Sonderausgabe für Jokers

Umschlagmotiv: Arthur Schnitzler (1862–1931), Fotografie von Franz Xaver Setzer (1922), Foto: akg / Imagno
Umschlaggestaltung: www.katjaholst.de
Satz und Layout: InterMedia, Ratingen
Printed in Czech Republic 2012
ISBN 978-3-86647-815-2
www.anacondaverlag.de
info@anacondaverlag.de

Inhalt

Leutnant Gustl

Wie lang' wird denn das noch dauern? Ich muss auf die Uhr schauen ... schickt sich wahrscheinlich nicht in einem so ernsten Konzert. Aber wer sieht's denn? Wenn's einer sieht, so passt er geradeso wenig auf, wie ich, und vor dem brauch' ich mich nicht zu genieren ... Erst viertel auf zehn? ... Mir kommt vor, ich sitz' schon drei Stunden in dem Konzert. Ich bin's halt nicht gewohnt ... Was ist es denn eigentlich? Ich muss das Programm anschauen ... Ja, richtig: Oratorium! Ich hab' gemeint: Messe. Solche Sachen gehören doch nur in die Kirche! Die Kirche hat auch das Gute, dass man jeden Augenblick fortgehen kann. – Wenn ich wenigstens einen Ecksitz hätt'! – Also Geduld, Geduld! Auch Oratorien nehmen ein End'! Vielleicht ist es sehr schön, und ich bin nur nicht in der Laune. Woher sollt' mir auch die Laune kommen? Wenn ich denke, dass ich hergekommen bin, um mich zu zerstreuen ... Hätt' ich die Karte lieber dem Benedek geschenkt, dem machen solche Sachen Spaß; er spielt ja selber Violine. Aber da wär' der Kopetzky beleidigt gewesen. Es war ja sehr lieb von ihm, wenigstens gut gemeint. Ein braver Kerl, der Kopetzky! Der Einzige, auf den man sich verlassen kann ... Seine Schwester singt ja mit unter denen da oben. Mindestens hundert Jungfrauen, alle schwarz gekleidet; wie soll ich sie da herausfinden? Weil sie mitsingt, hat er auch das Billett gehabt, der Kopetzky ... Warum ist er denn nicht selber gegangen? – Sie singen übrigens sehr schön. Es ist sehr erhebend – sicher! Bravo! Bravo! ... Ja, applaudieren wir mit. Der neben mir klatscht wie verrückt. Ob's ihm wirklich so gut gefällt? – Das Mädel drüben in der Loge ist sehr hübsch. Sieht sie mich an oder den Herrn dort mit dem blonden Vollbart? ... Ah, ein Solo! Wer ist das? Alt: Fräulein Walker, Sopran: Fräulein Michalek ... das ist wahrscheinlich Sopran ... Lang' war ich schon nicht in der Oper. In der Oper unterhalt' ich mich immer, auch wenn's langweilig ist. Übermorgen könnt' ich eigentlich wieder hineingeh'n, zur ›Traviata‹. Ja, übermorgen bin ich vielleicht schon eine tote Leiche! Ah, Unsinn, das glaub' ich selber nicht! Warten S' nur, Herr Doktor, Ihnen wird's vergeh'n, solche Bemerkungen zu machen! Das Nasenspitzel hau' ich Ihnen herunter ...

Wenn ich die in der Loge nur genau sehen könnt'! Ich möcht' mir den Operngucker von dem Herrn neben mir ausleih'n, aber der frisst mich ja auf, wenn ich ihn in seiner Andacht stör' ... In welcher Gegend die Schwester vom Kopetzky steht? Ob ich sie erkennen möcht'? Ich hab' sie ja nur zwei- oder dreimal gesehen, das letzte Mal im Offizierskasino ... Ob das lauter anständige Mädeln sind, alle hundert? Oje! ... »Unter Mitwirkung des Singvereins«! – Singverein ... komisch! Ich hab' mir darunter eigentlich immer so was Ähnliches vorgestellt, wie die Wiener Tanzsängerinnen, das heißt, ich hab' schon gewusst, dass es was anderes ist! ... Schöne Erinnerungen! Damals beim ›Grünen Tor‹ ... Wie hat sie nur geheißen? Und dann hat sie mir einmal eine Ansichtskarte aus Belgrad geschickt ... Auch eine schöne Gegend! – Der Kopetzky hat's gut, der sitzt jetzt längst im Wirtshaus und raucht seine Virginia! ...

Was guckt mich denn der Kerl dort immer an? Mir scheint, der merkt, dass ich mich langweil' und nicht herg'hör' ... Ich möcht' Ihnen raten, ein etwas weniger freches Gesicht zu machen, sonst stell' ich Sie mir nachher im Foyer! – Schaut schon weg! ... Dass sie alle vor meinem Blick so eine Angst hab'n ... »Du hast die schönsten Augen, die mir je vorgekommen sind!«, hat neulich die Steffi gesagt ... O Steffi, Steffi, Steffi! – Die Steffi ist eigentlich schuld, dass ich dasitz' und mir stundenlang vorlamentieren lassen muss. – Ah, diese ewige Abschreiberei von der Steffi geht mir wirklich schon auf die Nerven! Wie schön hätt' der heutige Abend sein können. Ich hätt' große Lust, das Brieferl von der Steffi zu lesen.

Da hab' ich's ja. Aber wenn ich die Brieftasche herausnehm', frisst mich der Kerl daneben auf! – Ich weiß ja, was drinsteht ... sie kann nicht kommen, weil sie mit »ihm« nachtmahlen gehen muss ... Ah, das war komisch vor acht Tagen, wie sie mit ihm in der Gartenbaugesellschaft gewesen ist, und ich vis-à-vis mit'm Kopetzky; und sie hat mir immer die Zeichen gemacht mit den Augerln, die verabredeten. Er hat nichts gemerkt – unglaublich! Muss übrigens ein Jud' sein! Freilich, in einer Bank ist er, und der schwarze Schnurrbart ... Reserveleutnant soll er auch sein! Na, in mein Regiment sollt' er nicht zur Waffenübung kommen! Überhaupt, dass sie noch immer so viel Juden zu Offizieren machen – da pfeif ich auf'n ganzen Antisemitismus! Neulich in der Gesellschaft, wo die G'schicht' mit dem Doktor passiert ist bei den Mannheimers ... die Mannheimer selber sollen ja auch Juden sein, getauft natürlich ... denen merkt man's aber gar nicht an – besonders die Frau ... so blond, bildhübsch die Figur ... War sehr amüsant im Ganzen. Famoses Essen, großartige Zigarren ... Naja, wer hat's Geld? ...

Bravo, bravo! Jetzt wird's doch bald aus sein? – Ja, jetzt steht die ganze G'sellschaft da droben auf ... sieht sehr gut aus – imposant! – Orgel auch? ... Orgel hab' ich sehr gern ... So, das lass' ich mir g'fall'n – sehr schön! Es ist wirklich wahr, man sollt' öfter in Konzerte gehen ... Wunderschön ist's g'wesen, werd' ich dem Kopetzky sagen ... Werd' ich ihn heut' im Kaffeehaus treffen? – Ah, ich hab' gar keine Lust, ins Kaffeehaus zu geh'n; hab' mich gestern so gegiftet! Hundertsechzig Gulden auf einem Sitz verspielt – zu dumm! Und wer hat alles gewonnen? Der Ballert, grad' der, der's nicht notwendig hat ... Der Ballert ist eigentlich schuld, dass ich in das blöde Konzert hab' geh'n müssen ... Naja, sonst hätt' ich heut' wieder spielen können, vielleicht doch was zurückgewonnen. Aber es ist ganz gut, dass ich mir selber das Ehrenwort gegeben hab', einen Monat lang keine Karte anzurühren ... Die Mama wird wieder ein G'sicht machen, wenn sie meinen Brief bekommt! –

Ah, sie soll zum Onkel geh'n, der hat Geld wie Mist; auf die paar hundert Gulden kommt's ihm nicht an. Wenn ich's nur durchsetzen könnt', dass er mir eine regelmäßige Sustentation gibt ... aber nein, um jeden Kreuzer muss man extra betteln. Dann heißt's wieder: Im vorigen Jahr war die Ernte schlecht! ... Ob ich heuer im Sommer wieder zum Onkel fahren soll auf vierzehn Tag'? Eigentlich langweilt man sich dort zum Sterben ... Wenn ich die ... wie hat sie nur geheißen? ... Es ist merkwürdig, ich kann mir keinen Namen merken! ... Ah, ja: Etelka! ... Kein Wort deutsch hat sie verstanden, aber das war auch nicht notwendig ... hab' gar nichts zu reden brauchen! ... Ja, es wird ganz gut sein, vierzehn Tage Landluft und vierzehn Nächt' Etelka oder sonst wer ... Aber acht Tag' sollt' ich doch auch wieder beim Papa und bei der Mama sein ... Schlecht hat sie ausg'seh'n heuer zu Weihnachten ... Na, jetzt wird die Kränkung schon überwunden sein. Ich an ihrer Stelle wär' froh, dass der Papa in Pension gegangen ist. – Und die Klara wird schon noch einen Mann kriegen ... Der Onkel kann schon was hergeben ... Achtundzwanzig Jahr', das ist doch nicht so alt ... Die Steffi ist sicher nicht jünger ... Aber es ist merkwürdig: die Frauenzimmer erhalten sich länger jung. Wenn man so bedenkt: die Maretti neulich in der ›Madame Sans-Gêne‹ – siebenunddreißig Jahr' ist sie sicher, und sieht aus ... Na, ich hätt' nicht Nein g'sagt! – Schad', dass sie mich nicht g'fragt hat ...

Heiß wird's! Noch immer nicht aus? Ah, ich freu' mich so auf die frische Luft! Werd' ein bissl spazieren geh'n, übern Ring ... Heut' heißt's: früh ins Bett, morgen Nachmittag frisch sein! Komisch, wie wenig ich daran denk', so egal ist mir das! Das erste Mal hat's mich doch ein bissl aufgeregt.

Nicht, dass ich Angst g'habt hätt'; aber nervös bin ich gewesen in der Nacht vorher ... Freilich, der Oberleutnant Bisanz war ein ernster Gegner. – Und doch, nichts ist mir g'scheh'n! ... Auch schon anderthalb Jahr' her. Wie die Zeit vergeht! Und wenn mir der Bisanz nichts getan hat, der Doktor wird mir schon gewiss nichts tun! Obzwar, gerade diese ungeschulten Fechter sind manchmal die gefährlichsten. Der Doschintzky hat mir erzählt, dass ihn ein Kerl, der das erste Mal einen Säbel in der Hand gehabt hat, auf ein Haar abgestochen hätt'; und der Doschintzky ist heut' Fechtlehrer bei der Landwehr. Freilich – ob er damals schon so viel können hat ... Das Wichtigste ist: kaltes Blut. Nicht einmal einen rechten Zorn hab' ich mehr in mir, und es war doch eine Frechheit – unglaublich! Sicher hätt' er sich's nicht getraut, wenn er nicht Champagner getrunken hätt' vorher ... So eine Frechheit! Gewiss ein Sozialist! Die Rechtsverdreher sind doch heutzutag' alle Sozialisten! Eine Bande ... am liebsten möchten sie gleich 's ganze Militär abschaffen; aber wer ihnen dann helfen möcht', wenn die Chinesen über sie kommen, daran denken sie nicht. Blödisten! – Man muss gelegentlich ein Exempel statuieren. Ganz recht hab' ich g'habt. Ich bin froh, dass ich ihn nimmer auslassen hab' nach der Bemerkung. Wenn ich dran denk', werd' ich ganz wild! Aber ich hab' mich famos benommen; der Oberst sagt auch, es war absolut korrekt. Wird mir überhaupt nützen, die Sache. Ich kenn' manche, die den Burschen hätten durchschlüpfen lassen. Der Müller sicher, der wär' wieder objektiv gewesen oder so was. Mit dem Objektivsein hat sich noch jeder blamiert ... »Herr Leutnant!« ... schon die Art, wie er »Herr Leutnant« gesagt hat, war unverschämt! ... »Sie werden mir doch zugeben müssen« ... – Wie sind wir denn nur d'rauf gekommen? Wieso hab' ich mich mit dem Sozialisten in ein Gespräch eingelassen? Wie hat's denn nur angefangen? ... Mir scheint, die schwarze Frau, die ich zum Büfett geführt hab', ist auch dabei gewesen ... und dann dieser junge Mensch, der die Jagdbilder malt – wie heißt er denn nur? ... Meiner Seel', der ist an der ganzen Geschichte schuld gewesen! Der hat von den Manövern geredet; und dann erst ist dieser Doktor dazugekommen und hat irgendwas g'sagt, was mir nicht gepasst hat, von Kriegsspielerei oder so was – aber wo ich noch nichts hab' reden können ... Ja, und dann ist von den Kadettenschulen gesprochen worden ... ja, so war's ... und ich hab' von einem patriotischen Fest erzählt ... und dann hat der Doktor gesagt – nicht gleich, aber aus dem Fest hat es sich entwickelt – »Herr Leutnant, Sie werden mir doch zugeben, dass nicht alle Ihre Kameraden zum Militär gegangen sind, ausschließlich um das Vaterland zu verteidigen!« So eine Frechheit! Das wagt so ein Mensch einem Offizier ins Gesicht zu sagen! Wenn ich mich nur erinnern könnt', was ich d'rauf geantwortet hab'? ... Ah ja, etwas von Leuten, die sich in Dinge dreinmengen, von denen sie nichts versteh'n ... Ja, richtig ... und dann war einer da, der hat die Sache gütlich beilegen wollen, ein älterer Herr mit einem Stockschnupfen ... Aber ich war zu wütend! Der Doktor hat das absolut in dem Ton gesagt, als wenn er direkt mich gemeint hätt'. Er hätt' nur noch sagen müssen, dass sie mich aus dem Gymnasium hinausg'schmissen haben und dass ich deswegen in die Kadettenschul' gesteckt worden bin ... Die Leut' können eben unserein'n nicht versteh'n, sie sind zu dumm dazu ... Wenn ich mich so erinner', wie ich das erste Mal den Rock angehabt hab', so was erlebt eben nicht ein jeder ... Im vorigen Jahr' bei den Manövern – ich hätt' was drum gegeben, wenn's plötzlich Ernst gewesen wär' ... Und der Mirovic hat mir g'sagt, es ist ihm ebenso gegangen. Und dann, wie Seine Hoheit die Front abgeritten sind, und die Ansprache vom Obersten – da muss einer schon ein ordentlicher Lump sein, wenn ihm das Herz nicht höher schlägt ... Und da kommt so ein Tintenfisch daher, der sein Lebtag nichts getan hat, als hinter den Büchern gesessen, und erlaubt sich eine freche Bemerkung! ... Ah, wart' nur, mein Lieber – bis zur Kampfunfähigkeit ... jawohl, du sollst so kampfunfähig werden ...

Ja, was ist denn? Jetzt muss es doch bald aus sein? ... »Ihr, seine Engel, lobet den Herrn« ... – Freilich, das ist der Schlusschor ... Wunderschön, da kann man gar nichts sagen. Wunderschön! – Jetzt hab' ich ganz die aus der Loge vergessen, die früher zu kokettieren angefangen hat. Wo ist sie denn? ... Schon fortgegangen ... Die dort scheint auch sehr nett zu sein ... Zu dumm, dass ich keinen Operngucker bei mir hab'! Der Brunnthaler ist ganz gescheit, der hat sein Glas immer im Kaffeehaus bei der Kassa liegen, da kann einem nichts g'scheh'n ... Wenn sich die Kleine da vor mir nur einmal umdreh'n möcht'! So brav sitzt s' alleweil da. Das neben ihr ist sicher die Mama. – Ob ich nicht doch einmal ernstlich ans Heiraten denken soll? Der Willy war nicht älter als ich, wie er hineingesprungen ist. Hat schon was für sich, so immer gleich ein hübsches Weiberl zu Haus vorrätig zu haben ... Zu dumm, dass die Steffi grad' heut' keine Zeit hat! Wenn ich wenigstens wüsste, wo sie ist, möcht' ich mich wieder vis-à-vis von ihr hinsetzen. Das wär' eine schöne G'schicht', wenn ihr der draufkommen möcht', da hätt' ich sie am Hals ... Wenn ich so denk', was dem Fließ sein Verhältnis mit der Winterfeld kostet! Und dabei betrügt sie ihn hinten und vorn. Das nimmt noch einmal ein Ende mit Schrecken ... Bravo, bravo! Ah, aus! ... So, das tut wohl, aufsteh'n können, sich rühren ... Na, vielleicht! Wie lang' wird der da noch brauchen, um sein Glas ins Futteral zu stecken?

»Pardon, Pardon, wollen mich nicht hinauslassen?« ...

Ist das ein Gedränge! Lassen wir die Leut' lieber vorbeipassieren ... Elegante Person ... ob das echte Brillanten sind? ... Die da ist nett ... Wie sie mich anschaut! ... O ja, mein Fräulein, ich möcht' schon! ... O, die Nase! – Jüdin ... Noch eine ... Es ist doch fabelhaft, da sind auch die Hälfte Juden ... nicht einmal ein Oratorium kann man mehr in Ruhe genießen ... So, jetzt schließen wir uns an ... Warum drängt denn der Idiot hinter mir? Das werd' ich ihm abgewöhnen ... Ah, ein älterer Herr! ... Wer grüßt mich denn dort von drüben? ... Habe die Ehre, habe die Ehre! Keine Ahnung hab' ich, wer das ist ... Das Einfachste wär', ich ging gleich zum Leidinger hinüber nachtmahlen ... oder soll ich in die Gartenbaugesellschaft? Am End' ist die Steffi auch dort? Warum hat sie mir eigentlich nicht geschrieben, wohin sie mit ihm geht? Sie wird's selber noch nicht gewusst haben. Eigentlich schrecklich, so eine abhängige Existenz ... Armes Ding! – So, da ist der Ausgang ... Ah, die ist aber bildschön! Ganz allein? Wie sie mich anlacht. Das wär' eine Idee, der geh' ich nach! ... So, jetzt die Treppen hinunter: Oh, ein Major von Fünfundneunzig ... Sehr liebenswürdig hat er gedankt ... Bin doch nicht der einzige Offizier herin gewesen ... Wo ist denn das hübsche Mädel? Ah, dort ... am Geländer steht sie ... So, jetzt heißt's noch zur Garderobe ... Dass mir die Kleine nicht auskommt ... Hat ihm schon! So ein elender Fratz! Lasst sich da von einem Herrn abholen, und jetzt lacht sie noch auf mich herüber! – Es ist doch keine was wert ... Herrgott, ist das ein Gedränge bei der Garderobe! ... Warten wir lieber noch ein bisserl ... So! Ob der Blödist meine Nummer nehmen möcht'? ...

»Sie, zweihundertvierundzwanzig! Da hängt er! Na, hab'n Sie keine Augen? Da hängt er! Na, Gott sei Dank! ... Also bitte!« ... Der Dicke da verstellt einem schier die ganze Garderobe ... »Bitte sehr!« ...

»Geduld, Geduld!«

Was sagt der Kerl?

»Nur ein bisserl Geduld!«

Dem muss ich doch antworten ... »Machen Sie doch Platz!«

»Na, Sie werden's auch nicht versäumen!«

Was sagt er da? Sagt er das zu mir? Das ist doch stark! Das kann ich mir nicht gefallen lassen! »Ruhig!«

»Was meinen Sie?«

Ah, so ein Ton! Da hört sich doch alles auf!

»Stoßen Sie nicht!«

»Sie, halten Sie das Maul!« Das hätt' ich nicht sagen sollen, ich war zu grob ... Na, jetzt ist's schon g'scheh'n!

»Wie meinen?«

Jetzt dreht er sich um ... Den kenn' ich ja! – Donnerwetter, das ist ja der Bäckermeister, der immer ins Kaffeehaus kommt ... Was macht denn der da? Hat sicher auch eine Tochter oder so was bei der Singakademie ... Ja, was ist denn das? Ja, was macht er denn? Mir scheint gar ... ja, meiner Seel', er hat den Griff von meinem Säbel in der Hand ... Ja, ist der Kerl verrückt? ... »Sie, Herr ...«

»Sie, Herr Leutnant, sein S' jetzt ganz stad.«

Was sagt er da? Um Gottes willen, es hat's doch keiner gehört? Nein, er red't ganz leise ... Ja, warum lasst er denn meinen Säbel net aus? ... Herrgott noch einmal ... Ah, da heißt's rabiat sein ... ich bring' seine Hand vom Griff nicht weg ... nur keinen Skandal jetzt! ... Ist nicht am End' der Major hinter mir? ... Bemerkt's nur niemand, dass er den Griff von meinem Säbel hält? Er red't ja zu mir! Was red't er denn?

»Herr Leutnant, wenn Sie das geringste Aufsehen machen, so zieh' ich den Säbel aus der Scheide, zerbrech' ihn und schick' die Stück' an Ihr Regimentskommando. Versteh'n Sie mich, Sie dummer Bub?«

Was hat er g'sagt? Mir scheint, ich träum'! Red't er wirklich zu mir? Ich sollt' was antworten ... Aber der Kerl macht ja Ernst – der zieht wirklich den Säbel heraus. Herrgott – er tut's! ... Ich spür's, er reißt schon d'ran! Was red't er denn? ... Um Gottes willen, nur kein' Skandal – Was red't er denn noch immer?

»Aber ich will Ihnen die Karriere nicht verderben ... Also, schön brav sein! ... So, hab'n S' keine Angst, 's hat niemand was gehört ... es ist schon alles gut ... so! Und damit keiner glaubt, dass wir uns gestritten haben, werd' ich jetzt sehr freundlich mit Ihnen sein! – Habe die Ehre, Herr Leutnant, hat mich sehr gefreut – habe die Ehre!«

Um Gottes willen, hab' ich geträumt? ... Hat er das wirklich gesagt? ... Wo ist er denn? ... Da geht er ... Ich müsst' ja den Säbel ziehen und ihn zusammenhauen – – Um Gottes willen, es hat's doch niemand gehört? ... Nein, er hat ja nur ganz leise geredet, mir ins Ohr ... Warum geh' ich denn nicht hin und hau' ihm den Schädel auseinander? ... Nein, es geht ja nicht, es geht ja nicht ... gleich hätt' ich's tun müssen ... Warum hab' ich's denn nicht gleich getan? ... Ich hab's ja nicht können ... er hat ja den Griff nicht auslassen, und er ist zehnmal stärker als ich ... Wenn ich noch ein Wort gesagt hätt', hätt' er mir wirklich den Säbel zerbrochen ... Ich muss ja noch froh sein, dass er nicht laut geredet hat! Wenn's ein Mensch gehört hätt', so müsst' ich mich ja *stante pede* erschießen ... Vielleicht ist es doch ein Traum gewesen ... Warum schaut mich denn der Herr dort an der Säule so an? – Hat der am End' was gehört? ... Ich werd' ihn fragen ... Fragen? – Ich bin ja verrückt! – Wie schau' ich denn aus? – Merkt man mir was an? – Ich muss ganz blass sein. – Wo ist der Hund? ... Ich muss ihn umbringen! ... Fort ist er ... Überhaupt schon ganz leer ... Wo ist denn mein Mantel? ... Ich hab' ihn ja schon angezogen ... Ich hab's gar nicht gemerkt ... Wer hat mir denn geholfen? ... Ah, der da ... dem muss ich ein Sechserl geben ... So! ... Aber was ist denn das? Ist es denn wirklich gescheh'n? Hat wirklich einer so zu mir geredet? Hat mir wirklich einer »dummer Bub« gesagt? Und ich hab' ihn nicht auf der Stelle zusammengehauen? ... Aber ich hab' ja nicht können ... er hat ja eine Faust gehabt wie Eisen ... ich bin ja dagestanden wie angenagelt ... Nein, ich muss den Verstand verloren gehabt haben, sonst hätt' ich mit der anderen Hand ... Aber da hätt' er ja meinen Säbel herausgezogen und zerbrochen, und aus wär's gewesen – Alles wär' aus gewesen! Und nachher, wie er fortgegangen ist, war's zu spät ... ich hab' ihm doch nicht den Säbel von hinten in den Leib rennen können ...

Was, ich bin schon auf der Straße? Wie bin ich denn da herausgekommen? – So kühl ist es ... ah, der Wind, der ist gut ... Wer ist denn das da drüben? Warum schau'n denn die zu mir herüber? Am End' haben die was gehört ... Nein, es kann niemand was gehört haben ... ich weiß ja, ich hab' mich gleich nachher umgeschaut! Keiner hat sich um mich gekümmert, niemand hat was gehört ... Aber gesagt hat er's, wenn's auch niemand gehört hat; gesagt hat er's doch. Und ich bin dagestanden und hab' mir's gefallen lassen, wie wenn mich einer vor den Kopf geschlagen hätt'! ... Aber ich hab' ja nichts sagen können, nichts tun können; es war ja noch das Einzige, was mir übrig geblieben ist: stad sein, stad sein! ... 's ist fürchterlich, es ist nicht zum Aushalten; ich muss ihn totschlagen, wo ich ihn treff! ... Mir sagt das einer! Mir sagt das so ein Kerl, so ein Hund! Und er kennt mich ... Herrgott noch einmal, er kennt mich, er weiß, wer ich bin! ... Er kann jedem Menschen erzählen, dass er mir das g'sagt hat! ... Nein, nein, das wird er ja nicht tun, sonst hätt' er auch nicht so leise geredet ... er hat auch nur wollen, dass ich es allein hör'! ... Aber wer garantiert mir, dass er's nicht doch erzählt, heut' oder morgen, seiner Frau, seiner Tochter, seinen Bekannten im Kaffeehaus. – – Um Gottes willen, morgen seh' ich ihn ja wieder! Wenn ich morgen ins Kaffeehaus komm', sitzt er wieder dort wie alle Tag' und spielt seinen Tapper mit dem Herrn Schlesinger und mit dem Kunstblumenhändler ... Nein, nein, das geht ja nicht, das geht ja nicht ... Wenn ich ihn seh', so hau' ich ihn zusammen ... Nein, das darf ich ja nicht ... gleich hätt' ich's tun müssen, gleich! ... Wenn's nur gegangen wär'! ... Ich werd' zum Obersten geh'n und ihm die Sache melden ... ja, zum Obersten ... Der Oberst ist immer sehr freundlich – und ich werd' ihm sagen: Herr Oberst, ich melde gehorsamst, er hat den Griff gehalten, er hat ihn nicht auslassen; es war genau so, als wenn ich ohne Waffe gewesen wäre ... – Was wird der Oberst sagen? – Was er sagen wird? – Aber da gibt's ja nur eins: quittieren mit Schimpf und Schand' – quittieren! ... Sind das Freiwillige da drüben? ... Ekelhaft, bei der Nacht schau'n sie aus, wie Offiziere ... sie salutieren! – Wenn die wüssten – wenn die wüssten! ... – Da ist das Café Hochleitner ... Sind jetzt gewiss ein paar Kameraden drin ... vielleicht auch einer oder der andere, den ich kenn' ... Wenn ich's dem ersten Besten erzählen möcht', aber so, als wär's einem andern passiert? ... – Ich bin ja schon ganz irrsinnig ... Wo lauf ich denn da herum? Was tu' ich denn auf der Straße? – Ja, aber wo soll ich denn hin? Hab' ich nicht zum Leidinger wollen? Haha, unter Menschen mich niedersetzen ... ich glaub', ein jeder müsst' mir's anseh'n ... Ja, aber irgendwas muss doch gescheh'n ... Was soll denn gescheh'n? ... Nichts, nichts – es hat ja niemand was gehört ... es weiß ja niemand was ... in dem Moment weiß niemand was ... Wenn ich jetzt zu ihm in die Wohnung ginge und ihn beschwören möchte, dass er's niemandem erzählt? ... – Ah, lieber gleich eine Kugel vor den Kopf, als so was! ... Wär' so das Gescheiteste! ... Das Gescheiteste? Das

Gescheiteste? – Gibt ja überhaupt nichts anderes ... gibt nichts anderes ... Wenn ich den Oberst fragen möcht', oder den Kopetzky – oder den Blany – oder den Friedmaier: – jeder möcht' sagen: Es bleibt dir nichts anderes übrig! ... Wie wär's, wenn ich mit dem Kopetzky spräch'? ... Ja, es wär' doch das Vernünftigste ... schon wegen morgen ... Ja, natürlich – wegen morgen ... um vier in der Reiterkasern' ... ich soll mich ja morgen um vier Uhr schlagen ... und ich darf s ja nimmer, ich bin satisfaktionsunfähig ... Unsinn! Unsinn! Kein Mensch weiß was, kein Mensch weiß was! – Es laufen viele herum, denen ärgere Sachen passiert sind, als mir ... Was hat man nicht alles von dem Deckener erzählt, wie er sich mit dem Rederow geschossen hat ... und der Ehrenrat hat entschieden, das Duell darf stattfinden ... Aber wie möcht' der Ehrenrat bei mir entscheiden? – Dummer Bub – dummer Bub ... und ich bin dagestanden –! Heiliger Himmel, es ist doch ganz egal, ob ein anderer was weiß! ... ich weiß es doch, und das ist die Hauptsache! Ich spür', dass ich jetzt wer anderer bin, als vor einer Stunde – Ich weiß, dass ich satisfaktionsunfähig bin, und darum muss ich mich totschießen ... Keine ruhige Minute hätt' ich mehr im Leben ... immer hätt' ich die Angst, dass es doch einer erfahren könnt', so oder so ... und dass mir's einer einmal ins Gesicht sagt, was heut' Abend gescheh'n ist! – Was für ein glücklicher Mensch bin ich vor einer Stund' gewesen ... Muss mir der Kopetzky die Karte schenken – und die Steffi muss mir absagen, das Mensch! – Von so was hängt man ab ... Nachmittag war noch alles gut und schön, und jetzt bin ich ein verlorener Mensch und muss mich totschießen ... Warum renn' ich denn so? Es lauft mir ja nichts davon ... Wie viel schlagt's denn? ... 1, 2, 3, 4, 5, 6, 7, 8, 9, 10, 11 ... elf, elf ... ich sollt' doch nachtmahlen geh'n! Irgendwo muss ich doch schließlich hingeh'n ... ich könnt' mich ja in irgendein Beisl setzen, wo mich kein Mensch kennt – schließlich, essen muss der Mensch, auch wenn er sich nachher gleich totschießt ... Haha, der Tod ist ja kein Kinderspiel ... wer hat das nur neulich gesagt? ... Aber das ist ja ganz egal ...

Ich möcht' wissen, wer sich am meisten kränken möcht'? ... Die Mama, oder die Steffi? ... Die Steffi ... Gott, die Steffi ... die dürft' sich ja nicht einmal was anmerken lassen, sonst gibt »er« ihr den Abschied ... Arme Person! – Beim Regiment – kein Mensch hätt' eine Ahnung, warum ich's getan hab' ... sie täten sich alle den Kopf zerbrechen ... warum hat sich denn der Gustl umgebracht? – Darauf möcht' keiner kommen, dass ich mich hab' totschießen müssen, weil ein elender Bäckermeister, so ein niederträchtiger, der zufällig stärkere Faust' hat ... es ist ja zu dumm, zu dumm! – Deswegen soll ein Kerl wie ich, so ein junger, fescher Mensch ... Ja, nachher möchten's gewiss alle sagen: das hätt' er doch nicht tun müssen, wegen so einer Dummheit; ist doch schad'! ... Aber wenn ich jetzt wen immer fragen tät', jeder möcht' mir die gleiche Antwort geben ... und ich selber, wenn ich mich frag' ... das ist doch zum Teufelholen ... ganz wehrlos sind wir gegen die Zivilisten ... Da meinen die Leut', wir sind besser dran, weil wir einen Säbel haben ... und wenn schon einmal einer von der Waffe Gebrauch macht, geht's über uns her, als wenn wir alle die geborenen Mörder wären ... In der Zeitung möcht's auch steh'n ... »Selbstmord eines jungen Offiziers« ... Wie schreiben sie nur immer? ... »Die Motive sind in Dunkel gehüllt« ... Haha! ... »An seinem Sarge trauern ...« – Aber es ist ja wahr ... mir ist immer, als wenn ich mir eine Geschichte erzählen möcht' ... aber es ist wahr ... ich muss mich umbringen, es bleibt mir ja nichts anderes übrig – ich kann's ja nicht d'rauf ankommen lassen, dass morgen früh der Kopetzky und der Blany mir ihr Mandat zurückgeben und mir sagen: wir können dir nicht sekundieren! ... Ich wär' ja ein Schuft, wenn ich's ihnen zumuten möcht' ... So ein Kerl wie ich, der dasteht und sich einen dummen Buben heißen lässt ... morgen wissen's ja alle Leut' ... das ist zu dumm, dass ich mir einen Moment einbilde, so ein Mensch erzählt's nicht weiter ... überall wird er's erzählen ... seine Frau weiß's jetzt schon ... morgen weiß es das ganze Kaffeehaus ... die Kellner werd'n's wissen ... der Herr Schlesinger – die Kassierin – – Und selbst, wenn er sich vorgenommen hat, er red't nicht davon, so sagt er's übermorgen ... und wenn er's übermorgen nicht sagt, in einer Woche ... Und wenn ihn heut' Nacht der Schlag trifft, so weiß ich's ... ich weiß es ... und ich bin nicht der Mensch, der weiter den Rock trägt und den Säbel, wenn ein solcher Schimpf auf ihm sitzt! ... So, ich muss es tun, und Schluss! – Was ist weiter dabei? – Morgen Nachmittag könnt' mich der Doktor mit 'm Säbel erschlagen ... so was ist schon einmal da gewesen ... und der Bauer, der arme Kerl, der hat eine Gehirnentzündung 'kriegt und war in drei Tagen hin ... und der Brenitsch ist vom Pferd gestürzt und hat sich 's Genick gebrochen ... und schließlich und endlich: es gibt nichts anderes – für mich nicht, für mich nicht! – Es gibt ja Leut', die's leichter nehmen ... Gott, was gibt's für Menschen! ... Dem Ringeimer hat ein Fleischselcher, wie er ihn mit seiner Frau erwischt hat, eine Ohrfeige gegeben, und er hat quittiert und sitzt irgendwo auf'm Land und hat geheiratet ... Dass es Weiber gibt, die so einen Menschen heiraten! ... – Meiner Seel', ich gäb' ihm nicht die Hand, wenn er wieder nach Wien käm' ... Also, hast's gehört, Gustl: – aus, aus, abgeschlossen mit dem Leben! Punktum und Streusand d'rauf! ... So, jetzt weiß ich's, die Geschichte ist ganz einfach ... So! Ich bin eigentlich ganz ruhig ... Das hab' ich übrigens immer gewusst: wenn's einmal dazu kommt, werd' ich ruhig sein, ganz ruhig ... aber dass es so dazu kommt, das hab' ich doch nicht gedacht ... dass ich mich umbringen muss, weil so ein ... Vielleicht hab' ich ihn doch nicht recht verstanden ... am End' hat er ganz was anderes gesagt ... Ich war ja ganz blöd von der Singerei und der Hitz' ... vielleicht bin ich verrückt gewesen, und es ist alles gar nicht wahr? ... Nicht wahr, haha, nicht wahr! – Ich hör's ja noch ... es klingt mir noch immer im Ohr ... und ich spür's in den Fingern, wie ich seine Hand vom Säbelgriff hab' wegbringen wollen ... Ein Kraftmensch ist er, ein Jagendorfer ... Ich bin doch auch kein Schwächling ... der Franziski ist der Einzige im Regiment, der stärker ist als ich ...

Die Aspernbrücke ... Wie weit renn' ich denn noch? – Wenn ich so weiterrenn', bin ich um Mitternacht in Kagran ... Haha! – Herrgott, froh sind wir gewesen, wie wir im vorigen September dort eingerückt sind. Noch zwei Stunden, und Wien ... todmüd' war ich, wie wir angekommen sind ... den ganzen Nachmittag hab' ich geschlafen wie ein Stock, und am Abend waren wir schon beim Ronacher ... der Kopetzky, der Ladinser und ... wer war denn nur noch mit uns? – Ja, richtig, der Freiwillige, der uns auf dem Marsch die jüdischen Anekdoten erzählt hat ... Manchmal sind's ganz nette Burschen, die Einjährigen ... aber sie sollten alle nur Stellvertreter werden – denn was hat das für einen Sinn? Wir müssen uns jahrelang plagen, und so ein Kerl dient ein Jahr und hat genau dieselbe Distinktion wie wir ... es ist eine Ungerechtigkeit! – Aber was geht mich denn das alles an? – Was scher' ich mich denn um solche Sachen? – Ein Gemeiner von der Verpflegsbranche ist ja jetzt mehr als ich: ich bin ja überhaupt nicht mehr auf der Welt ... es ist ja aus mit mir ... Ehre verloren, alles verloren! ... Ich hab' ja nichts anderes zu tun, als meinen Revolver zu laden und ... Gustl, Gustl, mir scheint, du glaubst noch immer nicht recht d'ran? Komm' nur zur Besinnung ... es gibt nichts anderes ... wenn du auch dein Gehirn zermarterst, es gibt nichts anderes! – Jetzt heißt's nur mehr, im letzten Moment sich anständig benehmen, ein Mann sein, ein Offizier sein, so dass der Oberst sagt: Er ist ein braver Kerl gewesen, wir werden ihm ein treues Angedenken bewahren! ... Wie viel Kompagnien rücken denn aus beim Leichenbegängnis von einem Leutnant? ... Das müsst' ich eigentlich wissen ... Haha! Wenn das ganze Bataillon ausrückt, oder die ganze Garnison, und sie feuern zwanzig Salven ab, davon wach' ich doch nimmer auf! – Vor dem Kaffeehaus, da bin ich im vorigen Sommer einmal mit dem Herrn von Engel gesessen, nach der Armee-Steeple-Chase ... Komisch, den Menschen hab' ich seitdem nie wieder geseh'n ... Warum hat er denn das linke Aug' verbunden gehabt? Ich hab' ihn immer d'rum fragen wollen, aber es hätt' sich nicht gehört ... Da geh'n zwei Artilleristen ... die denken gewiss, ich steig' der Person nach ... Muss sie mir übrigens anseh'n ... O schrecklich! – Ich möcht' nur wissen, wie sich so eine ihr Brot verdient ... da möcht' ich doch eher ... Obzwar, in der Not frisst der Teufel Fliegen ... in Przemysl – mir hat's nachher so gegraust, dass ich gemeint hab', nie wieder rühr' ich ein Frauenzimmer an ... Das war eine grässliche Zeit da oben in Galizien ... eigentlich ein Mordsglück, dass wir nach Wien gekommen sind. Der Bokorny sitzt noch immer in Sambor und kann noch zehn Jahr' dort sitzen und alt und grau werden ... Aber wenn ich dort geblieben wär', wär' mir das nicht passiert, was mir heut' passiert ist ... und ich möcht' lieber in Galizien alt und grau werden, als dass ... als was? Als was? – Ja, was ist denn? Was ist denn? – Bin ich denn wahnsinnig, dass ich das immer vergess'? – Ja, meiner Seel', vergessen tu' ich's jeden Moment ... ist das schon je erhört worden, dass sich einer in ein paar Stunden eine Kugel durch'n Kopf jagen muss, und er denkt an alle möglichen Sachen, die ihn gar nichts mehr angeh'n? Meiner Seel', mir ist geradeso, als wenn ich einen Rausch hätt'! Haha! Ein schöner Rausch! Ein Mordsrausch! Ein Selbstmordsrausch! – Ha! Witze mach' ich, das ist sehr gut! – Ja, ganz gut aufgelegt bin ich – so was muss doch angeboren sein ... Wahrhaftig, wenn ich's einem erzählen möcht', er würd' es nicht glauben. – Mir scheint, wenn ich das Ding bei mir hätt' ... jetzt würd' ich abdrücken – in einer Sekunde ist alles vorbei ... Nicht jeder hat's so gut – andere müssen sich monatelang plagen ... meine arme Cousin', zwei Jahr' ist sie gelegen, hat sich nicht rühren können, hat die grässlichsten Schmerzen g'habt – so ein Jammer! ... Ist es nicht besser, wenn man das selber besorgt? Nur Obacht geben heißt's, gut zielen, dass einem nicht am End' das Malheur passiert, wie dem Kadett-Stellvertreter im vorigen Jahr ... Der arme Teufel, gestorben ist er nicht, aber blind ist er geworden ... Was mit dem nur geschehen ist? Wo er jetzt lebt? – Schrecklich, so herumlaufen, wie der – das heißt: herumlaufen kann er nicht, g'führt muss er werden – so ein junger Mensch, kann heut' noch keine Zwanzig sein ... seine Geliebte hat er besser getroffen ... gleich war sie tot ... Unglaublich, weswegen sich die Leut' totschießen! Wie kann man überhaupt nur eifersüchtig sein? ... Mein Lebtag hab' ich so was nicht gekannt ... Die Steffi ist jetzt gemütlich in der Gartenbaugesellschaft; dann geht sie mit »ihm« nach Haus ... Nichts liegt mir d'ran, gar nichts! Hübsche Einrichtung hat sie – das kleine Badezimmer mit der roten Latern'. – Wie sie neulich in dem grünseidenen Schlafrock hereingekommen ist ... den grünen Schlafrock werd' ich auch nimmer seh'n – und die ganze Steffi auch nicht ... und die schöne, breite Treppe in der Gusshausstraße werd' ich auch nimmer hinaufgeh'n ... Das Fräulein Steffi wird sich weiter amüsieren, als wenn gar nichts gescheh'n wär' ... nicht einmal erzählen darf sie's wem, dass ihr lieber Gustl sich umgebracht hat ... Aber weinen wirds' schon – ah ja, weinen wirds' ... Überhaupt, weinen werden gar viele Leut' ... Um Gottes willen, die Mama! – Nein, nein, daran darf ich nicht denken. – Ah, nein, daran darf absolut nicht gedacht werden ... An Zuhaus wird nicht gedacht, Gustl, verstanden? – Nicht mit dem allerleisesten Gedanken ...

Das ist nicht schlecht, jetzt bin ich gar im Prater ... mitten in der Nacht ... das hätt' ich mir auch nicht gedacht in der Früh', dass ich heut' Nacht im Prater spazieren geh'n werd' ... Was sich der Sicherheitswachmann dort denkt? ... Na, geh'n wir nur weiter ... es ist ganz schön ... Mit'm Nachtmahlen ist's eh' nichts, mit dem Kaffeehaus auch nichts; die Luft ist angenehm, und ruhig ist es ... sehr ... Zwar, ruhig werd' ich's jetzt bald haben, so ruhig, als ich's mir nur wünschen kann. Haha! – Aber ich bin ja ganz außer Atem ... ich bin ja gerannt wie nicht g'scheit ... langsamer, langsamer, Gustl, versäumst nichts, hast gar nichts mehr zu tun – gar nichts, aber absolut nichts mehr! – Mir scheint gar, ich fröstel'? – Es wird halt doch die Aufregung sein ... dann hab' ich ja nichts gegessen ... Was riecht denn da so eigentümlich? ... Es kann doch noch nichts blühen? ... Was haben wir denn heut'? – Den vierten April ... freilich, es hat viel geregnet in den letzten Tagen ... aber die Bäume sind beinah' noch ganz kahl ... und dunkel ist es, hu! Man könnt' schier Angst kriegen ... Das ist eigentlich das einzige Mal in meinem Leben, dass ich Furcht gehabt hab', als kleiner Bub, damals im Wald ... aber ich war ja gar nicht so klein ... vierzehn oder fünfzehn ... Wie lang' ist das jetzt her? – Neun Jahr' ... freilich – mit achtzehn war ich Stellvertreter, mit zwanzig Leutnant ... und im nächsten Jahr werd' ich ... Was werd' ich im nächsten Jahr? Was heißt das überhaupt: nächstes Jahr? Was heißt das: in der nächsten Woche? Was heißt das: übermorgen? ... Wie? Zähneklappern? Oho! – Na, lassen wir's nur ein biss'l klappern ... Herr Leutnant, Sie sind jetzt allein, brauchen niemandem einen Pflanz vorzumachen ... es ist bitter, es ist bitter ...

Ich will mich auf die Bank setzen ... Ah! – Wie weit bin ich denn da? – So eine Dunkelheit! Das da hinter mir, das muss das zweite Kaffeehaus sein ... bin ich im vorigen Sommer auch einmal gewesen, wie unsere Kapelle konzertiert hat ... mit'm Kopetzky und mit'm Rüttner – noch ein paar waren dabei ... – Ich bin aber müd' ... nein, ich bin müd', als wenn ich einen Marsch von zehn Stunden gemacht hätt' ... Ja, das wär' so was, da einschlafen. – Ha! Ein obdachloser Leutnant ... Ja, ich sollt' doch eigentlich nach Haus ... was tu' ich denn zu Haus? Aber was tu' ich denn im Prater? – Ah, mir wär' am liebsten, ich müsst' gar nicht aufsteh'n – da einschlafen und nimmer aufwachen ... ja, das wär' halt bequem! – Nein, so bequem wird's Ihnen nicht gemacht, Herr Leutnant ... Aber wie und wann? – Jetzt könnt' ich mir doch endlich einmal die Geschichte ordentlich überlegen ... überlegt muss ja alles werden ... so ist es schon einmal im Leben ... Also überlegen wir ... Was denn? ... – Nein, ist die Luft gut ... man sollt' öfters bei der Nacht in' Prater geh'n ... Ja, das hätt' mir eben früher einfallen müssen, jetzt ist's aus mit'm Prater, mit der Luft und mit'm Spazierengeh'n ... Ja, also was ist denn? – Ah, fort mit dem Kappl; mir scheint, das drückt mir aufs Gehirn ... ich kann ja gar nicht ordentlich denken ... Ah ... so! ... Also jetzt Verstand zusammennehmen, Gustl ... letzte Verfügungen treffen! Also morgen früh wird Schluss gemacht ... morgen früh um sieben Uhr ... sieben Uhr ist eine schöne Stund'. Haha! – Also um acht, wenn die Schul' anfangt, ist alles vorbei ... der Kopetzky wird aber keine Schul' halten können, weil er zu sehr erschüttert sein wird ... Aber vielleicht weiß er's noch gar nicht ... man braucht ja nichts zu hören ... Den Max Lippay haben sie auch erst am Nachmittag gefunden, und in der Früh' hat er sich erschossen, und kein Mensch hat was davon gehört ... Aber was geht mich das an, ob der Kopetzky Schul' halten wird oder nicht? ... Ha! – Also um sieben Uhr! – Ja ... na, was denn noch? ... Weiter ist ja nichts zu überlegen. Im Zimmer schieß' ich mich tot, und dann is basta! Montag ist die Leich' ... Einen kenn' ich, der wird eine Freud' haben: das ist der Doktor ... Duell kann nicht stattfinden wegen Selbstmord des einen Kombattanten ... Was sie bei Mannheimers sagen werden? – Na, er wird sich nicht viel d'raus machen ... aber die Frau, die hübsche, blonde ... mit der war was zu machen ... O ja, mir scheint, bei der hätt' ich Chance gehabt, wenn ich mich nur ein bissl zusammengenommen hätt' ... ja, das wär' doch was anders gewesen, als die Steffi, dieses Mensch ... Aber faul darf man halt nicht sein ... da heißt's: Cour machen, Blumen schicken, vernünftig reden ... das geht nicht so, dass man sagt: Komm' morgen Nachmittag zu mir in die Kasern'! ... Ja, so eine anständige Frau, das wär' halt was g'wesen ... Die Frau von meinem Hauptmann in Przemysl, das war ja doch keine anständige Frau ... ich könnt' schwören: der Libitzky und der Wermutek und der schäbige Stellvertreter, der hat sie auch g'habt ... Aber die Frau Mannheimer ... ja, das wär' was anders, das wär' doch auch ein Umgang gewesen, das hätt' einen beinah' zu einem andern Menschen gemacht – da hätt' man doch noch einen andern Schliff gekriegt – da hätt' man einen Respekt vor sich selber haben dürfen. – Aber ewig diese Menscher ... und so jung hab' ich ang'fangen – ein Bub war ich ja noch, wie ich damals den ersten Urlaub gehabt hab' und in Graz bei den Eltern zu Haus war ... der Riedl war auch dabei – eine Böhmin ist es gewesen ... die muss doppelt so alt gewesen sein wie ich – in der Früh bin ich erst nach Haus gekommen ... Wie mich der Vater ang'schaut hat ... und die Klara ... Vor der Klara hab' ich mich am meisten g'schämt ... Damals war sie verlobt ... warum ist denn nichts d'raus geworden? Ich hab' mich eigentlich nicht viel d'rum gekümmert ... Armes Hascherl, hat auch nie Glück gehabt – und jetzt verliert sie noch den einzigen Bruder ... Ja, wirst mich nimmer seh'n, Klara – aus! Was, das hast du dir nicht gedacht, Schwesterl, wie du mich am Neujahrstag zur Bahn begleitet hast, dass du mich nie wieder seh'n wirst? – Und die Mama ... Herrgott, die Mama ... nein, ich darf daran nicht denken ... wenn ich daran denk', bin ich imstand', eine Gemeinheit zu begehen ... Ah ... wenn ich zuerst noch nach Haus fahren möcht' ... sagen, es ist ein Urlaub auf einen Tag ... noch einmal den Papa, die Mama, die Klara seh'n, bevor ich einen Schluss mach' ... Ja, mit dem ersten Zug um sieben kann ich nach Graz fahren, um eins bin ich dort ... Grüß dich Gott, Mama ... Servus, Klara! Na, wie geht's euch denn? ... Nein, das ist eine Überraschung! ... Aber sie möchten was merken ... wenn niemand anders ... die Klara ... die Klara gewiss ... Die Klara ist ein so gescheites Mädel ... Wie lieb sie mir neulich geschrieben hat, und ich bin ihr noch immer die Antwort schuldig – und die guten Ratschläge, die sie mir immer gibt ... ein so seelengutes Geschöpf ... Ob nicht alles ganz anders geworden wär', wenn ich zu Haus geblieben wär'? Ich hätt' Ökonomie studiert, wär' zum Onkel gegangen ... sie haben's ja alle wollen, wie ich noch ein Bub war ... Jetzt wär' ich am End' schon verheiratet, ein liebes, gutes Mädel ... vielleicht die Anna, die hat mich so gern gehabt ... auch jetzt hab' ich's noch gemerkt, wie ich das letzte Mal zu Haus war, obzwar sie schon einen Mann hat und zwei Kinder ... ich hab's g'sehn', wie sie mich ang'schaut hat ... Und noch immer sagt sie mir »Gustl« wie früher ... Der wird's ordentlich in die Glieder fahren, wenn sie erfährt, was es mit mir für ein End' genommen hat – aber ihr Mann wird sagen: Das hab' ich vorausgesehen – so ein Lump! – Alle werden meinen, es ist, weil ich Schulden gehabt hab' ... und es ist doch gar nicht wahr, es ist doch alles gezahlt ... nur die letzten hundertsechzig Gulden – na, und die sind morgen da ... Ja, dafür muss ich auch noch sorgen, dass der Ballert die hundertsechzig Gulden kriegt ... das muss ich niederschreiben, bevor ich mich erschieß' ... Es ist schrecklich, es ist schrecklich! ... Wenn ich lieber auf und davon fahren möcht' – nach Amerika, wo mich niemand kennt ... In Amerika weiß kein Mensch davon, was hier heut' Abend gescheh'n ist ... da kümmert sich kein Mensch d'rum ... Neulich ist in der Zeitung gestanden von einem Grafen Runge, der hat fortmüssen wegen einer schmutzigen Geschichte, und jetzt hat er drüben ein Hotel und pfeift auf den ganzen Schwindel ... Und in ein paar Jahren könnt' man ja wieder zurück ... nicht nach Wien natürlich ... auch nicht nach Graz ... aber aufs Gut könnt' ich ... und der Mama und dem Papa und der Klara möcht's doch tausendmal lieber sein, wenn ich nur lebendig blieb' ... Und was geh'n mich denn die andern Leut' an? Wer meint's denn sonst gut mit mir? – Außer'm Kopetzky könnt' ich allen gestohlen werden ... der Kopetzky ist doch der Einzige ... Und grad der hat mir heut' das Billett geben müssen ... und das Billett ist an allem schuld ... ohne das Billett wär' ich nicht ins Konzert gegangen, und alles das wär' nicht passiert ... Was ist denn nur passiert? ... Es ist grad, als wenn hundert Jahr' seitdem vergangen wären, und es kann noch keine zwei Stunden sein ... Vor zwei Stunden hat mir einer »dummer Bub« gesagt und hat meinen Säbel zerbrechen wollen ... Herrgott, ich fang' noch zu schreien an mitten in der Nacht! Warum ist denn das alles gescheh'n? Hätt' ich nicht länger warten können, bis's ganz leer wird in der Garderobe? Und warum hab' ich ihm denn nur gesagt: »Halten Sie's Maul!«? Wie ist mir denn das nur ausgerutscht? Ich bin doch sonst ein höflicher Mensch ... nicht einmal mit meinem Burschen bin ich sonst so grob … aber natürlich, nervös bin ich gewesen – alle die Sachen, die da zusammengekommen sind … das Pech im Spiel und die ewige Absagerei von der Steffi – und das Duell morgen Nachmittag – und zu wenig schlafen tu' ich in der letzten Zeit – und die Rackerei in der Kasern' – das halt't man auf die Dauer nicht aus! … Ja, über kurz oder lang wär' ich krank geworden – hätt' um einen Urlaub einkommen müssen … Jetzt ist es nicht mehr notwendig – jetzt kommt ein langer Urlaub – mit Karenz der Gebühren – haha! …

Wie lang werd' ich denn da noch sitzen bleiben? Es muss Mitternacht vorbei sein … hab' ich's nicht früher schlagen hören? – Was ist denn das … ein Wagen fährt da? Um die Zeit? Gummiradler – kann mir schon denken … Die haben's besser wie ich – vielleicht ist es der Ballert mit der Bertha … Warum soll's grad der Ballert sein? – Fahr' nur zu! – Ein hübsches Zeug'l hat Seine Hoheit in Pzremysl gehabt … mit dem ist er immer in die Stadt hinunterg'fahren zu der Rosenberg … Sehr leutselig war Seine Hoheit – ein echter Kamerad, mit allen auf du und du … War doch eine schöne Zeit … obzwar … die Gegend war trostlos und im Sommer zum Verschmachten … an einem Nachmittag sind einmal drei vom Sonnenstich getroffen worden … auch der Korporal von meinem Zug – ein so verwendbarer Mensch … Nachmittag haben wir uns nackt aufs Bett hingelegt. – Einmal ist plötzlich der Wiesner zu mir hereingekommen; ich muss grad geträumt haben und steh' auf und zieh' den Säbel, der neben mir liegt … muss gut ausg'schaut haben … der Wiesner hat sich halb tot gelacht – der ist jetzt schon Rittmeister … – Schad', dass ich nicht zur Kavallerie gegangen bin … aber das hat der Alte nicht wollen – wär' ein zu teurer Spaß gewesen – jetzt ist es ja doch alles eins … Warum denn? – Ja, ich ich weiß schon: sterben muss ich, darum ist es alles eins –

sterben muss ich ... Also wie? – Schau, Gustl, du bist doch extra da herunter in den Prater gegangen, mitten in der Nacht, wo dich keine Menschenseele stört – jetzt kannst du dir alles ruhig überlegen ... Das ist ja lauter Unsinn mit Amerika und quittieren, und du bist ja viel zu dumm, um was anderes anzufangen – und wenn du hundert Jahr' alt wirst, und du denkst d'ran, dass dir einer hat den Säbel zerbrechen wollen und dich einen dummen Buben g'heißen, und du bist dag'standen und hast nichts tun können – nein, zu überlegen ist da gar nichts – gescheh'n ist gescheh'n – auch das mit der Mama und mit der Klara ist ein Unsinn – die werden's schon verschmerzen – man verschmerzt alles ... Wie hat die Mama gejammert, wie ihr Bruder gestorben ist – und nach vier Wochen hat sie kaum mehr d'ran gedacht ... auf den Friedhof ist sie hinausgefahren ... zuerst alle Wochen, dann alle Monat' – und jetzt nur mehr am Todestag. – Morgen ist mein Todestag – fünfter April. – Ob sie mich nach Graz überführen? Haha! Da werden die Würmer in Graz eine Freud' haben! – Aber das geht mich nichts an – darüber sollen sich die andern den Kopf zerbrechen ... Also, was geht mich denn eigentlich an? ... Ja, die hundertsechzig Gulden für den Ballert – das ist alles – weiter brauch' ich keine Verfügungen zu treffen. – Briefe schreiben? Wozu denn? An wen denn? ... Abschied nehmen? – Ja, zum Teufel hinein, das ist doch deutlich genug, wenn man sich totschießt! – Dann merken's die andern schon, dass man Abschied genommen hat ... Wenn die Leut' wüssten, wie egal mir die ganze Geschichte ist, möchten sie mich gar nicht bedauern – ist eh' nicht schad' um mich ... Und was hab' ich denn vom ganzen Leben gehabt? – Etwas hätt' ich gern noch mitgemacht: einen Krieg – aber da hätt' ich lang' warten können ... Und alles Übrige kenn' ich ... Ob so ein Mensch Steffi oder Kunigunde heißt, bleibt sich gleich. – Und die schönsten Operetten kenn' ich auch – und im ›Lohengrin‹ bin ich zwölfmal d'rin gewesen – und heut' Abend war ich sogar bei einem Oratorium – und ein Bäckermeister hat mich einen dummen Buben geheißen – meiner Seel', es ist grad' genug! – Und ich bin gar nimmer neugierig ... – Also geh'n wir nach Haus, langsam, ganz langsam ... Eile hab' ich ja wirklich keine. – Noch ein paar Minuten ausruhen da im Prater, auf einer Bank – obdachlos. – Ins Bett leg' ich mich ja doch nimmer – hab' ja genug Zeit zum Ausschlafen. – Ah, die Luft! – Die wird mir abgeh'n ...

Was ist denn? – He, Johann, bringen S' mir ein Glas frisches Wasser ... Was ist? ... Wo ... Ja, träum' ich denn? ... Mein Schädel ... o, Donnerwetter ... Fischamend ... Ich bring' die Augen nicht auf! – Ich bin ja angezogen! – Wo sitz' ich denn? – Heiliger Himmel, eingeschlafen bin ich! Wie hab' ich denn nur schlafen können; es dämmert ja schon! – Wie lang' hab' ich denn geschlafen? – Muss auf die Uhr schau'n ... Ich seh' nichts? ... Wo sind denn meine Zündhölzeln? ... Na, brennt eins an? ... Drei ... und ich soll mich um vier duellieren – nein, nicht duellieren – totschießen soll ich mich! – Es ist gar nichts mit dem Duell; ich muss mich totschießen, weil ein Bäckermeister mich einen dummen Buben genannt hat ... Ja, ist es denn wirklich g'scheh'n? – Mir ist im Kopf so merkwürdig ... wie in einem Schraubstock ist mein Hals – ich kann mich gar nicht rühren – das rechte Bein ist eingeschlafen. – Aufsteh'n! Aufsteh'n! ... Ah, so ist es besser! – Es wird schon lichter ... Und die Luft ... ganz wie damals in der Früh', wie ich auf Vorposten war und im Wald kampiert hab' ... Das war ein anderes Aufwachen – da war ein anderer Tag vor mir ... Mir scheint, ich glaub's noch nicht recht. – Da liegt die Straße, grau, leer – ich bin jetzt sicher der einzige Mensch im Prater. – Um vier Uhr früh war ich schon einmal herunten, mit'm Pausinger – geritten sind wir – ich auf dem Pferd vom Hauptmann Mirovic und der Pausinger auf seinem eigenen Krampen – das war im Mai, im vorigen Jahr – da hat schon alles geblüht – alles war grün. Jetzt ist's noch kahl – aber der Frühling kommt bald – in ein paar Tagen ist er schon da. – Maiglöckerln, Veigerln – schad', dass ich nichts mehr davon haben werd' – jeder Schubiack hat was davon, und ich muss sterben! Es ist ein Elend! Und die andern werden im Weingartl sitzen beim Nachtmahl, als wenn gar nichts g'wesen wär' – so wie wir alle im Weingartl g'sessen sind, noch am Abend nach dem Tag, wo sie den Lippay hinausgetragen haben ... Und der Lippay war so beliebt ... sie haben ihn lieber g'habt, als mich, beim Regiment – warum sollen sie denn nicht im Weingartl sitzen, wenn ich abkratz'? – Ganz warm ist es – viel wärmer als gestern – und so ein Duft – es muss doch schon blühen ... Ob die Steffi mir Blumen bringen wird? – Aber fallt ihr ja gar nicht ein! Die wird grad hinausfahren ... Ja, wenn's noch die Adel' wär' ... Nein, die Adel'! Mir scheint, seit zwei Jahren hab' ich an die nicht mehr gedacht ... Was die für G'schichten gemacht hat, wie's aus war ... mein Lebtag hab' ich kein Frauenzimmer so weinen geseh'n ... Das war doch eigentlich das Hübscheste, was ich erlebt hab' ... So bescheiden, so anspruchslos, wie die war – die hat mich gern gehabt, da könnt' ich d'rauf schwören. – War doch was ganz anderes, als die Steffi ... Ich möcht' nur wissen, warum ich die aufgegeben hab' ... so eine Eselei! Zu fad ist es mir geworden, ja, das war das Ganze ... So jeden Abend mit ein und derselben ausgeh'n ... Dann hab' ich eine Angst g'habt, dass ich überhaupt nimmer loskomm' – eine solche Raunzen – – Na, Gustl, hätt'st schon noch warten können – war doch die Einzige, die dich gern gehabt hat ... Was sie jetzt macht? Na, was wird's machen? – Jetzt wird's halt einen andern haben ... Freilich, das mit der Steffi ist bequemer – wenn man nur gelegentlich engagiert ist und ein anderer hat die ganzen Unannehmlichkeiten, und ich hab' nur das Vergnügen ... Ja, da kann man auch nicht verlangen, dass sie auf den Friedhof hinauskommt ... Wer ging' denn überhaupt mit, wenn er nicht müsst'! – Vielleicht der Kopetzky, und dann wär' Rest! – Ist doch traurig, so gar niemanden zu haben ...

Aber so ein Unsinn! Der Papa und die Mama und die Klara ... Ja, ich bin halt der Sohn, der Bruder ... aber was ist denn weiter zwischen uns? Gern haben sie mich ja – aber was wissen sie denn von mir? – Dass ich meinen Dienst mach', dass ich Karten spiel' und dass ich mit Menschern herumlauf ... aber sonst? – Dass mich manchmal selber vor mir graust, das hab' ich ihnen ja doch nicht geschrieben – na, mir scheint, ich hab's auch selber gar nicht recht gewusst. – Ah was, kommst du jetzt mit solchen Sachen, Gustl? Fehlt nur noch, dass zu zum Weinen anfängst ... pfui Teufel! – Ordentlich Schritt ... so! Ob man zu einem Rendezvous geht oder auf Posten oder in die Schlacht ... wer hat das nur gesagt? ... Ah ja, der Major Lederer, in der Kantin', wie man von dem Wingleder erzählt hat, der so blass geworden ist vor seinem ersten Duell – und gespieben hat ... Ja: ob man zu einem Rendezvous geht oder in den sicher'n Tod, am Gang und am G'sicht lasst sich das der richtige Offizier nicht anerkennen! – Also Gustl – der Major Lederer hat's g'sagt! Ha! –

Immer lichter ... man könnt' schon lesen ... Was pfeift denn da? ... Ah, drüben ist der Nordbahnhof ... Die Tegetthoffsäule ... so lang' hat sie noch nie ausg'schaut ... Da drüben stehen Wagen ... Aber nichts als Straßenkehrer auf der Straße ... meine letzten Straßenkehrer – ha! Ich muss immer lachen, wenn ich d'ran denk' ... das versteh' ich gar nicht ... Ob das bei allen Leuten so ist, wenn sie's einmal ganz sicher wissen? Halb vier auf der Nordbahnuhr ... jetzt ist nur die

Frage, ob ich mich um sieben nach Bahnzeit oder nach Wiener Zeit erschieß? ... Sieben ... ja, warum grad' sieben? ... Als wenn's gar nicht anders sein könnt' ... Hunger hab' ich – meiner Seel', ich hab' Hunger – kein Wunder ... seit wann hab' ich denn nichts gegessen? ... Seit – seit gestern sechs Uhr abends im Kaffeehaus ... ja! Wie mir der Kopetzky das Billett gegeben hat – eine Melange und zwei Kipfel. – Was der Bäckermeister sagen wird, wenn er's erfährt? ... Der verfluchte Hund! – Ah, der wird wissen, warum – dem wird der Knopf aufgeh'n – der wird draufkommen, was es heißt: Offizier! – So ein Kerl kann sich auf offener Straße prügeln lassen, und es hat keine Folgen, und unsereiner wird unter vier Augen insultiert und ist ein toter Mann ... Wenn sich so ein Fallot wenigstens schlagen möcht' – aber nein, da wär' er ja vorsichtiger, da möcht' er so was nicht riskieren ... Und der Kerl lebt weiter, ruhig weiter, während ich – krepieren muss! – Der hat mich doch umgebracht ... Ja, Gustl, merkst d' was? – Der ist es, der dich umbringt! Aber so glatt soll's ihm doch nicht ausgeh'n! – Nein, nein, nein! Ich werd' dem Kopetzky einen Brief schreiben, wo alles drinsteht, die ganze G'schicht' schreib' ich auf ... oder noch besser: ich schreib's dem Obersten, ich mach' eine Meldung ans Regimentskommando ... ganz wie eine dienstliche Meldung ... Ja, wart', du glaubst, dass so was geheim bleiben kann? – Du irrst dich – aufgeschrieben wird's zum ewigen Gedächtnis, und dann möcht' ich sehen, ob du dich noch ins Kaffeehaus traust! – Ha! – »Das möcht' ich sehen« ist gut! ... Ich möcht' noch manches gern seh'n, wird nur leider nicht möglich sein – aus is! –

Jetzt kommt der Johann in mein Zimmer, jetzt merkt er, dass der Herr Leutnant nicht zu Haus geschlafen hat. – Na, alles Mögliche wird er sich denken; aber dass der Herr Leutnant im Prater übernachtet hat, das, meiner Seel', das nicht ...

Ah, die Vierundvierziger! Zur Schießstätte marschieren s' – lassen wir sie vorübergeh'n ... so stellen wir uns da her ... – Da oben wird ein Fenster aufgemacht – hübsche Person – na, ich möcht' mir wenigstens ein Tüchel umnehmen, wenn ich zum Fenster geh' ... Vorigen Sonntag war's zum letzten Mal ... Dass grad' die Steffi die letzte sein wird, hab' ich mir nicht träumen lassen. – Ach Gott, das ist doch das einzige reelle Vergnügen ... Naja, der Herr Oberst wird in zwei Stunden nobel nachreiten ... die Herren haben's gut – ja, ja, rechts g'schaut! – Ist schon gut ... Wenn ihr wüsstet, wie ich auf euch pfeif! – Ah, das ist nicht schlecht: der Katzer ... seit wann ist denn der zu den Vierundvierzigern übersetzt? – Servus, servus! – Was der für ein G'sicht macht? ... Warum deut' er denn auf seinen Kopf? – Mein Lieber, dein Schädel interessiert mich sehr wenig ... Ah, so! Nein, mein Lieber, du irrst dich: im Prater hab' ich übernachtet ... wirst schon heut' im Abendblatt lesen. – »Nicht möglich!« wird er sagen; »heut' früh, wie wir zur Schießstätte ausgerückt sind, hab' ich ihn noch auf der Praterstraße getroffen!« – Wer wird denn meinen Zug kriegen? – Ob sie ihn dem Walterer geben werden? – Na, da wird was Schönes herauskommen – ein Kerl ohne Schneid, der hätt' auch lieber Schuster werden sollen ... Was, geht schon die Sonne auf? – Das wird heut' ein schöner Tag – so ein rechter Frühlingstag ... Ist doch eigentlich zum Teufelholen! – Der Komfortabelkutscher wird noch um achte in der Früh' auf der Welt sein, und ich ... na, was ist denn das? He, das wär' so was – noch im letzten Moment die Contenance verlieren wegen einem Komfortabelkutscher ... Was ist denn das, dass ich auf einmal so ein blödes Herzklopfen krieg'? – Das wird doch nicht deswegen sein ... Nein, o nein ... es ist, weil ich so lang' nichts gegessen hab'. – Aber Gustl, sei doch aufrichtig mit dir selber: – Angst hast du – Angst, weil du's noch nie probiert hast ... Aber das hilft dir ja nichts, die Angst hat noch keinem was geholfen, jeder muss es einmal durchmachen, der eine früher, der andere später, und du kommst halt früher d'ran ... Viel wert bist du ja nie gewesen, so benimm dich wenigstens anständig zu guter Letzt, das verlang' ich von dir! – So, jetzt heißt's nur überlegen – aber was denn? ... Immer will ich mir was überlegen ... ist doch ganz einfach: – im Nachtkastelladel liegt er, geladen ist er auch, heißt's nur: losdrucken – das wird doch keine Kunst sein! – –

Die geht schon ins G'schäft ... die armen Mädeln! Die Adel' war auch in einem G'schäft – ein paarmal hab' ich sie am Abend abg'holt ... Wenn sie in einem G'schäft sind, werd'n sie doch keine solchen Menscher ... Wenn die Steffi mir allein g'hören möcht', ich ließ sie Modistin werden oder so was ... Wie wird sie's denn erfahren? – Aus der Zeitung! ... Sie wird sich ärgern, dass ich ihr's nicht geschrieben hab' ... Mir scheint, ich schnapp' doch noch über ... Was geht denn das mich an, ob sie sich ärgert ... Wie lang' hat denn die ganze G'schicht gedauert? ... Seit'm Jänner? ... Ah nein, es muss doch schon vor Weihnachten gewesen sein ... ich hab' ihr ja aus Graz Zuckerln mitgebracht, und zu Neujahr hat sie mir ein Brieferl g'schickt ... Richtig, die Briefe, die ich zu Haus hab', – sind keine da, die ich verbrennen sollt'? ... Hm, der vom Fallsteiner – wenn man den Brief findet ... der Bursch könnt' Unannehmlichkeiten haben ... Was mir das schon aufliegt! – Na, es ist ja keine große Anstrengung ... aber hervorsuchen kann ich den Wisch nicht ... Das beste ist, ich verbrenn' alles zusammen ... wer braucht's denn? Ist lauter Makulatur. – – Und meine paar Bücher könnt' ich dem Blany vermachen. – ›Durch Nacht und Eis‹ ... schad', dass ich's nimmer auslesen kann ... bin wenig zum Lesen gekommen in der letzten Zeit ... Orgel – ah, aus der Kirche ... Frühmesse – bin schon lang' bei keiner gewesen ... das letzte

Mal im Feber, wie mein Zug dazu kommandiert war ... Aber das galt nichts – ich hab' auf meine Leut' aufgepasst, ob sie andächtig sind und sich ordentlich benehmen ... – Möcht' in die Kirche hineingeh'n ... am End' ist doch was d'ran ... – Na, heut' nach Tisch werd' ich's schon genau wissen ... Ah, »nach Tisch« ist sehr gut! ... Also, was ist, soll ich hineingeh'n? – Ich glaub', der Mama wär's ein Trost, wenn sie das wüsst'! ... Die Klara gibt weniger d'rauf ... Na, geh'n wir hinein – schaden kann's ja nicht!

Orgel – Gesang – hm! – Was ist denn das? – Mir ist ganz schwindlig ... O Gott, o Gott, o Gott! Ich möcht' einen Menschen haben, mit dem ich ein Wort reden könnt' vorher! – Das wär' so was – zur Beicht' geh'n! Der möcht' Augen machen, der Pfaff, wenn ich zum Schluss sagen möcht': Habe die Ehre, Hochwürden; jetzt geh' ich mich umbringen! ... – Am liebsten läg' ich da auf dem Steinboden und tät' heulen ... Ah nein, das darf man nicht tun! Aber weinen tut manchmal so gut ... Setzen wir uns einen Moment – aber nicht wieder einschlafen wie im Prater! ... – Die Leut', die eine Religion haben, sind doch besser d'ran ... Na, jetzt fangen mir gar die Händ' zu zittern an! ... Wenn's so weitergeht, werd' ich mir selber auf die Letzt' so ekelhaft, dass ich mich vor lauter Schand' umbring'! – Das alte Weib da – um was betet denn die noch? ... Wär' eine Idee, wenn ich ihr sagen möcht': Sie, schließen Sie mich auch ein ... ich hab' das nicht ordentlich gelernt, wie man das macht ... Ha! Mir scheint, das Sterben macht blöd'! – Aufsteh'n! – Woran erinnert mich denn nur die Melodie? – Heiliger Himmel! Gestern Abend! – Fort, fort! Das halt' ich gar nicht aus! ... Pst! Keinen solchen Lärm, nicht mit dem Säbel scheppern – die Leut' nicht in der Andacht stören – so! – doch besser im Freien ... Licht ... Ah, es kommt immer näher – wenn es lieber schon vorbei wär'! – Ich hätt's gleich tun sollen – im Prater ... man sollt' nie ohne

Revolver ausgeh'n ... Hätt' ich gestern Abend einen gehabt ... Herrgott noch einmal! – In das Kaffeehaus könnt' ich geh'n frühstücken ... Hunger hab' ich ... Früher ist's mir immer sonderbar vorgekommen, dass die Leut', die verurteilt sind, in der Früh' noch ihren Kaffee trinken und ihr Zigarrl rauchen ... Donnerwetter, geraucht hab' ich gar nicht! Gar keine Lust zum Rauchen! – Es ist komisch: ich hätt' Lust, in mein Kaffeehaus zu geh'n ... Ja, aufgesperrt ist schon, und von uns ist jetzt doch keiner dort – und wenn schon ... ist höchstens ein Zeichen von Kaltblütigkeit. »Um sechs hat er noch im Kaffeehaus gefrühstückt, und um sieben hat er sich erschossen« ... – Ganz ruhig bin ich wieder ... das Gehen ist so angenehm – und das Schönste ist, dass mich keiner zwingt. – Wenn ich wollt' könnt' ich noch immer den ganzen Krempel hinschmeißen ... Amerika ... Was ist das: »Krempel«? Was ist ein »Krempel«? Mir scheint, ich hab' den Sonnenstich! ... Oho, bin ich vielleicht deshalb so ruhig, weil ich mir noch immer einbild', ich muss nicht? ... Ich muss! Ich muss! Nein, ich will! – Kannst du dir denn überhaupt vorstellen, Gustl, dass du dir die Uniform ausziehst und durchgehst? Und der verfluchte Hund lacht sich den Buckel voll – und der Kopetzky selbst möcht' dir nicht mehr die Hand geben ... Mir kommt vor, ich bin jetzt ganz rot geworden. – – Der Wachmann salutiert mir ... ich muss danken ... »Servus!« – Jetzt hab' ich gar »Servus« gesagt! ... Das freut so einen armen Teufel immer ... Na, über mich hat sich keiner zu beklagen gehabt – außer Dienst war ich immer gemütlich. – Wie wir auf Manöver waren, hab' ich den Chargen von der Kompagnie Britannikas geschenkt; – einmal hab' ich gehört, wie ein Mann hinter mir bei den Gewehrgriffen was von »verfluchter Rackerei« g'sagt hat, und ich hab' ihn nicht zum Rapport geschickt – ich hab' ihm nur gesagt: »Sie, passen S' auf, das könnt' einmal wer anderer hören – da ging's

Ihnen schlecht!« ... Der Burghof ... Wer ist denn heut' auf Wach'? – Die Bosniaken – schau'n gut aus – der Oberstleutnant hat neulich g'sagt: Wie wir im 78er Jahr unten waren, hätt' keiner geglaubt, dass uns die einmal so parieren werden! ... Herrgott, bei so was hätt' ich dabei sein mögen! – Da steh'n sie alle auf von der Bank. – Servus, servus! – Das ist halt zuwider, dass unsereiner nicht dazu kommt. – Wär' doch schöner gewesen, auf dem Feld der Ehre, fürs Vaterland, als so ... Ja, Herr Doktor, Sie kommen eigentlich gut weg! ... Ob das nicht einer für mich übernehmen könnt'? – Meiner Seel', das sollt' ich hinterlassen, dass sich der Kopetzky oder der Wymetal an meiner Statt mit dem Kerl schlagen ... Ah, so leicht sollt' der doch nicht davonkommen! – Ah, was! Ist das nicht egal, was nachher geschieht? Ich erfahr's ja doch nimmer! – Da schlagen die Bäume aus ... Im Volksgarten hab' ich einmal eine angesprochen – ein rotes Kleid hat sie angehabt – in der Strozzigasse hat sie gewohnt – nachher hat sie der Rochlitz übernommen ... Mir scheint, er hat sie noch immer, aber er red't nichts mehr davon – er schämt sich vielleicht ... Jetzt schlaft die Steffi noch ... so lieb sieht sie aus, wenn sie schlaft ... als wenn sie nicht bis fünf zählen könnt'! – Na, wenn sie schlafen, schau'n sie alle so aus! – Ich sollt' ihr doch noch ein Wort schreiben ... warum denn nicht? Es tut's ja doch ein jeder, dass er vorher noch Briefe schreibt. – Auch der Klara sollt' ich schreiben, dass sie den Papa und die Mama tröstet – und was man halt so schreibt! – und dem Kopetzky doch auch ... Meiner Seel', mir kommt vor, es wär' viel leichter, wenn man ein paar Leuten Adieu gesagt hätt' ... Und die Anzeige an das Regimentskommando – und die hundertsechzig Gulden für den Ballert ... eigentlich noch viel zu tun ... Na, es hat's mir ja keiner g'schafft, dass ich's um sieben tu' ... von acht an ist noch immer Zeit genug zum Totsein! ... Totsein, ja – so heißt's – da kann man nichts machen ...

Ringstraße – jetzt bin ich ja bald in meinem Kaffeehaus ... Mir scheint gar, ich freu' mich aufs Frühstück ... es ist nicht zum glauben. – Ja, nach dem Frühstück zünd' ich mir eine Zigarr' an, und dann geh' ich nach Haus und schreib' ... Ja, vor allem mach' ich die Anzeige ans Kommando; dann kommt der Brief an die Klara – dann an den Kopetzky – dann an die Steffi ... Was soll ich denn dem Luder schreiben ... »Mein liebes Kind, Du hast wohl nicht gedacht« ... Ah, was, Unsinn! – »Mein liebes Kind, ich danke Dir sehr« ... – »Mein liebes Kind, bevor ich von hinnen gehe, will ich es nicht verabsäumen« ... – Na, Briefschreiben war auch nie meine starke Seite ... »Mein liebes Kind, ein letztes Lebewohl von Deinem Gustl« ... – Die Augen, die sie machen wird! Ist doch ein Glück, dass ich nicht in sie verliebt war ... das muss traurig sein, wenn man eine gern hat und so ... Na, Gustl, sei gut: so ist es auch traurig genug ... Nach der Steffi war' ja noch manche andere gekommen, und am End' auch eine, die was wert ist – junges Mädel aus guter Familie mit Kaution – es wär' ganz schön gewesen ... – Der Klara muss ich ausführlich schreiben, dass ich nicht hab' anders können ... »Du musst mir verzeihen, liebe Schwester, und bitte, tröste auch die lieben Eltern. Ich weiß, dass ich Euch allen manche Sorge gemacht habe und manchen Schmerz bereitet; aber glaube mir, ich habe Euch alle immer sehr lieb gehabt, und ich hoffe, Du wirst noch einmal glücklich werden, meine liebe Klara, und Deinen unglücklichen Bruder nicht ganz vergessen« ... Ah, ich schreib' ihr lieber gar nicht! ... Nein, da wird mir zum Weinen ... es beißt mich ja schon in den Augen, wenn ich d'ran denk' ... Höchstens dem Kopetzky schreib' ich – ein kameradschaftliches Lebewohl, und er soll's den andern ausrichten ... – Ist's schon sechs? – Ah, nein: halb – dreiviertel. – Ist das ein liebes G'sichtel! ... Der kleine Fratz mit den schwarzen Augen, den ich so oft in der Florianigasse treff! – Was die sagen wird? – Aber die weiß ja gar nicht, wer ich bin – die wird sich nur wundern, dass sie mich nimmer sieht ... Vorgestern hab' ich mir vorgenommen, das nächste Mal sprech' ich sie an. – Kokettiert hat sie genug ... so jung war die – am End' war die gar noch eine Unschuld! ... Ja, Gustl! Was du heute kannst besorgen, das verschiebe nicht auf morgen! ... Der da hat sicher auch die ganze Nacht nicht geschlafen. – Na, jetzt wird er schön nach Haus geh'n und sich niederlegen – ich auch! – Haha! Jetzt wird's ernst, Gustl, ja! ... Na, wenn nicht einmal das biss'l Grausen wär', so wär' ja schon gar nichts d'ran – und im Ganzen, ich muss's schon selber sagen, halt' ich mich brav ... Ah, wohin denn noch? Da ist ja schon mein Kaffeehaus ... auskehren tun sie noch ... Na, geh'n wir hinein ...

Da hinten ist der Tisch, wo die immer Tarock spielen ... Merkwürdig, ich kann mir's gar nicht vorstellen, dass der Kerl, der immer da hinten sitzt an der Wand, derselbe sein soll, der mich ... – Kein Mensch ist noch da ... Wo ist denn der Kellner? ... He! Da kommt er aus der Küche ... er schlieft schnell in den Frack hinein ... Ist wirklich nimmer notwendig! ... Ah, für ihn schon ... er muss heut' noch andere Leut' bedienen! –

»Habe die Ehre, Herr Leutnant!«

»Guten Morgen.«

»So früh heute, Herr Leutnant?«

»Ah, lassen S' nur – ich hab' nicht viel Zeit, ich kann mit'm Mantel dasitzen.«

»Was befehlen Herr Leutnant?«

»Eine Melange mit Haut.«

»Bitte gleich, Herr Leutnant!«

Ah, da liegen ja Zeitungen ... schon heutige Zeitungen? ... Ob schon was drinsteht? ... Was denn? – Mir scheint, ich will nachseh'n, ob drinsteht, dass ich mich umgebracht hab'! Haha! – Warum steh' ich denn noch immer? ... Setzen wir uns da zum Fenster ... Er hat mir ja schon die Melange hingestellt ... So, den Vorhang zieh' ich zu; es ist mir zuwider, wenn die Leut' hereingucken ... Es geht zwar noch keiner vorüber ... Ah, gut schmeckt der Kaffee – doch kein leerer Wahn, das Frühstücken! ... Ah, ein ganz anderer Mensch wird man – der ganze Blödsinn ist, dass ich nicht genachtmahlt hab' ... Was steht denn der Kerl schon wieder da? – Ah, die Semmeln hat er mir gebracht ...

»Haben Herr Leutnant schon gehört?« ...

»Was denn?« Ja, um Gotteswillen, weiß der schon was? ... Aber, Unsinn, es ist ja nicht möglich!

»Den Herrn Habetswallner ...«

Was? So heißt ja der Bäckermeister ... was wird der jetzt sagen? ... Ist der am End' schon da gewesen? Ist er am End' gestern schon da gewesen und hat's erzählt? ... Warum red't er denn nicht weiter? ... Aber er red't ja ...

»... hat heut' Nacht um zwölf der Schlag getroffen.«

»Was?« ... Ich darf nicht so schreien ... nein, ich darf mir nichts anmerken lassen ... aber vielleicht träum' ich ... ich muss ihn noch einmal fragen ... »Wen hat der Schlag getroffen?« – Famos, famos! – Ganz harmlos hab' ich das gesagt! –

»Den Bäckermeister, Herr Leutnant! ... Herr Leutnant werd'n ihn ja kennen ... na, den Dicken, der jeden Nachmittag neben die Herren Offiziere seine Tarockpartie hat ... mit'n Herrn Schlesinger und'n Herrn Wasner von der Kunstblumenhandlung vis-à-vis!«

Ich bin ganz wach – stimmt alles – und doch kann ich's noch nicht recht glauben – ich muss ihn noch einmal fragen ... aber ganz harmlos ...

»Der Schlag hat ihn getroffen? ... Ja, wieso denn? Woher wissen S' denn das?«

»Aber Herr Leutnant, wer soll's denn früher wissen, als unsereiner – die Semmel, die der Herr Leutnant da essen, ist ja auch vom Herrn Habetswallner. Der Bub, der uns das Gebäck um halber fünfe in der Früh bringt, hat's uns erzählt.«

Um Himmelswillen, ich darf mich nicht verraten ... ich möcht' ja schreien ... ich möcht' ja lachen ... ich möcht' ja dem Rudolf ein Bussel geben ... Aber ich muss ihn noch was fragen! ... Vom Schlag getroffen werden, heißt noch nicht: tot sein ... ich muss fragen, ob er tot ist ... aber ganz ruhig, denn was geht mich der Bäckermeister an – ich muss in die Zeitung schau'n, während ich den Kellner frag' ...

»Ist er tot?«

»Na, freilich, Herr Leutnant; auf'm Fleck ist er tot geblieben.«

O, herrlich, herrlich! – Am End' ist das alles, weil ich in der Kirchen g'wesen bin ...

»Er ist am Abend im Theater g'wesen; auf der Stiegen ist er umg'fallen – der Hausmeister hat den Krach gehört ... na, und dann haben s' ihn in die Wohnung getragen, und wie der Doktor gekommen ist, war's schon lang' aus.«

»Ist aber traurig. Er war doch noch in den besten Jahren.« – Das hab' ich jetzt famos gesagt – kein Mensch könnt' mir was anmerken ... und ich muss mich wirklich zurückhalten, dass ich nicht schrei' oder aufs Billard spring' ...

»Ja, Herr Leutnant, sehr traurig; war ein so lieber Herr, und zwanzig Jahr' ist er schon zu uns kommen – war ein guter Freund von unserm Herrn. Und die arme Frau ...«

Ich glaub', so froh bin ich in meinem ganzen Leben nicht gewesen ... Tot ist er – tot ist er! Keiner weiß was, und nichts ist g'scheh'n! – Und das Mordsglück, dass ich in das Kaffeehaus gegangen bin ... sonst hätt' ich mich ja ganz umsonst erschossen – es ist doch wie eine Fügung des Schicksals ... Wo ist denn der Rudolf? – Ah, mit dem Feuerburschen red't er ... – Also, tot ist er – tot ist er – ich kann's noch gar nicht glauben! Am liebsten möcht' ich hingeh'n, um's zu seh'n. – Am End' hat ihn der Schlag getroffen aus Wut, aus verhaltenem Zorn ... Ah, warum, ist mir ganz egal! Die Hauptsach' ist: er ist tot, und ich darf leben, und alles g'hört wieder mein! ... Komisch, wie ich mir da immerfort die Semmel einbrock', die mir der Herr Habetswallner gebacken hat! Schmeckt mir ganz gut, Herr von Habetswallner! Famos! – So, jetzt möcht' ich noch ein Zigarrl rauchen ...

»Rudolf! Sie, Rudolf! Sie, lassen S' mir den Feuerburschen dort in Ruh'!«

»Bitte, Herr Leutnant!«

»Trabucco« ... – Ich bin so froh, so froh! ... Was mach' ich denn nur? ... Was mach ich denn nur? ... Es muss ja was gescheh'n, sonst trifft mich auch noch der Schlag vor lauter Freud'! ... In einer Viertelstund' geh' ich hinüber in die Kasern' und lass mich vom Johann kalt abreiben ... um halb acht sind die Gewehrgriff, und um halb zehn ist Exerzieren. – Und der Steffi schreib' ich, sie muss sich für heut' Abend frei machen, und wenn's Graz gilt! Und Nachmittag um vier ... na wart', mein Lieber, wart', mein Lieber! Ich bin grad gut aufgelegt ... Dich hau' ich zu Krenfleisch!

Reichenau, 13. – 17. Juli 1900.

Der blinde Geronimo
und sein Bruder

Der blinde Geronimo stand von der Bank auf und nahm die Gitarre zur Hand, die auf dem Tisch neben dem Weinglase bereitgelegen war. Er hatte das ferne Rollen der ersten Wagen vernommen. Nun tastete er sich den wohlbekannten Weg bis zur offenen Türe hin, und dann ging er die schmalen Holzstufen hinab, die frei in den gedeckten Hofraum hinunterliefen. Sein Bruder folgte ihm, und beide stellten sich gleich neben der Treppe auf, den Rücken zur Wand gekehrt, um gegen den nasskalten Wind geschützt zu sein, der über den feuchtschmutzigen Boden durch die offenen Tore strich.

Unter dem düsteren Bogen des alten Wirtshauses mussten alle Wagen passieren, die den Weg über das Stilfserjoch nahmen. Für die Reisenden, welche von Italien her nach Tirol wollten, war es die letzte Rast vor der Höhe. Zu langem Aufenthalte lud es nicht ein, denn gerade hier lief die Straße ziemlich eben, ohne Ausblicke, zwischen kahlen Erhebungen hin. Der blinde Italiener und sein Bruder Carlo waren in den Sommermonaten hier so gut wie zu Hause.

Die Post fuhr ein, bald darauf kamen andere Wagen. Die meisten Reisenden blieben sitzen, in Plaids und Mäntel wohl eingehüllt, andere stiegen aus und spazierten zwischen den Toren ungeduldig hin und her. Das Wetter wurde immer schlechter, ein kalter Regen klatschte herab. Nach einer Reihe schöner Tage schien der Herbst plötzlich und allzu früh hereinzubrechen.

Der Blinde sang und begleitete sich dazu auf der Gitarre; er sang mit einer ungleichmäßigen, manchmal plötzlich aufkreischenden Stimme, wie immer, wenn er getrunken hatte. Zuweilen wandte er den Kopf wie mit einem Ausdruck vergeblichen Flehens nach oben. Aber die Züge seines Gesichtes mit den schwarzen Bartstoppeln und den bläulichen Lippen blieben vollkommen unbeweglich. Der ältere Bruder stand neben ihm, beinahe regungslos. Wenn ihm jemand eine Münze in den Hut fallen ließ, nickte er Dank und sah dem Spender mit einem raschen, wie irren Blick ins Gesicht. Aber gleich, beinahe ängstlich, wandte er den Blick wieder fort und starrte gleich dem Bruder ins Leere. Es war, als schämten sich seine Augen des Lichts, das ihnen gewährt war, und von dem sie dem blinden Bruder keinen Strahl schenken konnten.

»Bring mir Wein«, sagte Geronimo, und Carlo ging, gehorsam wie immer. Während er die Stufen aufwärts schritt, begann Geronimo wieder zu singen. Er hörte längst nicht mehr auf seine eigene Stimme, und so konnte er auf das merken, was in seiner Nähe vorging. Jetzt vernahm er ganz nahe zwei flüsternde Stimmen, die eines jungen Mannes und einer jungen Frau. Er dachte, wie oft diese beiden schon den gleichen Weg hin und her gegangen sein mochten; denn in seiner Blindheit und in seinem Rausch war ihm manchmal, als kämen Tag für Tag dieselben Menschen über das Joch gewandert, bald von Norden gegen Süden, bald von Süden gegen Norden. Und so kannte er auch dieses junge Paar seit langer Zeit.

Carlo kam herab und reichte Geronimo ein Glas Wein. Der Blinde schwenkte es dem jungen Paare zu und sagte: »Ihr Wohl, meine Herrschaften!«

»Danke«, sagte der junge Mann; aber die junge Frau zog ihn fort, denn ihr war dieser Blinde unheimlich.

Jetzt fuhr ein Wagen mit einer ziemlich lärmenden Gesellschaft ein: Vater, Mutter, drei Kinder, eine Bonne.

»Deutsche Familie«, sagte Geronimo leise zu Carlo.

Der Vater gab jedem der Kinder ein Geldstück, und jedes durfte das seine in den Hut des Bettlers werfen. Geronimo neigte jedes Mal den Kopf zum Dank. Der älteste Knabe sah dem Blinden mit ängstlicher Neugier ins Gesicht. Carlo betrachtete den Knaben. Er musste, wie immer beim Anblick solcher Kinder, daran denken, dass Geronimo gerade so alt gewesen war, als das Unglück geschah, durch das er das Augenlicht verloren hatte. Denn er erinnerte sich jenes Tages auch heute noch, nach beinahe zwanzig Jahren, mit vollkommener Deutlichkeit. Noch heute klang ihm der grelle Kinderschrei ins Ohr, mit dem der kleine Geronimo auf den Rasen hingesunken war, noch heute sah er die Sonne auf der weißen Gartenmauer spielen und kringeln und hörte die Sonntagsglocken wieder, die gerade in jenem Augenblick getönt hatten. Er hatte wie oftmals mit dem Bolzen nach der Esche an der Mauer geschossen, und als er den Schrei hörte, dachte er gleich, dass er den kleinen Bruder verletzt haben musste, der eben vorbeigelaufen war. Er ließ das Blasrohr aus den Händen gleiten, sprang durchs Fenster in den Garten und stürzte zu dem kleinen Bruder hin, der auf dem Grase lag, die Hände vors Gesicht geschlagen, und jammerte. Über die rechte Wange und den Hals floss ihm Blut herunter. In derselben Minute kam der Vater vom Felde heim, durch die kleine Gartentür, und nun knieten beide ratlos neben dem jammernden Kinde. Nachbarn eilten herbei; die alte Vanetti war die Erste, der es gelang, dem Kleinen die Hände vom Gesicht zu entfernen. Dann kam auch der Schmied, bei dem Carlo damals in der Lehre war und der sich ein bisschen aufs Kurieren verstand; und der sah gleich, dass das rechte Auge verloren war. Der Arzt, der abends aus Poschiavo kam, konnte auch nicht mehr helfen. Ja, er deutete schon die Gefahr an, in der das andere Auge schwebte. Und er behielt recht. Ein Jahr später war die Welt für Geronimo in Nacht versunken. Anfangs versuchte man, ihm einzureden, dass er später geheilt werden könnte, und er schien es zu glauben. Carlo, der die Wahrheit wusste, irrte damals tage- und nächtelang auf der Landstraße, zwischen den

Weinbergen und in den Wäldern umher, und war nahe daran, sich umzubringen. Aber der geistliche Herr, dem er sich anvertraute, klärte ihn auf, dass es seine Pflicht war, zu leben und sein Leben dem Bruder zu widmen. Carlo sah es ein. Ein ungeheures Mitleid ergriff ihn. Nur wenn er bei dem blinden Jungen war, wenn er ihm die Haare streicheln, seine Stirne küssen durfte, ihm Geschichten erzählte, ihn auf den Feldern hinter dem Hause und zwischen den Rebengeländen spazieren führte, milderte sich seine Pein. Er hatte gleich anfangs die Lehrstunden in der Schmiede vernachlässigt, weil er sich von dem Bruder gar nicht trennen mochte, und konnte sich nachher nicht mehr entschließen, sein Handwerk wieder aufzunehmen, trotzdem der Vater mahnte und in Sorge war. Eines Tages fiel es Carlo auf, dass Geronimo vollkommen aufgehört hatte, von seinem Unglück zu reden. Bald wusste er, warum: der Blinde war zur Einsicht gekommen, dass er nie den Himmel, die Hügel, die Straßen, die Menschen, das Licht wieder sehen würde. Nun litt Carlo noch mehr als früher, so sehr er sich auch selbst damit zu beruhigen suchte, dass er ohne jede Absicht das Unglück herbeigeführt hatte. Und manchmal, wenn er am frühen Morgen den Bruder betrachtete, der neben ihm ruhte, ward er von einer solchen Angst erfasst, ihn erwachen zu sehen, dass er in den Garten hinauslief, nur um nicht dabei sein zu müssen, wie die toten Augen jeden Tag von Neuem das Licht zu suchen schienen, das ihnen für immer erloschen war. Zu jener Zeit war es, dass Carlo auf den Einfall kam, Geronimo, der eine angenehme Stimme hatte, in der Musik weiter ausbilden zu lassen. Der Schullehrer von Tola, der manchmal Sonntags herüberkam, lehrte ihn die Gitarre spielen. Damals ahnte der Blinde freilich noch nicht, dass die neu erlernte Kunst einmal zu seinem Lebensunterhalt dienen würde.

Mit jenem traurigen Sommertag schien das Unglück für immer in das Haus des alten Lagardi eingezogen zu sein. Die Ernte missriet ein Jahr nach dem anderen, um eine kleine Geldsumme, die der Alte erspart hatte, wurde er von einem Verwandten betrogen; und als er an einem schwülen Augusttag auf freiem Felde vom Schlag getroffen hinsank und starb, hinterließ er nichts als Schulden. Das kleine Anwesen wurde verkauft, die beiden Brüder waren obdachlos und arm und verließen das Dorf.

Carlo war zwanzig, Geronimo fünfzehn Jahre alt. Damals begann das Bettel- und Wanderleben, das sie bis heute führten. Anfangs hatte Carlo daran gedacht, irgendeinen Verdienst zu finden, der zugleich ihn und den Bruder ernähren könnte; aber es wollte nicht gelingen. Auch hatte Geronimo nirgend Ruhe; er wollte immer auf dem Wege sein.

Zwanzig Jahre war es nun, dass sie auf Straßen und Pässen herumzogen, im nördlichen Italien und im südlichen Tirol, immer dort, wo eben der dichtere Zug der Reisenden vorüberströmte.

Und wenn auch Carlo nach so vielen Jahren nicht mehr die brennende Qual verspürte, mit der ihn früher jedes Leuchten der Sonne, der Anblick jeder freundlichen Landschaft erfüllt hatte, es war doch ein stetes nagendes Mitleid in ihm, beständig und ihm unbewusst, wie der Schlag seines Herzens und sein Atem. Und er war froh, wenn Geronimo sich betrank.

Der Wagen mit der deutschen Familie war davongefahren. Carlo setzte sich, wie er gern tat, auf die untersten Stufen der Treppe, Geronimo aber blieb stehen, ließ die Arme schlaff herabhängen und hielt den Kopf nach oben gewandt.

Maria, die Magd, kam aus der Wirtsstube. »Habt's viel verdient heut?«, rief sie herunter. Carlo wandte sich gar nicht um. Der Blinde bückte sich nach seinem Glas, hob es vom Boden auf und trank es Maria zu. Sie saß manchmal abends in der Wirtsstube neben ihm; er wusste auch, dass sie schön war.

Carlo beugte sich vor und blickte gegen die Straße hinaus. Der Wind blies, und der Regen prasselte, sodass das Rollen des nahenden Wagens in den heftigen Geräuschen unterging. Carlo stand auf und nahm wieder seinen Platz an des Bruders Seite ein.

Geronimo begann zu singen, schon während der Wagen einfuhr, in dem nur ein Passagier saß. Der Kutscher spannte die Pferde eilig aus, dann eilte er hinauf in die Wirtsstube. Der Reisende blieb eine Weile in seiner Ecke sitzen, ganz eingewickelt in einen grauen Regenmantel; er schien auf den Gesang gar nicht zu hören. Nach einer Weile aber sprang er aus dem Wagen und lief mit großer Hast hin und her, ohne sich weit vom Wagen zu entfernen. Er rieb immerfort die Hände aneinander, um sich zu erwärmen. Jetzt erst schien er die Bettler zu bemerken. Er stellte sich ihnen gegenüber und sah sie lange wie prüfend an. Carlo neigte leicht den Kopf, wie zum Gruße. Der Reisende war ein sehr junger Mensch mit einem hübschen, bartlosen Gesicht und unruhigen Augen. Nachdem er eine ganze Weile vor den Bettlern gestanden, eilte er wieder zu dem Tore, durch das er weiterfahren sollte, und schüttelte bei dem trostlosen Ausblick in Regen und Nebel verdrießlich den Kopf.

»Nun?«, fragte Geronimo.

»Noch nichts«, erwiderte Carlo. »Er wird wohl geben, wenn er fortfährt.«

Der Reisende kam wieder zurück und lehnte sich an die Deichsel des Wagens. Der Blinde begann zu singen. Nun schien der junge Mann plötzlich mit großem Interesse zuzuhören. Der Knecht erschien und spannte die Pferde wieder ein. Und jetzt erst, als besänne er sich eben, griff der junge Mann in die Tasche und gab Carlo einen Franc.

»O danke, danke«, sagte dieser.

Der Reisende setzte sich in den Wagen und wickelte sich wieder in seinen Mantel. Carlo nahm das Glas vom Boden auf und ging die Holzstufen hinauf. Geronimo sang weiter. Der Reisende beugte sich zum Wagen heraus und schüttelte den Kopf mit einem Ausdruck von Überlegenheit und Traurigkeit zugleich. Plötzlich schien ihm ein Einfall zu kommen, und er lächelte. Dann sagte er zu dem Blinden, der kaum zwei Schritte weit von ihm stand: »Wie heißt du?«

»Geronimo.«

»Nun, Geronimo, lass dich nur nicht betrügen.«

In diesem Augenblick erschien der Kutscher auf der obersten Stufe der Treppe. »Wieso, gnädiger Herr, betrügen?«

»Ich habe deinem Begleiter ein Zwanzig-Francstück gegeben.«

»O Herr, Dank, Dank!«

»Ja; also pass auf.«

»Er ist mein Bruder, Herr; er betrügt mich nicht.«

Der junge Mann stutzte eine Weile, aber während er noch überlegte, war der Kutscher auf den Bock gestiegen und hatte die Pferde angetrieben. Der junge Mann lehnte sich zurück mit einer Bewegung des Kopfes, als wolle er sagen: Schicksal, nimm deinen Lauf!, und der Wagen fuhr davon.

Der Blinde winkte mit beiden Händen lebhafte Gebärden des Dankes nach. Jetzt hörte er Carlo, der eben aus der Wirtsstube kam. Der rief herunter: »Komm, Geronimo, es ist warm heroben, Maria hat Feuer gemacht!«

Geronimo nickte, nahm die Gitarre unter den Arm und tastete sich am Geländer die Stufen hinauf. Auf der Treppe schon rief er: »Lass es mich anfühlen! Wie lang hab' ich schon kein Goldstück angefühlt!«

»Was gibt's?«, fragte Carlo. »Was redest du da?«

Geronimo war oben und griff mit beiden Händen nach dem Kopf seines Bruders, ein Zeichen, mit dem er stets Freude oder Zärtlichkeit auszudrücken pflegte. »Carlo, mein lieber Bruder, es gibt doch gute Menschen!«

»Gewiss«, sagte Carlo. »Bis jetzt sind es zwei Lire und dreißig Zentesimi; und hier ist noch österreichisches Geld, vielleicht eine halbe Lira.«

»Und zwanzig Franken – und zwanzig Franken!«, rief Geronimo. »Ich weiß es ja!« Er torkelte in die Stube und setzte sich schwer auf die Bank.

»Was weißt du?«, fragte Carlo.

»So lass doch die Späße! Gib es mir in die Hand! Wie lang hab' ich schon kein Goldstück in der Hand gehabt!«

»Was willst du denn? Woher soll ich ein Goldstück nehmen? Es sind zwei Lire oder drei.«

Der Blinde schlug auf den Tisch. »Jetzt ist es aber genug, genug! Willst du es etwa vor mir verstecken?«

Carlo blickte den Bruder besorgt und verwundert an. Er setzte sich neben ihn, rückte ganz nahe und fasste wie begütigend seinen Arm: »Ich verstecke nichts vor dir. Wie kannst du das glauben? Niemandem ist es eingefallen, mir ein Goldstück zu geben.«

»Aber er hat mir's doch gesagt!«

»Wer?«

»Nun, der junge Mensch, der hin- und herlief.«

»Wie? Ich versteh' dich nicht!«

»So hat er zu mir gesagt: ›Wie heißt du?‹ und dann: ›Gib acht, gib acht, lass dich nicht betrügen!‹«

»Du musst geträumt haben, Geronimo – das ist ja Unsinn!«

»Unsinn? Ich hab' es doch gehört, und ich höre gut. ›Lass dich nicht betrügen; ich habe ihm ein Goldstück ...‹ – nein, so sagte er: ›Ich habe ihm ein Zwanzig-Frankstück gegeben.‹«

Der Wirt kam herein. »Nun, was ist's mit euch? Habt ihr das Geschäft aufgegeben? Ein Vierspänner ist gerade angefahren.«

»Komm!«, rief Carlo, »komm!«

Geronimo blieb sitzen. »Warum denn? Warum soll ich kommen? Was hilft's mir denn? Du stehst ja dabei und –«

Carlo berührte ihn am Arm. »Still, komm jetzt hinunter!«

Geronimo schwieg und gehorchte dem Bruder. Aber auf den Stufen sagte er: »Wir reden noch, wir reden noch!«

Carlo begriff nicht, was geschehen war. War Geronimo plötzlich verrückt geworden? Denn, wenn er auch leicht in Zorn geriet, in dieser Weise hatte er noch nie gesprochen.

In dem eben angekommenen Wagen saßen zwei Engländer; Carlo lüftete den Hut vor ihnen, und der Blinde sang. Der eine Engländer war ausgestiegen und warf einige Münzen in Carlos Hut. Carlo sagte: »Danke« und dann, wie vor sich hin: »Zwanzig Zentisimi.« Das Gesicht Geronimos blieb unbewegt; er begann ein neues Lied. Der Wagen mit den zwei Engländern fuhr davon. Die Brüder gingen schweigend die Stufen hinauf. Geronimo setzte sich auf die Bank, Carlo blieb beim Ofen stehen. »Warum sprichst du nicht?«, fragte Geronimo.

»Nun«, erwiderte Carlo, »es kann nur so sein, wie ich dir gesagt habe.« Seine Stimme zitterte ein wenig.

»Was hast du gesagt?«, fragte Geronimo.

»Es war vielleicht ein Wahnsinniger.«

»Ein Wahnsinniger? Das wäre ja vortrefflich! Wenn einer sagt: ›Ich habe deinem Bruder zwanzig Franken gegeben‹, so ist er wahnsinnig! – Eh, und warum hat er gesagt: ›Lass dich nicht betrügen‹ – eh?«

»Vielleicht war er auch nicht wahnsinnig … aber es gibt Menschen, die mit uns armen Leuten Späße machen …«

»Eh!«, schrie Geronimo, »Späße? Ja, das hast du noch sagen müssen – darauf habe ich gewartet!« Er trank das Glas Wein aus, das vor ihm stand.

»Aber, Geronimo!«, rief Carlo, und er fühlte, dass er vor Bestürzung kaum sprechen konnte, »warum sollte ich ... wie kannst du glauben ...?«

»Warum zittert deine Stimme ... eh ... warum ...?«

»Geronimo, ich versichere dir, ich –«

»Eh – und ich glaube dir nicht! Jetzt lachst du ... ich weiß ja, dass du jetzt lachst!«

Der Knecht rief von unten: »He, blinder Mann, Leut' sind da!« Ganz mechanisch standen die Brüder auf und schritten die Stufen hinab. Zwei Wagen waren zugleich gekommen, einer mit drei Herren, ein anderer mit einem alten Ehepaar. Geronimo sang; Carlo stand neben ihm, fassungslos. Was sollte er nur tun? Der Bruder glaubte ihm nicht! Wie war das nur möglich? – Und er betrachtete Geronimo, der mit zerbrochener Stimme seine Lieder sang, angstvoll von der Seite. Es war ihm, als sähe er über diese Stirne Gedanken fliegen, die er früher dort niemals gewahrt hatte.

Die Wagen waren schon fort, aber Geronimo sang weiter. Carlo wagte nicht, ihn zu unterbrechen. Er wusste nicht, was er sagen sollte, er fürchtete, dass seine Stimme wieder zittern würde. Da tönte Lachen von oben, und Maria rief: »Was singst denn noch immer? Von mir kriegst du ja doch nichts!«

Geronimo hielt inne, mitten in einer Melodie; es klang, als wäre seine Stimme und die Saiten zugleich abgerissen. Dann ging er wieder die Stufen hinauf, und Carlo folgte ihm. In der Wirtsstube setzte er sich neben ihn. Was sollte er tun? Es blieb ihm nichts anderes übrig: er musste noch einmal versuchen, den Bruder aufzuklären. »Geronimo«, sagte er, »ich schwöre dir ... bedenk doch, Geronimo, wie kannst du glauben, dass ich –«

Geronimo schwieg, seine toten Augen schienen durch das Fenster in den grauen Nebel hinauszublicken. Carlo redete weiter: »Nun, er braucht ja nicht wahnsinnig gewesen zu sein, er wird sich geirrt haben ... ja, er hat sich geirrt ....« Aber er fühlte wohl, dass er selbst nicht glaubte, was er sagte.

Geronimo rückte ungeduldig fort. Aber Carlo redete weiter, mit plötzlicher Lebhaftigkeit: »Wozu sollte ich denn – du weißt doch, ich esse und trinke nicht mehr als du, und wenn ich mir einen neuen Rock kaufe, so weißt du's doch ... wofür brauch' ich denn soviel Geld? Was soll ich denn damit tun?«

Da stieß Geronimo zwischen den Zähnen hervor: »Lüg nicht, ich höre, wie du lügst!«

»Ich lüge nicht, Geronimo, ich lüge nicht!«, sagte Carlo erschrocken.

»Eh! hast du ihr's schon gegeben, ja? Oder bekommt sie's erst nachher?«, schrie Geronimo.

»Maria?«

»Wer denn, als Maria? Eh, du Lügner, du Dieb!« Und als wollte er nicht mehr neben ihm am Tische sitzen, stieß er mit dem Ellbogen den Bruder in die Seite.

Carlo stand auf. Zuerst starrte er den Bruder an, dann verließ er das Zimmer und ging über die Stiege in den Hof. Er schaute mit weit offenen Augen auf die Straße hinaus, die vor ihm in bräunlichen Nebel versank. Der Regen hatte nachgelassen. Carlo steckte die Hände in die Hosentaschen und ging ins Freie. Es war ihm, als hätte ihn sein Bruder davongejagt. Was war denn nur geschehen? ... Er konnte es noch immer nicht fassen. Was für ein Mensch mochte das gewesen sein? Einen Franken schenkt er her und sagt, es waren zwanzig! Er musste doch irgendeinen Grund dazu gehabt haben? ... Und Carlo suchte in seiner Erinnerung, ob er sich nicht irgendwo jemanden zum Feind gemacht, der nun einen anderen hergeschickt hatte, um sich zu rächen ... Aber soweit er zurückdenken mochte, nie hatte er jemanden beleidigt, nie irgendeinen ernsten Streit mit jemandem vorgehabt. Er hatte ja seit zwanzig Jahren nichts anderes getan, als dass er in Höfen oder an Straßenrändern gestanden war mit dem Hut in der Hand ... War ihm vielleicht einer wegen eines Frauenzimmers böse? ... Aber wie lange hatte er schon mit keiner was zu tun gehabt ... die Kellnerin in La Rosa war die Letzte gewesen, im vorigen Frühjahr ... aber um die war ihm gewiss niemand neidisch ... Es war nicht zu begreifen! ... Was mochte es da draußen in der Welt, die er nicht kannte, für Menschen geben? ... Von überall her kamen sie ... was wusste er von ihnen? ... Für diesen Fremden hatte es wohl irgendeinen Sinn gehabt, dass er zu Geronimo sagte: Ich habe deinem Bruder zwanzig Franken gegeben ... Nun ja ... Aber was war nun zu tun? ... Mit einem Mal war es offenbar geworden, dass Geronimo ihm misstraute! ... Das konnte er nicht ertragen! Irgendetwas musste er dagegen unternehmen ... Und er eilte zurück.

Als er wieder in die Wirtsstube trat, lag Geronimo auf der Bank ausgestreckt und schien das Eintreten Carlos nicht zu bemerken. Maria brachte den beiden Essen und Trinken. Sie sprachen während der Mahlzeit kein Wort. Als Maria die Teller abräumte, lachte Geronimo plötzlich auf und sagte zu ihr:

»Was wirst du dir denn dafür kaufen?«

»Wofür denn?«

»Nun, was? Einen neuen Rock oder Ohrringe?«

»Was will er denn von mir?«, wandte sie sich an Carlo.

Indes dröhnte unten der Hof von lastenbeladenen Fuhrwerken, laute Stimmen tönten herauf und Maria eilte hinunter. Nach ein paar Minuten kamen drei Fuhrleute und nahmen an einem Tische Platz; der Wirt trat zu ihnen und begrüßte sie. Sie schimpften über das schlechte Wetter.

»Heute Nacht werdet ihr Schnee haben«, sagte der eine.

Der zweite erzählte, wie er vor zehn Jahren Mitte August auf dem Joch eingeschneit und beinahe erfroren war. Maria setzte sich zu ihnen. Auch der Knecht kam herbei und erkundigte sich nach seinen Eltern, die unten in Bormio wohnten.

Jetzt kam wieder ein Wagen mit Reisenden. Geronimo und Carlo gingen hinunter, Geronimo sang, Carlo hielt den Hut hin, und die Reisenden gaben ihr Almosen. Geronimo schien jetzt ganz ruhig. Er fragte manchmal: »Wie viel?« und nickte zu den Antworten Carlos leicht mit dem Kopfe. Indes versuchte Carlo selbst seine Gedanken zu fassen. Aber er hatte immer nur das dumpfe Gefühl, dass etwas Schreckliches geschehen und dass er ganz wehrlos war.

Als die Brüder wieder die Stufen hinaufschritten, hörten sie die Fuhrleute oben wirr durcheinander reden und lachen. Der jüngste rief dem Geronimo entgegen: »Sing uns doch auch was vor, wir zahlen schon! – Nicht wahr?«, wandte er sich an die anderen.

Maria, die eben mit einer Flasche rotem Wein kam, sagte: »Fangt heut nichts mit ihm an, er ist schlechter Laune.«

Statt jeder Antwort stellte sich Geronimo mitten ins Zimmer hin und fing an zu singen. Als er geendet, klatschten die Fuhrleute in die Hände.

»Komm her, Carlo!«, rief einer, »wir wollen dir unser Geld auch in den Hut werfen wie die Leute unten!« Und er nahm eine kleine Münze und hielt die Hand hoch, als wollte er sie in den Hut fallen lassen, den ihm Carlo entgegenstreckte. Da griff der Blinde nach dem Arm des Fuhrmannes und sagte: »Lieber mir, lieber mir! Es könnte daneben fallen – daneben!«

»Wieso daneben?«

»Eh, nun! Zwischen die Beine Marias!«

Alle lachten, der Wirt und Maria auch, nur Carlo stand regungslos da. Nie hatte Geronimo solche Späße gemacht! ...

»Setz dich zu uns!«, riefen die Fuhrleute. »Du bist ein lustiger Kerl!« Und sie rückten zusammen, um Geronimo Platz zu machen. Immer lauter und wirrer war das Durcheinanderreden; Geronimo redete mit, lauter und lustiger als sonst, und hörte nicht auf zu trinken. Als Maria eben wieder hereinkam, wollte er sie an sich ziehen; da sagte der eine von den Fuhrleuten lachend:

»Meinst du vielleicht, sie ist schön? Sie ist ja ein altes hässliches Weib!«

Aber der Blinde zog Maria auf seinen Schoß. »Ihr seid alle Dummköpfe«, sagte er. »Glaubt ihr, ich brauche meine Augen, um zu sehen? Ich weiß auch, wo Carlo jetzt ist – eh! – dort am Ofen steht er, hat die Hände in den Hosentaschen und lacht.«

Alle schauten auf Carlo, der mit offenem Munde am Ofen lehnte und nun wirklich das Gesicht zu einem Grinsen verzog, als dürfte er seinen Bruder nicht Lügen strafen.

Der Knecht kam herein; wenn die Fuhrleute noch vor Dunkelheit in Bormio sein wollten, mussten sie sich beeilen. Sie standen auf und verabschiedeten sich lärmend. Die beiden Brüder waren wieder allein in der Wirtsstube. Es war die Stunde, um die sie sonst manchmal zu schlafen pflegten. Das ganze Wirtshaus versank in Ruhe wie immer um diese Zeit der ersten Nachmittagsstunden. Geronimo, den Kopf auf dem Tisch, schien zu schlafen. Carlo ging anfangs hin und her, dann setzte er sich auf die Bank. Er war sehr müde. Es schien ihm, als wäre er in einem schweren Traum befangen. Er musste an allerlei denken, an gestern, vorgestern und alle Tage, die früher waren, und besonders an warme Sommertage und an weiße Landstraßen, über die er mit seinem Bruder zu wandern pflegte, und alles war so weit und unbegreiflich, als wenn es nie wieder so sein könnte.

Am späten Nachmittage kam die Post aus Tirol und bald darauf in kleinen Zwischenpausen Wagen, die den gleichen Weg nach dem Süden nahmen. Noch viermal mussten die Brüder in den Hof hinab. Als sie das letzte Mal heraufgingen, war die Dämmerung hereingebrochen, und das Öllämpchen, das von der Holzdecke herunterhing, fauchte. Arbeiter kamen, die in einem nahen Steinbruche beschäftigt waren und ein paar Hundert Schritte unterhalb des Wirtshauses ihre Holzhütten aufgeschlagen hatten. Geronimo setzte sich zu ihnen; Carlo blieb allein an seinem Tische. Es war ihm, als dauerte seine Einsamkeit schon sehr lange. Er hörte, wie Geronimo drüben laut, beinahe schreiend, von seiner Kindheit erzählte: dass er sich noch ganz gut an allerlei erinnerte, was er mit seinen Augen gesehen, Personen und Dinge: an den Vater, wie er auf dem Felde arbeitete, an den kleinen Garten mit der Esche an der Mauer, an das niedrige Häuschen, das ihnen gehörte, an die zwei kleinen Töchter des Schusters, an den Weinberg hinter der Kirche, ja an sein eigenes Kindergesicht, wie es ihm aus dem Spiegel entgegengeblickt hatte. Wie oft hatte Carlo das alles gehört. Heute ertrug er es nicht. Es klang anders als sonst: jedes Wort, das Geronimo sprach, bekam einen neuen Sinn und schien sich gegen ihn zu richten. Er schlich hinaus und ging wieder auf die Landstraße, die nun ganz im Dunkel lag. Der Regen hatte aufgehört, die Luft war sehr kalt, und der Gedanke erschien Carlo beinahe verlockend, weiterzugehen, immer weiter, tief in die Finsternis hinein, sich am Ende irgendwohin in den Straßengraben zu legen, einzuschlafen, nicht mehr zu erwachen. – Plötzlich hörte er das Rollen eines Wagens und erblickte den Lichtschimmer von zwei Laternen, die immer näher kamen. In dem Wagen, der vorüberfuhr, saßen zwei Herren. Einer von ihnen mit einem schmalen, bartlosen Gesichte fuhr erschrocken zusammen, als Carlos Gestalt im Lichte der Laternen aus dem Dunkel hervortauchte. Carlo, der stehen geblieben war, lüftete den Hut. Der Wagen und die Lichter verschwanden. Carlo stand wieder in tiefer Finsternis. Plötzlich schrak er zusammen. Das erste Mal in seinem Leben machte ihm das Dunkel Angst. Es war ihm, als könnte er es keine Minute länger ertragen. In einer sonderbaren Art vermengten sich in seinem dumpfen Sinnen die Schauer, die er für sich selbst empfand, mit einem quälenden Mitleid für den blinden Bruder und jagten ihn nach Hause.

Als er in die Wirtsstube trat, sah er die beiden Reisenden, die vorher an ihm vorbeigefahren waren, bei einer Flasche Rotwein an einem Tische sitzen und sehr angelegentlich miteinander reden. Sie blickten kaum auf, als er eintrat.

An dem anderen Tische saß Geronimo wie früher unter den Arbeitern.

»Wo steckst du denn, Carlo?«, sagte ihm der Wirt schon an der Tür. »Warum lässt du deinen Bruder allein?«

»Was gibt's denn?«, fragte Carlo erschrocken.

»Geronimo traktiert die Leute. Mir kann's ja egal sein, aber ihr solltet doch denken, dass bald wieder schlechtere Zeiten kommen.«

Carlo trat rasch zu dem Bruder und fasste ihn am Arme. »Komm!«, sagte er.

»Was willst du?«, schrie Geronimo.

»Komm zu Bett«, sagte Carlo.

»Lass mich, lass mich! *Ich* verdiene das Geld ich kann mit meinem Gelde tun, was ich will – eh! – alles kannst du ja doch nicht einstecken! Ihr meint wohl, er gibt mir alles! O nein! Ich bin ja ein blinder Mann! Aber es gibt Leute – es gibt gute Leute, die sagen mir: ›Ich habe deinem Bruder zwanzig Franken gegeben!‹«

Die Arbeiter lachten auf.

»Es ist genug«, sagte Carlo, »komm!« Und er zog den Bruder mit sich, schleppte ihn beinah die Treppe hinauf bis in den kahlen Bodenraum, wo sie ihr Lager hatten. Auf dem ganzen Wege schrie Geronimo: »Ja, nun ist es an den Tag gekommen, ja, nun weiß ich's! Ah, wartet nur. Wo ist sie? Wo ist Maria? Oder legst du's ihr in die Sparkassa? – Eh, ich singe für dich, ich spiele Gitarre, von mir lebst du – und du bist ein Dieb!« Er fiel auf den Strohsack hin.

Vom Gang her schimmerte ein schwaches Licht herein; drüben stand die Tür zu dem einzigen Fremdenzimmer des Wirtshauses offen, und Maria richtete die Betten für die Nachtruhe her. Carlo stand vor seinem Bruder und sah ihn daliegen mit dem gedunsenen Gesicht, mit den bläulichen Lippen, das feuchte Haar an der Stirne klebend, um viele Jahre älter aussehend, als er war. Und langsam begann er zu verstehen. Nicht von heute konnte das Misstrauen des Blinden sein, längst musste es in ihm geschlummert haben, und nur der Anlass, vielleicht der Mut hatte ihm gefehlt, es auszusprechen. Und alles, was Carlo für ihn getan, war vergeblich gewesen; vergeblich die Reue, vergeblich das Opfer seines ganzen Lebens. Was sollte er nun tun? – Sollte er noch weiterhin Tag für Tag, wer weiß wie lange noch, ihn durch die ewige Nacht fuhren, ihn betreuen, für ihn betteln und keinen anderen Lohn dafür haben als Misstrauen und Schimpf? Wenn ihn der Bruder für einen Dieb hielt, so konnte ihm ja jeder Fremde dasselbe oder Besseres leisten als er. Wahrhaftig, ihn allein lassen, sich für immer von ihm trennen, das wäre das Klügste. Dann musste Geronimo wohl sein Unrecht einsehen, denn dann erst würde er erfahren, was es heißt, betrogen und bestohlen werden, einsam und elend sein. Und er selbst, was sollte er beginnen? Nun, er war ja noch nicht alt; wenn er für sich allein war, konnte er noch mancherlei anfangen. Als Knecht zum mindesten fand er überall sein Unterkommen. Aber während diese Gedanken durch seinen Kopf zogen, blieben seine Augen immer auf den Bruder geheftet. Und er sah ihn plötzlich vor sich, allein am Rande einer sonnbeglänzten Straße auf einem Stein sitzen, mit den weit offenen, weißen Augen zum Himmel starrend, der ihn nicht blenden konnte, und mit den Händen in die Nacht greifend, die immer um ihn war. Und er fühlte, so wie der Blinde niemand anderen auf der Welt hatte als ihn, so hatte auch er niemand anderen als diesen Bruder. Er verstand, dass die Liebe zu diesem Bruder der ganze Inhalt seines Lebens war, und wusste zum ersten Male mit völliger Deutlichkeit, nur der Glaube, dass der Blinde diese Liebe erwiderte und ihm verziehen, hatte ihn alles Elend so geduldig tragen lassen. Er konnte auf diese Hoffnung nicht mit einem Male verzichten. Er fühlte, dass er den Bruder gerade so notwendig brauchte als der Bruder ihn. Er konnte nicht, er wollte ihn nicht verlassen. Er musste entweder das Misstrauen erdulden oder ein Mittel finden, um den Blinden von der Grundlosigkeit seines Verdachtes zu überzeugen ... Ja, wenn er sich irgendwie das Goldstück verschaffen könnte! Wenn er dem Blinden morgen Früh sagen könnte: »Ich habe es nur aufbewahrt, damit du's nicht mit den Arbeitern vertrinkst, damit es dir die Leute nicht stehlen« ... oder sonst irgendetwas ...

Schritte näherten sich auf der Holztreppe; die Reisenden gingen zur Ruhe. Plötzlich durchzuckte seinen Kopf der Einfall, drüben anzuklopfen, den Fremden wahrheitsgetreu den heutigen Vorfall zu erzählen und sie um die zwanzig Franken zu bitten. Aber er wusste auch gleich: das war vollkommen aussichtslos! Sie würden ihm die ganze Geschichte nicht einmal glauben. Und er erinnerte sich jetzt, wie erschrocken der eine blasse zusammengefahren war, als er, Carlo, plötzlich im Dunkel vor dem Wagen aufgetaucht war.

Er streckte sich auf den Strohsack hin. Es war ganz finster im Zimmer. Jetzt hörte er, wie die Arbeiter laut redend und mit schweren Schritten über die Holzstufen hinabgingen. Bald darauf wurden beide Tore geschlossen. Der Knecht ging noch einmal die Treppe auf und ab, dann war es ganz still. Carlo hörte nur mehr das Schnarchen Geronimos. Bald verwirrten sich seine Gedanken in beginnenden Träumen. Als er erwachte, war noch tiefe Dunkelheit um ihn. Er sah nach der Stelle, wo das Fenster war; wenn er die Augen anstrengte, gewahrte er dort mitten in dem undurchdringlichen Schwarz ein tiefgraues Viereck. Geronimo schlief noch immer den schweren Schlaf des Betrunkenen. Und Carlo dachte an den Tag, der morgen war; und ihn schauderte. Er dachte an die Nacht nach diesem Tage, an den Tag nach dieser Nacht, an die Zukunft, die vor ihm lag, und Grauen erfüllte ihn vor der Einsamkeit, die ihm bevorstand. Warum war er abends nicht mutiger gewesen? Warum war er nicht zu den Fremden gegangen und hatte sie um die zwanzig Franken gebeten? Vielleicht hätten sie doch Erbarmen mit ihm gehabt. Und doch – vielleicht war es gut, dass er sie nicht gebeten hatte. Ja, warum war es gut? ... Er setzte sich jäh auf und fühlte sein Herz klopfen. Er wusste, warum es gut war: Wenn sie ihn abgewiesen hätten, so wäre er ihnen jedenfalls verdächtig geblieben – so aber ... Er starrte auf den grauen Fleck, der matt zu leuchten begann ... Das, was ihm gegen seinen eigenen Willen durch den Kopf gefahren, war ja unmöglich, vollkommen unmöglich! ... Die Tür drüben war versperrt – und überdies: sie konnten aufwachen ... Ja, dort – der graue leuchtende Fleck mitten im Dunkel war der neue Tag – – –

Carlo stand auf, als zöge es ihn dorthin, und berührte mit der Stirn die kalte Scheibe. Warum war er denn aufgestanden? Um zu überlegen? ... Um es zu versuchen? ... Was denn? ... Es war ja unmöglich – und überdies war es ein Verbrechen. Ein Verbrechen? Was bedeuten zwanzig Franken für solche Leute, die zum Vergnügen tausend Meilen weit reisen? Sie würden ja gar nicht merken, dass sie ihnen fehlten ... Er ging zur Türe und öffnete sie leise. Gegenüber war die andere, mit zwei Schritten zu erreichen, geschlossen. An einem Nagel im Pfosten hingen Kleidungsstücke. Carlo fuhr mit der Hand über sie ... Ja, wenn die Leute ihre Börsen in der Tasche ließen, dann wäre das Leben sehr einfach, dann brauchte bald niemand mehr betteln zu gehen ... Aber die Taschen waren leer. Nun, was blieb übrig? Wieder zurück ins Zimmer, auf den Strohsack. Es gab vielleicht doch eine bessere Art, sich zwanzig Franken zu verschaffen – eine weniger gefährliche und rechtlichere. Wenn er wirklich jedes Mal einige Zentesimi von den Almosen zurückbehielte, bis er zwanzig Franken zusammengespart, und dann das Goldstück kaufte ... Aber wie lang konnte das dauern – Monate, vielleicht ein Jahr. Ah, wenn er nur Mut hätte! Noch immer stand er auf dem Gang. Er blickte zur Tür hinüber ... Was war das für ein Streif, der senkrecht von oben auf den Fußboden fiel? War es möglich? Die Tür war nur angelehnt, nicht versperrt? ... Warum staunte er denn darüber? Seit Monaten schon schloss die Tür nicht. Wozu auch? Er erinnerte sich: nur dreimal hatten hier in diesem Sommer Leute geschlafen, zweimal Handwerksburschen und einmal ein Tourist, der sich den Fuß verletzt hatte. Die Tür schließt nicht – er braucht jetzt nur Mut – ja, und Glück! Mut? Das Schlimmste, was ihm geschehen kann, ist, dass die beiden aufwachen, und da kann er noch immer eine Ausrede finden. Er lugt durch den Spalt ins Zimmer. Es ist noch so dunkel, dass er eben nur die Umrisse von zwei auf den Betten lagernden Gestalten gewahren kann. Er horcht auf: sie atmen ruhig und gleichmäßig. Carlo öffnet die Tür leicht und tritt mit seinen nackten Füßen völlig geräuschlos ins Zimmer. Die beiden Betten stehen der Länge nach an der gleichen Wand dem Fenster gegenüber. In der Mitte des Zimmers ist ein Tisch; Carlo schleicht bis hin. Er fährt mit der Hand über die Fläche und fühlt einen Schlüsselbund, ein Federmesser, ein kleines Buch – weiter nichts ... Nun natürlich! ... Dass er nur daran denken konnte, sie würden ihr Geld auf den Tisch legen! Ah, nun kann er gleich wieder fort! ... Und doch, vielleicht braucht es nur einen guten Griff und es ist geglückt ... Und er nähert sich dem Bett neben der Tür; hier auf dem Sessel liegt etwas – er fühlt danach – es ist ein Revolver ... Carlo zuckt zusammen ... Ob er ihn nicht lieber gleich behalten sollte? Denn warum hat dieser Mensch den Revolver bereitliegen? Wenn er erwacht und ihn bemerkt ... Doch nein, er würde ja sagen: Es ist drei Uhr, gnädiger Herr, aufstehn! ... Und er lässt den Revolver liegen.

Und er schleicht tiefer ins Zimmer. Hier auf dem anderen Sessel unter den Wäschestücken ... Himmel! das ist sie ... das ist eine Börse – er hält sie in der Hand! ... In diesem Moment hört er ein leises Krachen. Mit einer raschen Bewegung streckt er sich der Länge nach zu Füßen des Bettes hin ... Noch einmal dieses Krachen – ein schweres Aufatmen – ein Räuspern – dann wieder Stille, tiefe Stille. Carlo bleibt auf dem Boden liegen, die Börse in der Hand, und wartet. Es rührt sich nichts mehr. Schon fällt der Dämmer blass ins Zimmer herein. Carlo wagt nicht aufzustehen, sondern kriecht auf dem Boden vorwärts bis zur Tür, die weit genug offen steht, um ihn durchzulassen, kriecht weiter bis auf den Gang hinaus, und hier erst erhebt er sich langsam, mit einem tiefen Atemzug. Er öffnet die Börse; sie ist dreifach geteilt: links und rechts nur kleine Silberstücke. Nun öffnet Carlo den mittleren Teil, der durch einen Schieber nochmals verschlossen ist, und fühlt drei Zwanzigfrankenstücke. Einen Augenblick denkt er daran, zwei davon zu nehmen, aber rasch weist er diese Versuchung von sich, nimmt nur ein Goldstück heraus und schließt die Börse zu. Dann kniet er nieder, blickt durch die Spalte in die Kammer, in der es wieder völlig still ist, und dann gibt er der Börse einen Stoß, sodass sie bis unter das zweite Bett gleitet. Wenn der Fremde aufwacht, wird er glauben müssen, dass sie vom Sessel heruntergefallen ist. Carlo erhebt sich langsam. Da knarrt der Boden leise, und im gleichen Augenblick hört er eine Stimme von drinnen: »Was ist's? Was gibt's denn?« Carlo macht rasch zwei Schritte rückwärts, mit verhaltenem Atem, und gleitet in seine eigene Kammer. Er ist in Sicherheit und lauscht ... Noch einmal kracht drüben das Bett, und dann ist alles still. Zwischen seinen Fingern hält er das Goldstück. Es ist gelungen – gelungen! Er hat die zwanzig Franken, und er kann seinem Bruder sagen: ›Siehst du nun, dass ich kein Dieb bin!‹ Und sie werden sich noch heute auf die Wanderschaft machen – gegen den Süden zu, nach Bormio, dann weiter durchs Veltlin ... dann nach Tirano ... nach Edole ... nach Breno ... an den See von Iseo wie voriges Jahr ... Das wird durchaus nicht verdächtig sein, denn schon vorgestern hat er selbst zum Wirt gesagt: »In ein paar Tagen gehen wir hinunter.«

Immer lichter wird es, das ganze Zimmer liegt in grauem Dämmer da. Ah, wenn Geronimo nur bald aufwachte! Es wandert sich so gut in der Frühe! Noch vor Sonnenaufgang werden sie fortgehen ... Einen guten Morgen dem Wirt, dem Knecht und Maria auch, und dann fort, fort ... Und erst wenn sie zwei Stunden weit sind, schon nahe dem Tale, wird er es Geronimo sagen.

Geronimo reckt und dehnt sich. Carlo ruft ihn an: »Geronimo!«

»Nun, was gibt's?« Und er stützt sich mit beiden Händen und setzt sich auf.

»Geronimo, wir wollen aufstehen.«

»Warum?« Und er richtet die toten Augen auf den Bruder. Carlo weiß, dass Geronimo sich jetzt des gestrigen Vorfalles besinnt, aber er weiß auch, dass der keine Silbe darüber reden wird, ehe er wieder betrunken ist. »Es ist kalt, Geronimo, wir wollen fort. Es wird heuer nicht mehr besser; ich denke, wir gehen. Zu Mittag können wir in Boladore sein.«

Geronimo erhob sich. Die Geräusche des erwachenden Hauses wurden vernehmbar. Unten im Hof sprach der Wirt mit dem Knecht. Carlo stand auf und begab sich hinunter. Er war immer früh wach und ging oft schon in der Dämmerung auf die Straße hinaus. Er trat zum Wirt hin und sagte: »Wir wollen Abschied nehmen.«

»Ah, geht ihr schon heut?«, fragte der Wirt.

»Ja. Es friert schon zu arg, wenn man jetzt im Hof steht, und der Wind zieht durch.«

»Nun, grüß mir den Baldetti, wenn du nach Bormio hinunterkommst, und er soll nicht vergessen, mir das Öl zu schicken.«

»Ja, ich will ihn grüßen. Im Übrigen – das Nachtlager von heut.« Er griff in den Sack.

»Lass sein, Carlo«, sagte der Wirt. »Die zwanzig Zentesimi schenk' ich deinem Bruder; ich hab' ihm ja auch zugehört. Guten Morgen.«

»Dank«, sagte Carlo. »Im Übrigen, so eilig haben wir's nicht. Wir sehen dich noch, wenn du von den Hütten zurückkommst; Bormio bleibt am selben Fleck stehen, nicht wahr?« Er lachte und ging die Holzstufen hinauf.

Geronimo stand mitten im Zimmer und sagte: »Nun, ich bin bereit zu gehen.«

»Gleich«, sagte Carlo.

Aus einer alten Kommode, die in einem Winkel des Raumes stand, nahm er ihre wenigen Habseligkeiten und packte sie in ein Bündel. Dann sagte er: »Ein schöner Tag, aber sehr kalt.«

»Ich weiß«, sagte Geronimo. Beide verließen die Kammer.

»Geh leise«, sagte Carlo, »hier schlafen die zwei, die gestern Abend gekommen sind.« Behutsam schritten sie hinunter. »Der Wirt lässt dich grüßen«, sagte Carlo; »er hat uns die zwanzig Zentesimi für heut Nacht geschenkt. Nun ist er bei den Hütten draußen und kommt erst in zwei Stunden wieder. Wir werden ihn ja im nächsten Jahre wiedersehen.«

Geronimo antwortete nicht. Sie traten auf die Landstraße, die im Dämmerschein vor ihnen lag. Carlo ergriff den linken Arm seines Bruders, und beide schritten schweigend talabwärts. Schon nach kurzer Wanderung waren sie an der Stelle, wo die Straße in langgezogenen Kehren weiterzulaufen beginnt. Nebel stiegen nach aufwärts, ihnen entgegen, und über ihnen die Höhen schienen von den Wolken wie eingeschlungen. Und Carlo dachte: Nun will ich's ihm sagen.

Carlo sprach aber kein Wort, sondern nahm das Goldstück aus der Tasche und reichte es dem Bruder; dieser nahm es zwischen die Finger der rechten Hand, dann führte er es an die Wange und an die Stirn, endlich nickte er. »Ich hab's ja gewusst«, sagte er.

»Nun ja«, erwiderte Carlo und sah Geronimo befremdet an.

»Auch wenn der Fremde mir nichts gesagt hätte, ich hätte es doch gewusst.«

»Nun ja«, sagte Carlo ratlos. »Aber du verstehst doch, warum ich da oben vor den anderen – ich habe gefürchtet, dass du das Ganze auf einmal – – Und sieh, Geronimo, es wäre doch an der Zeit, hab' ich mir gedacht, dass du dir einen neuen Rock kaufst und ein Hemd und Schuhe auch, glaube ich; darum habe ich …«

Der Blinde schüttelte heftig den Kopf. »Wozu?« Und er strich mit der einen Hand über seinen Rock. »Gut genug, warm genug; jetzt kommen wir nach dem Süden.«

Carlo begriff nicht, dass Geronimo sich gar nicht zu freuen schien, dass er sich nicht entschuldigte. Und er redete weiter: »Geronimo, war es denn nicht recht von mir? Warum freust du dich denn nicht? Nun haben wir es doch, nicht wahr? Nun haben wir es ganz. Wenn ich dir's oben gesagt hätte, wer weiß … Oh, es ist gut, dass ich dir's nicht gesagt habe – gewiss!«

Da schrie Geronimo: »Hör' auf zu lügen, Carlo, ich habe genug davon!«

Carlo blieb stehen und ließ den Arm des Bruders los. »Ich lüge nicht.«

»Ich weiß doch, dass du lügst! … Immer lügst du! … Schon hundertmal hast du gelogen! … Auch das hast du für dich behalten wollen, aber Angst hast du bekommen, das ist es!«

Carlo senkte den Kopf und antwortete nichts. Er fasste wieder den Arm des Blinden und ging mit ihm weiter. Es tat ihm weh, dass Geronimo so sprach; aber er war eigentlich erstaunt, dass er nicht trauriger war.

Die Nebel zerteilten sich. Nach langem Schweigen sprach Geronimo: »Es wird warm.« Er sagte es gleichgültig, selbstverständlich, wie er es schon hundertmal gesagt, und Carlo fühlte in diesem Augenblick: für Geronimo hatte sich nichts geändert. Für Geronimo war er immer ein Dieb gewesen.

»Hast du schon Hunger?«, fragte er.

Geronimo nickte, zugleich nahm er ein Stück Käse und Brot aus der Rocktasche und aß davon. Und sie gingen weiter.

Die Post von Bormio begegnete ihnen; der Kutscher rief sie an: »Schon hinunter?« Dann kamen noch andere Wagen, die alle aufwärts fuhren.

»Luft aus dem Tal«, sagte Geronimo, und im gleichen Augenblick, nach einer raschen Wendung, lag das Veltlin zu ihren Füßen.

Wahrhaftig – nichts hat sich geändert, dachte Carlo ... Nun hab' ich gar für ihn gestohlen – und auch das ist umsonst gewesen.

Die Nebel unter ihnen wurden immer dünner, der Glanz der Sonne riss Löcher hinein. Und Carlo dachte: ›Vielleicht war es doch nicht klug, so rasch das Wirtshaus zu verlassen ... Die Börse liegt unter dem Bett, das ist jedenfalls verdächtig ...‹ Aber wie gleichgültig war das alles! Was konnte ihm noch Schlimmes geschehen? Sein Bruder, dem er das Licht der Augen zerstört, glaubte sich von ihm bestohlen und glaubte es schon jahrelang und wird es immer glauben – was konnte ihm noch Schlimmes geschehen?

Da unter ihnen lag das große weiße Hotel wie in Morgenglanz gebadet, und tiefer unten, wo das Tal sich zu weiten beginnt, lang hingestreckt, das Dorf. Schweigend gingen die beiden weiter, und immer lag Carlos Hand auf dem Arm des Blinden. Sie gingen an dem Park des Hotels vorüber, und Carlo sah auf der Terrasse Gäste in lichten Sommergewändern sitzen und frühstücken. »Wo willst du rasten?«, fragte Carlo.

»Nun, im ›Adler‹, wie immer.«

Als sie bei dem kleinen Wirtshause am Ende des Dorfes angelangt waren, kehrten sie ein. Sie setzten sich in die Schenke und ließen sich Wein geben.

»Was macht ihr so früh bei uns?«, fragte der Wirt.

Carlo erschrak ein wenig bei dieser Frage. »Ist's denn so früh? Der zehnte oder elfte September – nicht?«

»Im vergangenen Jahr war es gewiss viel später, als ihr herunterkamt.«

»Es ist so kalt oben«, sagte Carlo. »Heut Nacht haben wir gefroren. Ja richtig, ich soll dir bestellen, du möchtest nicht vergessen, das Öl hinaufzuschicken.«

Die Luft in der Schenke war dumpf und schwül. Eine sonderbare Unruhe befiel Carlo; er wollte gern wieder im Freien sein, auf der großen Straße, die nach Tirano, nach Edole, nach dem See von Iseo, überallhin, in die Ferne führt! Plötzlich stand er auf.

»Gehen wir schon?«, fragte Geronimo.

»Wir wollen doch heut Mittag in Boladore sein, im ›Hirschen‹ halten die Wagen Mittagsrast; es ist ein guter Ort.«

Und sie gingen. Der Friseur Benozzi stand rauchend vor seinem Laden. »Guten Morgen«, rief er. »Nun, wie sieht's da oben aus? Heut Nacht hat es wohl geschneit?«

»Ja, ja«, sagte Carlo und beschleunigte seine Schritte.

Das Dorf lag hinter ihnen, weiß dehnte sich die Straße zwischen Wiesen und Weinbergen, dem rauschenden Fluss entlang. Der Himmel war blau und still. ›Warum hab' ich's getan?‹, dachte Carlo. Er blickte den Blinden von der Seite an. ›Sieht sein Gesicht denn anders aus als sonst? Immer hat er es geglaubt – immer bin ich allein gewesen – und immer hat er mich gehasst.‹ Und ihm war, als schritte er unter einer schweren Last weiter, die er doch niemals von den Schultern werfen dürfte, und als könnte er die Nacht sehen, durch die Geronimo an seiner Seite schritt, während die Sonne leuchtend auf allen Wegen lag.

Und sie gingen weiter, gingen, gingen stundenlang. Von Zeit zu Zeit setzte sich Geronimo auf einen Meilenstein, oder sie lehnten beide an einem Brückengeländer, um zu rasten. Wieder kamen sie durch ein Dorf. Vor dem Wirtshause standen Wagen, Reisende waren ausgestiegen und gingen hin und her; aber die beiden Bettler blieben nicht. Wieder hinaus auf die offene Straße. Die Sonne stieg immer höher; Mittag musste nahe sein. Es war ein Tag wie tausend andere.

»Der Turm von Boladore«, sagte Geronimo. Carlo blickte auf. Er wunderte sich, wie genau Geronimo die Entfernungen berechnen konnte: wirklich war der Turm von Boladore am Horizont erschienen. Noch von ziemlich weither kam ihnen jemand entgegen. Es schien Carlo, als sei er am Wege gesessen und plötzlich aufgestanden. Die Gestalt kam näher. Jetzt sah Carlo, dass es ein Gendarm war, wie er ihnen so oft auf der Landstraße begegnete. Trotzdem schrak Carlo leicht zusammen. Aber als der Mann näher kam, erkannte er ihn und war beruhigt. Es war Pietro Tenelli; erst im Mai waren die beiden Bettler im Wirtshaus des Raggazzi in Morignone mit ihm zusammengesessen, und er hatte ihnen eine schauerliche Geschichte erzählt, wie er von einem Strolch einmal beinahe erdolcht worden war.

»Es ist einer stehen geblieben«, sagte Geronimo.

»Tenelli, der Gendarm«, sagte Carlo.

Nun waren sie an ihn herangekommen.

»Guten Morgen, Herr Tenelli«, sagte Carlo und blieb vor ihm stehen. »Es ist nun einmal so«, sagte der Gendarm, »ich muss euch vorläufig beide auf den Posten nach Boladore führen.«

»Eh!«, rief der Blinde.

Carlo wurde blass. ›Wie ist das nur möglich?‹, dachte er. ›Aber es kann sich nicht darauf beziehen. Man kann es ja hier unten noch nicht wissen.‹

»Es scheint ja euer Weg zu sein«, sagte der Gendarm lachend, »es macht euch wohl nichts, wenn ihr mitgeht.«

»Warum redest du nichts, Carlo?«, fragte Geronimo.

»O ja, ich rede … Ich bitte, Herr Gendarm, wie ist es denn möglich … was sollen wir denn … oder vielmehr, was soll ich wahrhaftig, ich weiß nicht …«

»Es ist nun einmal so. Vielleicht bist du auch unschuldig. Was weiß ich. Jedenfalls haben wir die telegrafische Anzeige ans Kommando bekommen, dass wir euch aufhalten sollen, weil ihr verdächtig seid, dringend verdächtig, da oben den Leuten Geld gestohlen zu haben. Nun, es ist auch möglich, dass ihr unschuldig seid. Also vorwärts!«

»Warum sprichst du nichts, Carlo?«, fragte Geronimo.

»Ich rede – o ja, ich rede …«

»Nun geht endlich! Was hat es für einen Sinn, auf der Straße stehen zu bleiben! Die Sonne brennt. In einer Stunde sind wir an Ort und Stelle. Vorwärts!«

Carlo berührte den Arm Geronimos wie immer, und so gingen sie langsam weiter, der Gendarm hinter ihnen.

»Carlo, warum redest du nicht?«, fragte Geronimo wieder.

»Aber was willst du, Geronimo, was soll ich sagen? Es wird sich alles herausstellen; ich weiß selber nicht …«

Und es ging ihm durch den Kopf: ›Soll ich's ihm erklären, eh wir vor Gericht stehen? … Es geht wohl nicht. Der Gendarm hört uns zu … Nun, was tut's. Vor Gericht werd' ich ja doch die Wahrheit sagen. »Herr Richter«, werd' ich sagen, »es ist doch kein Diebstahl wie ein anderer. Es war nämlich so: …« Und nun mühte er sich, die Worte zu finden, um vor Gericht die Sache klar und verständlich darzustellen. »Da fuhr gestern ein Herr über den Pass … es mag ein Irrsinniger gewesen sein – oder am End' hat er sich nur geirrt … und dieser Mann …«

Aber was für ein Unsinn! Wer wird es glauben? … Man wird ihn gar nicht so lange reden lassen. – Niemand kann diese dumme Geschichte glauben … nicht einmal Geronimo glaubt sie … Und er sah ihn von der Seite an. Der Kopf des

Blinden bewegte sich nach alter Gewohnheit während des Gehens wie im Takte auf und ab, aber das Gesicht war regungslos, und die leeren Augen stierten in die Luft. – Und Carlo wusste plötzlich, was für Gedanken hinter dieser Stirne liefen ... ›So also stehen die Dinge‹, musste Geronimo wohl denken. – ›Carlo bestiehlt nicht nur mich, auch die anderen Leute bestiehlt er ... Nun, er hat es gut, er hat Augen, die sehen, und er nützt sie aus ...‹ – Ja, das denkt Geronimo, ganz gewiss ... Und auch, dass man kein Geld bei mir finden wird, kann mir nicht helfen, – nicht vor Gericht, nicht vor Geronimo. Sie werden mich einsperren und ihn ... Ja, ihn geradeso wie mich, denn er hat ja das Geldstück. – Und er konnte nicht mehr weiter denken, er fühlte sich so sehr verwirrt. Es schien ihm, als verstünde er überhaupt nichts mehr von der ganzen Sache, und wusste nur eines: dass er sich gern auf ein Jahr in den Arrest setzen ließe ... oder auf zehn, wenn nur Geronimo wüsste, dass er für ihn allein zum Dieb geworden war.

Und plötzlich blieb Geronimo stehen, sodass auch Carlo innehalten musste.

»Nun, was ist denn?«, sagte der Gendarm ärgerlich. »Vorwärts, vorwärts!« Aber da sah er mit Verwunderung, dass der Blinde die Gitarre auf den Boden fallen ließ, seine Arme erhob und mit beiden Händen nach den Wangen des Bruders tastete. Dann näherte er seine Lippen dem Munde Carlos, der zuerst nicht wusste, wie ihm geschah, und küsste ihn.

»Seid ihr verrückt?«, fragte der Gendarm. »Vorwärts! vorwärts! Ich habe keine Lust zu braten.«

Geronimo hob die Gitarre vom Boden auf, ohne ein Wort zu sprechen. Carlo atmete tief auf und legte die Hand wieder auf den Arm des Blinden. War es denn möglich? Der Bruder zürnte ihm nicht mehr? Er begriff am Ende? Und zweifelnd sah er ihn von der Seite an.

»Vorwärts!«, schrie der Gendarm. »Wollt ihr endlich –!« Und er gab Carlo eins zwischen die Rippen.

Und Carlo, mit festem Druck den Arm des Blinden leitend, ging wieder vorwärts. Er schlug einen viel rascheren Schritt ein als früher. Denn er sah Geronimo lächeln in einer milden glückseligen Art wie er es seit den Kinderjahren nicht mehr an ihm gesehen hatte. Und Carlo lächelte auch. Ihm war, als könnte ihm jetzt nichts Schlimmes mehr geschehen, – weder vor Gericht, noch sonst irgendwo auf der Welt. – Er hatte seinen Bruder wieder … Nein, er hatte ihn zum ersten Mal …

Das Schicksal des Freiherrn von Leisenbohg

An einem lauen Maiabend trat Kläre Hell als »Königin der Nacht« zum ersten Male wieder auf. Der Anlass, der die Sängerin beinahe durch zwei Monate der Oper ferngehalten hatte, war allgemein bekannt. Fürst Richard Bedenbruck war am fünfzehnten März durch einen Sturz vom Pferde verunglückt und nach einem Krankenlager von wenigen Stunden, währenddessen Kläre nicht von seiner Seite gewichen war, in ihren Armen gestorben. Kläres Verzweiflung war so groß gewesen, dass man anfangs für ihr Leben, später für ihren Verstand und bis vor Kurzem für ihre Stimme fürchtete. Diese letzte Befürchtung erwies sich so unbegründet als die früheren. Als sie vor dem Publikum erschien, wurde sie freundlich und zuwartend begrüßt; aber schon nach der ersten großen Arie konnten ihre vertrauteren Freunde die Glückwünsche der entfernteren Bekannten entgegennehmen. Auf der vierten Galerie strahlte das rote Kindergesicht des kleinen Fräulein Fanny Ringeiser vor Fröhlichkeit, und die Stammgäste der oberen Ränge lächelten ihrer Kameradin verständnisvoll zu. Sie wussten alle, dass Fanny, obzwar sie nichts weiter war als die Tochter eines Mariahilfer Posamentierers, zu dem engeren Kreise der beliebten Sängerin gehörte, dass sie manchmal bei ihr zur Jause geladen war und den verstorbenen Fürsten insgeheim geliebt hatte. Im Zwischenakte erzählte Fanny ihren Freundinnen und Freunden, dass Kläre durch den Freiherrn von Leisenbohg auf die Idee gebracht worden war, die »Königin der Nacht« zu ihrem ersten Auftreten zu wählen, – in der Erwägung, dass das dunkle Kostüm am ehesten ihrer Stimmung entsprechen würde.

Der Freiherr selbst nahm seinen Orchestersitz ein; Mittelgang, erste Reihe, Ecke, wie immer, und dankte den Bekannten, die ihn grüßten, mit einem liebenswürdigen, aber beinahe schmerzlichen Lächeln. Manche Erinnerungen gingen ihm heute durch den Sinn. Vor zehn Jahren hatte er Kläre kennengelernt. Damals sorgte er für die künstlerische Ausbildung einer schlanken jungen Dame mit rotem Haar und wohnte einem Theaterabend in der Gesangsschule Eisenstein bei, an dem sein Schützling als Mignon zum ersten Male öffentlich auftrat. An demselben Abend sah und hörte er Kläre, die in der gleichen Szene die Philine sang. Er war damals fünfundzwanzig Jahre alt, unabhängig und rücksichtslos. Er kümmerte sich um Mignon nicht mehr, ließ sich nach der Vorstellung durch Frau Natalie Eisenstein Philinen vorstellen und erklärte ihr, dass er ihr sein Herz, sein Vermögen und seine Beziehungen zu der Intendanz zur Verfügung stelle. Kläre wohnte damals bei ihrer Mutter, der Witwe eines höheren Postbeamten, und war in einen jungen Studenten der Medizin verliebt, mit dem sie manchmal auf seinem Zimmer in der Alstervorstadt Tee trank und plauderte. Sie lehnte die stürmischen Werbungen des Freiherrn ab, wurde aber, durch Leisenbohgs Huldigungen zu mildern Stimmungen geneigt, die Geliebte des Mediziners. Der Freiherr, dem sie kein Geheimnis daraus machte, wandte sich wieder seinem roten Schützling zu, pflegte aber die Bekanntschaft mit Kläre weiter. Zu allen Festtagen, die irgendeinen Anlass boten, sandte er ihr Blumen und Bonbons, und zuweilen erschien er zu einem Anstandsbesuch in dem Hause der Postbeamtenwitwe.

Im Herbst trat Kläre ihr erstes Engagement in Detmold an. Der Freiherr von Leisenbohg – damals noch Ministerialbeamter – benutzte den ersten Weihnachtsurlaub, um Kläre in ihrem neuen Aufenthaltsorte zu besuchen. Er wusste, dass der Mediziner Arzt geworden war und im September geheiratet hatte, und wiegte sich in neuer Hoffnung. Aber Kläre, aufrichtig wie immer, teilte dem Freiherrn gleich nach seinem Eintreffen mit, dass sie indessen zu dem Tenor des Hoftheaters zärtliche Beziehungen angeknüpft hätte, und so geschah es, dass Leisenbohg aus Detmold keine andere Erinnerung mitnehmen durfte als die an eine platonische Spazierfahrt durch das Stadtwäldchen und an ein Souper im Theaterrestaurant in Gesellschaft einiger Kollegen und Kolleginnen. Trotzdem wiederholte er die Reise nach Detmold einige Male, freute sich in kunstsinniger Anhänglichkeit an den beträchtlichen Fortschritten Klärens und hoffte im Übrigen auf die nächste Saison, für die der Tenor bereits kontraktlich nach Hamburg verpflichtet war. Aber auch in diesem Jahre wurde er enttäuscht, da Kläre sich genötigt sah, den Werbungen eines Großkaufmanns holländischer Abstammung namens Louis Verhajen nachzugeben.

Als Kläre in der dritten Saison in eine Stellung an das Dresdener Hoftheater berufen wurde, gab der Freiherr trotz seiner Jugend eine vielversprechende Staatskarriere auf und übersiedelte nach Dresden. Nun verbrachte er jeden Abend mit Kläre und ihrer Mutter, die sich allen Verhältnissen ihrer Tochter gegenüber eine schöne Ahnungslosigkeit zu bewahren gewusst hatte, und hoffte von Neuem. Leider hatte der Holländer die unangenehme Gewohnheit, in jedem Brief sein Kommen für den nächsten Tag anzukündigen, der Geliebten anzudeuten, dass sie von einem Heer von Spionen umgeben sei und ihr im Übrigen äußerst schmerzhafte Todesarten anzudrohen für den Fall, dass sie ihm die Treue nicht bewahrt haben sollte. Da er aber nie kam und Kläre allmählich in einen Zustand höchster Nervosität geriet, beschloss Leisenbohg, der Sache um jeden Preis ein Ende zu machen, und reiste zum Zwecke persönlicher Verhandlungen nach Detmold ab. Zu seinem Erstaunen erklärte der Holländer, dass er seine Liebes- und Drohbriefe an Kläre nur aus Ritterlichkeit geschrieben hätte und dass ihm eigentlich nichts willkommener wäre, als jeder weiteren Verpflichtung ledig zu sein. Glückselig reiste Leisenbohg nach Dresden zurück und teilte Kläre den angenehmen Ausgang der Unterredung mit. Sie dankte ihm herzlich, wehrte aber schon den ersten Versuch weiterer Zärtlichkeit mit einer Bestimmtheit ab, die den Freiherrn befremdete. Nach einigen kurzen und dringenden Fragen gestand sie ihm endlich, dass während seiner Abwesenheit kein Geringerer als Prinz Kajetan eine heftige Leidenschaft zu ihr gefasst und geschworen hätte, sich ein Leids anzutun, wenn er nicht erhört würde. Es war nur natürlich, dass sie ihm schließlich hatte nachgeben müssen, um nicht das Herrscherhaus und das Land in namenlose Trauer zu versetzen.

Mit ziemlich gebrochenem Herzen verließ Leisenbohg die Stadt und kehrte nach Wien zurück. Hier begann er, seine Beziehungen spielen zu lassen, und nicht zum Geringsten seinen unausgesetzten Bemühungen war es zu danken, dass Kläre schon für das nächste Jahr einen Antrag an die Wiener Oper erhielt. Nach einem erfolgreichen Gastspiel trat sie im Oktober ihr Engagement an, und der herrliche Blumenkorb des Freiherrn, den sie am Abend ihres ersten Auftretens in der Garderobe fand, schien Bitte und Hoffnung zugleich auszusprechen. Aber der begeisterte Spender, der sie nach der Vorstellung erwartete, musste erfahren, dass er wieder zu spät gekommen war. Der blonde Korrepetitor – auch als Liederkomponist nicht ohne Bedeutung, – mit dem sie in den letzten Wochen studiert hatte, war von ihr in Rechte eingesetzt worden, die sie um nichts in der Welt hätte verletzen wollen.

Seither waren sieben Jahre verstrichen. Dem Korrepetitor war Herr Klemens von Rhodewyl gefolgt, der kühne Herrenreiter; Herrn von Rhodewyl der Kapellmeister Vincenz Klaudi, der manchmal die Opern, die er dirigierte, so laut mitsang, dass man die Sänger nicht hörte; dem Kapellmeister der Graf von Alban-Rattony, ein Mann, der im Kartenspiel seine ungarischen Güter verspielt und dafür später ein Schloss in Niederösterreich gewonnen hatte; dem Grafen Herr Edgar Wilhelm, Verfasser von Balletttexten, deren Komposition er hoch bezahlte, von Tragödien, für deren Aufführung er das Jantschtheater mietete, und von Gedichten, die im dümmsten Adelsblatt der Residenz mit den schönsten Lettern gedruckt wurden; Herrn Edgar Wilhelm ein Herr, namens Amandus Meier, der nichts war als neunzehn Jahre alt und sehr hübsch – und nichts besaß als einen Foxterrier, der auf dem Kopf stehen konnte; Herrn Meier der eleganteste Herr der Monarchie: der Fürst Richard Bedenbruck.

Kläre hatte ihre Beziehungen nie als Geheimnis behandelt. Sie führte jederzeit ein einfaches bürgerliches Haus, in dem nur die Hausherrn zuweilen wechselten. Ihre Beliebtheit im Publikum war außerordentlich. In höheren Kreisen berührte es angenehm, dass sie jeden Sonntag zur Messe ging, zweimal monatlich beichtete, ein vom Papst geweihtes Bildnis der Madonna als Amulett am Busen trug und sich niemals schlafen legte, ohne ihr Gebet zu verrichten. Selten gab es ein Wohltätigkeitsfest, bei dem sie nicht als Verkäuferin beteiligt war, und sowohl Aristokratinnen als Damen der jüdischen Finanzkreise fühlten sich beglückt, wenn sie unter dem gleichen Zelt wie Kläre ihre Waren ausbieten durften. Jugendliche Enthusiasten und Enthusiastinnen, die bei der Bühnentür ihrer harrten, grüßte sie mit einem berückenden Lächeln. Blumen, die ihr gespendet worden, verteilte sie unter die geduldige Schar, und einmal, als die Blumen in der Garderobe zurückgeblieben waren, sagte sie in dem erquickenden Wienerisch, das ihr so gut zu Gesicht stand: »Meiner Seel', jetzt hab' ich den Salat oben in meinem Kammerl vergessen! Kommt's halt morgen Nachmittag zu mir, Kinder, wer noch was haben will.« Dann stieg sie in den Wagen, aus dem Fenster steckte sie den Kopf hervor, und im Davonfahren rief sie: »Kriegt's auch ein' Kaffee!« Zu den wenigen, die den Mut gefunden hatten, dieser Einladung nachzukommen, hatte Fanny Ringeiser gehört. Kläre ließ sich mit ihr in eine scherzhafte Unterhaltung ein, erkundigte sich leutselig wie eine Erzherzogin nach ihren Familienverhältnissen und fand an dem Geplauder des frischen und begeisterten Mädchens soviel Gefallen, dass sie es aufforderte, bald wiederzukommen. Fanny folgte der Einladung, und bald gelang es ihr, im Hause der Künstlerin eine geachtete Stellung einzunehmen, die sie besonders dadurch zu erhalten wusste, dass sie bei allem Vertrauen, das ihr Kläre entgegenbrachte, sich ihr gegenüber nie eine wirkliche Vertraulichkeit erlaubte. Im Laufe der Jahre hatte Fanny eine ganze Reihe von Heiratsanträgen erhalten, meist aus den Kreisen der jungen Mariahilfer Fabrikantensöhne, mit denen sie auf Bällen zu tanzen pflegte. Aber sie wies alle zurück, da sie sich mit unwiderruflicher Regelmäßigkeit in den jeweiligen Liebhaber Klärens verliebte.

Den Fürsten Bedenbruck hatte Kläre durch mehr als drei Jahre ebenso treu, aber mit tieferer Leidenschaft geliebt als seine Vorgänger, und Leisenbohg, der trotz seiner zahlreichen Enttäuschungen die Hoffnung niemals aufgegeben, hatte ernstlich zu fürchten begonnen, dass ihm das seit zehn Jahren ersehnte Glück niemals blühen würde. Immer, wenn er einen in ihrer Gunst wanken sah, hatte er seiner Liebsten den Abschied gegeben, um für alle Fälle und in jedem Augenblick bereit zu sein. So hielt er es auch nach dem plötzlichen Tode des Fürsten Richard; aber zum ersten Male mehr aus Gewohnheit als aus Überzeugung. Denn der Schmerz Klärens schien so grenzenlos, dass jeder glauben musste, sie hätte nun für alle Zeit mit den Freuden des

Lebens abgeschlossen. Jeden Tag fuhr sie auf den Friedhof hinaus und legte Blumen auf das Grab des Dahingeschiedenen. Sie ließ ihre hellen Kleider auf den Boden schaffen und versperrte ihren Schmuck in der unzugänglichsten Lade ihres Schreibtisches. Es bedurfte ernstlichen Zuredens, um sie von der Idee abzubringen, die Bühne für immer zu verlassen.

Nach dem ersten Wiederauftreten, das so glänzend verlaufen war, nahm ihr Leben wenigstens äußerlich den gewohnten Gang. Der frühere Kreis entfernterer Freunde sammelte sich wieder. Der Musikkritiker Bernhard Feuerstein erschien, je nach dem Menü des vergangenen Mittags mit Spinat oder Paradeisflecken auf dem Jackett und schimpfte zu Klärens unverhohlenem Vergnügen über Kolleginnen, Kollegen und Direktor. Von den beiden Vettern des Fürsten Richard, den Bedenbrucks aus der anderen Linie, Lucius und Christian, ließ sie sich wie früher in der unverbindlichsten und hochachtungsvollsten Weise den Hof machen; ein Herr von der französischen Botschaft und ein junger tschechischer Klaviervirtuose wurden bei ihr eingeführt, und am zehnten Juni fuhr sie zum ersten Male wieder zum Rennen. Aber, wie sich Fürst Lucius ausdrückte, der nicht ohne poetische Begabung war: Nur ihre Seele war erwacht, ihr Herz blieb nach wie vor in Schlummer versunken. Ja, wenn einer von ihren jüngeren oder älteren Freunden die leiseste Andeutung wagte, als gäbe es irgendetwas wie Zärtlichkeit oder Leidenschaft auf der Welt, so schwand jedes Lächeln von ihrem Antlitz, ihre Augen blickten düster vor sich hin, und zuweilen erhob sie die Hand zu einer seltsam abwehrenden Bewegung, die hinsichtlich aller Menschen und auf ewige Zeiten zu gelten schien.

Da begab es sich in der zweiten Hälfte des Juni, dass ein Sänger aus dem Norden namens Sigurd Ölse in der Oper den

Tristan sang. Seine Stimme war hell und kräftig, wenn auch nicht durchaus edel, seine Gestalt beinahe übermenschlich groß, doch mit einer Neigung zur Fülle, sein Antlitz entbehrte im Zustand der Ruhe wohl manchmal des besonderen Ausdrucks; aber sobald er sang, leuchteten seine stahlgrauen Augen wie von einer geheimnisvollen innern Glut, und durch Stimme und Blick schien er alle, besonders die Frauen, wie in einem Taumel zu sich hinzureißen.

Kläre saß mit ihren nicht beschäftigten Kollegen und Kolleginnen in der Theaterloge. Sie als Einzige schien ungerührt zu bleiben. Am nächsten Vormittage wurde ihr Sigurd Ölse in der Direktionskanzlei vorgestellt. Sie sagte ihm einige freundliche, aber beinah kühle Worte über die gestrige Leistung. Am selben Nachmittag machte er ihr einen Besuch, ohne dass sie ihn dazu aufgefordert hätte. Baron Leisenbohg und Fanny Ringeiser waren anwesend. Sigurd trank mit ihnen Tee. Er sprach von seinen Eltern, die in einem kleinen norwegischen Städtchen als Fischerleute lebten; von der wunderbaren Entdeckung seines Gesangstalentes durch einen reisenden Engländer, der auf weißer Jacht in dem entlegenen Fjord gelandet war; von seiner Frau, einer Italienerin, die während der Hochzeitsreise auf dem atlantischen Ozean gestorben und ins Meer gesenkt worden war. Nachdem er sich verabschiedet hatte, blieben die anderen lange in Schweigen versunken. Fanny sah angelegentlich in ihre leere Teetasse, Kläre hatte sich zum Klavier gesetzt und stützte die Arme auf den geschlossenen Deckel, der Freiherr versenkte sich stumm und angstvoll in die Frage, warum Kläre während der Erzählung von Sigurds Hochzeitsreise jene seltsame Handbewegung unterlassen, mit der sie seit dem Tode des Fürsten alle Andeutungen von der weiteren Existenz leidenschaftlicher oder zärtlicher Beziehungen auf Erden abgewehrt hatte.

Als fernere Gastspielrollen sang Sigurd Ölse den Siegfried und den Lohengrin. Jedes Mal saß Kläre ungerührt in der Loge. Aber der Sänger, der sonst mit niemandem verkehrte als mit dem norwegischen Gesandten, fand sich jeden Nachmittag bei Kläre ein, selten ohne Fräulein Fanny Ringeiser, niemals ohne den Freiherrn von Leisenbohg dort anzutreffen.

Am siebenundzwanzigsten Juni trat er als Tristan zum letzten Male auf. Ungerührt saß Kläre in der Theaterloge. Am Morgen darauf fuhr sie mit Fanny auf den Friedhof und legte einen riesigen Kranz auf das Grab des Fürsten nieder. Am Abend dieses Tages gab sie ein Fest zu Ehren des Sängers, der tags darauf Wien verlassen sollte.

Der Freundeskreis war vollzählig versammelt. Keinem blieb die Leidenschaft verborgen, von der Sigurd für Kläre erfasst war. Wie gewöhnlich sprach er ziemlich viel und erregt. Unter anderem erzählte er, dass ihn während der Herreise auf dem Schiff von einer an einen russischen Großfürsten verheirateten Araberin aus den Linien seiner Hand für die nächste Zeit die verhängnisvollste Epoche seines Lebens prophezeit worden war. Er glaubte fest an diese Prophezeiung, wie überhaupt der Aberglaube bei ihm mehr zu sein schien als eine Art, sich interessant zu machen. Er sprach auch von der übrigens allgemein bekannten Tatsache, dass er im vorigen Jahren gleich nach der Landung in New York, wo er ein Gastspiel absolvieren sollte, noch am selben Tag, ja in derselben Stunde trotz des hohen Pönales ein Schiff bestiegen, das ihn nach Europa zurückbrachte, nur weil ihm auf der Landungsbrücke eine schwarze Katze zwischen die Beine gelaufen war. Er hatte freilich allen Grund, an solche geheimnisvolle Beziehungen zwischen unbegreiflichen Zeichen und Menschenschicksalen zu glauben. Eines Abends im Coventgarden-Theater zu London, da er vor dem Auftreten versäumt hatte, eine gewisse, von seiner Großmutter überkommene Beschwörungsformel zu murmeln, hatte ihm plötzlich die Stimme versagt. Eines Nachts im Traum war ihm ein geflügelter Genius in Rosatrikots erschienen, der ihm den Tod seines Lieblingsraseurs verkündet hatte, und tatsächlich fand man den Bedauernswerten am Morgen darauf erhängt auf. Überdies trug er stets einen kurzen, aber inhaltsreichen Brief bei sich, der ihm in einer spiritistischen Sitzung in Brüssel von dem Geist der verstorbenen Sängerin Cornelia Lujan überreicht worden war und der in fließendem Portugiesisch die Weissagung enthielt, dass er bestimmt sei, der größte Sänger der alten und neuen Welt zu werden. Alle diese Dinge erzählte er heute; und als der spiritistische, auf Rosapapier der Firma Glienwood geschriebene Brief von Hand zu Hand ging, war die Bewegung in der Gesellschaft tief und allgemein. Kläre selbst aber verzog kaum eine Miene und nickte nur manchmal gleichgültig mit dem Kopf. Trotzdem erreichte die Unruhe Leisenbohgs einen hohen Grad. Für sein geschärftes Auge sprachen sich die Anzeichen der drohenden Gefahr immer deutlicher aus. Vor allem fasste Sigurd, wie alle früheren Liebhaber Klärens, während des Soupers eine auffallende Sympathie zu ihm, lud ihn auf seine Besitzung am Fjord zu Molde und trug ihm endlich das Du an. Ferner zitterte Fanny Ringeiser am ganzen Leibe, wenn Sigurd das Wort an sie richtete, wurde abwechselnd blass und rot, wenn er sie mit seinen großen stahlgrauen Augen ansah, und als er von seiner bevorstehenden Abreise sprach, fing sie laut zu weinen an. Aber Kläre blieb auch jetzt ruhig und ernst. Sie erwiderte die sengenden Blicke Sigurds kaum, sie sprach zu ihm nicht lebhafter als zu den anderen, und als er ihr endlich die Hand küsste und dann zu ihr aufsah mit Augen, die zu bitten, zu versprechen, zu verzweifeln schienen, blieben die ihren verschleiert und ihre Züge regungslos.

All das beobachtete Leisenbohg nur mit Misstrauen und Angst. Aber als das Fest zu Ende ging und sich alle empfahlen, erlebte der Freiherr etwas Unerwartetes. Er als letzter reichte Klären die Hand zum Abschied, wie die anderen, und wollte sich entfernen. Sie aber hielt seine Hand fest und flüsterte ihm zu: »Kommen Sie wieder.« Er glaubte nicht recht gehört zu haben. Doch noch einmal drückte sie seine Hand und, die Lippen ganz nah an seinem Ohr, wiederholte sie: »Kommen Sie wieder, in einer Stunde erwarte ich Sie.«

Taumelnd beinahe ging er mit den anderen fort. Mit Fanny begleitete er Sigurd zum Hotel, und wie aus weiter Ferne hörte er ihm zu von Kläre schwärmen. Dann führte er Fanny Ringeiser durch die stillen Straßen in der linden Nachtkühle nach Mariahilf und wie hinter einem Nebel sah er über ihre roten Kinderwangen dumme Tränen rinnen. Dann setzte er sich in einen Wagen und fuhr vor Klärens Haus. Er sah Licht durch die Vorhänge ihres Schlafzimmers schimmern; er sah ihren Schatten vorübergleiten, ihr Kopf erschien in der Spalte neben dem Vorhang und nickte ihm zu. Er hatte nicht geträumt, sie wartete seiner.

Am nächsten Morgen machte Freiherr von Leisenbohg einen Spazierritt in den Prater. Er fühlte sich glücklich und jung. In der späten Erfüllung seiner Sehnsucht schien ihm ein tieferer Sinn zu liegen. Was er heute Nacht erlebt hatte, war die wunderbarste Überraschung gewesen – und doch wieder nichts als Steigerung und notwendiger Abschluss seiner bisherigen Beziehungen zu Kläre. Er fühlte jetzt, dass es nicht anders hatte kommen können, und machte Pläne für die nächste und fernere Zukunft. »Wie lange wird sie noch bei der Bühne bleiben?«, dachte er … »Vielleicht vier, fünf Jahre. Dann, aber auch nicht früher, werde ich mich mit ihr vermählen. Wir werden zusammen auf dem Lande wohnen, ganz nah von Wien; vielleicht in St. Veit oder in Linz. Dort werde ich ein kleines Haus kaufen oder nach ihrem Geschmacke bauen lassen. Wir werden ziemlich zurückgezogen leben, aber oft große Reisen unternehmen … nach Spanien, Ägypten, Indien …« – So träumte er vor sich hin, während er sein Pferd über die Wiesen am Heustadl rascher laufen ließ. Dann trabte er wieder in die Hauptallee und beim Praterstern setzte er sich in seinen Wagen. Er ließ bei der Fossatti halten und sandte an Kläre ein Bukett von herrlichen dunklen Rosen. Er frühstückte in seiner Wohnung am Schwarzenbergplatz allein wie gewöhnlich, und nach Tisch legte er sich auf den Diwan. Er war von heftiger Sehnsucht nach Kläre erfüllt. Was hatten alle die anderen Frauen für ihn zu bedeuten gehabt? … Sie waren ihm Zerstreuung gewesen – nichts weiter. Und er ahnte den Tag voraus, da ihm auch Kläre sagen würde: Was waren mir alle anderen? – Du bist der Einzige und Erste, den ich je geliebt habe … Und während er auf dem Diwan lag, mit geschlossenen Augen, ließ er die ganze Reihe an sich vorübergleiten … Gewiss; sie hatte keinen geliebt vor ihm, und ihn vielleicht immer und in jedem! …

Der Freiherr kleidete sich an, und dann ging er langsam, wie um sich ein paar Sekunden länger auf das erste Wiedersehen freuen zu dürfen, den wohlbekannten Weg ihrem Hause zu. Es gab wohl viel Spaziergänger auf dem Ring, aber man konnte doch merken, dass die Saison zu Ende ging. Und Leisenbohg freute sich, dass der Sommer da war, dass er mit Kläre zusammen reisen, mit ihr das Meer oder die Berge sehen würde, und er musste sich zusammennehmen, um nicht vor Entzücken laut aufzujubeln.

Er stand vor ihrem Hause und sah zu ihren Fenstern auf. Das Licht der Nachmittagssonne strahlte von ihnen wider und blendete ihn beinahe. Er schritt die zwei Treppen hinauf zu ihrer Haustüre und klingelte. Man öffnete nicht. Er klingelte noch einmal. Man öffnete nicht. Jetzt bemerkte Leisenbohg, dass ein Vorhängeschloß an der Türe angebracht war. – Was sollte das bedeuten? war er fehlgegangen? ... Sie hatte zwar kein Täfelchen an der Tür, aber gegenüber las er wie gewöhnlich: »Oberstleutnant von Jeleskowits ...« Kein Zweifel: er stand vor ihrer Wohnung, und ihre Wohnung war versperrt ... Er eilte die Treppen hinunter, riss die Türe zur Hausmeisterwohnung auf. Die Hausmeisterin saß in dem halbdunklen Raum auf dem Bett, ein Kind guckte durch das kleine Souterrainfenster auf die Straße hinaus, das andere blies auf einem Kamm eine unbegreifliche Melodie. »Ist Fräulein Hell nicht zu Hause?«, fragte der Freiherr. Die Frau stand auf »Nein, Herr Baron, das Fräulein Hell ist abgereist ...«

»Wie?«, schrie der Freiherr auf – »Ja richtig«, setzte er gleich hinzu ... »um drei Uhr, nicht wahr?«

»Nein, Herr Baron, um acht in der Früh ist das Fräulein abgereist.«

»Und wohin? ... Ich meine, ist sie direkt nach –« er sagte es aufs Geratewohl: »ist sie direkt nach Dresden gefahren?«

»Nein, Herr Baron; sie hat keine Adresse dagelassen. Sie hat g'sagt, sie wird schon schreiben, wo sie ist.«

»So – ja ... ja – so ... natürlich ... Danke sehr.« Er wandte sich fort und trat wieder auf die Straße. Unwillkürlich blickte er nach dem Haus zurück. Wie anders strahlte die Abendsonne von den Fenstern wider als vorher! Welche dumpfe, traurige Sommerabendschwüle lag über der Stadt. Kläre war fort?! ... warum? ... Sie war vor ihm geflohen? ... Was sollte das bedeuten? ... Er dachte zuerst daran, in die Oper zu fahren. Aber es fiel ihm ein, dass die Ferien schon übermorgen anfingen und dass Kläre in den letzten zwei Tagen nicht mehr beschäftigt war.

Er fuhr also in die Mariahilferstraße sechsundsiebzig, wo die Ringeiser wohnten. Eine alte Köchin öffnete und betrachtete den eleganten Besucher mit einigem Misstrauen. Er ließ Frau Ringeiser herausrufen. »Ist Fräulein Fanny zu Hause?«, fragte er in einer Erregung, die er nicht mehr bemeistern konnte.

»Wie meinen?«, fragte Frau Ringeiser scharf.

Der Herr stellte sich vor.

»Ah so«, sagte Frau Ringeiser. »Wollen sich der Herr Baron nicht weiterbemühen?«

Er blieb im Vorzimmer stehen und fragte nochmals: »Ist Fräulein Fanny nicht zu Hause?«

»Spazieren der Herr Baron doch weiter.« Leisenbohg musste ihr folgen und befand sich in einem niedern, halb dunkeln Zimmer mit blausamtenen Möbeln und gleichfarbigen Ripsvorhängen an den Fenstern. »Nein«, sagte Frau Ringeiser, »die Fanny ist nicht zu Haus. Fräulein Hell hat sie ja mit auf den Urlaub genommen.«

»Wohin?«, fragte der Freiherr und starrte auf eine Fotografie Klärens, die in einem schmalen Goldrahmen auf dem Klavier stand.

»Wohin – das weiß ich nicht«, sagte Frau Ringeiser. »Um acht in der Früh war das Fräulein Hell selber da und hat mich gebeten, dass ich ihr die Fanny mitgeb'. Na, und sie hat so schön gebeten – ich hab nicht nein sagen können.«

»Aber wohin … wohin?«, fragte Leisenbohg dringend.

»Ja, das könnt ich nicht sagen. Die Fanny telegrafiert mir, sobald das Fräulein Hell sich entschlossen hat, wo sie bleiben will. Vielleicht schon morgen oder übermorgen.«

»So«, sagte Leisenbohg und ließ sich auf einen kleinen Rohrsessel vor dem Klavier niedersinken. Er schwieg ein paar Sekunden, dann stand er plötzlich auf, reichte Frau Ringeiser die Hand, bat um Entschuldigung wegen der verursachten Störung und ging langsam die dunkle Treppe des alten Hauses hinunter.

Er schüttelte den Kopf. Sie war sehr vorsichtig gewesen wahrhaftig! ... vorsichtiger als notwendig ... Dass er nicht zudringlich war, hatte sie wohl wissen können.

»Wohin fahren wir denn, Herr Baron?«, fragte der Kutscher, und Leisenbohg merkte, dass er schon eine Weile im offenen Wagen gesessen war und vor sich hingestarrt hatte. Und einer plötzlichen Eingebung folgend, antwortete er: »Ins Hotel Bristol.«

Sigurd Ölse war noch nicht abgereist. Er ließ den Freiherrn auf sein Zimmer bitten, empfing ihn mit Begeisterung und bat ihn, den letzten Abend seines Wiener Aufenthaltes mit ihm zu verbringen. Leisenbohg war schon von dem Umstand ergriffen gewesen, dass Sigurd Ölse überhaupt noch in Wien war, seine Liebenswürdigkeit aber rührte ihn geradezu zu Tränen. Sigurd begann sofort, von Kläre zu sprechen. Er bat Leisenbohg, ihm von ihr zu erzählen, so viel er nur konnte, denn er wusste ja, dass in dem Freiherrn ihr ältester und treuester Freund vor ihm stand. Und Leisenbohg setzte sich auf den Koffer und sprach von Kläre. Es tat ihm wohl, von ihr reden zu können. – Er erzählte dem Sänger beinah alles – mit Ausnahme derjenigen Dinge, die er ihm als Kavalier verschweigen zu müssen glaubte. Sigurd lauschte und schien verzückt.

Beim Souper lud der Sänger seinen Freund ein, noch heute Abend Wien mit ihm zu verlassen und ihn auf seine Besitzung nach Molde zu begleiten. Der Freiherr fühlte sich wunderbar beruhigt. Er lehnte für heute ab und versprach Ölse, ihn im Laufe des Sommers zu besuchen.

Sie fuhren zusammen zur Bahn. »Du wirst mich vielleicht für einen Narren halten«, sagte Sigurd, »aber ich will noch einmal an ihren Fenstern vorbei.« Leisenbohg sah ihn von der Seite an. War dies vielleicht ein Versuch, ihn hinters Licht zu führen? oder war es der letzte Beweis für die Unverdächtigkeit des Sängers? ... Vor Klärens Haus angelangt, warf Sigurd einen Kuss nach den verschlossenen Fenstern. Dann sagte er: »Grüße sie noch einmal von mir.«

Leisenbohg nickte: »Ich will es ihr bestellen, wenn sie wiederkommt.«

Sigurd sah ihn betroffen an.

»Sie ist nämlich schon fort«, setzte Leisenbohg hinzu. »Heute früh ist sie abgereist – ohne Abschied ... wie es so ihre Art ist«, log er dazu.

»Abgereist«, wiederholte Sigurd und versank in Sinnen. Dann schwiegen sie beide.

Vor Abfahrt des Zuges umarmten sie sich wie alte Freunde.

Der Freiherr weinte nachts in seinem Bett, wie es ihm seit seinen Kinderjahren nicht mehr geschehen war. Die eine Stunde der Lust, die er mit Kläre verlebt hatte, schien ihm wie von dunkeln Schauern umweht. Es war ihm, als hätten ihre Augen in der gestrigen Nacht wie im Wahnsinn geglüht. Nun begriff er alles.

Zu früh war er ihrem Ruf gefolgt. Noch hatte der Schatten des Fürsten Bedenbruck Gewalt über sie, und Leisenbohg fühlte, dass er Kläre nur besessen hatte, um sie auf immer zu verlieren.

Ein paar Tage trieb er sich in Wien herum, ohne zu wissen, was er mit den Tagen und Nächten anfangen sollte; alles, womit er früher seine Zeit hingebracht hatte – Zeitunglesen, Whistspielen, Spazierenreiten – war ihm vollkommen gleichgültig. Er fühlte, wie sein ganzes Dasein nur von Kläre den Sinn erhalten, ja dass selbst seine Verhältnisse zu anderen Frauen nur von dem Abglanze seiner Leidenschaft für Kläre gelebt hatten. Über der Stadt lag es wie ein ewiger grauer Dunst; die Leute, mit denen er sprach, hatten verschleierte Stimmen und starrten ihn merkwürdig, ja verräterisch an. Eines Abends fuhr er zum Bahnhof und wie mechanisch nahm er sich eine Karte nach Ischl. Dort traf er Bekannte, die sich harmlos nach Kläre erkundigten, er antwortete gereizt und unhöflich und musste sich mit einem Herrn schlagen, für den er sich nicht im Geringsten interessierte. Er trat ohne Erregung an, hörte die Kugel an seinem Ohr vorbeipfeifen, schoss in die Luft und verließ Ischl eine halbe Stunde nach dem Duell. Er reiste nach Tirol, nach dem Engadin, nach dem Berner Oberland, nach dem Genfersee, ruderte, überschritt Pässe, bestieg Berge, schlief einmal in einer Sennhütte und wusste im Übrigen an jedem Tag vom vorigen sowenig wie vom nächsten.

Eines Tages erhielt er von Wien aus ein Telegramm nachgesandt. Mit fiebernden Fingern öffnete er es. Er las: »Wenn du mein Freund bist, so halte dein Wort und eile zu mir; denn ich benötige eines Freundes. Sigurd Ölse.« Leisenbohg zweifelte keinen Augenblick, dass der Inhalt dieses Telegramms in irgendeinem Zusammenhang mit Kläre stehen müsse. Er packte so rasch als möglich ein und verließ Aix, wo er sich eben befand, mit der nächsten Gelegenheit. Ohne Unterbrechung reiste er über München nach Hamburg und nahm das Schiff, das ihn über Stavanger nach Molde führte, wo er an einem hellen Sommerabend ankam. Die Reise war ihm endlos erschienen. Von allen Reizen der Landschaft war seine Seele unberührt geblieben. Auch war es ihm in der letzten Zeit nicht mehr gelungen, sich an Klärens Gesang oder auch nur an ihre Züge zu erinnern. Jahrelang, jahrzehntelang glaubte er von Wien fort zu sein. Aber als er Sigurd in weißem Flanellanzug mit weißer Kappe am Ufer stehen sah, war ihm, als hätte er ihn gestern Abend zum letzten Male gesehen.

Und so zerwühlt er war, er erwiderte lächelnd vom Deck aus den Willkommgruß Sigurds und schritt in guter Haltung die Schiffstreppe hinab.

»Ich danke dir tausendmal, dass du meinem Ruf gefolgt bist«, sagte Sigurd.

Und einfach setzte er hinzu: »Mit mir ist es aus.«

Der Freiherr betrachtete ihn. Sigurd sah sehr blass aus, die Haare an seinen Schläfen waren auffallend grau geworden. Auf dem Arm trug er einen grünen mattglänzenden Plaid.

»Was gibt's? was ist geschehen?«, fragte Leisenbohg mit einem starren Lächeln.

»Du sollst alles erfahren«, sagte Sigurd Ölse. Dem Freiherrn fiel es auf, dass Sigurds Stimme weniger voll klang als früher. Sie fuhren auf einem kleinen schmalen Wagen durch die liebliche Allee längs des blauen Meeres hin. Beide schwiegen. Leisenbohg wagte nicht zu fragen. Seine Blicke starrten aufs Wasser, das sich kaum bewegte. Er kam auf die sonderbare, aber wie sich herausstellte, undurchführbare Idee, die Wellen zu zählen; dann schaute er in die Luft, und ihm war, als tropften die Sterne langsam herunter. Endlich fiel ihm auch ein, dass eine Sängerin existierte, Kläre Hell mit Namen, die sich irgendwo in der weiten Welt umhertrieb, – aber grade das war ziemlich unwichtig. Nun kam ein Ruck, und der Wagen stand vor einem einfachen weißen Hause still, das ganz im Grünen lag. Auf einer Veranda mit dem Blick aufs Meer speisten sie zu Abend. Ein Diener, mit einem strengen und in den Momenten, da er den Wein einschenkte, geradezu drohenden Gesicht, bediente. Die helle Nordnacht ruhte über den Fernen.

»Nun?«, fragte Leisenbohg, über den es mit einem Male wie eine Flut von Ungeduld hinstürzte.

»Ich bin ein verlorener Mensch«, sagte Sigurd Ölse und schaute vor sich hin.

»Wie meinst du das?«, fragte Leisenbohg tonlos. »Und was kann ich für dich tun?«, setzte er mechanisch hinzu.

»Nicht viel. Ich weiß noch nicht.« Und er blickte über Tischdecke, Geländer, Vorgarten, Gitter, Straße und Meer ins Weite.

Leisenbohg war innerlich starr ... Allerlei Ideen zugleich durchzuckten ihn ... Was mochte geschehen sein? ... Kläre war tot –? ... Sigurd hatte sie ermordet? ... ins Meer geworfen –? ... Oder Sigurd war tot? ... Doch nein, das war unmöglich ... der saß ja da vor ihm ... Warum aber sprach er nicht? ... Und plötzlich, von einer ungeheuren Angst durchjagt, stieß Leisenbohg hervor: »Wo ist Kläre?«

Da wandte sich der Sänger langsam zu ihm. Sein etwas dickes Gesicht begann von innen zu glänzen, und schien zu lächeln, – wenn es nicht der Mondschein war, der über seinem Gesicht spielte. Jedenfalls fand Leisenbohg in diesem Augenblick, dass der Mann, der hier mit verschleiertem Blick zurückgelehnt neben ihm saß, beide Hände in den Hosentaschen, die Beine lang unter den Tisch hingestreckt, mit nichts auf der Welt mehr Ähnlichkeit hatte als mit einem Pierrot. Der grüne Plaid hing über dem Geländer der Terrasse und schien dem Baron in diesem Moment ein guter alter Bekannter ... Aber was ging ihn dieser lächerliche Plaid an? Träumte er vielleicht? ... Er war in Molde. Sonderbar genug ... Wäre er vernünftig gewesen, so hätte er dem Sänger eigentlich aus Aix telegrafieren können: »Was gibt's? was willst du von mir, Pierrot?« Und er wiederholte plötzlich seine Frage von früher, nur viel höflicher und ruhiger: »Wo ist Kläre?«

Jetzt nickte der Sänger mehrere Male. »Um die handelt es sich allerdings. – Bist du mein Freund?«

Leisenbohg nickte. Er spürte ein leises Frösteln. Ein lauer Wind kam vom Meere her. »Ich bin dein Freund. Was willst du von mir?«

»Erinnerst du dich des Abends, da wir von einander Abschied nahmen, Baron? an dem wir im Bristol miteinander soupierten und du mich auf die Bahn begleitetest?«

Leisenbohg nickte wieder.

»Du hast wohl nicht geahnt, dass im selben Zuge mit mir Kläre Hell von Wien abreiste.«

Leisenbohg ließ den Kopf schwer auf die Brust herabsinken ...

»Ich habe es so wenig geahnt als du«, fuhr Sigurd fort. »Erst am nächsten Morgen auf der Frühstückstation hab' ich Kläre gesehen. Sie saß mit Fanny Ringeiser im Speisesaal und trank Kaffee. Ihr Benehmen ließ mich vermuten, dass ich diese Begegnung nur dem Zufall verdankte. Es war kein Zufall.«

»Weiter«, sagte der Baron und betrachtete den grünen Plaid, der sich leise bewegte.

»Später hat sie mir nämlich gestanden, dass es kein Zufall war. – Von diesem Morgen an blieben wir zusammen, Kläre, Fanny und ich. An einem eurer entzückenden kleinen österreichischen Seen ließen wir uns nieder. Wir bewohnten ein anmutiges Haus zwischen Wasser und Wald, fern von allen Menschen. Wir waren sehr glücklich.«

Er sprach so langsam, dass Leisenbohg toll zu werden glaubte.

Wozu hat er mich hierhergerufen?, dachte er. Was will er von mir? ... Hat sie ihm gestanden –? ... Was geht's ihn an? ... Warum blickt er mir so starr ins Gesicht? ... Weshalb sitz ich hier in Molde auf einer Veranda mit einem Pierrot? ... Ist es nicht am Ende doch ein Traum? ... Ruh ich vielleicht in Klärens Armen? ... Ist es am Ende noch immer dieselbe Nacht? ... – Und unwillkürlich riss er die Augen weit auf.

»Wirst du mich rächen?«, fragte Sigurd plötzlich.

»Rächen? ... Ja warum? was ist denn geschehen?«, fragte der Freiherr und hörte seine eigenen Worte wie von ferne her.

»Weil sie mich zugrunde gerichtet hat, weil ich verloren bin.«

»Erzähle mir endlich«, sagte Leisenbohg mit harter, trockener Stimme.

»Fanny Ringeiser war mit uns«, fuhr Sigurd fort. »Sie ist ein gutes Mädchen, nicht wahr?«

»Ja, sie ist ein gutes Mädchen«, erwiderte Leisenbohg und sah mit einem Male das halbdunkle Zimmer vor sich mit den blausamtenen Möbeln und den Ripsvorhängen, wo er vor mehreren hundert Jahren mit Fannys Mutter gesprochen hatte.

»Sie ist ein ziemlich dummes Mädchen, nicht wahr?«

»Ich glaube«, erwiderte der Freiherr.

»Ich weiß es«, sagte Sigurd. »Sie ahnte nicht, wie glücklich wir waren.« Und er schwieg lange.

»Weiter«, sagte Leisenbohg und wartete.

»Eines Morgens schlief Kläre noch«, begann Sigurd von Neuem. Sie schlief immer weit in den Morgen hinein. Ich aber ging im Walde spazieren. Da kam plötzlich Fanny hinter mir hergelaufen. »Fliehen Sie, Herr Ölse, eh' es zu spät ist; reisen Sie ab, denn Sie befinden sich in höchster Gefahr!« Sonderbarerweise wollte sie mir anfangs durchaus nicht mehr sagen. Aber ich bestand darauf und erfuhr endlich, was für eine Gefahr mir ihrer Meinung nach drohte. Ah, sie glaubte, dass ich noch zu retten wäre, sonst hätte sie mir gewiss nichts gesagt!«

Der grüne Plaid auf dem Geländer blähte sich auf wie ein Segel, das Lampenlicht auf dem Tisch flackerte ein wenig.

»Was hat dir Fanny erzählt?«, fragte Leisenbohg streng.

»Erinnerst du dich des Abends«, fragte Sigurd, »an dem wir alle in Klärens Haus zu Gaste waren? Am Morgen dieses

Tages war Kläre mit Fanny auf den Friedhof hinausgefahren, und auf dem Grabe des Fürsten hatte sie ihrer Freundin das Grauenhafte anvertraut.«

»Das Grauenhafte –?« Der Freiherr erbebte.

»Ja. – Du weißt, wie der Fürst gestorben ist? Er ist vom Pferd gestürzt und hat noch eine Stunde gelebt.«

»Ich weiß es.«

»Niemand war bei ihm als Kläre.«

»Ich weiß.«

»Er wollte niemanden sehen als sie. Und auf dem Sterbebette tat er einen Fluch.«

»Einen Fluch?«

»Einen Fluch. – ›Kläre‹, sprach der Fürst, ›vergiss mich nicht. Ich hätte im Grabe keine Ruhe, wenn du mich vergäßest.‹ – ›Ich werde dich nie vergessen‹, erwiderte Kläre. – ›Schwörst du mir, dass du mich nie vergessen wirst?‹ – ›Ich schwöre es dir.‹ ›Kläre, ich liebe dich, und ich muss sterben!‹« ...

»Wer spricht?«, schrie der Freiherr.

»Ich spreche«, sagte Sigurd, »und ich lasse Fanny sprechen, und Fanny lässt Kläre sprechen, und Kläre lässt den Fürsten sprechen. Verstehst du mich nicht?«

Leisenbohg hörte angestrengt zu. Es war ihm, als hörte er die Stimme des toten Fürsten aus dreifach verschlossenem Sarge in die Nacht klingen.

»›Kläre, ich liebe dich, und ich muss sterben! Du bist so jung, und ich muss sterben ... Und es wird ein anderer kommen nach mir ... Ich weiß es, es wird so sein ... Ein anderer wird dich in den Armen halten und mit dir glücklich sein ... Er soll nicht – er darf nicht! ... Ich fluche ihm. – Hörst du, Kläre? ich fluche ihm! ... Der erste, der diese Lippen küsst, diesen Leib umfängt nach mir, soll in die Hölle fahren! ... Kläre, der Himmel hört den Fluch von Sterbenden ... Hüte dich – hüte ihn ... In die Hölle mit ihm! in Wahnsinn, Elend und Tod! Wehe! wehe! wehe!«‹

Sigurd, aus dessen Mund die Stimme des toten Fürsten tönte, hatte sich erhoben, groß und feist stand er in seinem weißen Flanellanzug da und blickte in die helle Nacht. Der grüne Plaid sank von dem Geländer in den Garten hinab. Den Freiherrn fror entsetzlich. Es war ihm, als wenn ihm der ganze Körper erstarren wollte. Eigentlich hätte er gern geschrien, aber er sperrte nur den Mund weit auf ... Er befand sich in diesem Augenblick in dem kleinen Saal der Gesangsprofessorin Eisenstein, wo er Kläre das erste Mal gesehen hatte. Auf der Bühne stand ein Pierrot und deklamierte: »Mit diesem Fluch auf den Lippen ist der Fürst Bedenbruck gestorben, und ... höre ... der Unglückselige, in dessen Armen sie lag, der Elende, an dem sich der Fluch erfüllen soll, bin ich! ... ich! ... ich! ...«

Da stürzte die Bühne ein mit einem lauten Krach und versank vor Leisenbohgs Augen ins Meer. Er aber fiel lautlos mit dem Sessel nach rückwärts, wie eine Gliederpuppe.

Sigurd sprang auf, rief nach Hilfe. Zwei Diener kamen, hoben den Ohnmächtigen auf und betteten ihn auf einen Lehnsessel, der seitlich vom Tische stand; der eine lief nach einem Arzt, der andere brachte Wasser und Essig. Sigurd rieb die Stirn und die Schläfen des Freiherrn ein, aber der wollte sich nicht rühren. Dann kam der Arzt und nahm seine Untersuchung vor. Sie währte nicht lange. Am Schlusse sagte er: »Dieser Herr ist tot.«

Sigurd Ölse war sehr bewegt, bat den Arzt, die nötigen Anordnungen zu treffen, und verließ die Terrasse. Er durchschritt den Salon, ging ins obere Stockwerk, betrat sein Schlafzimmer, zündete ein Licht an und schrieb eilends folgende Worte nieder: »Kläre! deine Depesche habe ich in Molde vorgefunden, wohin ich ohne Aufenthalt geflohen war. Ich will es dir gestehen, ich habe dir nicht geglaubt, ich dachte, du wolltest mich durch eine Lüge beruhigen. Verzeih mir, – ich zweifle nicht mehr. Der Freiherr von Leisenbohg war bei mir. Ich habe ihn gerufen. Aber ich habe ihn um nichts gefragt; denn als Ehrenmann hätte er mich anlügen müssen. Ich hatte eine ingeniöse Idee. Ich habe ihm von dem Fluch des verstorbenen Fürsten Mitteilung gemacht. Die Wirkung war überraschend: der Freiherr fiel mit dem Sessel nach rückwärts und war auf der Stelle tot.«

Sigurd hielt inne, wurde sehr ernst und schien zu überlegen. Dann stellte er sich mitten ins Zimmer und erhob seine Stimme zum Gesang. Anfangs wie furchtsam und verschleiert, hellte sie sich allmählich auf und klang laut und prächtig durch die Nacht, endlich so gewaltig, als wenn sie von den Wellen widerhallte. – Ein beruhigtes Lächeln floss über Sigurds Züge. Er atmete tief auf. Er begab sich wieder an den Schreibtisch und fügte seiner Depesche die folgenden Worte hinzu: »Liebste Kläre! verzeih' mir – alles ist wieder gut. In drei Tagen bin ich bei dir« ...

Fräulein Else

»Du willst wirklich nicht mehr weiterspielen, Else?« – »Nein, Paul, ich kann nicht mehr. Adieu. – Auf Wiedersehen, gnädige Frau.« – *»Aber Else, sagen Sie mir doch: Frau Cissy – Oder lieber noch: Cissy, ganz einfach.«* – »Auf Wiedersehen, Frau Cissy.« – *»Aber warum gehen Sie denn schon, Else? Es sind noch volle zwei Stunden bis zum Dinner.«* – »Spielen Sie nur Ihr Single mit Paul, Frau Cissy, mit mir ist's doch heut' wahrhaftig kein Vergnügen.« – *»Lassen Sie sie, gnädige Frau, sie hat heut' ihren ungnädigen Tag. – Steht dir übrigens ausgezeichnet zu Gesicht, das Ungnädigsein, Else. – Und der rote Sweater noch besser.«* – »Bei Blau wirst du hoffentlich mehr Gnade finden, Paul. Adieu.«

Das war ein ganz guter Abgang. Hoffentlich glauben die Zwei nicht, dass ich eifersüchtig bin. – Dass sie was miteinander haben, Cousin Paul und Cissy Mohr, darauf schwör' ich. Nichts auf der Welt ist mir gleichgültiger. – Nun wende ich mich noch einmal um und winke ihnen zu. Winke und lächle. Sehe ich nun gnädig aus? – Ach Gott, sie spielen schon wieder. Eigentlich spiele ich besser als Cissy Mohr; und Paul ist auch nicht gerade ein Matador. Aber gut sieht er aus – mit dem offenen Kragen und dem Bösen-Jungen-Gesicht. Wenn er nur weniger affektiert wäre. Brauchst keine Angst zu haben, Tante Emma ...

Was für ein wundervoller Abend! Heut' wär' das richtige Wetter gewesen für die Tour auf die Rosettahütte. Wie herrlich der Cimone in den Himmel ragt! – Um fünf Uhr früh wär' man aufgebrochen. Anfangs wär' mir natürlich übel gewesen, wie gewöhnlich. Aber das verliert sich. – Nichts köstlicher als das Wandern im Morgengrauen. – Der einäugige Amerikaner auf der Rosetta hat ausgesehen wie ein Boxkämpfer. Vielleicht hat ihm beim Boxen wer das Aug' ausgeschlagen. Nach Amerika würd' ich ganz gern heiraten, aber keinen Amerikaner. Oder ich heirat' einen Amerikaner und wir leben in Europa. Villa an der Riviera. Marmorstufen ins Meer. Ich liege nackt auf dem Marmor. – Wie lang ist's her, dass wir in Mentone waren? Sieben oder acht Jahre. Ich war dreizehn oder vierzehn. Ach ja, damals waren wir noch in besseren Verhältnissen. – Es war eigentlich ein Unsinn, die Partie aufzuschieben. Jetzt wären wir jedenfalls schon zurück. – Um vier, wie ich zum Tennis gegangen bin, war der telegrafisch angekündigte Expressbrief von Mama noch nicht da. Wer weiß, ob jetzt. Ich hätt' noch ganz gut ein Set spielen können. – Warum grüßen mich diese zwei jungen Leute? Ich kenn' sie gar nicht. Seit gestern wohnen sie im Hotel, sitzen beim Essen links am Fenster, wo früher die Holländer gesessen sind. Hab' ich ungnädig gedankt? Oder gar hochmütig? Ich bin's ja gar nicht. Wie sagte Fred auf dem Weg vom ›Coriolan‹ nach Hause? Frohgemut. Nein, hochgemut. Hochgemut sind Sie, nicht hochmütig, Else. – Ein schönes Wort. Er findet immer schöne Worte. – Warum geh' ich so langsam? Fürcht' ich mich am Ende vor Mamas Brief? Nun, Angenehmes wird er wohl nicht enthalten. Express! Vielleicht muss ich wieder zurückfahren. O weh. Was für ein Leben – trotz rotem Seidensweater und Seidenstrümpfen. Drei Paar! Die arme Verwandte, von der reichen Tante eingeladen. Sicher bereut sie's schon. Soll ich's dir schriftlich geben, teuere Tante, dass ich an Paul nicht im Traum denke? Ach, an niemanden denke ich. Ich bin nicht verliebt. In niemanden. Und war noch nie verliebt. Auch in Albert bin ich's nicht gewesen, obwohl ich es mir acht Tage lang eingebildet habe. Ich glaube, ich kann mich nicht verlieben. Eigentlich merkwürdig. Denn sinnlich bin ich gewiss. Aber auch hochgemut und ungnädig, Gott sei Dank. Mit dreizehn war ich vielleicht das einzige Mal wirklich verliebt. In den van Dyck – oder vielmehr in den Abbé Des Grieux, und in die Renard auch. Und wie ich sechzehn war, am Wörthersee. – Ach nein, das war nichts. Wozu nachdenken, ich schreibe ja keine Memoiren. Nicht einmal ein Tagebuch wie die Bertha. Fred ist mir sympathisch, nicht mehr. Vielleicht, wenn er eleganter wäre. Ich bin ja doch ein Snob. Der Papa findet's auch und lacht mich aus. Ach, lieber Papa, du machst mir viel Sorgen. Ob er die Mama einmal betrogen hat? Sicher. Öfters. Mama ist ziemlich dumm. Von mir hat sie keine Ahnung. Andere Menschen auch nicht. Fred? – Aber eben nur eine Ahnung. – Himmlischer Abend. Wie festlich das Hotel aussieht. Man spürt: Lauter Leute, denen es gut geht und die keine Sorgen haben. Ich zum Beispiel. Haha! Schad'. Ich wär' zu einem sorgenlosen Leben geboren. Es könnt' so schön sein. Schad'. – Auf dem Cimone liegt ein roter Glanz. Paul würde sagen: Alpenglühen. Das ist noch lang' kein Alpenglühen. Es ist zum Weinen schön. Ach, warum muss man wieder zurück in die Stadt!

»*Guten Abend, Fräulein Else.*« – »Küss' die Hand gnädige Frau.« – »*Vom Tennis?*« – Sie sieht's doch, warum fragt sie? »Ja, gnädige Frau. Beinah drei Stunden lang haben wir gespielt. – Und gnädige Frau machen noch einen Spaziergang?« – »*Ja, meinen gewohnten Abendspaziergang. Den Rolleweg. Der geht so schön zwischen den Wiesen, bei Tag ist er beinahe zu sonnig.*« – »Ja, die Wiesen hier sind herrlich. Besonders im Mondenschein von meinem Fenster aus.« –

»*Guten Abend, Fräulein Else. – Küss' die Hand, gnädige Frau.*« – »Guten Abend, Herr von Dorsday.« – »*Vom Tennis, Fräulein Else?*« – »Was für ein Scharfblick, Herr von Dorsday.« – »*Spotten Sie nicht, Else.*« – Warum sagt er nicht ›Fräulein Else?‹ – »*Wenn man mit dem Rakett so gut ausschaut, darf man es gewissermaßen auch als Schmuck tragen.*« – Esel, darauf antworte ich gar nicht. »Den ganzen Nachmittag haben wir gespielt. Wir waren leider nur drei. Paul, Frau Mohr und ich.« – »*Ich war früher ein enragierter Tennisspie-*

ler.« – »Und jetzt nicht mehr?« – »*Jetzt bin ich zu alt dazu.*« – »Ach, alt, in Marienlyst, da war ein fünfundsechzigjähriger Schwede, der spielte jeden Abend von sechs bis acht Uhr. Und im Jahr vorher hat er sogar noch bei einem Turnier mitgespielt.« – »*Nun, fünfundsechzig bin ich Gott sei Dank noch nicht, aber leider auch kein Schwede.*« – Warum leider? Das hält er wohl für einen Witz. Das Beste, ich lächle höflich und gehe. »Küss' die Hand, gnädige Frau. Adieu, Herr von Dorsday.« Wie tief er sich verbeugt und was für Augen er macht. Kalbsaugen. Hab ich ihn am Ende verletzt mit dem fünfundsechzigjährigen Schweden? Schad't auch nichts. Frau Winawer muss eine unglückliche Frau sein. Gewiss schon nah an fünfzig. Diese Tränensäcke, – als wenn sie viel geweint hätte. Ach wie furchtbar, so alt zu sein. Herr von Dorsday nimmt sich ihrer an. Da geht er an ihrer Seite. Er sieht noch immer ganz gut aus mit dem grau melierten Spitzbart. Aber sympathisch ist er nicht. Schraubt sich künstlich hinauf. Was hilft Ihnen Ihr erster Schneider, Herr von Dorsday? Dorsday! Sie haben sicher einmal anders geheißen. – Da kommt das süße kleine Mädel von Cissy mit ihrem Fräulein. – »Grüß dich Gott, Fritzi. Bon soir, Mademoiselle. Vous allez bien?« – »*Merci, Mademoiselle. Et vous?*« – »Was seh' ich, Fritzi, du hast ja einen Bergstock. Willst du am End' den Cimone besteigen?« – »*Aber nein, so hoch hinauf darf ich noch nicht.*« – »Im nächsten Jahr wirst du es schon dürfen. Pah, Fritzi. A bientôt, Mademoiselle.« – »*Bon soir, Mademoiselle.*«

Eine hübsche Person. Warum ist sie eigentlich Bonne? Noch dazu bei Cissy. Ein bitteres Los. Ach Gott, kann mir auch noch blühen. Nein, ich wüsste mir jedenfalls was Besseres. Besseres? – Köstlicher Abend. ›Die Luft ist wie Champagner‹, sagte gestern Doktor Waldberg. Vorgestern hat es auch einer gesagt. – Warum die Leute bei dem wundervollen

Wetter in der Halle sitzen? Unbegreiflich. Oder wartet jeder auf einen Expressbrief? Der Portier hat mich schon gesehen; – wenn ein Expressbrief für mich da wäre, hätte er mir ihn sofort hergebracht. Also keiner da. Gott sei Dank. Ich werde mich noch ein bissl hinlegen vor dem Diner. Warum sagt Cissy ›Dinner‹? Dumme Affektation. Passen zusammen, Cissy und Paul. – Ach, war der Brief lieber schon da. Am Ende kommt er während des ›Dinner‹. Und wenn er nicht kommt, hab' ich eine unruhige Nacht. Auch die vorige Nacht hab' ich so miserabel geschlafen. Freilich, es sind gerade diese Tage. Drum hab' ich auch das Ziehen in den Beinen. Dritter September ist heute. Also wahrscheinlich am sechsten. Ich werde heute Veronal nehmen. O, ich werde mich nicht daran gewöhnen. Nein, lieber Fred, du musst nicht besorgt sein. In Gedanken bin ich immer per Du mit ihm. – Versuchen sollte man alles, – auch Haschisch. Der Marinefähnrich Brandel hat sich aus China, glaub' ich, Haschisch mitgebracht. Trinkt man oder raucht man Haschisch? Man soll prachtvolle Visionen haben. Brandel hat mich eingeladen, mit ihm Haschisch zu trinken oder – zu rauchen. Frecher Kerl. Aber hübsch. –

»*Bitte sehr, Fräulein, ein Brief.*« – Der Portier! Also doch! – Ich wende mich ganz unbefangen um. Es könnte auch ein Brief von der Karoline sein oder von der Bertha oder von Fred oder Miss Jackson? »Danke schön.« Doch von Mama, Express. Warum sagt er nicht gleich: ein Expressbrief? »Oh, ein Express!« Ich mach' ihn erst auf dem Zimmer auf und les' ihn in aller Ruhe. – Die Marchesa. Wie jung sie im Halbdunkel aussieht. Sicher fünfundvierzig. Wo werd' ich mit fünfundvierzig sein? Vielleicht schon tot. Hoffentlich. Sie lächelt mich so nett an, wie immer. Ich lasse sie vorbei, nicke ein wenig, – nicht als wenn ich mir eine besondere Ehre daraus machte, dass mich eine Marchesa anlächelt. – »*Buona sera.«* – Sie sagt mir buona sera. Jetzt muss ich mich doch wenigstens verneigen. War das zu tief? Sie ist ja um so viel älter. Was für einen herrlichen Gang sie hat. Ist sie geschieden? Mein Gang ist auch schön. Aber – ich weiß es. Ja, das ist der Unterschied. – Ein Italiener könnte mir gefährlich werden. Schade, dass der schöne Schwarze mit dem Römerkopf schon wieder fort ist. ›Er sieht aus wie ein Filou‹, sagte Paul. Ach Gott, ich hab' nichts gegen Filous, im Gegenteil. – So, da wär' ich. Nummer siebenundsiebzig. Eigentlich eine Glücksnummer. Hübsches Zimmer. Zirbelholz. Dort steht mein jungfräuliches Bett. – Nun ist es richtig ein Alpenglühen geworden. Aber Paul gegenüber werde ich es abstreiten. Eigentlich ist Paul schüchtern. Ein Arzt, ein Frauenarzt! Vielleicht gerade deshalb. Vorgestern im Wald, wie wir so weit voraus waren, hätt' er schon etwas unternehmender sein dürfen. Aber dann wäre es ihm übel ergangen. Wirklich unternehmend war eigentlich mir gegenüber noch niemand. Höchstens am Wörthersee vor drei Jahren im Bad. Unternehmend? Nein, unanständig war er ganz einfach. Aber schön. Apoll vom Belvedere. Ich hab' es ja eigentlich nicht ganz verstanden damals. Nun ja mit – sechzehn Jahren. Meine himmlische Wiese! Meine –! Wenn man sich die nach Wien mitnehmen könnte. Zarte Nebel. Herbst? Nun ja, dritter September, Hochgebirge. Nun, Fräulein Else, möchten Sie sich nicht doch entschließen, den Brief zu lesen? Er muss sich ja gar nicht auf den Papa beziehen. Könnte es nicht auch etwas mit meinem Bruder sein? Vielleicht hat er sich verlobt mit einer seiner Flammen? Mit einer Choristin oder einem Handschuhmädel. Ach nein, dazu ist er wohl doch zu gescheit. Eigentlich weiß ich ja nicht viel von ihm. Wie ich sechzehn war und er einundzwanzig, da waren wir eine Zeit lang geradezu befreundet. Von einer gewissen Lotte hat er mir viel erzählt. Dann hat er plötzlich aufgehört. Diese Lotte muss ihm irgendetwas angetan haben. Und seitdem erzählt er mir nichts mehr. – Nun ist er offen, der Brief, und ich hab' gar nicht bemerkt, dass ich ihn aufgemacht habe. Ich setze mich aufs Fensterbrett und lese ihn. Achtgeben, dass ich nicht hinunterstürze. Wie uns aus San Martino gemeldet wird, hat sich dort im Hotel Fratazza ein beklagenswerter Unfall ereignet. Fräulein Else T., ein neunzehnjähriges bildschönes Mädchen, Tochter des bekannten Advokaten … Natürlich würde es heißen, ich hätte mich umgebracht aus unglücklicher Liebe oder weil ich in der Hoffnung war. Unglückliche Liebe, ah nein.

›Mein liebes Kind‹ – Ich will mir vor allem den Schluss anschaun. – ›Also nochmals, sei uns nicht böse, mein liebes gutes Kind und sei tausendmal – Um Gottes willen, sie werden sich doch nicht umgebracht haben! Nein, – in dem Fall wär' ein Telegramm von Rudi da. – ›Mein liebes Kind, du kannst mir glauben, wie leid es mir tut, dass ich dir in deine schönen Ferialwochen‹ – Als wenn ich nicht immer Ferien hätt', leider – ›mit einer so unangenehmen Nachricht hineinplatze.‹ – Einen furchtbaren Stil schreibt Mama. – ›Aber nach reiflicher Überlegung bleibt mir wirklich nichts anderes übrig. Also, kurz und gut, die Sache mit Papa ist akut geworden. Ich weiß mir nicht zu raten, noch zu helfen.‹ – Wozu die vielen Worte? – ›Es handelt sich um eine verhältnismäßig lächerliche Summe – dreißigtausend Gulden‹, lächerlich? – ›die in drei Tagen herbeigeschafft sein müssen, sonst ist alles verloren.‹ Um Gottes willen, was heißt das? – ›Denk dir, mein geliebtes Kind, dass der Baron Höning‹ – wie der Staatsanwalt? – ›sich heut früh den Papa hat kommen lassen. Du weißt ja, wie der Baron den Papa hoch schätzt, ja geradezu liebt. Vor anderthalb Jahren, damals, wie es auch an einem Haar gehangen hat, hat er persönlich mit den Hauptgläubigern gesprochen und die Sache noch im letzten Moment in

Ordnung gebracht. Aber diesmal ist absolut nichts zu machen, wenn das Geld nicht beschafft wird. Und abgesehen davon, dass wir alle ruiniert sind, wird es ein Skandal, wie er noch nicht da war. Denk' dir, ein Advokat, ein berühmter Advokat, – der, – nein, ich kann es gar nicht niederschreiben. Ich kämpfe immer mit den Tränen. Du weißt ja, Kind, du bist ja klug, wir waren ja, Gott sei's geklagt, schon ein paar Mal in einer ähnlichen Situation und die Familie hat immer herausgeholfen. Zuletzt hat es sich gar um hundertzwanzigtausend gehandelt. Aber damals hat der Papa einen Revers unterschreiben müssen, dass er niemals wieder an die Verwandten, speziell an den Onkel Bernhard, herantreten wird.‹ – Na weiter, weiter, wo will denn das hin? Was kann denn ich dabei tun? – ›Der Einzige, an den man eventuell noch denken könnte, wäre der Onkel Viktor, der befindet sich aber unglücklicherweise auf einer Reise zum Nordkap oder nach Schottland‹ – Ja, der hat's gut, der ekelhafte Kerl – ›und ist absolut unerreichbar, wenigstens für den Moment. An die Kollegen, speziell Dr. Sch., der Papa schon öfter ausgeholfen hat‹ – Herrgott, wie stehn wir da –, ›ist nicht mehr zu denken, seit er sich wieder verheiratet hat.‹ – Also was denn, was denn, was wollt ihr denn von mir? – ›Und da ist nun dein Brief gekommen, mein liebes Kind, wo du unter andern Dorsday erwähnst, der sich auch in Fratazza aufhält, und das ist uns wie ein Schicksalswink erschienen. Du weißt ja, wie oft Dorsday in früheren Jahren zu uns gekommen ist‹ – na, gar so oft –, ›es ist der reine Zufall, dass er sich seit zwei, drei Jahren seltener blicken lässt; er soll in ziemlich festen Banden sein – unter uns, nichts sehr Feines.‹ – Warum ›unter uns‹? – ›Im Residenzklub hat Papa jeden Donnerstag noch immer seine Whistpartie mit ihm, und im verflossenen Winter hat er ihm im Prozess gegen einen andern Kunsthändler ein hübsches Stück Geld gerettet. Im Übrigen, warum sollst du es nicht wissen, er ist schon früher einmal dem Papa beigesprungen.‹ – Hab' ich mir gedacht. – ›Es hat sich damals um eine Bagatelle gehandelt, achttausend Gulden, – aber schließlich – dreißig bedeuten für Dorsday auch keinen Betrag. Darum hab' ich mir gedacht, ob du uns nicht die Liebe erweisen und mit Dorsday reden könntest.‹ – Was? – ›Dich hat er ja immer besonders gern gehabt.‹ – Hab' nichts davon gemerkt. Die Wange hat er mir gestreichelt, wie ich zwölf oder dreizehn Jahre alt war. ›Schon ein ganzes Fräulein.‹ – ›Und da Papa seit den achttausend glücklicherweise nicht mehr an ihn herangetreten ist, so wird er ihm diesen Liebesdienst nicht verweigern. Neulich soll er an einem Rubens, den er nach Amerika verkauft hat, allein achtzigtausend verdient haben. Das darfst du selbstverständlich nicht erwähnen.‹ – Hältst du mich für eine Gans, Mama? – ›Aber im Übrigen kannst du ganz aufrichtig zu ihm reden. Auch, dass der Baron Höning sich den Papa hat kommen lassen, kannst du erwähnen, wenn es sich so ergeben sollte. Und dass mit den dreißigtausend tatsächlich das Schlimmste abgewendet ist, nicht nur für den Moment, sondern, so Gott will, für immer.‹ – Glaubst du wirklich, Mama? – ›Denn der Prozess Erbesheimer, der glänzend steht, trägt dem Papa sicher hunderttausend, aber selbstverständlich kann er gerade in diesem Stadium von den Erbesheimers nichts verlangen. Also, ich bitte dich, Kind, sprich mit Dorsday. Ich versichere dich, es ist nichts dabei. Papa hätte ihm ja einfach telegrafieren können, wir haben es ernstlich überlegt, aber es ist doch etwas ganz anderes, Kind, wenn man mit einem Menschen persönlich spricht. Am sechsten um zwölf muss das Geld da sein, Doktor F.‹ – Wer ist Doktor F.? Ach ja, Fiala. – ›ist unerbittlich. Natürlich ist da auch persönliche Rancune dabei. Aber da es sich unglücklicherweise um Mündelgelder handelt‹ – Um Gottes willen! Papa, was hast du getan? –, ›kann man nichts machen. Und wenn das Geld am fünften um zwölf Uhr mittags nicht in Fialas Händen ist, wird der Haftbefehl erlassen, vielmehr so lange hält der Baron Höning ihn noch zurück. Also Dorsday müsste die Summe telegrafisch durch seine Bank an Doktor F. überweisen lassen. Dann sind wir gerettet. Im andern Fall weiß Gott, was geschieht. Glaub' mir, du vergibst dir nicht das Geringste, mein geliebtes Kind. Papa hatte ja anfangs Bedenken gehabt. Er hat sogar noch Versuche gemacht auf zwei verschiedenen Seiten. Aber er ist ganz verzweifelt nach Hause gekommen.‹ – Kann Papa überhaupt verzweifelt sein? – ›Vielleicht nicht einmal so sehr wegen des Geldes, als darum, weil die Leute sich so schändlich gegen ihn benehmen. Der eine von ihnen war einmal Papas bester Freund. Du kannst dir denken, wen ich meine.‹ – Ich kann mir gar nichts denken. Papa hat so viel beste Freunde gehabt und in Wirklichkeit keinen. Warnsdorf vielleicht? – ›Um ein Uhr ist Papa nach Hause gekommen, und jetzt ist es vier Uhr früh. Jetzt schläft er endlich, Gott sei Dank.‹ – Wenn er lieber nicht aufwachte, das wär' das Beste für ihn. – ›Ich gebe den Brief in aller früh selbst auf die Post, express, da musst du ihn vormittags am dritten haben.‹ – Wie hat sich Mama das vorgestellt? Sie kennt sich doch in diesen Dingen nie aus. – ›Also sprich sofort mit Dorsday, ich beschwöre dich und telegrafiere sofort, wie es ausgefallen ist. Vor Tante Emma lass dir um Gottes willen nichts merken, es ist ja traurig genug, dass man sich in einem solchen Fall an die eigene Schwester nicht wenden kann, aber da könnte man ja ebenso gut zu einem Stein reden. Mein liebes, liebes Kind, mir tut es ja so leid, dass du in deinen jungen Jahren solche Dinge mitmachen musst, aber glaub' mir, der Papa ist zum geringsten Teil selber daran schuld.‹ – Wer denn, Mama? – ›Nun, hoffen wir zu Gott, dass der Prozess Erbesheimer in jeder Hinsicht einen Abschnitt in unserer Existenz bedeutet.

Nur über diese paar Wochen müssen wir hinaus sein. Es wäre doch ein wahrer Hohn, wenn wegen der dreißigtausend Gulden ein Unglück geschähe?‹ – Sie meint doch nicht im Ernst, dass Papa sich selber ... Aber wäre – das andere nicht noch schlimmer? – ›Nun schließe ich, mein Kind, ich hoffe, du wirst unter allen Umständen‹ – Unter allen Umständen? – ›noch über die Feiertage, wenigstens bis neunten oder zehnten in San Martino bleiben können. Unseretwegen musst du keineswegs zurück. Grüße die Tante, sei nur weiter nett mit ihr. Also nochmals, sei uns nicht böse, mein liebes gutes Kind, und sei tausendmal‹ – ja, dass weiß ich schon.

Also, ich soll Herrn Dorsday anpumpen ... Irrsinnig. Wie stellt sich Mama das vor? Warum hat sich Papa nicht einfach auf die Bahn gesetzt und ist hergefahren? – Wär grad' so geschwind gegangen wie der Expressbrief. Aber vielleicht hätten sie ihn auf dem Bahnhof wegen Fluchtverdacht – – Furchtbar, furchtbar! Auch mit den dreißigtausend wird uns ja nicht geholfen sein. Immer diese Geschichten! Seit sieben Jahren! Nein – länger. Wer möcht' mir das ansehen? Niemand sieht mir was an, auch dem Papa nicht. Und doch wissen es alle Leute. Rätselhaft, dass wir uns immer noch halten. Wie man alles gewöhnt! Dabei leben wir eigentlich ganz gut. Mama ist wirklich eine Künstlerin. Das Souper am letzten Neujahrstag für vierzehn Personen – unbegreiflich. Aber dafür meine zwei Paar Ballhandschuhe, die waren eine Affäre. Und wie der Rudi neulich dreihundert Gulden gebraucht hat, da hat die Mama beinah' geweint. Und der Papa ist dabei immer gut aufgelegt. Immer? Nein. O nein. In der Oper neulich bei Figaro sein Blick, – plötzlich ganz leer – ich bin erschrocken. Da war er wie ein ganz anderer Mensch. Aber dann haben wir im Grand Hotel soupiert und er war so glänzend aufgelegt wie nur je. Und da halte ich den Brief in der Hand. Der Brief ist ja irrsinnig. Ich soll mit Dorsday sprechen? Zu Tod' würde ich mich schämen. – – Schämen, ich mich? Warum? Ich bin ja nicht schuld. – Wenn ich doch mit Tante Emma spräche? Unsinn. Sie hat wahrscheinlich gar nicht so viel Geld zur Verfügung. Der Onkel ist ja ein Geizkragen. Ach Gott, warum habe ich kein Geld? Warum hab' ich mir noch nichts verdient? Warum habe ich nichts gelernt? Oh, ich habe was gelernt! Wer darf sagen, dass ich nichts gelernt habe? Ich spiele Klavier, ich kann Französisch, Englisch, auch ein bissl Italienisch, habe kunstgeschichtliche Vorlesungen besucht – Haha! Und wenn ich schon was Gescheiteres gelernt hätte, was hülfe es mir? Dreißigtausend Gulden hätte ich mir keineswegs erspart. – –

Aus ist es mit dem Alpenglühen. Der Abend ist nicht mehr wunderbar. Traurig ist die Gegend. Nein, nicht die Gegend, aber das Leben ist traurig. Und ich sitz' da ruhig auf dem Fensterbrett. Und der Papa soll eingesperrt werden. Nein. Nie und nimmer. Es darf nicht sein. Ich werde ihn retten. Ja, Papa, ich werde dich retten. Es ist ja ganz einfach. Ein paar Worte ganz nonchalant, das ist ja mein Fall, ›hochgemut‹, – haha, ich werde Herrn Dorsday behandeln, als wenn es eine Ehre für ihn wäre, uns Geld zu leihen. Es ist ja auch eine. – Herr von Dorsday, haben Sie vielleicht einen Moment Zeit für mich? Ich bekomme da eben einen Brief von Mama, sie ist in augenblicklicher Verlegenheit, – vielmehr der Papa – – ›Aber selbstverständlich, mein Fräulein, mit dem größten Vergnügen. Um wie viel handelt es sich denn?‹ – Wenn er mir nur nicht so unsympathisch wäre. Auch die Art, wie er mich ansieht. Nein, Herr Dorsday, ich glaube Ihnen Ihre Eleganz nicht und nicht Ihr Monokel und nicht Ihre Noblesse. Sie könnten ebenso gut mit alten Kleidern handeln wie mit alten Bildern. – Aber Else! Else, was fällt dir denn ein. – Oh, ich kann mir das erlauben. Mir sieht's niemand an. Ich bin sogar blond, rötlich blond, und Rudi sieht absolut aus wie ein Aristokrat. Bei der Mama merkt man es freilich gleich, wenigstens im Reden. Beim Papa wieder gar nicht. Übrigens sollen sie es merken. Ich verleugne es durchaus nicht und Rudi erst recht nicht. Im Gegenteil. Was täte der Rudi, wenn der Papa eingesperrt würde? Würde er sich erschießen? Aber Unsinn! Erschießen und Kriminal, all die Sachen gibt's ja gar nicht, die stehn nur in der Zeitung.

Die Luft ist wie Champagner. In einer Stunde ist das Diner, das ›Dinner‹. Ich kann die Cissy nicht leiden. Um ihr Mäderl kümmert sie sich überhaupt nicht. Was zieh' ich an? Das Blaue oder das Schwarze? Heut' wär vielleicht das Schwarze richtiger. Zu dekolletiert? Toilette de circonstance heißt es in den französischen Romanen. Jedenfalls muss ich berückend aussehen, wenn ich mit Dorsday rede. Nach dem Dinner, nonchalant. Seine Augen werden sich in meinen Ausschnitt bohren. Widerlicher Kerl. Ich hasse ihn. Alle Menschen hasse ich. Muss es gerade Dorsday sein? Gibt es denn wirklich nur diesen Dorsday auf der Welt, der dreißigtausend Gulden hat? Wenn ich mit Paul spräche? Wenn er der Tante sagte, er hat Spielschulden, – da würde sie sich das Geld sicher verschaffen können. –

Beinah schon dunkel. Nacht, Grabesnacht. Am liebsten möcht' ich tot sein. – Es ist ja gar nicht wahr. Wenn ich jetzt gleich hinunterginge, Dorsday noch vor dem Diner spräche? Ah, wie entsetzlich! – Paul, wenn du mir die dreißigtausend verschaffst, kannst du von mir haben, was du willst. Das ist ja schon wieder aus einem Roman. Die edle Tochter verkauft sich für den geliebten Vater, und hat am End' noch ein Vergnügen davon. Pfui Teufel! Nein, Paul, auch für dreißigtausend kannst du von mir nichts haben. Niemand. Aber für eine Million? – Für ein Palais? Für eine Perlenschnur? Wenn ich einmal heirate, werde ich es wahrscheinlich billiger tun. Ist es denn gar so schlimm? Die Fanny hat sich am Ende auch verkauft. Sie hat mir selber gesagt, dass sie sich vor ihrem Manne graust. Nun, wie wär's, Papa, wenn ich mich heute Abend versteigerte? Um dich vor dem Zuchthaus zu retten. Sensation –! Ich habe Fieber, ganz gewiss. Oder bin ich schon unwohl? Nein, Fieber habe ich. Vielleicht von der Luft. Wie Champagner. – Wenn Fred hier wäre, könnte er mir raten? Ich brauche keinen Rat. Es gibt ja auch nichts zu raten. Ich werde mit Herrn Dorsday aus Eperies sprechen, werde ihn anpumpen, ich, die Hochgemute, die Aristokratin, die Marchesa, die Bettlerin, die Tochter des Defraudanten. Wie komm' ich dazu? Wie komm' ich dazu? Keine klettert so gut wie ich, keine hat so viel Schneid, – sporting girl, in England hätte ich auf die Welt kommen sollen, oder als Gräfin.

Da hängen die Kleider im Kasten! Ist das grüne Loden überhaupt schon bezahlt, Mama? Ich glaube nur eine Anzahlung. Das Schwarze zieh' ich an. Sie haben mich gestern alle angestarrt. Auch der blasse kleine Herr mit dem goldenen Zwicker. Schön bin ich eigentlich nicht, aber interessant. Zur Bühne hätte ich gehen sollen. Bertha hat schon drei Liebhaber, keiner nimmt es ihr übel ... In Düsseldorf war es der Direktor. Mit einem verheirateten Manne war sie in Hamburg und hat im Atlantic gewohnt, Appartement mit Badezimmer. Ich glaub' gar, sie ist stolz darauf. Dumm sind sie alle. Ich werde hundert Geliebte haben, tausend, warum nicht? Der Ausschnitt ist nicht tief genug; wenn ich verheiratet wäre, dürfte er tiefer sein. – Gut, dass ich Sie treffe, Herr von Dorsday, ich bekomme da eben einen Brief aus Wien ... Den Brief stecke ich für alle Fälle zu mir. Soll ich dem Stubenmädchen läuten? Nein, ich mache mich allein fertig. Zu dem schwarzen Kleid brauche ich niemanden. Wäre ich reich, würde ich nie ohne Kammer Jungfer reisen.

Ich muss Licht machen. Kühl wird es. Fenster zu. Vorhang herunter? – Überflüssig. Steht keiner auf dem Berg drüben mit einem Fernrohr. Schade. – Ich bekomme da eben einen Brief, Herr von Dorsday. – Nach dem Dinner wäre es doch vielleicht besser. Man ist in leichterer Stimmung. Auch Dorsday – ich könnt ja ein Glas Wein vorher trinken. Aber wenn die Sache vor dem Diner abgetan wäre, würde mir das Essen besser schmecken. Pudding à la merveille, fromage et fruits divers. Und wenn Herr von Dorsday nein sagt? – Oder wenn er gar frech wird? Ah nein, mit mir ist noch keiner frech gewesen. Das heißt, der Marineleutnant Brandl, aber es war nicht bös gemeint. – Ich bin wieder etwas schlanker geworden. Das steht mir gut. – Die Dämmerung starrt herein. Wie ein Gespenst starrt sie herein. Wie hundert Gespenster. Aus meiner Wiese herauf steigen die Gespenster. Wie weit ist Wien! Wie lange bin ich schon fort? Wie allein bin ich da! Ich habe keine Freundin, ich habe auch keinen Freund. Wo sind sie alle? Wen werd' ich heiraten? Wer heiratet die Tochter eines Defraudanten? – Eben erhalte ich einen Brief, Herr von Dorsday. – ›Aber es ist doch gar nicht der Rede wert, Fräulein Else, gestern erst habe ich einen Rembrandt verkauft, Sie beschämen mich, Fräulein Else.‹ Und jetzt reißt er ein Blatt aus seinem Scheckbuch und unterschreibt mit seiner goldenen Füllfeder; und morgen früh fahr' ich mit dem Scheck nach Wien. Jedenfalls; auch ohne Scheck. Ich bleibe nicht mehr hier. Ich könnte ja gar nicht, ich dürfte ja gar nicht. Ich lebe hier als elegante junge Dame und Papa steht mit einem Fuß im Grab – nein im Kriminal. Das vorletzte Paar Seidenstrümpfe. Den kleinen Riss grad unterm Knie merkt niemand. Niemand? Wer weiß. Nicht frivol sein, Else. – Bertha ist einfach ein Luder. Aber ist die Christine um ein Haar besser? Ihr künftiger Mann kann sich freuen. Mama war gewiss immer eine treue Gattin. Ich werde nicht treu sein. Ich bin hochgemut, aber ich werde nicht treu sein. Die Filous sind mir gefährlich. Die Marchesa hat gewiss einen Filou zum Liebhaber. Wenn Fred mich wirklich kennte, dann wäre es aus mit seiner Verehrung. – ›Aus Ihnen hätte alles Mögliche werden können, Fräulein, eine Pianistin, eine Buchhalterin, eine Schauspielerin, es stecken so viele Möglichkeiten in Ihnen. Aber es ist Ihnen immer zu gut gegangen.‹ Zu gut gegangen. Haha. Fred überschätzt mich. Ich hab' ja eigentlich zu nichts Talent. – Wer weiß? So weit wie Bertha hätte ich es auch noch gebracht. Aber mir fehlt es an Energie. Junge Dame aus guter Familie. Ha, gute Familie. Der Vater veruntreut Mündelgelder. Warum tust du mir das an, Papa? Wenn du noch etwas davon hättest! Aber an der Börse verspielt! Ist das der Mühe wert? Und die dreißigtausend werden dir auch nichts helfen. Für ein Vierteljahr vielleicht. Endlich wird er doch durchgehen müssen. Vor anderthalb Jahren war es ja fast schon soweit. Da kam noch Hilfe. Aber einmal wird sie nicht kommen – und was geschieht dann mit uns? Rudi wird nach Rotterdam gehen zu Vanderhulst in die Bank. Aber ich? Reiche Partie. Oh, wenn ich es darauf anlegte! Ich bin heute wirklich schön. Das macht wahrscheinlich die Aufregung. Für wen bin ich schön? Wäre ich froher, wenn Fred hier wäre? Ach, Fred ist im Grunde nichts für mich. Kein Filou! Aber ich nähme ihn, wenn er Geld hätte. Und dann käme ein Filou – und das Malheur wäre fertig. – Sie möchten wohl gern ein Filou sein, Herr von Dorsday? – Von Weitem sehen Sie manchmal auch so aus. Wie ein verlebter Vicomte, wie ein Don Juan – mit Ihrem blöden Monocle und Ihrem weißen Flanellanzug. Aber ein Filou sind Sie noch lange nicht. – Habe ich alles? Fertig zum ›Dinner‹?– Was tue ich aber eine Stunde lang, wenn ich Dorsday nicht treffe? Wenn er mit der unglücklichen Frau Winawer spazieren geht? Ach, sie ist gar nicht unglücklich, sie braucht keine dreißigtausend Gulden. Also ich werde mich in die Halle setzen, großartig in einen Fauteuil, schau mir die Illustrated News an und die Vie parisienne, schlage die Beine übereinander, – den Riss unter dem Knie wird man nicht sehen. Vielleicht ist gerade ein Milliardär angekommen. – Sie oder keine. – Ich nehme den weißen Schal, der steht mir gut. Ganz ungezwungen lege ich ihn um meine herrlichen Schultern. Für wen habe ich sie denn, die herrlichen Schultern? Ich könnte einen Mann sehr glücklich machen. Wäre nur der rechte Mann da. Aber Kind will ich keines haben. Ich bin nicht mütterlich. Marie Weil ist mütterlich. Mama ist mütterlich, Tante Irene ist mütterlich. Ich habe eine edle Stirn und eine schöne Figur. – ›Wenn ich Sie malen dürfte, wie ich wollte, Fräulein Else.‹ – Ja, das möchte Ihnen passen. Ich weiß nicht einmal seinen Namen mehr. Tizian hat er keineswegs geheißen, also war es eine Frechheit. – Eben erhalte ich einen Brief, Herr von Dorsday. – Noch etwas Puder auf den Nacken und Hals, einen Tropfen Verveine ins Taschentuch, Kasten zusperren, Fenster wieder auf, ah, wie wunderbar! Zum Weinen. Ich bin nervös. Ach, soll man nicht unter solchen Umständen nervös sein. Die Schachtel mit dem Veronal hab' ich bei den Hemden. Auch neue Hemden brauchte ich. Das wird wieder eine Affäre sein. Ach Gott.

Unheimlich, riesig der Cimone, als wenn er auf mich herunterfallen wollte! Noch kein Stern am Himmel. Die Luft ist wie Champagner. Und der Duft von den Wiesen! Ich werde auf dem Land leben. Einen Gutsbesitzer werde ich heiraten und Kinder werde ich haben. Doktor Froriep war vielleicht der Einzige, mit dem ich glücklich geworden wäre. Wie schön waren die beiden Abende hintereinander, der erste bei Kniep, und dann der auf dem Künstlerball. Warum ist er plötzlich verschwunden – wenigstens für mich? Wegen Papa vielleicht? Wahrscheinlich. Ich möchte einen Gruß in die Luft hinausrufen, ehe ich wieder hinuntersteige unter das Gesindel. Aber zu wem soll der Gruß gehen? Ich bin ja ganz allein. Ich bin ja so furchtbar allein, wie es sich niemand vorstellen kann. Sei gegrüßt, mein Geliebter. Wer? Sei gegrüßt, mein Bräutigam! Wer? Sei gegrüßt, mein Freund! Wer? – Fred? – Aber keine Spur. So, das Fenster bleibt offen. Wenn's auch kühl wird. Licht abdrehen. So. – Ja richtig, den Brief. Ich muss ihn zu mir nehmen für alle Fälle. Das Buch aufs Nachtkastel, ich lese heut' Nacht noch weiter in ›Notre Cœur‹, unbedingt, was immer geschieht. Guten Abend, schönstes Fräulein im Spiegel, behalten Sie mich in gutem Angedenken, Auf Wiedersehen …

Warum sperre ich die Tür zu? Hier wird nichts gestohlen. Ob Cissy in der Nacht ihre Türe offen lässt? Oder sperrt sie ihm erst auf, wenn er klopft? Ist es denn ganz sicher? Aber natürlich. Dann liegen sie zusammen im Bett. Unappetitlich. Ich werde kein gemeinsames Schlafzimmer haben mit meinem Mann und mit meinen tausend Geliebten. – Leer ist das ganze Stiegenhaus! Immer um diese Zeit. Meine Schritte hallen. Drei Wochen bin ich jetzt da. Am zwölften August bin ich von Gmunden abgereist. Gmunden war langweilig. Woher hat der Papa das Geld gehabt, Mama und mich aufs Land zu schicken? Und Rudi war sogar vier Wochen auf Reisen. Weiß Gott wo. Nicht zweimal hat er geschrieben in der Zeit. Nie werde ich unsere Existenz verstehen. Schmuck hat die Mama freilich keinen mehr. – Warum war Fred nur zwei Tage in Gmunden? Hat sicher auch eine Geliebte! Vorstellen kann ich es mir zwar nicht. Ich kann mir überhaupt gar nichts vorstellen. Acht Tage sind es, dass er mir nicht geschrieben hat. Er schreibt schöne Briefe. – Wer sitzt denn dort an dem kleinen Tisch? Nein, Dorsday ist es nicht. Gott sei Dank. Jetzt vor dem Diner wäre es doch unmöglich, ihm etwas zu sagen. – Warum schaut mich der Portier so merkwürdig an? Hat er am Ende den Expressbrief von der Mama gelesen? Mir scheint, ich bin verrückt. Ich muss ihm nächstens wieder ein

Trinkgeld geben. – Die Blonde da ist auch schon zum Diner angezogen. Wie kann man so dick sein! – Ich werde noch vor's Hotel hinaus und ein bisschen auf und abgehen. Oder ins Musikzimmer? Spielt da nicht wer? Eine Beethovensonate! Wie kann man hier eine Beethovensonate spielen! Ich vernachlässige mein Klavierspiel. In Wien werde ich wieder regelmäßig üben. Überhaupt ein anderes Leben anfangen. Das müssen wir alle. So darf es nicht weitergehen. Ich werde einmal ernsthaft mit Papa sprechen – wenn noch Zeit dazu sein sollte. Es wird, es wird. Warum habe ich es noch nie getan? Alles in unserem Haus wird mit Scherzen erledigt, und keinem ist scherzhaft zumut. Jeder hat eigentlich Angst vor dem andern, jeder ist allein. Die Mama ist allein, weil sie nicht gescheit genug ist und von niemandem was weiß, nicht von mir, nicht von Rudi und nicht vom Papa. Aber sie spürt es nicht und Rudi spürt es auch nicht. Er ist ja ein netter eleganter Kerl, aber mit einundzwanzig hat er mehr versprochen. Es wird gut für ihn sein, wenn er nach Holland geht. Aber wo werde ich hingehen? Ich möchte fortreisen und tun können was ich will. Wenn Papa nach Amerika durchgeht, begleite ich ihn. Ich bin schon ganz konfus ... Der Portier wird mich für wahnsinnig halten, wie ich da auf der Lehne sitze und in die Luft starre. Ich werde mir eine Zigarette anzünden. Wo ist meine Zigarettendose? Oben. Wo nur? Das Veronal habe ich bei der Wäsche. Aber wo habe ich die Dose? Da kommen Cissy und Paul. Ja, sie muss sich endlich umkleiden zum ›Dinner‹, sonst hätten sie noch im Dunkeln weitergespielt. – Sie sehen mich nicht. Was sagt er ihr denn? Warum lacht sie so blitzdumm? Wär' lustig, ihrem Gatten einen anonymen Brief nach Wien zu schreiben. Wäre ich so was imstande? Nie. Wer weiß? Jetzt haben sie mich gesehen. Ich nicke ihnen zu. Sie ärgert sich, dass ich so hübsch aussehe. Wie verlegen sie ist.

»Wie, Else, Sie sind schon fertig zum Diner?« – Warum sagt sie jetzt Diner und nicht Dinner. Nicht einmal konsequent ist sie. – »Wie Sie sehen, Frau Cissy.« – *»Du siehst wirklich entzückend aus, Else, ich hätte große Lust, dir den Hof zu machen.«* – »Erspar' dir die Mühe, Paul, gib mir lieber eine Zigarette.« – *»Aber mit Wonne.«* – »Dank' schön. Wie ist das Single ausgefallen?« – *»Frau Cissy hat mich dreimal hintereinander geschlagen.«* – *»Er war nämlich zerstreut. Wissen Sie übrigens, Else, dass morgen der Kronprinz von Griechenland hier ankommt?«* – Was kümmert mich der Kronprinz von Griechenland? »So, wirklich?« O Gott, – Dorsday mit Frau Winawer! Sie grüßen. Sie gehen weiter. Ich habe zu höflich zurückgegrüßt. Ja, ganz anders als sonst. Oh, was bin ich für eine Person. – *»Deine Zigarette brennt ja nicht, Else?«* – »Also, gib mir noch einmal Feuer. Danke.« – *»Ihr Schal ist sehr hübsch, Else, zu dem schwarzen Kleid steht er Ihnen fabelhaft. Übrigens muss ich mich jetzt auch umziehen.«* – Sie soll lieber nicht weggehen, ich habe Angst vor Dorsday. – *»Und für sieben habe ich mir die Friseurin bestellt, sie ist famos. Im Winter ist sie in Mailand. Also adieu, Else, adieu, Paul.«* – *»Küss' die Hand, gnädige Frau.«* – »Adieu, Frau Cissy.« – Fort ist sie. Gut, dass Paul wenigstens dableibt. *»Darf ich mich einen Moment zu dir setzen, Else, oder stör' ich dich in deinen Träumen?«* – »Warum in meinen Träumen? Vielleicht in meinen Wirklichkeiten.« Das heißt eigentlich gar nichts. Er soll lieber fortgehen. Ich muss ja doch mit Dorsday sprechen. Dort steht er noch immer mit der unglücklichen Frau Winawer, er langweilt sich, ich seh' es ihm an, er möchte zu mir herüberkommen. – *»Gibt es denn solche Wirklichkeiten, in denen du nicht gestört sein willst?«* – Was sagt er da? Er soll zum Teufel gehen. Warum lächle ich ihn so kokett an? Ich mein' ihn ja gar nicht. Dorsday schielt herüber. Wo bin ich? Wo bin ich? *»Was hast du denn heute, Else?«* – »Was soll ich

denn haben?« – *»Du bist geheimnisvoll, dämonisch, verführerisch.«* – »Red' keinen Unsinn, Paul.« – *»Man könnte geradezu toll werden, wenn man dich ansieht.«* – Was fällt ihm denn ein? Wie redet er denn zu mir? Hübsch ist er. Der Rauch meiner Zigarette verfängt sich in seinen Haaren. Aber ich kann ihn jetzt nicht brauchen. *»Du siehst so über mich hinweg. Warum denn, Else?«* – Ich antwortete gar nichts. Ich kann ihn nicht brauchen. Ich mache mein unausstehlichstes Gesicht. Nur keine Konversation jetzt. – *»Du bist mit deinen Gedanken ganz woanders.«* – »Das dürfte stimmen.« Er ist Luft für mich. Merkt Dorsday, dass ich ihn erwarte? Ich sehe nicht hin, aber ich weiß, dass er hersieht. – *»Also, leb' wohl, Else.«* – Gott sei Dank. Er küsst mir die Hand. Das tut er sonst nie. »Adieu, Paul.« Wo hab' ich die schmelzende Stimme her? Er geht, der Schwindler. Wahrscheinlich muss er noch etwas abmachen mit Cissy wegen heute Nacht. Wünsche viel Vergnügen. Ich ziehe den Schal um meine Schulter und stehe auf und geh' vors Hotel hinaus. Wird freilich schon etwas kühl sein. Schad', dass ich meinen Mantel – Ah, ich habe ihn ja heute früh in die Portierloge hineingehängt. Ich fühle den Blick von Dorsday auf meinem Nacken, durch den Schal. Frau Winawer geht jetzt hinauf in ihr Zimmer. Wieso weiß ich denn das? Telepathie. »Ich bitte Sie, Herr Portier –« – *»Fräulein wünschen den Mantel?«* – »Ja, bitte.« – *»Schon etwas kühl die Abende, Fräulein. Das kommt bei uns so plötzlich.«* – »Danke.« Soll ich wirklich vors Hotel? Gewiss, was denn? Jedenfalls zur Türe hin. Jetzt kommt einer nach dem andern. Der Herr mit dem goldenen Zwicker. Der lange Blonde mit der grünen Weste. Alle sehen sie mich an. Hübsch ist diese kleine Genferin. Nein, aus Lausanne ist sie. Es ist eigentlich gar nicht so kühl.

»Guten Abend, Fräulein Else.« – Um Gottes willen, er ist es. Ich sage nichts von Papa. Kein Wort. Erst nach dem Essen.

Oder ich reise morgen nach Wien. Ich gehe persönlich zu Doktor Fiala. Warum ist mir das nicht gleich eingefallen? Ich wende mich um mit einem Gesicht, als wüsste ich nicht, wer hinter mir steht. »Ah, Herr von Dorsday.« – *»Sie wollen noch einen Spaziergang machen, Fräulein Else?«* – »Ach, nicht gerade einen Spaziergang, ein bisschen auf und abgehen vor dem Diner.« – *»Es ist fast noch eine Stunde bis dahin.«* – »Wirklich?« Es ist gar nicht so kühl. Blau sind die Berge. Lustig wär's, wenn er plötzlich um meine Hand anhielte. – *»Es gibt doch auf der Welt keinen schöneren Fleck als diesen hier.«* – »Finden Sie, Herr von Dorsday? Aber bitte, sagen Sie nicht, dass die Luft hier wie Champagner ist.« – *»Nein, Fräulein Else, das sage ich erst von zweitausend Metern an. Und hier stehen wir kaum sechzehnhundertfünfzig über dem Meeresspiegel.«* – »Macht das einen solchen Unterschied?« – *»Aber selbstverständlich. Waren Sie schon einmal im Engadin?«* – »Nein, noch nie. Also dort ist die Luft wirklich wie Champagner?« – *»Man könnte es beinah' sagen. Aber Champagner ist nicht mein Lieblingsgetränk. Ich ziehe diese Gegend vor. Schon wegen der wundervollen Wälder.* – Wie langweilig er ist. Merkt er das nicht? Er weiß offenbar nicht recht, was er mit mir reden soll. Mit einer verheirateten Frau wäre es einfacher. Man sagt eine kleine Unanständigkeit und die Konversation geht weiter. – *»Bleiben Sie noch längere Zeit hier in San Martino, Fräulein Else?«* – Idiotisch. Warum schau' ich ihn so kokett an? Und schon lächelt er in der gewissen Weise. Nein, wie dumm die Männer sind. »Das hängt zum Teil von den Dispositionen meiner Tante ab.« Ist ja gar nicht wahr. Ich kann ja allein nach Wien fahren. »Wahrscheinlich bis zum zehnten.« – *»Die Mama ist wohl noch in Gmunden?«* – »Nein, Herr von Dorsday. Sie ist schon in Wien. Schon seit drei Wochen. Papa ist auch in Wien. Er hat sich heuer kaum acht Tage Urlaub genommen. Ich glaube, der

Prozess Erbesheimer macht ihm sehr viel Arbeit.« – »*Das kann ich mir denken. Aber Ihr Papa ist wohl der Einzige, der Erbesheimer herausreißen kann ... Es bedeutet ja schon einen Erfolg, dass es überhaupt eine Zivilsache geworden ist.*« – Das ist gut, das ist gut. »Es ist mir angenehm zu hören, dass auch Sie ein so günstiges Vorgefühl haben.« – »*Vorgefühl? Inwiefern?*« – »Ja, dass der Papa den Prozess für Erbesheimer gewinnen wird.« – »*Das will ich nicht einmal mit Bestimmtheit behauptet haben.*« – Wie, weicht er schon zurück? Das soll ihm nicht gelingen. »Oh, ich halte etwas von Vorgefühlen und von Ahnungen. Denken Sie, Herr von Dorsday, gerade heute habe ich einen Brief von zu Hause bekommen.« Das war nicht sehr geschickt. Er macht ein etwas verblüfftes Gesicht. Nur weiter, nicht schlucken. Er ist ein guter alter Freund von Papa. Vorwärts. Vorwärts. Jetzt oder nie. »Herr von Dorsday, Sie haben eben so lieb von Papa gesprochen, es wäre geradezu hässlich von mir, wenn ich nicht ganz aufrichtig zu Ihnen wäre.« Was macht er denn für Kalbsaugen? O weh, er merkt was. Weiter, weiter. »Nämlich in dem Brief ist auch von Ihnen die Rede, Herr von Dorsday. Es ist nämlich ein Brief von Mama.« – »*So.*« – »Eigentlich ein sehr trauriger Brief. Sie kennen ja die Verhältnisse in unserem Haus, Herr von Dorsday.« – Um Himmels willen, ich habe ja Tränen in der Stimme. Vorwärts, vorwärts, jetzt gibt es kein Zurück mehr. Gott sei Dank. »Kurz und gut, Herr von Dorsday, wir wären wieder einmal so weit.« – Jetzt möchte er am liebsten verschwinden. »Es handelt sich – um eine Bagatelle. Wirklich nur um eine Bagatelle, Herr von Dorsday. Und doch, wie Mama schreibt, steht alles auf dem Spiel.« Ich rede so blöd' daher wie eine Kuh. – »*Aber beruhigen Sie sich doch, Fräulein Else.*« – Das hat er nett gesagt. Aber meinen Arm braucht er darum nicht zu berühren. – »*Also, was gibt's denn eigentlich, Fräulein Else? Was steht denn in dem traurigen Brief von Mama!«* – »Herr von Dorsday, der Papa« – Mir zittern die Knie. »Die Mama schreibt mir, dass der Papa« – *»Aber um Gottes willen, Else, was ist Ihnen denn? Wollen Sie nicht lieber – hier ist eine Bank. Darf ich Ihnen den Mantel umgeben? Es ist etwas kühl.«* – »Danke, Herr von Dorsday, oh, es ist nichts, gar nichts Besonderes.« So, da sitze ich nun plötzlich auf der Bank. Wer ist die Dame, die da vorüber kommt? Kenn' ich gar nicht. Wenn ich nur nicht weiterreden müsste. Wie er mich ansieht! Wie konntest du das von mir verlangen, Papa? Das war nicht recht von dir, Papa. Nun ist es einmal geschehen. Ich hätte bis nach dem Diner warten sollen. – *»Nun, Fräulein Else?«* – Sein Monokel baumelt. Dumm sieht das aus. Soll ich ihm antworten? Ich muss ja. Also geschwind, damit ich es hinter mir habe. Was kann mir denn passieren? Er ist ein Freund von Papa. »Ach Gott, Herr von Dorsday, Sie sind ja ein alter Freund unseres Hauses.« Das habe ich sehr gut gesagt. »Und es wird Sie wahrscheinlich nicht wundern, wenn ich Ihnen erzähle, dass Papa sich wieder einmal in einer recht fatalen Situation befindet.« Wie merkwürdig meine Stimme klingt. Bin das ich, die da redet? Träume ich vielleicht? Ich habe gewiss jetzt auch ein ganz anderes Gesicht als sonst. – *»Es wundert mich allerdings nicht übermäßig. Da haben Sie schon recht, liebes Fräulein Else, – wenn ich es auch lebhaft bedauere.«* – Warum sehe ich denn so flehend zu ihm auf? Lächeln, lächeln. Geht schon. – *»Ich empfinde für Ihren Papa eine so aufrichtige Freundschaft, für Sie alle.«* – Er soll mich nicht so ansehen, es ist unanständig. Ich will anders zu ihm reden und nicht lächeln. Ich muss mich würdiger benehmen. »Nun, Herr von Dorsday, jetzt hätten Sie Gelegenheit, Ihre Freundschaft für meinen Vater zu beweisen.« Gott sei Dank, ich habe meine alte Stimme wieder. »Es scheint nämlich, Herr von Dorsday, dass alle unsere Verwandten und Bekannten – die Mehrzahl ist noch nicht in Wien – sonst wäre Mama wohl nicht auf die Idee gekommen. – Neulich habe ich nämlich zufällig in einem Brief an Mama Ihrer Anwesenheit hier in Martino Erwähnung getan – unter anderm natürlich.« – »*Ich vermutete gleich, Fräulein Else, dass ich nicht das einzige Thema Ihrer Korrespondenz mit Mama vorstelle.*« – Warum drückt er seine Knie an meine, während er da vor mir steht. Ach, ich lasse es mir gefallen. Was tut's! Wenn man einmal so tief gesunken ist. – »Die Sache verhält sich nämlich so. Doktor Fiala ist es, der diesmal dem Papa besondere Schwierigkeiten zu bereiten scheint.« – »*Ach, Doktor Fiala.*« – Er weiß offenbar auch, was er von diesem Fiala zu halten hat. »Ja, Doktor Fiala. Und die Summe, um die es sich handelt, soll am fünften, das ist übermorgen um zwölf Uhr Mittag, – vielmehr, sie muss in seinen Händen sein, wenn nicht der Baron Höning – ja, denken Sie, der Baron hat Papa zu sich bitten lassen, privat, er liebt ihn nämlich sehr.« Warum red' ich denn von Höning, das war' ja gar nicht notwendig gewesen. – »*Sie wollen sagen, Else, dass andernfalls eine Verhaftung unausbleiblich wäre?*« – Warum sagt er das so hart? Ich antworte nicht, ich nicke nur. »Ja.« Nun habe ich doch ja gesagt. »*Hm, das ist ja schlimm, das ist ja wirklich sehr – dieser hochbegabte geniale Mensch. – Und um welchen Betrag handelt es sich denn eigentlich, Fräulein Else?*« – Warum lächelt er denn? Er findet es schlimm und er lächelt. Was meint er mit seinem Lächeln? Dass es gleichgültig ist, wie viel? Und wenn er nein sagt! Ich bring' mich um, wenn er nein sagt. Also, ich soll die Summe nennen. »Wie, Herr von Dorsday, ich habe noch nicht gesagt, wie viel? Eine Million.« Warum sag' ich das? Es ist doch jetzt nicht der Moment zum Spaßen? Aber wenn ich ihm dann sage, um wie viel weniger es in Wirklichkeit ist, wird er sich freuen. Wie er die Augen aufreißt? Hält er es am Ende wirklich für möglich, dass ihn der Papa um eine Million – »Entschuldigen Sie, Herr von

Dorsday, dass ich in diesem Augenblick scherze. Es ist mir wahrhaftig nicht scherzhaft zumute.« – Ja, ja, drück' die Knie nur an, du darfst es dir ja erlauben. »Es handelt sich natürlich nicht um eine Million, es handelt sich im Ganzen um dreißigtausend Gulden, Herr von Dorsday, die bis übermorgen Mittag um zwölf Uhr in den Händen des Herrn Doktor Fiala sein müssen. Ja Mama schreibt mir, dass Papa alle möglichen Versuche gemacht hat, aber wie gesagt, die Verwandten, die in Betracht kämen, befinden sich nicht in Wien.« – O Gott, wie ich mich erniedrige. – »Sonst wäre es dem Papa natürlich nicht eingefallen, sich an Sie zu wenden, Herr von Dorsday, respektive mich zu bitten –« – Warum schweigt er? Warum bewegt er keine Miene? Warum sagt er nicht ja? Wo ist das Scheckbuch und die Füllfeder? Er wird doch um Himmels willen nicht nein sagen? Soll ich mich auf die Knie vor ihm werfen? O Gott! O Gott –

»Am fünften sagten Sie, Fräulein Else?« – Gott sei Dank, er spricht. »Jawohl übermorgen, Herr von Dorsday, um zwölf Uhr mittags. Es wäre also nötig – ich glaube, brieflich ließe sich das kaum mehr erledigen.« – *»Natürlich nicht, Fräulein Else, das müssten wir wohl auf telegrafischem Wege«* – ›Wir‹, das ist gut, das ist sehr gut. – *»Nun, das wäre das wenigste. Wie viel sagten Sie, Else?«* – Aber er hat es ja gehört, warum quält er mich denn? »Dreißigtausend, Herr von Dorsday. Eigentlich eine lächerliche Summe.« Warum habe ich das gesagt? Wie dumm. Aber er lächelt. Dummes Mädel, denkt er. Er lächelt ganz liebenswürdig. Papa ist gerettet. Er hätte ihm auch fünfzigtausend geliehen, und wir hätten uns allerlei anschaffen können. Ich hätte mir neue Hemden gekauft. Wie gemein ich bin. So wird man. – *»Nicht ganz so lächerlich, liebes Kind«* – Warum sagt er ›liebes Kind‹? Ist das gut oder schlecht? – *»wie Sie sich das vorstellen. Auch dreißigtausend Gulden wollen verdient sein.«* – »Entschuldigen Sie, Herr von

Dorsday, nicht so habe ich es gemeint. Ich dachte nur, wie traurig es ist, dass Papa wegen einer solchen Summe, wegen einer solchen Bagatelle« – Ach Gott, ich verhasple mich ja schon wieder. »Sie können sich gar nicht denken, Herr von Dorsday, – wenn Sie auch einen gewissen Einblick in unsere Verhältnisse haben, wie furchtbar es für mich und besonders für Mama ist« – Er stellt den einen Fuß auf die Bank. Soll das elegant sein – oder was? – »*Oh, ich kann mir schon denken, liebe Else.*« – Wie seine Stimme klingt, ganz anders, merkwürdig. – »*Und ich habe mir selbst schon manches Mal gedacht: schade, schade um diesen genialen Menschen.*« – Warum sagt er ›schade‹? Will er das Geld nicht hergeben? Nein, er meint es nur im Allgemeinen. Warum sagt er nicht endlich ja? Oder nimmt er das als selbstverständlich an? Wie er mich ansieht! Warum spricht er nicht weiter? Ah, weil die zwei Ungarinnen vorbeigehen. Nun steht er wenigstens wieder anständig da, nicht mehr mit dem Fuß auf der Bank. Die Krawatte ist zu grell für einen älteren Herrn. Sucht ihm die seine Geliebte aus? Nichts besonders Feines ›unter uns‹, schreibt Mama. Dreißigtausend Gulden! Aber ich lächle ihn ja an. Warum lächle ich denn? Oh, ich bin feig. – »*Und wenn man wenigstens annehmen dürfte, mein liebes Fräulein Else, dass mit dieser Summe wirklich etwas getan wäre? Aber – Sie sind doch ein so kluges Geschöpf, Else, was wären diese dreißigtausend Gulden? Ein Tropfen auf einen heißen Stein.*« – Um Gottes willen, er will das Geld nicht hergeben? Ich darf kein so erschrockenes Gesicht machen. Alles steht auf dem Spiel. Jetzt muss ich etwas Vernünftiges sagen und energisch. »O nein, Herr von Dorsday, diesmal wäre es kein Tropfen auf einen heißen Stein. Der Prozess Erbesheimer steht bevor, vergessen Sie das nicht, Herr von Dorsday, und der ist schon heute so gut wie gewonnen. Sie hatten ja selbst diese Empfindung, Herr von Dorsday. Und Papa hat auch noch andere Prozesse.

Und außerdem habe ich die Absicht, Sie dürfen nicht lachen, Herr von Dorsday, mit Papa zu sprechen, sehr ernsthaft. Er hält etwas auf mich. Ich darf sagen, wenn jemand einen gewissen Einfluss auf ihn zu nehmen imstande ist, so bin es noch am ehesten ich.« – »*Sie sind ja ein rührendes, ein entzückendes Geschöpf, Fräulein Else.*« – Seine Stimme klingt schon wieder. Wie zuwider ist mir das, wenn es so zu klingen anfängt bei den Männern. Auch bei Fred mag ich es nicht. – »*Ein entzückendes Geschöpf in der Tat.*« – Warum sagt er ›in der Tat‹? Das ist abgeschmackt. Das sagt man doch nur im Burgtheater. – »*Aber so gern ich Ihren Optimismus teilen möchte – wenn der Karren einmal so verfahren ist.*« – »Das ist er nicht, Herr von Dorsday. Wenn ich an Papa nicht glauben würde, wenn ich nicht ganz überzeugt wäre, dass diese dreißigtausend Gulden« – Ich weiß nicht, was ich weiter sagen soll. Ich kann ihn doch nicht geradezu anbetteln. Er überlegt. Offenbar. Vielleicht weiß er die Adresse von Fiala nicht? Unsinn. Die Situation ist unmöglich. Ich sitze da wie eine arme Sünderin. Er steht vor mir und bohrt mir das Monokel in die Stirn und schweigt. Ich werde aufstehen, das ist das Beste. Ich lasse mich nicht so behandeln. Papa soll sich umbringen. Ich werde mich auch umbringen. Eine Schande, dieses Leben. Am besten wär's, sich dort von dem Felsen hinunterzustürzen und aus wär's. Geschähe euch recht, allen. Ich stehe auf. – »*Fräulein Else*« – »Entschuldigen Sie, Herr von Dorsday, dass ich Sie unter diesen Umständen überhaupt bemüht habe. Ich kann Ihr ablehnendes Verhalten natürlich vollkommen verstehen.« – So, aus, ich gehe. – »*Bleiben Sie, Fräulein Else.*« – Bleiben Sie, sagt er? Warum soll ich bleiben? Er gibt das Geld her. Ja. Ganz bestimmt. Er muss ja. Aber ich setze mich nicht noch einmal nieder. Ich bleibe stehen, als wär' es nur für eine halbe Sekunde. Ich bin ein bisschen größer als er. – »*Sie haben meine Antwort noch nicht abgewartet, Else. Ich war ja schon einmal, verzeihen Sie, Else, dass ich das in diesem Zusammenhang erwähne«* – Er müsste nicht so oft Else sagen – »*in der Lage, dem Papa aus einer Verlegenheit zu helfen. Allerdings mit einer – noch lächerlicheren Summe als diesmal, und schmeichelte mir keineswegs mit der Hoffnung, diesen Betrag jemals wiedersehen zu dürfen, – und so wäre eigentlich kein Grund vorhanden, meine Hilfe diesmal zu verweigern. Und gar wenn ein junges Mädchen wie Sie, Else, wenn Sie selbst als Fürbitterin vor mich hintreten –«* – Worauf will er hinaus? Seine Stimme ›klingt‹ nicht mehr. Oder anders! Wie sieht er mich denn an? Er soll achtgeben!! – »*Also, Else, ich bin bereit – Doktor Fiala soll übermorgen um zwölf Uhr mittags die dreißigtausend Gulden haben – unter einer Bedingung.«* – Er soll nicht weiterreden, er soll nicht. »Herr von Dorsday, ich, ich persönlich übernehme die Garantie, dass mein Vater diese Summe zurückerstatten wird, sobald er das Honorar von Erbesheimer erhalten hat. Erbesheimers haben bisher überhaupt noch nichts gezahlt. Noch nicht einmal einen Vorschuss – Mama selbst schreibt mir« – »*Lassen Sie doch, Else, man soll niemals eine Garantie für einen anderen Menschen übernehmen, – nicht einmal für sich selbst.«* – Was will er? Seine Stimme klingt schon wieder. Nie hat mich ein Mensch so angeschaut. Ich ahne, wo er hinaus will. Wehe ihm! – »*Hätte ich es vor einer Stunde für möglich gehalten, dass ich in einem solchen Falle überhaupt mir jemals einfallen lassen würde, eine Bedingung zu stellen? Und nun tue ich es doch. Ja, Else, man ist eben nur ein Mann, und es ist nicht meine Schuld, dass Sie so schön sind, Else.«* – »Was will er? Was will er –? – »*Vielleicht hätte ich heute oder morgen das Gleiche von Ihnen erbeten, was ich jetzt erbitten will, auch wenn Sie nicht eine Million, Pardon – dreißigtausend Gulden vor mir gewünscht hätten. Aber freilich, unter anderen Umständen hätten Sie mir wohl kaum Gelegenheit vergönnt, so lange Zeit unter vier Augen mit Ihnen zu reden.«* – »Oh, ich habe Sie wirklich allzu lange in Anspruch genommen, Herr von Dorsday.« Das habe ich gut gesagt. Fred wäre zufrieden. Was ist das? Er fasst nach meiner Hand? Was fällt ihm denn ein? – *»Wissen Sie es denn nicht schon lange, Else.«* – Er soll meine Hand loslassen! Nun, Gott sei Dank, er lässt sie los. Nicht so nah, nicht so nah. – *»Sie müssten keine Frau sein, Else, wenn Sie es nicht gemerkt hätten. Je vous désire.«* – Er hätte es auch deutsch sagen können, der Herr Vicomte. – *»Muss ich noch mehr sagen?«* – »Sie haben schon zu viel gesagt, Herr Dorsday.« Und ich stehe noch da. Warum denn? Ich gehe, ich gehe ohne Gruß. – *»Else! Else!«* – Nun ist er wieder neben mir. – *»Verzeihen Sie mir, Else. Auch ich habe nur einen Scherz gemacht, geradeso wie Sie vorher mit der Million. Auch meine Forderung stelle ich nicht so hoch – als Sie gefürchtet haben, wie ich leider sagen muss, – sodass die geringere Sie vielleicht angenehm überraschen wird. Bitte, bleiben Sie doch stehen, Else.«* – Ich bleibe wirklich stehen. Warum denn? Da stehen wir uns gegenüber. Hätte ich ihm nicht einfach ins Gesicht schlagen sollen? Wäre nicht noch jetzt Zeit dazu? Die zwei Engländer kommen vorbei. Jetzt wäre der Moment. Gerade darum. Warum tu' ich es denn nicht? Ich bin feig, ich bin zerbrochen, ich bin erniedrigt. Was wird er nun wollen statt der Million? Einen Kuss vielleicht? Darüber ließe sich reden. Eine Million zu dreißigtausend verhält sich wie – –. Komische Gleichungen gibt es. – *»Wenn Sie wirklich einmal eine Million brauchen sollten, Else, – ich bin zwar kein reicher Mann, dann wollen wir sehen. Aber für diesmal will ich genügsam sein, wie Sie. Und für diesmal will ich nichts anderes, Else, als – Sie sehen.«* – Ist er verrückt? Er sieht mich doch. – Ah, so meint er das, so! Warum schlage ich ihm nicht ins Gesicht, dem Schuften! Bin ich rot geworden oder blass? Nackt willst du mich sehen? Das möchte mancher. Ich bin schön, wenn ich nackt bin. Warum schlage ich ihm nicht ins

Gesicht? Riesengroß ist sein Gesicht. Warum so nah, du Schuft? Ich will deinen Atem nicht auf meinen Wangen. Warum lasse ich ihn nicht einfach stehen? Bannt mich sein Blick? Wir schauen uns ins Auge wie Todfeinde. Ich möchte ihm Schuft sagen, aber ich kann nicht. Oder will ich nicht? – *»Sie sehen mich an, Else, als wenn ich verrückt wäre. Ich bin es vielleicht ein wenig, denn es geht ein Zauber von Ihnen aus, Else, den Sie selbst wohl nicht ahnen. Sie müssen fühlen, Else, dass meine Bitte keine Beleidigung bedeutet. Ja, ›Bitte‹ sage ich, wenn sie auch einer Erpressung zum Verzweifeln ähnlich sieht. Aber ich bin kein Erpresser, ich bin nur ein Mensch, der mancherlei Erfahrungen gemacht hat, – unter andern die, dass alles auf der Welt seinen Preis hat und dass einer, der sein Geld verschenkt, wenn er in der Lage ist, einen Gegenwert dafür zu bekommen, ein ausgemachter Narr ist. Und – was ich mir diesmal kaufen will, Else, soviel es auch ist, Sie werden nicht ärmer dadurch, dass Sie es verkaufen. Und dass es ein Geheimnis bleiben würde zwischen Ihnen und mir, das schwöre ich Ihnen, Else, bei – bei all den Reizen, durch deren Enthüllung Sie mich beglücken würden.«* – Wo hat er so reden gelernt? Es klingt wie aus einem Buch. – *»Und ich schwöre Ihnen auch, dass ich – von der Situation keinen Gebrauch machen werde, der in unserem Vertrag nicht vorgesehen war. Nichts anderes verlange ich von Ihnen, als eine Viertelstunde dastehen dürfen in Andacht vor Ihrer Schönheit. Mein Zimmer liegt im gleichen Stockwerk wie das Ihre, Else, Nummer fünfundsechzig, leicht zu merken. Der schwedische Tennisspieler, von dem Sie heut' sprachen, war doch gerade fünfundsechzig Jahre alt?«* – Er ist verrückt! Warum lasse ich ihn weiterreden? Ich bin gelähmt. – *»Aber wenn es Ihnen aus irgendeinem Grunde nicht passt, mich auf Zimmer Nummer fünfundsechzig zu besuchen, Else, so schlage ich Ihnen einen kleinen Spaziergang nach dem Diner vor. Es gibt eine Lichtung im Walde, ich habe sie neulich ganz zufällig entdeckt, kaum fünf*

Minuten weit von unserem Hotel. – Es wird eine wundervolle Sommernacht heute, beinahe warm, und das Sternenlicht wird Sie herrlich kleiden.« – Wie zu einer Sklavin spricht er. Ich spucke ihm ins Gesicht. – »*Sie sollen mir nicht gleich antworten, Else. Überlegen Sie. Nach dem Diner werden Sie mir gütigst Ihre Entscheidung kundtun.«* – Warum sagt er denn ›kundtun‹. Was für ein blödes Wort: kundtun. – »*Überlegen Sie in aller Ruhe. Sie werden vielleicht spüren, dass es nicht einfach ein Handel ist, den ich Ihnen vorschlage.«* – Was denn, du klingender Schuft! – »*Sie werden möglicherweise ahnen, dass ein Mann zu Ihnen spricht, der ziemlich einsam und nicht besonders glücklich ist und der vielleicht einige Nachsicht verdient.«* – Affektierter Schuft. Spricht wie ein schlechter Schauspieler. Seine gepflegten Finger sehen aus wie Krallen. Nein, nein, ich will nicht. Warum sag' ich es denn nicht. Bring' dich um, Papa! Was will er denn mit meiner Hand? Ganz schlaff ist mein Arm. Er führt meine Hand an seine Lippen. Heiße Lippen. Pfui! Meine Hand ist kalt. Ich hätte Lust, ihm den Hut herunterzublasen. Ha, wie komisch wär' das. Bald ausgeküsst, du Schuft? – Die Bogenlampen vor dem Hotel brennen schon. Zwei Fenster stehen offen im dritten Stock. Das, wo sich der Vorhang bewegt, ist meines. Oben auf dem Schrank glänzt etwas. Nichts liegt oben, es ist nur der Messingbeschlag. – »*Also auf Wiedersehen, Else.«* – Ich antworte nichts. Regungslos stehe ich da. Er sieht mir ins Auge. Mein Gesicht ist undurchdringlich. Er weiß gar nichts. Er weiß nicht, ob ich kommen werde oder nicht. Ich weiß es auch nicht. Ich weiß nur, dass alles aus ist. Ich bin halb tot. Da geht er. Ein wenig gebückt. Schuft! Er fühlt meinen Blick auf seinem Nacken. Wen grüßt er denn? Zwei Damen. Als wäre er ein Graf, so grüßt er. Paul soll ihn fordern und ihn totschießen. Oder Rudi. Was glaubt er denn eigentlich? Unverschämter Kerl! Nie und nimmer. Es wird dir nichts anderes übrigbleiben,

Papa, du musst dich umbringen. – Die zwei kommen offenbar von einer Tour. Beide hübsch, er und sie. Haben sie noch Zeit, sich vor dem Diner umzukleiden? Sind gewiss auf der Hochzeitsreise oder vielleicht gar nicht verheiratet. Ich werde nie auf einer Hochzeitsreise sein. Dreißigtausend Gulden. Nein, nein, nein! Gibt es keine dreißigtausend Gulden auf der Welt? Ich fahre zu Fiala. Ich komme noch zurecht. Gnade, Gnade, Herr Doktor Fiala. Mit Vergnügen, mein Fräulein. Bemühen Sie sich in mein Schlafzimmer. – Tu mir doch den Gefallen, Paul, verlange dreißigtausend Gulden von deinem Vater. Sage, du hast Spielschulden, du musst dich sonst erschießen. Gern, liebe Kusine. Ich habe Zimmer Nummer soundsoviel, um Mitternacht erwarte ich dich. O, Herr von Dorsday, wie bescheiden sind Sie. Vorläufig. Jetzt kleidet er sich um. Smoking. Also entscheiden wir uns. Wiese im Mondenschein oder Zimmer Nummer fünfundsechzig? Wird er mich im Smoking in den Wald begleiten?

Es ist noch Zeit bis zum Diner. Ein bisschen Spazierengehen und die Sache in Ruhe überlegen. Ich bin ein einsamer alter Mann, haha. Himmlische Luft, wie Champagner. Gar nicht mehr kühl – dreißigtausend ... dreißigtausend ... Ich muss mich jetzt sehr hübsch ausnehmen in der weiten Landschaft. Schade, dass keine Leute mehr im Freien sind. Dem Herrn dort am Waldesrand gefalle ich offenbar sehr gut. Oh, mein Herr, nackt bin ich noch viel schöner, und es kostet einen Spottpreis, dreißigtausend Gulden. Vielleicht bringen Sie Ihre Freunde mit, dann kommt es billiger. Hoffentlich haben Sie lauter hübsche Freunde, hübschere und jüngere als Herr von Dorsday? Kennen Sie Herrn von Dorsday? Ein Schuft ist er – ein klingender Schuft ...

Also überlegen, überlegen ... Ein Menschenleben steht auf dem Spiel. Das Leben von Papa. Aber nein, er bringt sich nicht um, er wird sich lieber einsperren lassen. Drei Jahre schwerer Kerker oder fünf. In dieser ewigen Angst lebt er schon fünf oder zehn Jahre ... Mündelgelder ... Und Mama geradeso. Und ich doch auch. – Vor wem werde ich mich das nächste Mal nackt ausziehen müssen? Oder bleiben wir der Einfachheit wegen bei Herrn Dorsday? Seine jetzige Geliebte ist ja nichts Feines ›unter uns gesagt‹. Ich wäre ihm gewiss lieber. Es ist gar nicht so ausgemacht, ob ich viel feiner bin. Tun Sie nicht vornehm, Fräulein Else, ich könnte Geschichten von Ihnen erzählen ... einen gewissen Traum zum Beispiel, den Sie schon dreimal gehabt haben – von dem haben Sie nicht einmal Ihrer Freundin Bertha erzählt. Und die verträgt doch was. Und wie war denn das heuer in Gmunden in der Früh um sechs auf dem Balkon, mein vornehmes Fräulein Else? Haben Sie die zwei jungen Leute im Kahn vielleicht gar nicht bemerkt, die Sie angestarrt haben? Mein Gesicht haben sie vom See aus freilich nicht genau ausnehmen können, aber dass ich im Hemd war, das haben sie schon bemerkt. Und ich hab' mich gefreut. Ah, mehr als gefreut. Ich war wie berauscht. Mit beiden Händen hab' ich mich über die Hüften gestrichen und vor mir selber hab' ich getan, als wüsste ich nicht, dass man mich sieht. Und der Kahn hat sich nicht vom Fleck bewegt. Ja, so bin ich, so bin ich. Ein Luder, ja. Sie spüren es ja alle. Auch Paul spürt es. Natürlich, er ist ja Frauenarzt. Und der Marineleutnant hat es ja auch gespürt und der Maler auch. Nur Fred, der dumme Kerl spürt es nicht. Darum liebt er mich ja. Aber gerade vor ihm möchte ich nicht nackt sein, nie und nimmer. Ich hätte gar keine Freude davon. Ich möchte mich schämen. Aber vor dem Filou mit dem Römerkopf – wie gern. Am allerliebsten vor dem. Und wenn ich gleich nachher sterben müsste. Aber es ist ja nicht notwendig, gleich nachher zu sterben. Man überlebt es. Die Bertha hat mehr überlebt. Cissy liegt sicher auch nackt da, wenn Paul zu ihr schleicht durch die

Hotelgänge, wie ich heute Nacht zu Herrn von Dorsday schleichen werde.

Nein, nein. Ich will nicht. Zu jedem andern – aber nicht zu ihm. Zu Paul meinetwegen. Oder ich such' mir einen aus heute Abend beim Diner. Es ist ja alles egal. Aber ich kann doch nicht jedem sagen, dass ich dreißigtausend Gulden dafür haben will! Da wäre ich ja wie ein Frauenzimmer von der Kärntnerstraße. Nein, ich verkaufe mich nicht. Niemals. Nie werde ich mich verkaufen. Ich schenke mich her. Ja, wenn ich einmal den Rechten finde, schenke ich mich her. Aber ich verkaufe mich nicht. Ein Luder will ich sein, aber nicht eine Dirne. Sie haben sich verrechnet, Herr von Dorsday. Und der Papa auch. Ja, verrechnet hat er sich. Er muss es ja vorher gesehen haben. Er kennt ja die Menschen. Er kennt doch den Herrn von Dorsday. Er hat sich doch denken können, dass der Herr von Dorsday nicht für nichts und wieder nichts. – Sonst hätte er doch telegrafieren oder selber herreisen können. Aber so war es bequemer und sicherer, nicht wahr, Papa? Wenn man eine so hübsche Tochter hat, wozu braucht man ins Zuchthaus zu spazieren? Und die Mama, dumm wie sie ist, setzt sich hin und schreibt den Brief. Der Papa hat sich nicht getraut. Da hätte ich es ja gleich merken müssen. Aber es soll Euch nicht glücken. Nein, du hast zu sicher auf meine kindliche Zärtlichkeit spekuliert, Papa, zu sicher darauf gerechnet, dass ich lieber jede Gemeinheit erdulden würde als dich die Folgen deines verbrecherischen Leichtsinns tragen zu lassen. Ein Genie bist du ja. Herr von Dorsday sagt es, alle Leute sagen es. Aber was hilft mir das. Fiala ist eine Null, aber er unterschlägt keine Mündelgelder, sogar Waldheim ist nicht in einem Atem mit dir zu nennen … Wer hat das nur gesagt? Der Doktor Froriep. Ein Genie ist Ihr Papa. – Und ich hab' ihn erst einmal reden gehört! – Im vorigen Jahr im Schwurgerichtssaal – – zum ersten – und letzten Mal! Herrlich! Die Tränen sind mir über die Wangen gelaufen. Und der elende Kerl, den er verteidigt hat, ist freigesprochen worden. Er war vielleicht gar kein so elender Kerl. Er hat jedenfalls nur gestohlen, keine Mündelgelder veruntreut, um Bakkarat zu spielen und auf der Börse zu spekulieren. Und jetzt wird der Papa selber vor den Geschworenen stehen. In allen Zeitungen wird man es lesen. Zweiter Verhandlungstag, dritter Verhandlungstag; der Verteidiger erhob sich zu einer Replik. Wer wird denn sein Verteidiger sein? Kein Genie. Nichts wird ihm helfen. Einstimmig schuldig. Verurteilt auf fünf Jahre. Stein, Sträflingskleid, geschorene Haare. Einmal im Monat darf man ihn besuchen. Ich fahre mit Mama hinaus, dritter Klasse. Wir haben ja kein Geld. Keiner leiht uns was. Kleine Wohnung in der Lerchenfelderstraße, so wie die, wo ich die Näherin besucht habe vor zehn Jahren. Wir bringen ihm etwas zu essen mit. Woher denn? Wir haben ja selber nichts. Onkel Viktor wird uns eine Rente aussetzen. Dreihundert Gulden monatlich. Rudi wird in Holland sein bei Vanderhulst – wenn man noch auf ihn reflektiert. Die Kinder des Sträflings! Roman von Temme in drei Bänden. Der Papa empfängt uns im gestreiften Sträflingsanzug. Er schaut nicht bös drein, nur traurig. Er kann ja gar nicht bös dreinschauen. – Else, wenn du mir damals das Geld verschafft hättest, das wird er sich denken, aber er wird nichts sagen. Er wird nicht das Herz haben, mir Vorwürfe zu machen. Er ist ja seelengut, nur leichtsinnig ist er. Sein Verhängnis ist die Spielleidenschaft. Er kann ja nichts dafür, es ist eine Art von Wahnsinn. Vielleicht spricht man ihn frei, weil er wahnsinnig ist. Auch den Brief hat er vorher nicht überlegt. Es ist ihm vielleicht gar nicht eingefallen, dass Dorsday die Gelegenheit benützen könnte, und so eine Gemeinheit von mir verlangen wird. Er ist ein guter Freund unseres Hauses, er hat dem Papa schon einmal achttausend Gulden geliehen. Wie soll man so was von einem Menschen denken. Zuerst hat der Papa sicher alles andere versucht. Was muss er durchgemacht haben, ehe er die Mama veranlasst hat, diesen Brief zu schreiben? Von einem zum andern ist er gelaufen, von Warsdorf zu Burin, von Burin zu Wertheimstein und weiß Gott noch zu wem. Bei Onkel Karl war er gewiss auch. Und alle haben sie ihn im Stich gelassen. Alle die sogenannten Freunde. Und nun ist Dorsday seine Hoffnung, seine letzte Hoffnung. Und wenn das Geld nicht kommt, so bringt er sich um. Natürlich bringt er sich um. Er wird sich doch nicht einsperren lassen. Untersuchungshaft, Verhandlung, Schwurgericht, Kerker, Sträflingsgewand. Nein, nein! Wenn der Haftbefehl kommt, erschießt er sich oder hängt sich auf. Am Fensterkreuz wird er hängen. Man wird herüberschicken vom Haus vis-à-vis, der Schlosser wird aufsperren müssen und ich bin schuld gewesen. Und jetzt sitzt er zusammen mit Mama im selben Zimmer, wo er übermorgen hängen wird, und raucht eine Havannazigarre. Woher hat er immer noch Havannazigarren? Ich höre ihn sprechen, wie er die Mama beruhigt. Verlass dich drauf, Dorsday weist das Geld an. Bedenke doch, ich habe ihm heuer im Winter eine große Summe durch meine Intervention gerettet. Und dann kommt der Prozess Erbesheimer ... – Wahrhaftig. – Ich höre ihn sprechen. Telepathie! Merkwürdig. Auch Fred seh ich in diesem Moment. Er geht mit einem Mädel im Stadtpark am Kursalon vorbei. Sie hat eine hellblaue Bluse und lichte Schuhe und ein bissl heiser ist sie. Das weiß ich alles ganz bestimmt. Wenn ich nach Wien komme, werde ich Fred fragen, ob er am dritten September zwischen halb acht und acht Uhr abends mit seiner Geliebten im Stadtpark war.

Wohin denn noch? Was ist denn mit mir? Beinahe ganz dunkel. Wie schön und ruhig. Weit und breit kein Mensch. Nun sitzen sie alle schon beim Diner. Telepathie? Nein, das ist noch keine Telepathie. Ich habe ja früher das Tamtam gehört. Wo ist die Else? wird sich Paul denken. Es wird allen auffallen, wenn ich zur Vorspeise noch nicht da bin. Sie werden zu mir heraufschicken. Was ist das mit Else? Sie ist doch sonst so pünktlich? Auch die zwei Herren am Fenster werden denken: Wo ist denn heute das schöne junge Mädel mit dem rötlich blonden Haar? Und Herr von Dorsday wird Angst bekommen. Er ist sicher feig. Beruhigen Sie sich, Herr von Dorsday, es wird Ihnen nichts geschehen. Ich verachte Sie ja so sehr. Wenn ich wollte, morgen Abend wären Sie ein toter Mann. – Ich bin überzeugt, Paul würde ihn fordern, wenn ich ihm die Sache erzählte. Ich schenke Ihnen das Leben, Herr von Dorsday.

Wie ungeheuer weit die Wiesen und wie riesig schwarz die Berge. Keine Sterne beinahe. Ja doch, drei, vier, – es werden schon mehr. Und so still der Wald hinter mir. Schön hier auf der Bank am Waldesrand zu sitzen. So fern, so fern das Hotel und so märchenhaft leuchtet es her. Und was für Schufte sitzen drin. Ach nein, Menschen, arme Menschen, sie tun mir alle so leid. Auch die Marchesa tut mir leid, ich weiß nicht warum, und die Frau Winawer und die Bonne von Cissys kleinem Mädel. Sie sitzt nicht an der Table d'hôte, sie hat schon früher mit Fritzi gegessen. Was ist das nur mit Else, fragt Cissy. Wie, auf ihrem Zimmer ist sie auch nicht? Alle haben sie Angst um mich, ganz gewiss. Nur ich habe keine Angst. Ja, da bin ich in Martino di Castrozza, sitze auf einer Bank am Waldesrand und die Luft ist wie Champagner und mir scheint gar, ich weine. Ja, warum weine ich denn? Es ist doch kein Grund zu weinen. Das sind die Nerven. Ich muss mich beherrschen. Ich darf mich nicht so gehen lassen. Aber das Weinen ist gar nicht unangenehm. Das Weinen tut mir immer wohl. Wie ich unsere alte Französin besucht habe im Krankenhaus, die dann gestorben ist, habe ich auch geweint.

Und beim Begräbnis von der Großmama, und wie die Bertha nach Nürnberg gereist ist, und wie das Kleine von der Agathe gestorben ist, und im Theater bei der Kameliendame hab' ich auch geweint. Wer wird weinen, wenn ich tot bin? Oh, wie schön wäre das, tot zu sein. Aufgebahrt liege ich im Salon, die Kerzen brennen. Lange Kerzen. Zwölf lange Kerzen. Unten steht schon der Leichenwagen. Vor dem Haustor stehen Leute. Wie alt war sie denn? Erst neunzehn. Wirklich erst neunzehn? – Denken Sie sich, ihr Papa ist im Zuchthaus. Warum hat sie sich denn umgebracht? Aus unglücklicher Liebe zu einem Filou. Aber was fällt Ihnen denn ein? Sie hätte ein Kind kriegen sollen. Nein, sie ist vom Cimone heruntergestürzt. Es ist ein Unglücksfall. Guten Tag, Herr Dorsday, Sie erweisen der kleinen Else auch die letzte Ehre? Kleine Else, sagt das alte Weib. – Warum denn? Natürlich, ich muss ihr die letzte Ehre erweisen. Ich habe ihr ja auch die erste Schande erwiesen. Oh, es war der Mühe wert, Frau Winawer, ich habe noch nie einen so schönen Körper gesehen. Es hat mich nur dreißig Millionen gekostet. Ein Rubens kostet dreimal so viel. Mit Haschisch hat sie sich vergiftet. Sie wollte nur schöne Visionen haben, aber sie hat zu viel genommen und ist nicht mehr aufgewacht. Warum hat er denn ein rotes Monokel, der Herr Dorsday? Wem winkt er denn mit dem Taschentuch? Die Mama kommt die Treppe herunter und küsst ihm die Hand. Pfui, pfui. Jetzt flüstern sie miteinander. Ich kann nichts verstehen, weil ich aufgebahrt bin. Der Veilchenkranz um meine Stirn ist von Paul. Die Schleifen fallen bis auf den Boden. Kein Mensch traut sich ins Zimmer. Ich stehe lieber auf und schaue zum Fenster hinaus. Was für ein großer blauer See! Hundert Schiffe mit gelben Segeln –. Die Wellen glitzern. So viel Sonne. Regatta. Die Herren haben alle Ruderleibchen. Die Damen sind im Schwimmkostüm. Das ist unanständig. Sie bilden sich ein, ich bin nackt. Wie dumm sie sind. Ich habe ja schwarze Trauerkleider an, weil ich tot bin. Ich werde es euch beweisen. Ich lege mich gleich wieder auf die Bahre hin. Wo ist sie denn? Fort ist sie. Man hat sie davongetragen. Man hat sie unterschlagen. Darum ist der Papa im Zuchthaus. Und sie haben ihn doch freigesprochen auf drei Jahre. Die Geschworenen sind alle bestochen von Fiala. Ich werde jetzt zu Fuß auf den Friedhof gehen, da erspart die Mama das Begräbnis. Wir müssen uns einschränken. Ich gehe so schnell, dass mir keiner nachkommt. Ah, wie schnell ich gehen kann. Da bleiben sie alle auf den Straßen stehen und wundern sich. Wie darf man jemanden so anschaun, der tot ist! Das ist zudringlich. Ich gehe lieber übers Feld, das ist ganz blau von Vergissmeinnicht und Veilchen. Die Marineoffiziere stehen Spalier. Guten Morgen, meine Herren. Öffnen Sie das Tor, Herr Matador. Erkennen Sie mich nicht? Ich bin ja die Tote ... Sie müssen mir darum nicht die Hand küssen ... Wo ist denn meine Gruft? Hat man die auch unterschlagen? Gott sei Dank, es ist gar nicht der Friedhof. Das ist ja der Park in Mentone. Der Papa wird sich freuen, dass ich nicht begraben bin. Vor den Schlangen habe ich keine Angst. Wenn mich nur keine in den Fuß beißt. O weh.

Was ist denn? Wo bin ich denn? Habe ich geschlafen? Ja. Geschlafen habe ich. Ich muss sogar geträumt haben. Mir ist so kalt in den Füßen. Im rechten Fuß ist mir kalt. Wieso denn? Da ist am Knöchel ein kleiner Riss im Strumpf. Warum sitze ich denn noch im Wald? Es muss ja längst geläutet haben zum Dinner. Dinner.

O Gott, wo war ich denn? So weit war ich fort. Was hab ich denn geträumt? Ich glaube, ich war schon tot. Und keine Sorgen habe ich gehabt und mir nicht den Kopf zerbrechen müssen. Dreißigtausend, dreißigtausend ... ich habe sie noch nicht. Ich muss sie mir erst verdienen. Und da sitz' ich allein am Waldesrand. Das Hotel leuchtet bis her. Ich muss zurück. Es ist schrecklich, dass ich zurück muss. Aber es ist keine Zeit mehr zu verlieren. Herr von Dorsday erwartet meine Entscheidung. Entscheidung. Entscheidung! Nein. Nein, Herr von Dorsday, kurz und gut, nein. Sie haben gescherzt, Herr von Dorsday, selbstverständlich. Ja, das werde ich ihm sagen. Oh, das ist ausgezeichnet. Ihr Scherz war nicht sehr vornehm, Herr von Dorsday, aber ich will Ihnen verzeihen. Ich telegrafiere morgen früh an Papa, Herr von Dorsday, dass das Geld pünktlich in Doktor Fialas Händen sein wird. Wunderbar. Das sage ich ihm. Da bleibt ihm nichts übrig, er muss das Geld abschicken. Muss? Muss er? Warum muss er denn? Und wenn er's täte, so würde er sich dann rächen irgendwie. Er würde es so einrichten, dass das Geld zu spät kommt. Oder er würde das Geld schicken und dann überall erzählen, dass er mich gehabt hat. Aber er schickt ja das Geld gar nicht ab. Nein, Fräulein Else, so haben wir nicht gewettet. Telegrafieren Sie dem Papa, was Ihnen beliebt, ich schicke das Geld nicht ab. Sie sollen nicht glauben, Fräulein Else, dass ich mich von so einem kleinen Mädel übertölpeln lasse, ich, der Vicomte von Eperies.

Ich muss vorsichtig gehen. Der Weg ist ganz dunkel. Sonderbar, es ist mir wohler als vorher. Es hat sich doch gar nichts geändert und mir ist wohler. Was habe ich denn nur geträumt? Von einem Matador? Was war denn das für ein Matador? Es ist doch weiter zum Hotel, als ich gedacht habe. Sie sitzen gewiss noch alle beim Diner. Ich werde mich ruhig an den Tisch setzen und sagen, dass ich Migräne gehabt habe und lasse mir nachservieren. Herr von Dorsday wird am Ende selbst zu mir kommen und mir sagen, dass das Ganze nur ein Scherz war. Entschuldigen Sie, Fräulein Else, entschuldigen Sie den schlechten Spaß, ich habe schon an meine Bank telegrafiert. Aber er wird es nicht sagen. Er hat nicht telegrafiert. Es ist alles noch genau so wie früher. Er wartet. Herr von Dorsday wartet. Nein, ich will ihn nicht sehen. Ich kann ihn nicht mehr sehen. Ich will niemanden mehr sehen. Ich will nicht mehr ins Hotel, ich will nicht mehr nach Hause, ich will nicht nach Wien, zu niemandem will ich, zu keinem Menschen, nicht zu Papa und nicht zu Mama, nicht zu Rudi und nicht zu Fred, nicht zu Berta und nicht zu Tante Irene. Die ist noch die beste, die würde alles verstehen. Aber ich habe nichts mehr mit ihr zu tun und mit niemandem mehr. Wenn ich zaubern könnte, wäre ich ganz woanders in der Welt. Auf irgendeinem herrlichen Schiff im Mittelländischen Meer, aber nicht allein. Mit Paul zum Beispiel. Ja, das könnte ich mir ganz gut vorstellen. Oder ich wohnte in einer Villa am Meer, und wir lägen auf den Marmorstufen, die ins Wasser führen, und er hielte mich fest in seinen Armen und bisse mich in die Lippen, wie es Albert vor zwei Jahren getan hat beim Klavier, der unverschämte Kerl. Nein. Allein möchte ich am Meer liegen auf den Marmorstufen und warten. Und endlich käme einer oder mehrere, und ich hätte die Wahl und die andern, die ich verschmähe, die stürzen sich aus Verzweiflung alle ins Meer. Oder sie müssten Geduld haben bis zum nächsten Tag. Ach, was wäre das für ein köstliches Leben. Wozu habe ich denn meine herrlichen Schultern und meine schönen schlanken Beine? Und wozu bin ich denn überhaupt auf der Welt? Und es geschähe ihnen ganz recht, ihnen allen, sie haben mich ja doch nur daraufhin erzogen, dass ich mich verkaufe, so oder so. Vom Theaterspielen haben sie nichts wissen wollen. Da haben sie mich ausgelacht. Und es wäre ihnen ganz recht gewesen im vorigen Jahr, wenn ich den Direktor Wilomitzer geheiratet hätte, der bald fünfzig ist. Nur dass sie mir nicht zugeredet haben. Da hat sich der Papa doch geniert. Aber die Mama hat ganz deutliche Anspielungen gemacht.

Wie riesig es dasteht das Hotel, wie eine ungeheuere beleuchtete Zauberburg. Alles ist so riesig. Die Berge auch. Man könnte sich fürchten. Noch nie waren sie so schwarz. Der Mond ist noch nicht da. Der geht erst zur Vorstellung auf, zur großen Vorstellung auf der Wiese, wenn der Herr von Dorsday seine Sklavin nackt tanzen lässt. Was geht mich denn der Herr Dorsday an? Nun, Mademoiselle Else, was machen Sie denn für Geschichten? Sie waren doch schon bereit, auf und davon zu gehen, die Geliebte von fremden Männern zu werden, von einem nach dem andern. Und auf die Kleinigkeit, die Herr von Dorsday von Ihnen verlangt, kommt es Ihnen an? Für einen Perlenschmuck, für schöne Kleider, für eine Villa am Meer sind Sie bereit, sich zu verkaufen? Und das Leben Ihres Vaters ist Ihnen nicht so viel wert? Es wäre gerade der richtige Anfang. Es wäre dann gleich die Rechtfertigung für alles andere. Ihr wart es, könnt ich sagen, Ihr habt mich dazu gemacht, Ihr alle seid schuld, dass ich so geworden bin, nicht nur Papa und Mama. Auch der Rudi ist schuld und der Fred und alle, alle, weil sich ja niemand um einen kümmert. Ein bisschen Zärtlichkeit, wenn man hübsch aussieht, und ein bissl Besorgtheit, wenn man Fieber hat, und in die Schule schicken sie einen, und zu Hause lernt man Klavier und Französisch, und im Sommer geht man auf's Land und zum Geburtstag kriegt man Geschenke und bei Tisch reden sie über allerlei. Aber was in mir vorgeht und was in mir wühlt und Angst hat, habt ihr euch darum je gekümmert? Manchmal im Blick von Papa war eine Ahnung davon, aber ganz flüchtig. Und dann war gleich wieder der Beruf da, und die Sorgen und das Börsenspiel – und wahrscheinlich irgendein Frauenzimmer ganz im Geheimen, ›nichts sehr Feines unter uns‹, – und ich war wieder allein. Nun, was tatst du Papa, was tatst du heute, wenn ich nicht da wäre?

Da stehe ich, ja da stehe ich vor dem Hotel. – Furchtbar da hineingehen zu müssen, alle die Leute sehen, den Herrn von Dorsday, die Tante, Cissy. Wie schön war das früher auf der Bank am Waldesrand, wie ich schon tot war. Matador – wenn ich nur drauf käm', was – eine Regatta war es, richtig und ich habe vom Fenster aus zugesehen. Aber wer war der Matador? – Wenn ich nur nicht so müd wäre, so furchtbar müde. Und da soll ich bis Mitternacht aufbleiben und mich dann ins Zimmer von Herrn von Dorsday schleichen? Vielleicht begegne ich der Cissy auf dem Gang. Hat sie was an unter dem Schlafrock, wenn sie zu ihm kommt? Es ist schwer, wenn man in solchen Dingen nicht geübt ist. Soll ich sie nicht um Rat fragen, die Cissy? Natürlich würde ich nicht sagen, dass es sich um Dorsday handelt, sondern sie müsste sich denken, ich habe ein nächtliches Rendezvous mit einem von den hübschen jungen Leuten hier im Hotel. Zum Beispiel mit dem langen blonden Menschen, der die leuchtenden Augen hat. Aber der ist ja nicht mehr da. Plötzlich war er verschwunden. Ich habe doch gar nicht an ihn gedacht bis zu diesem Augenblick. Aber es ist leider nicht der lange blonde Mensch mit den leuchtenden Augen, auch der Paul ist es nicht, es ist der Herr von Dorsday. Also wie mach' ich es denn? Was sage ich ihm? Einfach ja? Ich kann doch nicht zu Herrn Dorsday ins Zimmer kommen. Er hat sicher lauter elegante Flakons auf dem Waschtisch, und das Zimmer riecht nach französischem Parfüm. Nein, nicht um die Welt zu ihm. Lieber im Freien. Da geht er mich nichts an. Der Himmel ist so hoch und die Wiese ist so groß. Ich muss gar nicht an den Herrn Dorsday denken. Ich muss ihn nicht einmal anschauen. Und wenn er es wagen würde, mich anzurühren, einen Tritt bekäme er mit meinen nackten Füßen. Ach, wenn es doch ein anderer wäre, irgendein anderer. Alles, alles könnte er von mir haben heute Nacht, jeder andere, nur Dorsday nicht. Und gerade der! Gerade der! Wie seine Augen stechen und bohren werden. Mit dem Monokel wird er dastehen und grinsen. Aber nein, er wird nicht grinsen. Er wird ein vornehmes Gesicht schneiden. Elegant. Er ist ja solche Dinge gewohnt. Wie viele hat er schon so gesehen? Hundert oder tausend? Aber war schon eine darunter wie ich? Nein, gewiss nicht. Ich werde ihm sagen, dass er nicht der erste ist, der mich so sieht. Ich werde ihm sagen, dass ich einen Geliebten habe. Aber erst, wenn die dreißigtausend Gulden an Fiala abgesandt sind. Dann werde ich ihm sagen, dass er ein Narr war, dass er mich auch hätte haben können um dasselbe Geld. – Dass ich schon zehn Liebhaber gehabt habe, zwanzig, hundert. – Aber das wird er mir ja alles nicht glauben. – Und wenn er es mir glaubt, was hilft es mir? – Wenn ich ihm nur irgendwie die Freude verderben könnte. Wenn noch einer dabei wäre? Warum nicht? Er hat ja nicht gesagt, dass er mit mir allein sein muss. Ach, Herr von Dorsday, ich habe solche Angst vor Ihnen. Wollen Sie mir nicht freundlichst gestatten, einen guten Bekannten mitzubringen? Oh, das ist keineswegs gegen die Abrede, Herr von Dorsday. Wenn es mir beliebte, dürfte ich das ganze Hotel dazu einladen, und Sie wären trotzdem verpflichtet, die dreißigtausend Gulden abzuschicken. Aber ich begnüge mich damit, meinen Vetter Paul mitzubringen. Oder ziehen Sie etwa einen andern vor? Der lange blonde Mensch ist leider nicht mehr da und der Filou mit dem Römerkopf leider auch nicht. Aber ich find' schon noch wen andern. Sie fürchten Indiskretion? Darauf kommt es ja nicht an. Ich lege keinen Wert auf Diskretion. Wenn man einmal soweit ist wie ich, dann ist alles ganz egal. Das ist heute ja nur der Anfang. Oder denken Sie, aus diesem Abenteuer fahre ich wieder nach Hause als anständiges Mädchen aus guter Familie? Nein, weder gute Familie noch anständiges junges Mädchen. Das wäre erledigt. Ich stelle mich jetzt auf meine eigenen Beine. Ich habe schöne Beine, Herr von Dorsday, wie Sie und die übrigen Teilnehmer des Festes bald zu bemerken Gelegenheit haben werden. Also die Sache ist in Ordnung, Herr von Dorsday. Um zehn Uhr, während alles noch in der Halle sitzt, wandern wir im Mondenschein über die Wiese, durch den Wald nach Ihrer berühmten selbst entdeckten Lichtung. Das Telegramm an die Bank bringen Sie für alle Fälle gleich mit. Denn eine Sicherheit darf ich doch wohl verlangen von einem solchen Spitzbuben wie Sie. Und um Mitternacht können Sie wieder nach Hause gehen, und ich bleibe mit meinem Vetter oder sonst wem auf der Wiese im Mondenschein. Sie haben doch nichts dagegen, Herr von Dorsday? Das dürfen Sie gar nicht. Und wenn ich morgen früh zufällig tot sein sollte, so wundern sie sich weiter nicht. Dann wird eben Paul das Telegramm aufgeben. Dafür wird schon gesorgt sein. Aber bilden Sie sich dann um Gottes willen nicht ein, dass Sie, elender Kerl, mich in den Tod getrieben haben. Ich weiß ja schon lange, dass es so mit mir enden wird. Fragen Sie doch nur meinen Freund Fred, ob ich es ihm nicht schon öfters gesagt habe. Fred, das ist nämlich Herr Friedrich Wenkheim, nebstbei der einzige anständige Mensch, den ich in meinem Leben kennengelernt habe. Der Einzige, den ich geliebt hätte, wenn er nicht ein gar so anständiger Mensch wäre. Ja, ein so verworfenes Geschöpf bin ich. Bin nicht geschaffen für eine bürgerliche Existenz, und Talent habe ich auch keines. Für unsere Familie wäre es sowieso das Beste, sie stürbe aus. Mit dem Rudi wird auch schon irgendein Malheur geschehen. Der wird sich in Schulden stürzen für eine holländische Chansonnette und bei Vanderhulst defraudieren. Das ist schon so in unserer Familie. Und der jüngste Bruder von meinem Vater, der hat sich erschossen, wie er fünfzehn Jahre alt war. Kein Mensch weiß, warum. Ich habe ihn nicht gekannt. Lassen Sie sich die Fotografie zeigen, Herr von Dorsday. Wir haben sie in einem Album ... Ich soll ihm ähnlich sehen. Kein Mensch weiß, warum er sich umgebracht hat. Und von mir wird es auch keiner wissen. Ihretwegen keinesfalls, Herr von Dorsday. Die Ehre tue ich Ihnen nicht an. Ob mit neunzehn oder einundzwanzig, das ist doch egal. Oder soll ich Bonne werden oder Telefonistin oder einen Herrn Wilomitzer heiraten oder mich von Ihnen aushalten lassen? Es ist alles gleich ekelhaft, und ich komme überhaupt gar nicht mit Ihnen auf die Wiese. Nein, das ist alles viel zu anstrengend und zu dumm und zu widerwärtig. Wenn ich tot bin, werden Sie schon die Güte haben und die paar tausend Gulden für den Papa absenden, denn es wäre doch zu traurig, wenn er gerade an dem Tage verhaftet würde, an dem man meine Leiche nach Wien bringt. Aber ich werde einen Brief hinterlassen mit testamentarischer Verfügung: Herr von Dorsday hat das Recht, meinen Leichnam zu sehen. Meinen schönen nackten Mädchenleichnam. So können Sie sich nicht beklagen, Herr von Dorsday, dass ich Sie übers Ohr gehaut habe. Sie haben doch was für Ihr Geld. Dass ich noch lebendig sein muss, das steht nicht in unserem Kontrakt. O nein. Das steht nirgends geschrieben. Also den Anblick meines Leichnams vermache ich dem Kunsthändler Dorsday, und Herrn Fred Wenkheim vermache ich mein Tagebuch aus meinem siebzehnten Lebensjahr – weiter habe ich nicht geschrieben –, und dem Fräulein bei Cissy vermache ich die fünf Zwanzigfrankstücke, die ich Vorjahren aus der Schweiz mitgebracht habe. Sie liegen im Schreibtisch neben den Briefen. Und Bertha vermache ich das schwarze Abendkleid. Und Agathe meine Bücher. Und meinem Vetter Paul, dem vermache ich einen Kuss auf meine blassen Lippen. Und der Cissy vermache ich mein Rakett, weil ich edel bin. Und man soll mich gleich hier begraben in San Martino di Castrozza auf dem schönen kleinen

Friedhof. Ich will nicht mehr zurück nach Hause. Auch als Tote will ich nicht mehr zurück. Und Papa und Mama sollen sich nicht kränken, mir geht es besser als ihnen. Und ich verzeihe ihnen. Es ist nicht schade um mich. – Haha, was für ein komisches Testament. Ich bin wirklich gerührt. Wenn ich denke, dass ich morgen um die Zeit, während die andern beim Diner sitzen, schon tot bin? – Die Tante Emma wird natürlich nicht zum Diner herunterkommen und Paul auch nicht. Sie werden sich auf dem Zimmer servieren lassen. Neugierig bin ich, wie sich Cissy benehmen wird. Nur werde ich es leider nicht erfahren. Gar nichts mehr werde ich erfahren. Oder vielleicht weiß man noch alles, solange man nicht begraben ist? Und am Ende bin ich nur scheintot. Und wenn der Herr von Dorsday an meinen Leichnam tritt, so erwache ich und schlage die Augen auf, da lässt er vor Schreck das Monokel fallen.

Aber es ist ja leider alles nicht wahr. Ich werde nicht scheintot sein und tot auch nicht. Ich werde mich überhaupt gar nicht umbringen, ich bin ja viel zu feig. Wenn ich auch eine couragierte Kletterin bin, feig bin ich doch. Und vielleicht habe ich nicht einmal genug Veronal. Wie viel Pulver braucht man denn? Sechs glaube ich. Aber zehn ist sicherer. Ich glaube, es sind noch zehn. Ja, das werden genug sein.

Zum wievielten Mal lauf ich jetzt eigentlich um das Hotel herum? Also was jetzt? Da steh' ich vor dem Tor. In der Halle ist noch niemand. Natürlich – sie sitzen ja noch alle beim Diner. Seltsam sieht die Halle aus so ganz ohne Menschen. Auf dem Sessel dort liegt ein Hut, ein Touristenhut, ganz fesch. Hübscher Gämsbart. Dort im Fauteuil sitzt ein alter Herr. Hat wahrscheinlich keinen Appetit mehr. Liest Zeitung. Dem geht's gut. Er hat keine Sorgen. Er liest ruhig Zeitung, und ich muss mir den Kopf zerbrechen, wie ich dem Papa dreißigtausend Gulden verschaffen soll. Aber nein. Ich weiß ja, wie. Es ist ja so furchtbar einfach. Was will ich denn? Was will ich denn? Was tu' ich denn da in der Halle? Gleich werden sie alle kommen vom Diner. Was soll ich denn tun? Herr von Dorsday sitzt gewiss auf Nadeln. Wo bleibt sie, denkt er sich. Hat sie sich am Ende umgebracht? Oder engagiert sie jemanden, dass er mich umbringt? Oder hetzt sie ihren Vetter Paul auf mich? Haben Sie keine Angst, Herr von Dorsday, ich bin keine so gefährliche Person. Ein kleines Luder bin ich, weiter nichts. Für die Angst, die Sie ausgestanden haben, sollen Sie auch Ihren Lohn haben. Zwölf Uhr, Zimmer Nummer fünfundsechzig. Im Freien wäre es mir doch zu kühl. Und von Ihnen aus, Herr von Dorsday, begebe ich mich direkt zu meinem Vetter Paul. Sie haben doch nichts dagegen, Herr von Dorsday?

»Else! Else!«

Wie? Was? Das ist ja Pauls Stimme. Das Diner schon aus? – *»Else!«* – »Ach, Paul, was gibt's denn, Paul?« – Ich stell' mich ganz unschuldig. – *»Ja, wo steckst du denn, Else?«* – »Wo soll ich denn stecken? Ich bin spazieren gegangen.« – *»Jetzt, während des Diners?«* – »Na, wann denn? Es ist doch die schönste Zeit dazu.« Ich red' Blödsinn. – *»Die Mama hat sich schon alles Mögliche eingebildet. Ich war an deiner Zimmertür, hab' geklopft.«* – »Hab' nichts gehört.« – *»Aber im Ernst, Else, wie kannst du uns in eine solche Unruhe versetzen! Du hättest Mama doch wenigstens verständigen können, dass du nicht zum Diner kommst.«* – »Du hast ja recht, Paul, aber wenn du eine Ahnung hättest, was ich für Kopfschmerzen gehabt habe.« Ganz schmelzend red' ich. Oh, ich Luder. – *»Ist dir jetzt wenigstens besser?«* – »Könnt' ich eigentlich nicht sagen.« – *»Ich will vor allem der Mama«* – »Halt Paul, noch nicht. Entschuldige mich bei der Tante, ich will nur für ein paar Minuten auf mein Zimmer, mich ein bissl herrichten. Dann komme ich gleich herunter und werde mir eine

Kleinigkeit nachservieren lassen.« – »*Du bist so blass, Else? – Soll ich dir die Mama hinaufschicken?*« – »Aber mach' doch keine solchen Geschichten mit mir, Paul, und schau' mich nicht so an. Hast du noch nie ein weibliches Wesen mit Kopfschmerzen gesehen? Ich komme bestimmt noch herunter. In zehn Minuten spätestens. Grüß dich Gott, Paul.« – »*Also Auf Wiedersehen, Else.*« – Gott sei Dank, dass er geht. Dummer Bub', aber lieb. Was will denn der Portier von mir? Wie, ein Telegramm? »Danke. Wann ist denn die Depesche gekommen, Herr Portier?« – »*Vor einer Viertelstunde, Fräulein.*« – Warum schaut er mich denn so an, so – bedauernd. Um Himmels willen, was wird denn da drinstehn? Ich mach' sie erst oben auf, sonst fall' ich vielleicht in Ohnmacht. Am Ende hat sich der Papa – Wenn der Papa tot ist, dann ist ja alles in Ordnung, dann muss ich nicht mehr mit Herrn von Dorsday auf die Wiese gehn … Oh, ich elende Person. Lieber Gott, mach', dass in der Depesche nichts Böses steht. Lieber Gott, mach', dass der Papa lebt. Verhaftet meinetwegen, nur nicht tot. Wenn nichts Böses drinsteht, dann will ich ein Opfer bringen. Ich werde Bonne, ich nehme eine Stellung in einem Bureau an. Sei nicht tot, Papa. Ich bin ja bereit. Ich tue ja alles, was du willst …

Gott sei Dank, dass ich oben bin. Licht gemacht, Licht gemacht. Kühl ist es geworden. Das Fenster war zu lange offen. Courage, Courage. Ha, vielleicht steht drin, dass die Sache geordnet ist. Vielleicht hat der Onkel Bernhard das Geld hergegeben und sie telegrafieren mir: Nicht mit Dorsday reden. Ich werde es ja gleich sehen. Aber wenn ich auf den Plafond schaue, kann ich natürlich nicht lesen, was in der Depesche steht. Trala, trala, Courage. Es muss ja sein. ›Wiederhole flehentliche Bitte, mit Dorsday reden. Summe nicht dreißig, sondern fünfzig. Sonst alles vergeblich. Adresse bleibt Fiala.‹ – Sondern fünfzig. Sonst alles vergeblich.

Trala, trala. Fünfzig. Adresse bleibt Fiala. Aber gewiss, ob fünfzig oder dreißig, darauf kommt es ja nicht an. Auch dem Herrn von Dorsday nicht. Das Veronal liegt unter der Wäsche, für alle Fälle. Warum habe ich nicht gleich gesagt: fünfzig. Ich habe doch daran gedacht! Sonst alles vergeblich. Also hinunter, geschwind, nicht da auf dem Bett sitzen bleiben. Ein kleiner Irrtum, Herr von Dorsday, verzeihen Sie. Nicht dreißig, sondern fünfzig, sonst alles vergeblich. Adresse bleibt Fiala. – >Sie halten mich wohl für einen Narren, Fräulein Else?< Keineswegs, Herr Vicomte, wie sollte ich. Für fünfzig müsste ich jedesfalls entsprechend mehr fordern, Fräulein. Sonst alles vergeblich, Adresse bleibt Fiala. Wie Sie wünschen, Herr von Dorsday. Bitte, befehlen Sie nur. Vor allem aber, schreiben Sie die Depesche an Ihr Bankhaus, natürlich, sonst habe ich ja keine Sicherheit. –

Ja, so mach' ich es. Ich komme zu ihm ins Zimmer und erst, wenn er vor meinen Augen die Depesche geschrieben – ziehe ich mich aus. Und die Depesche behalte ich in der Hand. Ha, wie unappetitlich. Und wo soll ich denn meine Kleider hinlegen? Nein, nein, ich ziehe mich schon hier aus und nehme den großen schwarzen Mantel um, der mich ganz einhüllt. So ist es am bequemsten. Für beide Teile. Adresse bleibt Fiala. Mir klappern die Zähne. Das Fenster ist noch offen. Zugemacht. Im Freien? Den Tod hätte ich davon haben können. Schuft! Fünfzigtausend. Er kann nicht nein sagen. Zimmer fünfundsechzig. Aber vorher sag' ich Paul, er soll in seinem Zimmer auf mich warten. Von Dorsday geh' ich direkt zu Paul und erzähle ihm alles. Und dann soll Paul ihn ohrfeigen. Ja, noch heute Nacht. Ein reichhaltiges Programm. Und dann kommt das Veronal. Nein, wozu denn? Warum denn sterben? Keine Spur. Lustig, lustig, jetzt fängt ja das Leben erst an. Ihr sollt Euere Freude haben. Ihr sollt stolz werden auf Euer Töchterlein. Ein Luder will ich werden, wie es die Welt noch nicht gesehen hat. Adresse bleibt Fiala. Du sollst deine fünfzigtausend Gulden haben, Papa. Aber die nächsten, die ich mir verdiene, um die kaufe ich mir neue Nachthemden, mit Spitzen besetzt, ganz durchsichtig und köstliche Seidenstrümpfe. Man lebt nur einmal. Wozu schaut man denn so aus wie ich. Licht gemacht, – die Lampe über dem Spiegel schalt' ich ein. Wie schön meine blondroten Haare sind, und meine Schultern; meine Augen sind auch nicht übel. Hu, wie groß sie sind. Es wär' schad' um mich. Zum Veronal ist immer noch Zeit. – Aber ich muss ja hinunter. Tief hinunter. Herr Dorsday wartet, und er weiß noch nicht einmal, dass es indes fünfzigtausend geworden sind. Ja, ich bin im Preis gestiegen, Herr von Dorsday. Ich muss ihm das Telegramm zeigen, sonst glaubt er mir am Ende nicht und denkt, ich will ein Geschäft bei der Sache machen. Ich werde die Depesche auf sein Zimmer schicken und etwas dazu schreiben. Zu meinem lebhaften Bedauern sind es nun fünfzigtausend geworden, Herr von Dorsday, das kann Ihnen ja ganz egal sein. Und ich bin überzeugt, Ihre Gegenforderung war gar nicht ernst gemeint. Denn Sie sind ein Vicomte und ein Gentleman. Morgen früh werden Sie die fünfzigtausend, an denen das Leben meines Vaters hängt, ohne weiters an Fiala senden. Ich rechne darauf. – ›Selbstverständlich, mein Fräulein, ich sende für alle Fälle gleich hunderttausend, ohne jede Gegenleistung und verpflichte mich überdies, von heute an für den Lebensunterhalt Ihrer ganzen Familie zu sorgen, die Börsenschulden Ihres Herrn Papas zu zahlen und sämtliche veruntreute Mündelgelder zu ersetzen.‹ Adresse bleibt Fiala. Hahaha! Ja, genauso ist der Vicomte von Eperies. Das ist ja alles Unsinn. Was bleibt mir denn übrig? Es muss ja sein, ich muss es ja tun, alles muss ich tun, was Herr von Dorsday verlangt, damit der Papa morgen das Geld hat, – damit er nicht eingesperrt wird, damit er sich nicht umbringt.

Und ich werde es auch tun. Ja, ich werde es tun, obzwar doch alles für die Katz' ist. In einem halben Jahr sind wir wieder geradeso weit wie heute! In vier Wochen! – Aber dann geht es mich nichts mehr an. Das eine Opfer bringe ich – und dann keines mehr. Nie, nie, niemals wieder. Ja, das sage ich dem Papa, sobald ich nach Wien komme. Und dann fort aus dem Haus, wo immer hin. Ich werde mich mit Fred beraten. Er ist der Einzige, der mich wirklich gern hat. Aber so weit bin ich ja noch nicht. Ich bin nicht in Wien, ich bin noch in Martino di Castrozza. Noch nichts ist geschehen. Also wie, wie, was? Da ist das Telegramm. Was tue ich denn mit dem Telegramm? Ich habe es ja schon gewusst. Ich muss es ihm auf sein Zimmer schicken. Aber was sonst? Ich muss ihm etwas dazu schreiben. Nun ja, was soll ich ihm schreiben? Erwarten Sie mich um zwölf. Nein, nein, nein! Den Triumph soll er nicht haben. Ich will nicht, will nicht, will nicht. Gott sei Dank, dass ich die Pulver da habe. Das ist die einzige Rettung. Wo sind sie denn? Um Gottes willen, man wird sie mir doch nicht gestohlen haben. Aber nein, da sind sie ja. Da in der Schachtel. Sind sie noch alle da? Ja, da sind sie. Eins, zwei, drei, vier, fünf, sechs. Ich will sie ja nur ansehen, die lieben Pulver. Es verpflichtet ja zu nichts. Auch dass ich sie ins Glas schütte, verpflichtet ja zu nichts. Eins, zwei, – aber ich bringe mich ja sicher nicht um. Fällt mir gar nicht ein. Drei, vier, fünf – davon stirbt man auch noch lange nicht. Es wäre schrecklich, wenn ich das Veronal nicht mehr hätte. Da müsste ich mich zum Fenster hinunterstürzen und dazu hätt' ich doch nicht den Mut. Aber das Veronal, – man schläft langsam ein, wacht nicht mehr auf, keine Qual, kein Schmerz. Man legt sich ins Bett; in einem Zuge trinkt man es aus, träumt, und alles ist vorbei. Vorgestern habe ich auch ein Pulver genommen und neulich sogar zwei. Pst, niemandem sagen. Heut' werden es halt ein bissl mehr sein. Es ist ja nur für alle Fälle. Wenn es mich gar, gar zu sehr grausen sollte. Aber warum soll es mich denn grausen? Wenn er mich anrührt, so spucke ich ihm ins Gesicht. Ganz einfach.

Aber wie soll ich ihm denn den Brief zukommen lassen? Ich kann doch nicht dem Herrn von Dorsday durch das Stubenmädchen einen Brief schicken. Das Beste, ich gehe hinunter und rede mit ihm und zeige ihm das Telegramm. Hinunter muss ich ja jedenfalls. Ich kann doch nicht da heroben im Zimmer bleiben. Ich hielte es ja gar nicht aus, drei Stunden lang – bis der Moment kommt. Auch wegen der Tante muss ich hinunter. Ha, was geht mich denn die Tante an. Was gehen mich die Leute an? Sehen Sie, meine Herrschaften, da steht das Glas mit dem Veronal. So, jetzt nehme ich es in die Hand. So, jetzt führe ich es an die Lippen. Ja, jeden Moment kann ich drüben sein, wo es keine Tanten gibt und keinen Dorsday und keinen Vater, der Mündelgelder defraudiert ...

Aber ich werde mich nicht umbringen. Das habe ich nicht notwendig. Ich werde auch nicht zu Herrn von Dorsday ins Zimmer gehen. Fällt mir gar nicht ein. Ich werde mich doch nicht um fünfzigtausend Gulden nackt hinstellen vor einen alten Lebemann, um einen Lumpen vor dem Kriminal zu retten. Nein, nein, entweder oder. Wie kommt denn der Herr von Dorsday dazu? Gerade der? Wenn einer mich sieht, dann sollen mich auch andere sehen. Ja! – Herrlicher Gedanke! – Alle sollen sie mich sehen. Die ganze Welt soll mich sehen. Und dann kommt das Veronal. Nein, nicht das Veronal, – wozu denn?! dann kommt die Villa mit den Marmorstufen und die schönen Jünglinge und die Freiheit und die weite Welt! Guten Abend, Fräulein Else, so gefallen Sie mir. Haha. Da unten werden sie meinen, ich bin verrückt geworden. Aber ich war noch nie so vernünftig. Zum ersten Mal in meinem Leben bin ich wirklich vernünftig. Alle, alle sollen sie mich sehen! – Dann gibt es kein Zurück, kein nach Hause zu

Papa und Mama, zu den Onkeln und Tanten. Dann bin ich nicht mehr das Fräulein Else, das man an irgendeinen Direktor Wilomitzer verkuppeln möchte; alle hab' ich sie so zum Narren; – den Schuften Dorsday vor allem – und komme zum zweiten Mal auf die Welt ... sonst alles vergeblich – Adresse bleibt Fiala. Haha!

Keine Zeit mehr verlieren, nicht wieder feig werden. Herunter das Kleid. Wer wird der erste sein? Wirst du es sein, Vetter Paul? Dein Glück, dass der Römerkopf nicht mehr da ist. Wirst du diese schönen Brüste küssen heute Nacht? Ah, wie bin ich schön. Bertha hat ein schwarzes Seidenhemd. Raffiniert. Ich werde noch viel raffinierter sein. Herrliches Leben. Fort mit den Strümpfen, das wäre unanständig. Nackt, ganz nackt. Wie wird mich Cissy beneiden! Und andere auch. Aber sie trauen sich nicht. Sie möchten ja alle so gern. Nehmt Euch ein Beispiel. Ich, die Jungfrau, ich traue mich. Ich werde mich ja zu Tod lachen über Dorsday. Da bin ich, Herr von Dorsday. Rasch auf die Post. Fünfzigtausend. So viel ist es doch wert?

Schön, schön bin ich! Schau' mich an, Nacht! Berge, schaut mich an! Himmel, schau' mich an, wie schön ich bin. Aber ihr seid ja blind. Was habe ich von euch. Die da unten haben Augen. Soll ich mir die Haare lösen? Nein. Da sah ich aus wie eine Verrückte. Aber Ihr sollt mich nicht für verrückt halten. Nur für schamlos sollt Ihr mich halten. Für eine Kanaille. Wo ist das Telegramm? Um Gottes willen, wo habe ich denn das Telegramm? Da liegt es ja, friedlich neben dem Veronal. ›Wiederhole flehentlich – fünfzigtausend – sonst alles vergeblich. Adresse bleibt Fiala.‹ Ja, das ist das Telegramm. Das ist ein Stück Papier und da stehen Worte darauf. Aufgegeben in Wien vier Uhr dreißig. Nein, ich träume nicht, es ist alles wahr. Und zu Hause warten sie auf die fünfzigtausend Gulden. Und Herr von Dorsday wartet auch. Er soll nur warten.

Wir haben ja Zeit. Ah, wie hübsch ist es, so nackt im Zimmer auf- und abzuspazieren. Bin ich wirklich so schön wie im Spiegel? Ach, kommen Sie doch näher, schönes Fräulein. Ich will Ihre blutroten Lippen küssen. Ich will Ihre Brüste an meine Brüste pressen. Wie schade, dass das Glas zwischen uns ist, das kalte Glas. Wie gut würden wir uns miteinander vertragen. Nicht wahr? Wir brauchten gar niemanden andern. Es gibt vielleicht gar keine andern Menschen. Es gibt Telegramme und Hotels und Berge und Bahnhöfe und Wälder, aber Menschen gibt es nicht. Die träumen wir nur. Nur der Doktor Fiala existiert mit der Adresse. Es bleibt immer dieselbe. Oh, ich bin keineswegs verrückt. Ich bin nur ein wenig erregt. Das ist doch ganz selbstverständlich, bevor man zum zweiten Mal auf die Welt kommt. Denn die frühere Else ist schon gestorben. Ja, ganz bestimmt bin ich tot. Da braucht man kein Veronal dazu. Soll ich es nicht weggießen? Das Stubenmädel könnte es aus Versehen trinken. Ich werde einen Zettel hinlegen und darauf schreiben: Gift; nein, lieber: Medizin, – damit dem Stubenmädel nichts geschieht. So edel bin ich. So. Medizin, zweimal unterstrichen und drei Ausrufungszeichen. Jetzt kann nichts passieren. Und wenn ich dann heraufkomme und keine Lust habe, mich umzubringen und nur schlafen will, dann trinke ich eben nicht das ganze Glas aus, sondern nur ein Viertel davon oder noch weniger. Ganz einfach. Alles habe ich in meiner Hand. Am einfachsten wäre, ich liefe hinunter – so wie ich bin, über Gang und Stiegen. Aber nein, da könnte ich aufgehalten werden, ehe ich unten bin – und ich muss doch die Sicherheit haben, dass der Herr von Dorsday dabei ist! Sonst schickt er natürlich das Geld nicht ab, der Schmutzian. – Aber ich muss ihm ja noch schreiben. Das ist doch das Wichtigste. Oh, kalt ist die Sessellehne, aber angenehm. Wenn ich meine Villa am italienischen See haben werde, dann werde ich in meinem

Park immer nackt herumspazieren ... Die Füllfeder vermache ich Fred, wenn ich einmal sterbe. Aber vorläufig habe ich etwas Gescheiteres zu tun, als zu sterben. ›Hochverehrter Herr Vicomte‹ – also vernünftig Else, keine Aufschrift, weder hochverehrt, noch hochverachtet. ›Ihre Bedingung, Herr von Dorsday, ist erfüllt.‹ – – – ›In dem Augenblick, da Sie diese Zeilen lesen, Herr von Dorsday, ist Ihre Bedingung erfüllt, wenn auch nicht ganz in der von Ihnen vorgesehenen Weise.‹ – ›Nein, wie gut das Mädel schreibt‹, möcht' der Papa sagen. – ›Und so rechne ich darauf, dass Sie Ihrerseits Ihr Wort halten und die fünfzigtausend Gulden telegrafisch an die bekannte Adresse unverzüglich anweisen lassen werden, Else.‹ Nein, nicht Else. Gar keine Unterschrift. So. Mein schönes gelbes Briefpapier! Hab' ich zu Weihnachten bekommen. Schad' drum. So – und jetzt Telegramm und Brief ins Kuvert. – ›Herrn von Dorsday‹, Zimmer Nummer fünfundsechzig. Wozu die Nummer? Ich lege ihm den Brief einfach vor die Tür im Vorbeigehen. Aber ich muss nicht. Ich muss überhaupt gar nichts. Wenn es mir beliebt, kann ich mich jetzt auch ins Bett legen und schlafen und mich um nichts mehr kümmern. Nicht um den Herrn von Dorsday und nicht um den Papa. Ein gestreifter Sträflingsanzug ist auch ganz elegant. Und erschossen haben sich schon viele. Und sterben müssen wir alle.

Aber du hast das alles vorläufig nicht nötig, Papa. Du hast ja deine herrlich gewachsene Tochter, und Adresse bleibt Fiala. Ich werde eine Sammlung einleiten. Mit dem Teller werde ich herumgehen. Warum sollte nur Herr von Dorsday zahlen? Das wäre ein Unrecht. Jeder nach seinen Verhältnissen. Wie viel wird Paul auf den Teller legen? Und wie viel der Herr mit dem goldenen Zwicker? Aber bildet Euch nur ja nicht ein, dass das Vergnügen lange dauern wird. Gleich hülle ich mich wieder ein, laufe die Treppen hinauf in mein Zimmer, sperre mich ein und, wenn es mir beliebt, trinke ich das ganze Glas auf einen Zug. Aber es wird mir nicht belieben. Es wäre nur eine Feigheit. Sie verdienen gar nicht so viel Respekt, die Schufte. Schämen vor Euch? Ich mich schämen vor irgendwem? Das habe ich wirklich nicht nötig. Lass dir noch einmal in die Augen sehen, schöne Else. Was du für Riesenaugen hast, wenn man näher kommt. Ich wollte, es küsste mich einer auf meine Augen, auf meinen blutroten Mund. Kaum über die Knöchel reicht mein Mantel. Man wird sehen, dass meine Füße nackt sind. Was tut's, man wird noch mehr sehen! Aber ich bin nicht verpflichtet. Ich kann gleich wieder umkehren, noch bevor ich unten bin. Im ersten Stock kann ich umkehren. Ich muss überhaupt nicht hinuntergehen. Aber ich will ja. Ich freue mich darauf. Hab' ich mir nicht mein ganzes Leben lang so was gewünscht?

Worauf warte ich denn noch? Ich bin ja bereit. Die Vorstellung kann beginnen. Den Brief nicht vergessen. Eine aristokratische Schrift, behauptet Fred. Auf Wiedersehen, Else. Du bist schön mit dem Mantel. Florentinerinnen haben sich so malen lassen. In den Galerien hängen ihre Bilder und es ist eine Ehre für sie. – Man muss gar nichts bemerken, wenn ich den Mantel um habe. Nur die Füße, nur die Füße. Ich nehme die schwarzen Lackschuhe, dann denkt man, es sind fleischfarbene Strümpfe. So werde ich durch die Halle gehen, und kein Mensch wird ahnen, dass unter dem Mantel nichts ist, als ich, ich selber. Und dann kann ich immer noch herauf ... – Wer spielt denn da unten so schön Klavier? Chopin? – Herr von Dorsday wird etwas nervös sein. Vielleicht hat er Angst vor Paul. Nur Geduld, Geduld, wird sich alles finden. Ich weiß noch gar nichts, Herr von Dorsday, ich bin selber schrecklich gespannt. Licht ausschalten! Ist alles in Ordnung in meinem Zimmer? Leb' wohl, Veronal, Auf Wiedersehen. Leb' wohl, mein heiß geliebtes Spiegelbild. Wie du im Dunkel leuchtest. Ich bin schon ganz gewohnt, unter dem Mantel nackt zu sein. Ganz angenehm. Wer weiß, ob nicht manche so in der Halle sitzen und keiner weiß es? Ob nicht manche Dame so ins Theater geht und so in ihrer Loge sitzt – zum Spaß oder aus anderen Gründen.

Soll ich zusperren? Wozu? Hier wird ja nichts gestohlen. Und wenn auch – ich brauche ja nichts mehr. Schluss ... Wo ist denn Nummer fünfundsechzig? Niemand ist auf dem Gang. Alles noch unten beim Diner. Einundsechzig ... zweiundsechzig ... das sind ja riesige Bergschuhe, die da vor der Türe stehen. Da hängt eine Hose am Haken. Wie unanständig. Vierundsechzig, fünfundsechzig. So. Da wohnt er, der Vicomte ... Da unten lehn' ich den Brief hin, an die Tür. Da muss er ihn gleich sehen. Es wird ihn doch keiner stehlen? So, da liegt er ... Macht nichts ... Ich kann noch immer tun, was ich will. Hab' ich ihn halt zum Narren gehalten ... Wenn ich ihm nur jetzt nicht auf der Treppe begegne. Da kommt ja ... nein, das ist er nicht! ... Der ist viel hübscher als der Herr von Dorsday, sehr elegant, mit dem kleinen schwarzen Schnurrbart. Wann ist denn der angekommen? Ich könnte eine kleine Probe veranstalten – ein ganz klein wenig den Mantel lüften. Ich habe große Lust dazu. Schauen Sie mich nur an, mein Herr. Sie ahnen nicht, an wem Sie da vorübergehen. Schade, dass Sie gerade jetzt sich heraufbemühen. Warum bleiben Sie nicht in der Halle? Sie versäumen etwas. Große Vorstellung. Warum halten Sie mich nicht auf? Mein Schicksal liegt in Ihrer Hand. Wenn Sie mich grüßen, so kehre ich wieder um. So grüßen Sie mich doch. Ich sehe Sie doch so liebenswürdig an ... Er grüßt nicht. Vorbei ist er. Er wendet sich um, ich spüre es. Rufen Sie, grüßen Sie! Retten Sie mich! Vielleicht sind Sie an meinem Tode schuld, mein Herr! Aber Sie werden es nie erfahren. Adresse bleibt Fiala ...

Wo bin ich? Schon in der Halle? Wie bin ich daher gekommen? So wenig Leute und so viele Unbekannte. Oder sehe ich so schlecht? Wo ist Dorsday? Er ist nicht da. Ist es ein Wink des Schicksals? Ich will zurück. Ich will einen andern Brief an Dorsday schreiben. Ich erwarte Sie in meinem Zimmer um Mitternacht. Bringen Sie die Depesche an Ihre Bank mit. Nein. Er könnte es für eine Falle halten. Könnte auch eine sein. Ich könnte Paul bei mir versteckt haben, und er könnte ihn mit dem Revolver zwingen, uns die Depesche auszuliefern. Erpressung. Ein Verbrecherpaar. Wo ist Dorsday? Dorsday, wo bist du? Hat er sich vielleicht umgebracht, aus Reue über meinen Tod? Im Spielzimmer wird er sein. Gewiss. An einem Kartentisch wird er sitzen. Dann will ich ihm von der Tür aus mit den Augen ein Zeichen geben. Er wird sofort aufstehen. ›Hier bin ich, mein Fräulein.‹ Seine Stimme wird klingen. ›Wollen wir ein wenig promenieren, Herr Dorsday?‹ ›Wie es beliebt, Fräulein Else.‹ Wir gehen über den Marienweg zum Walde hin. Wir sind allein. Ich schlage den Mantel auseinander. Die fünfzigtausend sind fällig. Die Luft ist kalt, ich bekomme eine Lungenentzündung und sterbe ... Warum sehen mich die zwei Damen an? Merken sie was? Warum bin ich denn da? Bin ich verrückt? Ich werde zurückgehen in mein Zimmer, mich geschwind ankleiden, das blaue, drüber den Mantel wie jetzt, aber offen, da kann niemand glauben, dass ich vorher nichts angehabt habe ... Ich kann nicht zurück. Ich will auch nicht zurück. Wo ist Paul? Wo ist Tante Emma? Wo ist Cissy? Wo sind sie denn alle? Keiner wird es merken ... Man kann es ja gar nicht merken. Wer spielt so schön? Chopin? Nein, Schumann.

Ich irre in der Halle umher wie eine Fledermaus. Fünfzigtausend! Die Zeit vergeht. Ich muss diesen verfluchten Herrn von Dorsday finden. Nein, ich muss in mein Zimmer zurück ... Ich werde Veronal trinken. Nur einen kleinen

Schluck, dann werde ich gut schlafen ... Nach getaner Arbeit ist gut ruhen ... Aber die Arbeit ist noch nicht getan ... Wenn der Kellner den schwarzen Kaffee dem alten Herrn dort serviert, so geht alles gut aus. Und wenn er ihn dem jungen Ehepaar in der Ecke bringt, so ist alles verloren. Wieso? Was heißt das? Zu dem alten Herrn bringt er den Kaffee. Triumph? Alles geht gut aus. Ha, Cissy und Paul! Da draußen vor dem Hotel gehen sie auf und ab. Sie reden ganz vergnügt miteinander. Er regt sich nicht sonderlich auf wegen meiner Kopfschmerzen. Schwindler! ... Cissy hat keine so schönen Brüste wie ich. Freilich, sie hat ja ein Kind ... Was reden die zwei? Wenn man es hören könnte! Was geht es mich an, was sie reden? Aber ich könnte auch vors Hotel gehen, ihnen guten Abend wünschen und dann weiter, weiterflattern über die Wiese, in den Wald, hinaufsteigen, klettern, immer höher, bis auf den Cimone hinauf, mich hinlegen, einschlafen, erfrieren. Geheimnisvoller Selbstmord einer jungen Dame der Wiener Gesellschaft. Nur mit einem schwarzen Abendmantel bekleidet, wurde das schöne Mädchen an einer unzugänglichen Stelle des Cimone della Pala tot aufgefunden ... Aber vielleicht findet man mich nicht ... Oder erst im nächsten Jahr. Oder noch später. Verwest. Als Skelett. Doch besser, hier in der geheizten Halle sein und nicht erfrieren. Nun, Herr von Dorsday, wo stecken Sie denn eigentlich? Bin ich verpflichtet zu warten? Sie haben mich zu suchen, nicht ich Sie. Ich will noch im Spielsaal nachschauen. Wenn er dort nicht ist, hat er sein Recht verwirkt. Und ich schreibe ihm: Sie waren nicht zu finden, Herr von Dorsday, Sie haben freiwillig verzichtet; das entbindet Sie nicht von der Verpflichtung, das Geld sofort abzuschicken. Das Geld. Was für ein Geld denn? Was kümmert mich das? Es ist mir doch ganz gleichgültig, ob er das Geld abschickt oder nicht. Ich habe nicht das geringste Mitleid mehr mit Papa. Mit keinem Menschen habe ich Mitleid. Auch mit mir selber nicht. Mein Herz ist tot. Ich glaube, es schlägt gar nicht mehr. Vielleicht habe ich das Veronal schon getrunken ... Warum schaut mich die holländische Familie so an? Man kann doch unmöglich was merken. Der Portier sieht mich auch so verdächtig an. Ist vielleicht noch eine Depesche gekommen? Achtzigtausend? Hunderttausend? Adresse bleibt Fiala. Wenn eine Depesche da wäre, würde er es mir sagen. Er sieht mich hochachtungsvoll an. Er weiß nicht, dass ich unter dem Mantel nichts anhabe. Niemand weiß es. Ich gehe zurück in mein Zimmer. Zurück, zurück, zurück! Wenn ich über die Stufen stolperte, das wäre eine nette Geschichte. Vor drei Jahren auf dem Wörthersee ist eine Dame ganz nackt hinausgeschwommen. Aber noch am selben Nachmittag ist sie abgereist. Die Mama hat gesagt, es ist eine Operettensängerin aus Berlin. Schumann? Ja, Karneval. Die oder der spielt ganz schön. Das Kartenzimmer ist aber rechts. Letzte Möglichkeit, Herr von Dorsday. Wenn er dort ist, winke ich ihn mit den Augen zu mir her und sage ihm, um Mitternacht werde ich bei Ihnen sein, Sie Schuft. – Nein, Schuft sage ich ihm nicht. Aber nachher sage ich es ihm ... Irgendwer geht mir nach. Ich wende mich nicht um. Nein, nein. –

»*Else!*« – Um Gottes willen, die Tante. Weiter, weiter! »*Else!*« – Ich muss mich umdrehen, es hilft mir nichts. »Oh, guten Abend, Tante.« – »*Ja, Else, was ist denn mit dir? Grad wollte ich zu dir hinaufschauen. Paul hat mir gesagt – – Ja, wie schaust du denn aus?*« – »Wie schau ich denn aus, Tante? Es geht mir schon ganz gut. Ich habe auch eine Kleinigkeit gegessen.« Sie merkt was, sie merkt was. – »*Else – du hast ja – keine Strümpfe an!*« – »Was sagst du da, Tante? Meiner Seel, ich habe keine Strümpfe an. Nein –!« – »*Ist dir nicht wohl, Else? Deine Augen – du hast Fieber.*« – »Fieber? Ich glaub nicht. Ich hab' nur so furchtbare Kopfschmerzen gehabt, wie nie in meinem Leben noch.« – *»Du musst sofort zu Bett, Kind, du bist totenblass.«* – »Das kommt von der Beleuchtung, Tante. Alle Leute sehen hier blass aus in der Halle.« Sie schaut so sonderbar an mir herab. Sie kann doch nichts merken? Jetzt nur die Fassung bewahren. Papa ist verloren, wenn ich nicht die Fassung bewahre. Ich muss etwas reden. »Weißt du, Tante, was mir heuer in Wien passiert ist? Da bin ich einmal mit einem gelben und einem schwarzen Schuh auf die Straße gegangen.« Kein Wort ist wahr. Ich muss weiterreden. Was sag' ich nur? »Weißt du, Tante, nach Migräneanfällen habe ich manchmal solche Anfälle von Zerstreutheit. Die Mama hat das auch früher gehabt.« Nicht ein Wort ist wahr. – *»Ich werde jedenfalls um den Doktor schicken.«* – »Aber ich bitte dich, Tante, es ist ja gar keiner im Hotel. Man müsst einen aus einer anderen Ortschaft holen. Der würde schön lachen, dass man ihn holen lässt, weil ich keine Strümpfe anhabe. Haha.« Ich sollte nicht so laut lachen. Das Gesicht von der Tante ist angstverzerrt. Die Sache ist ihr unheimlich. Die Augen fallen ihr heraus. – *»Sag', Else, hast du nicht zufällig Paul gesehen?«* – Ah, sie will sich Sukkurs verschaffen. Fassung, alles steht auf dem Spiel. »Ich glaube, er geht auf und ab vor dem Hotel mit Cissy Mohr, wenn ich nicht irre.« – *»Vor dem Hotel? Ich werde sie beide herbeiholen. Wir wollen noch alle einen Tee trinken, nicht wahr?«* – »Gern.« Was für ein dummes Gesicht sie macht. Ich nicke ihr ganz freundlich und harmlos zu. Fort ist sie. Ich werde jetzt in mein Zimmer gehen. Nein, was soll ich denn in meinem Zimmer tun? Es ist höchste Zeit, höchste Zeit. Fünfzigtausend, fünfzigtausend. Warum laufe ich denn so? Nur langsam, langsam … Was will ich denn? Wie heißt der Mann? Herr von Dorsday. Komischer Name … Da ist ja das Spielzimmer. Grüner Vorhang vor der Tür. Man sieht nichts. Ich stelle mich auf die Zehenspitzen. Die Whistpartie. Die spielen jeden Abend. Dort spielen zwei Herren Schach. Herr von Dorsday ist nicht da. Viktoria. Gerettet! Wieso denn? Ich muss weiter suchen. Ich bin verdammt, Herrn von Dorsday zu suchen bis an mein Lebensende. Er sucht mich gewiss auch. Wir verfehlen uns immerfort. Vielleicht sucht er mich oben. Wir werden uns auf der Stiege treffen. Die Holländer sehen mich wieder an. Ganz hübsch die Tochter. Der alte Herr hat eine Brille, eine Brille, eine Brille ... Fünfzigtausend. Es ist ja nicht so viel. Fünfzigtausend, Herr von Dorsday. Schumann? Ja, Karneval ... Hab' ich auch einmal studiert. Schön spielt sie. Warum denn sie? Vielleicht ist es ein Er? Vielleicht ist es eine Virtuosin? Ich will einen Blick in den Musiksalon tun.

Da ist ja die Tür. – Dorsday! Ich falle um. Dorsday! Dort steht er am Fenster und hört zu. Wie ist das möglich? Ich verzehre mich – ich werde verrückt – ich bin tot – und er hört einer fremden Dame Klavierspielen zu. Dort auf dem Diwan sitzen zwei Herren. Der Blonde ist erst heute angekommen. Ich hab' ihn aus dem Wagen steigen sehen. Die Dame ist gar nicht mehr jung. Sie ist schon ein paar Tage lang hier. Ich habe nicht gewusst, dass sie so schön Klavier spielt. Sie hat es gut. Alle Menschen haben es gut ... nur ich bin verdammt ... Dorsday! Dorsday! Ist er das wirklich? Er sieht mich nicht. Jetzt schaut er aus, wie ein anständiger Mensch. Er hört zu. Fünfzigtausend! Jetzt oder nie. Leise die Tür aufgemacht. Da bin ich, Herr von Dorsday! Er sieht mich nicht. Ich will ihm nur ein Zeichen mit den Augen geben, dann werde ich den Mantel ein wenig lüften, das ist genug. Ich bin ja ein junges Mädchen. Bin ein anständiges junges Mädchen aus guter Familie. Bin ja keine Dirne ... Ich will fort. Ich will Veronal nehmen und schlafen. Sie haben sich geirrt, Herr von Dorsday, ich bin keine Dirne. Adieu, adieu! ... Ha, er schaut auf. Da bin ich, Herr von Dorsday. Was für Augen er macht. Seine Lippen zittern. Er bohrt seine Augen in meine Stirn. Er ahnt nicht, dass ich nackt bin unter dem Mantel. Lassen Sie mich fort, lassen Sie mich fort! Seine Augen glühen. Seine Augen drohen. Was wollen Sie von mir? Sie sind ein Schuft. Keiner sieht mich als er. Sie hören zu. So kommen Sie doch, Herr von Dorsday! Merken Sie nichts? Dort im Fauteuil – Herrgott, im Fauteuil – das ist ja der Filou! Himmel, ich danke dir. Er ist wieder da, er ist wieder da! Er war nur auf einer Tour! Jetzt ist er wieder da. Der Römerkopf ist wieder da. Mein Bräutigam, mein Geliebter. Aber er sieht mich nicht. Er soll mich auch nicht sehen. Was wollen Sie, Herr von Dorsday? Sie schauen mich an, als wenn ich Ihre Sklavin wäre. Ich bin nicht Ihre Sklavin. Fünfzigtausend! Bleibt es bei unserer Abmachung, Herr von Dorsday? Ich bin bereit. Da bin ich. Ich bin ganz ruhig. Ich lächle. Verstehen Sie meinen Blick? Sein Auge spricht zu mir: Komm! Sein Auge spricht: Ich will dich nackt sehen. Nun, du Schuft, ich bin ja nackt. Was willst du denn noch? Schick die Depesche ab ... Sofort ... Es rieselt durch meine Haut. Die Dame spielt weiter. Köstlich rieselt es durch meine Haut. Wie wundervoll ist es, nackt zu sein. Die Dame spielt weiter, sie weiß nicht, was hier geschieht. Niemand weiß es. Keiner noch sieht mich. Filou, Filou! Nackt stehe ich da. Dorsday reißt die Augen auf. Jetzt endlich glaubt er es. Der Filou steht auf. Seine Augen leuchten. Du verstehst mich, schöner Jüngling. »Haha!« Die Dame spielt nicht mehr. Der Papa ist gerettet. Fünfzigtausend! Adresse bleibt Fiala! »Ha, ha, ha!« Wer lacht denn da? Ich selber? »Ha, ha, ha!« Was sind denn das für Gesichter um mich? »Ha, ha, ha!« Zu dumm, dass ich lache. Ich will nicht lachen, ich will nicht. »Haha!« – *»Else!«* – Wer ruft Else? Das ist Paul. Er muss hinter mir sein. Ich spüre einen Luftzug über meinen nackten Rücken! Es saust in meinen Ohren. Vielleicht bin ich schon tot? Was wollen Sie, Herr von

Dorsday? Warum sind Sie so groß und stürzen über mich her? »Ha, ha, ha!«

Was habe ich denn getan? Was habe ich getan? Was habe ich getan? Ich falle um. Alles ist vorbei. Warum ist denn keine Musik mehr? Ein Arm schlingt sich um meinen Nacken. Das ist Paul. Wo ist denn der Filou? Da lieg ich. »Ha, ha, ha!« Der Mantel fliegt auf mich herab. Und ich liege da. Die Leute halten mich für ohnmächtig. Nein, ich bin nicht ohnmächtig. Ich bin bei vollem Bewusstsein. Ich bin hundertmal wach, ich bin tausendmal wach. Ich muss nur immer lachen. »Ha, ha, ha!« Jetzt haben Sie Ihren Willen, Herr von Dorsday, Sie müssen das Geld für Papa schicken. Sofort. »Haaaah!« Ich will nicht schreien, und ich muss immer schreien. Warum muss ich denn schreien. – Meine Augen sind zu. Niemand kann mich sehen. Papa ist gerettet. – *»Else!«* – Das ist die Tante. – *»Else! Else!«* – *»Ein Arzt, ein Arzt!«* – *»Geschwind zum Portier!«* – *»Was ist denn passiert?«* – *»Das ist ja nicht möglich.«* – *»Das arme Kind.«* – Was reden sie denn da? Was murmeln sie denn da? Ich bin kein armes Kind. Ich bin glücklich. Der Filou hat mich nackt gesehen. Oh, ich schäme mich so. Was habe ich getan? Nie wieder werde ich die Augen öffnen. – *»Bitte, die Türe schließen.«* – Warum soll man die Türe schließen? Was für Gemurmel. Tausend Leute sind um mich. Sie halten mich alle für ohnmächtig. Ich bin nicht ohnmächtig. Ich träume nur. – *»Beruhigen Sie sich doch, gnädige Frau.«* – *»Ist schon um den Arzt geschickt?«* – *»Es ist ein Ohnmachtsanfall.«* – Wie weit sie alle weg sind. Sie sprechen alle vom Cimone herunter. – *»Man kann sie doch nicht auf dem Boden liegen lassen.«* – *»Hier ist ein Plaid.«* – *»Eine Decke.«* – *»Decke oder Plaid, das ist ja gleichgültig.«* – *»Bitte doch um Ruhe.«* – *»Auf den Diwan.«* – *»Bitte doch endlich die Türe zu schließen.«* – *»Nicht so nervös sein, sie ist ja geschlossen.«* – *»Else! Else!«* – Wenn die Tante nur endlich still wär! –

»Hörst du mich, Else?« – *»Du siehst doch, Mama, dass sie ohnmächtig ist.«* – Ja, Gott sei Dank, für Euch bin ich ohnmächtig. Und ich bleibe auch ohnmächtig. – *»Wir müssen sie auf ihr Zimmer bringen.«* – *»Was ist denn da geschehen? Um Gottes willen!«* – Cissy. Wie kommt denn Cissy auf die Wiese. Ach, es ist ja nicht die Wiese. – *»Else!«* – *»Bitte um Ruhe.«* – *»Bitte ein wenig zurücktreten.«* – Hände, Hände unter mir. Was wollen sie denn? Wie schwer ich bin. Pauls Hände. Fort, fort. Der Filou ist in meiner Nähe, ich spüre es. Und Dorsday ist fort. Man muss ihn suchen. Er darf sich nicht umbringen, ehe er die fünfzigtausend abgeschickt hat. Meine Herrschaften, er ist mir Geld schuldig. Verhaften Sie ihn. *»Hast du eine Ahnung, von wem die Depesche war, Paul?«* – *»Guten Abend, meine Herrschaften.«* – *»Else, hörst du mich?«* – *»Lassen Sie sie doch, Frau Cissy.«* – *»Ach Paul.«* – *»Der Direktor sagt, es kann vier Stunden dauern, bis der Doktor da ist.«* – *»Sie sieht aus, als wenn sie schliefe.«* – Ich liege auf dem Diwan, Paul hält meine Hände, er fühlt mir den Puls. Richtig, er ist ja Arzt. – *»Von Gefahr ist keine Rede, Mama. Ein – Anfall.«* – *»Keinen Tag länger bleibe ich im Hotel.«* – *»Bitte dich, Mama.«* – *»Morgen früh reisen wir ab.«* – *»Aber einfach über die Dienerschaftsstiege. Die Tragbahre wird sofort hier sein.«* – Bahre? Bin ich nicht heute schon auf einer Bahre gelegen? War ich nicht schon tot? Muss ich denn noch einmal sterben? – *»Wollen Sie nicht dafür sorgen, Herr Direktor, dass die Leute sich endlich von der Türe entfernen.«* – *»Rege dich doch nicht auf, Mama.«* – *»Es ist eine Rücksichtslosigkeit von den Leuten.«* – Warum flüstern sie denn alle? Wie in einem Sterbezimmer. Gleich wird die Bahre da sein. Mach' auf das Tor, Herr Matador! – *»Der Gang ist frei.«* – *»Die Leute könnten doch wenigstens so viel Rücksicht haben.«* – *»Ich bitte dich, Mama, beruhige dich doch.«* – *»Bitte, gnädige Frau.«* – *»Wollen Sie sich nicht ein wenig meiner Mutter annehmen, Frau*

Cissy?« – Sie ist seine Geliebte, aber sie ist nicht so schön wie ich. Was ist denn schon wieder? Was geschieht denn da? Sie bringen die Bahre. Ich sehe es mit geschlossenen Augen. Das ist die Bahre, auf der sie die Verunglückten tragen. Auf der ist auch der Doktor Zigmondi gelegen, der vom Cimone abgestürzt ist. Und jetzt werde ich auf der Bahre liegen. Ich bin auch abgestürzt. »Ha!« Nein, ich will nicht noch einmal schreien. Sie flüstern. Wer beugt sich über meinen Kopf? Es riecht gut nach Zigaretten. Seine Hand ist unter meinem Kopf. Hände unter meinem Rücken, Hände unter meinen Beinen. Fort, fort, rührt mich nicht an. Ich bin ja nackt. Pfui, pfui. Was wollt Ihr denn? Lasst mich in Ruhe. Es war nur für Papa. – *»Bitte vorsichtig, so, langsam.«* – *»Der Plaid?«* – *»Ja, danke, Frau Cissy.«* – Warum dankt er ihr? Was hat sie denn getan? Was geschieht mit mir? Ah, wie gut, wie gut. Ich schwebe. Ich schwebe hinüber. Man trägt mich, man trägt mich, man trägt mich zu Grabe. – *»Aber mir sein das g'wohnt, Herr Doktor. Da sind schon Schwerere darauf gelegen. Im vorigen Herbst einmal zwei zugleich.* – *»Pst, pst.«* – *»Vielleicht sind Sie so gut, vorauszugehen, Frau Cissy und sehen, ob in Elses Zimmer alles in Ordnung ist.«* – Was hat Cissy in meinem Zimmer zu tun? Das Veronal, das Veronal! Wenn Sie es nur nicht weggießen. Dann müsste ich mich doch zum Fenster hinunterstürzen. – *»Danke sehr, Herr Direktor, bemühen Sie sich nicht weiter.«* – *»Ich werde mir erlauben, später wieder nachzufragen.«* – Die Treppe knarrt, die Träger haben schwere Bergstiefel. Wo sind meine Lackschuhe? Im Musikzimmer geblieben. Man wird sie stehlen. Ich habe sie der Agathe vermachen wollen. Fred kriegt meine Füllfeder. Sie tragen mich, sie tragen mich. Trauerzug. Wo ist Dorsday, der Mörder? Fort ist er. Auch der Filou ist fort. Er ist gleich wieder auf die Wanderschaft gegangen. Er ist nur zurückgekommen, um einmal meine weißen Brüste zu sehen. Und jetzt ist er wieder fort. Er geht einen schwindligen Weg zwischen Felsen und Abgrund; – leb' wohl, leb' wohl. – Ich schwebe, ich schwebe. Sie sollen mich nur hinauftragen, immer weiter, bis zum Dach, bis zum Himmel. Das wäre so bequem. – »*Ich habe es ja kommen gesehen, Paul.*« – Was hat die Tante kommen gesehen? – »*Schon die ganzen letzten Tage habe ich so etwas kommen gesehen. Sie ist überhaupt nicht normal. Sie muss natürlich in eine Anstalt.*« – »*Aber Mama, jetzt ist doch nicht der Moment, davon zu reden.*« – Anstalt –? Anstalt –?! – »*Du denkst doch nicht, Paul, dass ich in ein und demselben Coupe mit dieser Person nach Wien fahren werde. Da könnte man schöne Sachen erleben.*« – »*Es wird nicht das Geringste passieren, Mama. Ich garantiere dir, dass du keinerlei Ungelegenheiten haben wirst.*« – »*Wie kannst du das garantieren?*« – Nein, Tante, du sollst keine Ungelegenheiten haben. Niemand wird Ungelegenheiten haben. Nicht einmal Herr von Dorsday. Wo sind wir denn? Wir bleiben stehen. Wir sind im zweiten Stock. Ich werde blinzeln. Cissy steht in der Tür und spricht mit Paul. – »*Hierher bitte. So. So. Hier. Danke. Rücken Sie die Bahre ganz nah ans Bett heran.*« – Sie heben die Bahre. Sie tragen mich. Wie gut. Nun bin ich wieder zu Hause. Ah! – »*Danke. So, es ist schon recht. Bitte die Türe zu schließen. – Wenn Sie so gut sein wollten, mir zu helfen, Cissy.*« – »Oh, mit Vergnügen, Herr Doktor.« – »*Langsam, bitte. Hier, bitte, Cissy, fassen Sie sie an. Hier an den Beinen. Vorsichtig. Und dann – Else –? Hörst du mich, Else?*« – Aber natürlich höre ich dich, Paul. Ich höre alles. Aber was geht Euch das an. Es ist ja so schön, ohnmächtig zu sein. Ach, macht, was Ihr wollt. – »*Paul!*« – »*Gnädige Frau?*« – »*Glaubst du wirklich, dass sie bewusstlos ist, Paul?*« – Du? Sie sagt ihm du. Hab' ich Euch erwischt! Du sagt sie ihm! – »*Ja, sie ist vollkommen bewusstlos. Das kommt nach solchen Anfällen gewöhnlich vor.*« – »*Nein, Paul, du bist zum Kranklachen, wenn du dich so erwach-*

sen als Doktor benimmst.« – Hab' ich Euch, Schwindelbande! Hab' ich Euch? – *»Still, Cissy.«* – *»Warum denn, wenn sie nichts hört?!«* – Was ist denn geschehen? Nackt liege ich im Bett unter der Decke. Wie haben sie das gemacht? – *»Nun, wie geht's? Besser?«* – Das ist ja die Tante. Was will sie denn da? – *»Noch immer ohnmächtig?«* – Auf den Zehenspitzen schleicht sie heran. Sie soll zum Teufel gehen. Ich lass mich in keine Anstalt bringen. Ich bin nicht irrsinnig. – *»Kann man sie nicht zum Bewusstsein erwecken?«* – *»Sie wird bald wieder zu sich kommen, Mama. Jetzt braucht sie nichts als Ruhe. Übrigens du auch, Mama. Möchtest du nicht schlafen gehen? Es besteht absolut keine Gefahr. Ich werde zusammen mit Frau Cissy bei Else Nachtwache halten.«* – *»Jawohl, gnädige Frau, ich bin die Gardedame. Oder Else, wie man's nimmt.«* – Elendes Frauenzimmer. Ich liege hier ohnmächtig und sie macht Späße. *»Und ich kann mich darauf verlassen, Paul, dass du mich wecken lässt, sobald der Arzt kommt?«* – *»Aber Mama, der kommt nicht vor morgen früh.«* – *»Sie sieht aus, als wenn sie schliefe. Ihr Atem geht ganz ruhig.«* – *»Es ist ja auch eine Art von Schlaf, Mama.«* – *»Ich kann mich noch immer nicht fassen, Paul, ein solcher Skandal! – Du wirst sehen, es kommt in die Zeitung!«* – *»Mama!«* – *»Aber sie kann doch nichts hören, wenn sie ohnmächtig ist. Wir reden doch ganz leise.«* – *»In diesem Zustand sind die Sinne manchmal unheimlich geschärft.«* – *»Sie haben einen so gelehrten Sohn, gnädige Frau.«* – *»Bitte dich, Mama, geh' zu Bette.«* – *»Morgen reisen wir ab, unter jeder Bedingung. Und in Bozen nehmen wir eine Wärterin für Else.«* – Was? Eine Wärterin? Da werdet Ihr Euch aber täuschen. – *»Über all' das reden wir morgen, Mama. Gute Nacht, Mama.«* – *»Ich will mir einen Tee aufs Zimmer bringen lassen und in einer Viertelstunde schau ich noch einmal her.«* – *»Das ist doch absolut nicht notwendig, Mama.«* – Nein, notwendig ist es nicht. Du sollst überhaupt zum Teufel gehen. Wo ist das Veronal? Ich muss noch warten. Sie begleiten die Tante zur Türe. Jetzt sieht mich niemand. Auf dem Nachttisch muss es ja stehen, das Glas mit dem Veronal. Wenn ich es austrinke, ist alles vorbei. Gleich werde ich es trinken. Die Tante ist fort. Paul und Cissy stehen noch an der Tür. Ha. Sie küsst ihn. Sie küsst ihn. Und ich liege nackt unter der Decke. Schämt Ihr Euch denn gar nicht. Sie küsst ihn wieder. Schämt Ihr Euch nicht? – *»Siehst du, Paul, jetzt weiß ich, dass sie ohnmächtig ist. Sonst wäre sie mir unbedingt an die Kehle gesprungen.« – »Möchtest du mir nicht den Gefallen tun und schweigen, Cissy?« – »Aber was willst du denn, Paul? Entweder ist sie wirklich bewusstlos. Dann hört und sieht sie nichts. Oder sie hält uns zum Narren. Dann geschieht ihr ganz recht.« – »Es hat geklopft, Cissy.« – »Mir kam es auch so vor.« – »Ich will leise aufmachen und sehen, wer es ist. – Guten Abend, Herr von Dorsday.« – »Verzeihen Sie, ich wollte nur fragen, wie sich die Kranke«* – Dorsday! Dorsday! Wagt er es wirklich! Alle Bestien sind losgelassen. Wo ist er denn? Ich höre sie flüstern vor der Tür. Paul und Dorsday. Cissy stellt sich vor den Spiegel hin. Was machen Sie vor dem Spiegel dort? Mein Spiegel ist es. Ist nicht mein Bild noch drin? Was reden sie draußen vor der Tür, Paul und Dorsday? Ich fühle Cissys Blick. Vom Spiegel aus sieht sie zu mir her. Was will sie denn? Warum kommt sie denn näher? Hilfe! Hilfe! Ich schreie doch, und keiner hört mich. Was wollen Sie an meinem Bett, Cissy?! Warum beugen Sie sich herab? Wollen Sie mich erwürgen! Ich kann mich nicht rühren. – *»Else!«* – Was will sie denn? – *»Else! Hören Sie mich, Else?«* – Ich höre, aber ich schweige. Ich bin ohnmächtig, ich muss schweigen. – *»Else, Sie haben uns in einen schönen Schreck versetzt.«* – Sie spricht zu mir. Sie spricht zu mir, als wenn ich wach wäre. Was will sie denn? – *»Wissen Sie, was Sie getan haben, Else? Denken Sie, nur mit dem Mantel bekleidet sind Sie ins Musikzimmer getreten, sind* *plötzlich nackt dagestanden vor allen Leuten und dann sind Sie ohnmächtig hingefallen. Ein hysterischer Anfall, wird behauptet. Ich glaube kein Wort davon. Ich glaube auch nicht, dass Sie bewusstlos sind. Ich wette, Sie hören jedes Wort, das ich rede.«* – Ja, ich höre, ja, ja, ja. Aber sie hört mein Ja nicht. Warum denn nicht? Ich kann meine Lippen nicht bewegen. Darum hört sie mich nicht. Ich kann mich nicht rühren. Was ist denn mit mir? Bin ich tot? Bin ich scheintot? Träume ich? Wo ist das Veronal? Ich möchte mein Veronal trinken. Aber ich kann den Arm nicht ausstrecken. Gehen Sie fort, Cissy. Warum sind Sie über mich gebeugt? Fort, fort! Nie wird sie wissen, dass ich sie gehört habe. Niemand wird es je wissen. Nie wieder werde ich zu einem Menschen sprechen. Nie wache ich wieder auf. Sie geht zur Türe. Sie wendet sich noch einmal nach mir um. Sie öffnet die Türe. Dorsday! Dort steht er. Ich habe ihn gesehen mit geschlossenen Augen. Nein, ich sehe ihn wirklich. Ich habe ja die Augen offen. Die Türe ist angelehnt. Cissy ist auch draußen. Nun flüstern sie alle. Ich bin allein. Wenn ich mich jetzt rühren könnte.

Ha, ich kann ja, kann ja. Ich bewege die Hand, ich rege die Finger, ich strecke den Arm, ich sperre die Augen weit auf. Ich sehe, ich sehe. Da steht mein Glas. Geschwind, ehe sie wieder ins Zimmer kommen. Sind es nur Pulver genug?! Nie wieder darf ich erwachen. Was ich zu tun hatte auf der Welt, habe ich getan. Der Papa ist gerettet. Niemals könnte ich wieder unter Menschen gehen. Paul guckt durch die Türspalte herein. Er denkt, ich bin noch ohnmächtig. Er sieht nicht, dass ich den Arm beinahe schon ausgestreckt habe. Nun stehen sie wieder alle drei draußen vor der Tür, die Mörder! – Alle sind sie Mörder. Dorsday und Cissy und Paul, auch Fred ist ein Mörder und die Mama ist eine Mörderin. Alle haben sie mich gemordet und machen sich nichts wissen. Sie hat sich selber umgebracht, werden sie sagen. Ihr habt mich umgebracht, Ihr alle, Ihr alle! Hab' ich es endlich? Geschwind, geschwind! Ich muss. Keinen Tropfen verschütten. So. Geschwind. Es schmeckt gut. Weiter, weiter. Es ist gar kein Gift. Nie hat mir was so gut geschmeckt. Wenn Ihr wüsstet, wie gut der Tod schmeckt! Gute Nacht, mein Glas. Klirr, klirr! Was ist denn das! Auf dem Boden liegt das Glas. Unten liegt es. Gute Nacht. – »*Else! Else?*« – Was wollt Ihr denn? – »*Else!*« – Seid Ihr wieder da? Guten Morgen. Da lieg' ich bewusstlos mit geschlossenen Augen. Nie wieder sollt Ihr meine Augen sehen. – »*Sie muss sich bewegt haben, Paul, wie hätte es sonst herunterfallen können?*« – »*Eine unwillkürliche Bewegung, das wäre schon möglich.*« – »*Wenn sie nicht wach ist.*« – »*Was fällt dir ein, Cissy. Sieh sie doch nur an.*« – Ich habe Veronal getrunken. Ich werde sterben. Aber es ist geradeso wie vorher. Vielleicht war es nicht genug ... Paul fasst meine Hand. – »*Der Puls geht ruhig. Lach' doch nicht, Cissy. Das arme Kind.*« – »*Ob du mich auch ein armes Kind nennen würdest, wenn ich mich im Musikzimmer nackt hingestellt hätte?*« – »*Schweig' doch, Cissy.*« – »*Ganz nach Belieben, mein Herr. Vielleicht soll ich mich entfernen, dich mit dem nackten Fräulein allein lassen. Ach bitte, geniere dich nicht. Tu', als ob ich nicht da wäre.*« – Ich habe Veronal getrunken. Es ist gut. Ich werde sterben. Gott sei Dank. – »*Übrigens weißt du, was mir vorkommt. Dass dieser Herr von Dorsday in das nackte Fräulein verliebt ist. Er war so erregt, als ginge ihn die Sache persönlich an.*« – Dorsday, Dorsday! Das ist ja der – Fünfzigtausend! Wird er sie abschicken? Um Gottes willen, wenn er sie nicht abschickt? Ich muss es ihnen sagen. Sie müssen ihn zwingen. Um Gottes willen, wenn alles umsonst gewesen ist? Aber jetzt kann man mich noch retten. Paul! Cissy! Warum hört Ihr mich denn nicht? Wisst Ihr denn nicht, dass ich sterbe? Aber ich spüre nichts. Nur müde bin ich. Paul! Ich bin müde. Hörst du mich denn nicht? Ich bin müde, Paul. Ich kann die Lippen nicht öffnen. Ich kann die Zunge nicht bewegen, aber ich bin noch nicht tot. Das ist das Veronal. Wo seid Ihr denn? Gleich schlafe ich ein. Dann wird es zu spät sein! Ich höre sie gar nicht reden. Sie reden, und ich weiß nicht was. Ihre Stimmen brausen so. So hilf mir doch, Paul! die Zunge ist mir so schwer. – *»Ich glaube, Cissy, dass sie bald erwachen wird. Es ist, als wenn sie sich schon mühte, die Augen zu öffnen. Aber Cissy, was tust du denn?«* – *»Nun, ich umarme dich. Warum denn nicht? Sie hat sich auch nicht geniert.«* – Nein, ich habe mich nicht geniert. Nackt bin ich dagestanden vor allen Leuten. Wenn ich nur reden könnte, so würdet Ihr verstehen warum. Paul! Paul! Ich will, dass Ihr mich hört. Ich habe Veronal getrunken, Paul, zehn Pulver, hundert. Ich hab' es nicht tun wollen. Ich war verrückt. Ich will nicht sterben. Du sollst mich retten, Paul. Du bist ja Doktor. Rette mich! – *»Jetzt scheint sie wieder ganz ruhig geworden. Der Puls – der Puls ist ziemlich regelmäßig.«* – Rette mich, Paul. Ich beschwöre dich. Lass mich doch nicht sterben. Jetzt ist's noch Zeit. Aber dann werde ich einschlafen und Ihr werdet es nicht wissen. Ich will nicht sterben. So rette mich doch. Es war nur wegen Papa. Dorsday hat es verlangt. Paul! Paul! – *»Schau mal her, Cissy, scheint dir nicht, dass sie lächelt?«* – *»Wie sollte sie nicht lächeln, Paul, wenn du immerfort zärtlich ihre Hand hältst.«* – Cissy, Cissy, was habe ich dir denn getan, dass du so böse zu mir bist. Behalte deinen Paul – aber lasst mich nicht sterben. Ich bin noch so jung. Die Mama wird sich kränken. Ich will noch auf viele Berge klettern. Ich will noch tanzen. Ich will auch einmal heiraten. Ich will noch reisen. Morgen machen wir die Partie auf den Cimone. Morgen wird ein wunderschöner Tag sein. Der Filou soll mitkommen. Ich lade ihn ergebenst ein. Lauf ihm doch nach, Paul, er geht einen so schwindligen Weg. Er wird dem Papa begegnen. Adresse bleibt Fiala, vergiss nicht. Es sind nur fünfzigtausend, und dann ist alles in Ordnung. Da marschieren sie alle im Sträflingsgewand und singen. Mach' auf das Tor, Herr Matador! Das ist ja alles nur ein Traum. Da geht auch Fred mit dem heisren Fräulein und unter dem freien Himmel steht das Klavier. Der Klavierstimmer wohnt in der Bartensteinstraße, Mama! Warum hast du ihm denn nicht geschrieben, Kind? Du vergisst aber alles. Sie sollten mehr Skalen üben, Else. Ein Mädel mit dreizehn Jahren sollte fleißiger sein. – Rudi war auf dem Maskenball und ist erst um acht Uhr früh nach Hause gekommen. Was hast du mir mitgebracht, Papa? Dreißigtausend Puppen. Da brauch ich ein eignes Haus dazu. Aber sie können auch im Garten spazieren gehen. Oder auf den Maskenball mit Rudi. Grüß dich Gott, Else. Ach Bertha, bist du wieder aus Neapel zurück? Ja, aus Sizilien. Erlaube, dass ich dir meinen Mann vorstelle, Else. Enchanté, Monsieur. – *»Else, hörst du mich, Else? Ich bin es, Paul.«* – Haha, Paul. Warum sitzest du denn auf der Giraffe im Ringelspiel? – *»Else, Else!«* – So reit' mir doch nicht davon. Du kannst mich doch nicht hören, wenn du so schnell durch die Hauptallee reitest. Du sollst mich ja retten. Ich habe Veronalica genommen. Das läuft mir über die Beine, rechts und links, wie Ameisen. Ja, fang' ihn nur, den Herrn von Dorsday. Dort läuft er. Siehst du ihn denn nicht? Da springt er über den Teich. Er hat ja den Papa umgebracht. So lauf ihm doch nach. Ich laufe mit. Sie haben mir die Bahre auf den Rücken geschnallt, aber ich laufe mit. Meine Brüste zittern so. Aber ich laufe mit. Wo bist du denn, Paul? Fred, wo bist du? Mama, wo bist Du? Cissy? Warum lasst Ihr mich denn allein durch die Wüste laufen? Ich habe ja Angst so allein. Ich werde lieber fliegen. Ich habe ja gewusst, dass ich fliegen kann.

»Else!« ...

»Else!« ...

Wo seid Ihr denn? Ich höre Euch, aber ich sehe Euch nicht.

»Else!« ...

»Else!« ...

»Else!« ...

Was ist denn das? Ein ganzer Chor? Und Orgel auch? Ich singe mit. Was ist es denn für ein Lied? Alle singen mit. Die Wälder auch und die Berge und die Sterne. Nie habe ich etwas so Schönes gehört. Noch nie habe ich eine so helle Nacht gesehen. Gib mir die Hand, Papa. Wir fliegen zusammen. So schön ist die Welt, wenn man fliegen kann. Küss' mir doch nicht die Hand. Ich bin ja dein Kind, Papa.

»Else! Else!«

Sie rufen von so weit! Was wollt Ihr denn? Nicht wecken. Ich schlafe ja so gut. Morgen früh. Ich träume und fliege. Ich fliege ... fliege ... fliege ... schlafe und träume ... und fliege ... nicht wecken ... morgen früh ...

»El...«

Ich fliege ... ich träume ... ich schlafe ... ich träu... träu – ich flie...

Traumnovelle

I

Vierundzwanzig braune Sklaven ruderten die prächtige Galeere, die den Prinzen Amgiad zu dem Palast des Kalifen bringen sollte. Der Prinz aber, in seinen Purpurmantel gehüllt, lag allein auf dem Verdeck unter dem dunkelblauen, sternbesäten Nachthimmel, und sein Blick –«

Bis hierher hatte die Kleine laut gelesen; jetzt, beinahe plötzlich, fielen ihr die Augen zu. Die Eltern sahen einander lächelnd an, Fridolin beugte sich zu ihr nieder, küsste sie auf das blonde Haar und klappte das Buch zu, das auf dem noch nicht abgeräumten Tische lag. Das Kind sah auf wie ertappt.

»Neun Uhr«, sagte der Vater, »es ist Zeit, schlafen zu gehen.« Und da sich nun auch Albertine zu dem Kind herabgebeugt hatte, trafen sich die Hände der Eltern auf der geliebten Stirn, und mit zärtlichem Lächeln, das nun nicht mehr dem Kinde allein galt, begegneten sich ihre Blicke. Das Fräulein trat ein, mahnte die Kleine, den Eltern gute Nacht zu sagen; gehorsam erhob sie sich, reichte Vater und Mutter die Lippen zum Kuss und ließ sich von dem Fräulein ruhig aus dem Zimmer führen. Fridolin und Albertine aber, nun allein geblieben unter dem rötlichen Schein der Hängelampe, hatten es mit einem Mal eilig, ihre vor dem Abendessen begonnene Unterhaltung über die Erlebnisse auf der gestrigen Redoute wiederaufzunehmen.

Es war in diesem Jahre ihr erstes Ballfest gewesen, an dem sie gerade noch vor Karnevalschluss teilzunehmen sich entschlossen hatten. Was Fridolin betraf, so war er gleich beim Eintritt in den Saal wie ein mit Ungeduld erwarteter Freund von zwei roten Dominos begrüßt worden, über deren Person er sich nicht klar zu werden vermochte, obzwar sie über allerlei Geschichten aus seiner Studenten- und Spitalzeit auffallend genauen Bescheid wussten. Aus der Loge, in die sie ihn mit verheißungsvoller Freundlichkeit geladen, hatten sie sich mit dem Versprechen entfernt, sehr bald, und zwar unmaskiert, zurückzukommen, waren aber so lange fortgeblieben, dass er, ungeduldig geworden, vorzog, sich ins Parterre zu begeben, wo er den beiden fragwürdigen Erscheinungen wieder zu begegnen hoffte. So angestrengt er auch umherspähte, nirgends vermochte er sie zu erblicken; statt ihrer aber hing sich unversehens ein anderes weibliches Wesen in seinen Arm: seine Gattin, die sich eben jäh einem Unbekannten entzogen, dessen melancholisch-blasiertes Wesen und fremdländischer, anscheinend polnischer Akzent sie anfangs bestrickt, der sie aber plötzlich durch ein unerwartet hingeworfenes, hässlich-freches Wort verletzt, ja erschreckt hatte. Und so saßen Mann und Frau, im Grunde froh, einem enttäuschend banalen Maskenspiel entronnen zu sein, bald wie zwei Liebende, unter andern verliebten Paaren, im Büfettraum bei Austern und Champagner, plauderten sich vergnügt, als hätten sie eben erst Bekanntschaft miteinander geschlossen, in eine Komödie der Galanterie, des Widerstandes, der Verführung und des Gewährens hinein; und nach einer raschen Wagenfahrt durch die weiße Winternacht sanken sie einander daheim zu einem schon lange Zeit nicht mehr so heiß erlebten Liebesglück in die Arme. Ein grauer Morgen weckte sie allzu bald. Den Gatten forderte sein Beruf schon in früher Stunde an die Betten seiner Kranken; Hausfrau- und Mutterpflichten ließen Albertine kaum länger ruhen. So waren die Stunden nüchtern und vorbestimmt in Alltagspflicht und Arbeit hingegangen, die vergangene Nacht, Anfang wie Ende, war verblasst; und jetzt erst, da beider Tagewerk vollendet, das Kind schlafen gegangen und von nirgendher eine Störung zu gewärtigen war, stiegen die Schattengestalten von der Redoute, der melancholische Unbekannte und die roten Dominos, wieder zur Wirklichkeit empor; und jene unbeträchtlichen Erlebnisse waren mit einem Mal vom trügerischen Scheine versäumter Möglichkeiten zauberhaft und schmerzlich umflossen. Harmlose und doch lauernde Fragen, verschmitzte, doppeldeutige Antworten wechselten hin und her; keinem von beiden entging, dass der andere es an der letzten Aufrichtigkeit fehlen ließ, und so fühlten sich beide zu gelinder Rache aufgelegt. Sie übertrieben das Maß der Anziehung, das von ihren unbekannten Redoutenpartnern auf sie ausgestrahlt hätte, spotteten der eifersüchtigen Regungen, die der andere merken ließ, und leugneten ihre eigenen weg. Doch aus dem leichten Geplauder über die nichtigen Abenteuer der verflossenen Nacht gerieten sie in ein ernsteres Gespräch über jene verborgenen, kaum geahnten Wünsche, die auch in die klarste und reinste Seele trübe und gefährliche Wirbel zu reißen vermögen, und sie redeten von den geheimen Bezirken, nach denen sie kaum Sehnsucht verspürten und wohin der unfassbare Wind des Schicksals sie doch einmal, und wär's auch nur im Traum, verschlagen könnte. Denn so völlig sie einander in Gefühl und Sinnen angehörten, sie wussten, dass gestern nicht zum ersten Mal ein Hauch von Abenteuer, Freiheit und Gefahr sie angerührt; bang, selbstquälerisch, in unlauterer Neugier versuchten sie eines aus dem andern Geständnisse hervorzulocken und, ängstlich näher zusammenrückend, forschte jedes in sich nach irgendeiner Tatsache, so gleichgültig, nach einem Erlebnis, so nichtig es sein mochte, das für das Unsagbare als Ausdruck gelten, und dessen aufrichtige Beichte sie vielleicht von einer Spannung und einem Misstrauen befreien könnte, das allmählich unerträglich zu werden anfing. Albertine, ob sie nun die Ungeduldigere, die Ehrlichere oder die Gütigere von den beiden war, fand zuerst den Mut zu einer offenen Mitteilung; und mit etwas schwankender Stimme fragte sie Fridolin, ob er sich des jungen Mannes erinnere, der im letztverflossenen Sommer am dänischen Strand eines Abends mit zwei Offizieren am benachbarten Tisch gesessen, während des Abendessens ein Telegramm erhalten und sich daraufhin eilig von seinen Freunden verabschiedet hatte.

Fridolin nickte. »Was war's mit dem?«, fragte er.

»Ich hatte ihn schon des Morgens gesehen«, erwiderte Albertine, »als er eben mit seiner gelben Handtasche eilig die Hoteltreppe hinanstieg. Er hatte mich flüchtig gemustert, aber erst ein paar Stufen höher blieb er stehen, wandte sich nach mir um, und unsere Blicke mussten sich begegnen. Er lächelte nicht, ja, eher schien mir, dass sein Antlitz sich verdüsterte, und mir erging es wohl ähnlich, denn ich war bewegt wie noch nie. Den ganzen Tag lag ich traumverloren am Strand. Wenn er mich riefe – so meinte ich zu wissen –, ich hätte nicht widerstehen können. Zu allem glaubte ich mich bereit; dich, das Kind, meine Zukunft hinzugeben, glaubte ich mich so gut wie entschlossen, und zugleich – wirst du es verstehen? – warst du mir teurer als je. Gerade an diesem Nachmittag, du musst dich noch erinnern, fügte es sich, dass wir so vertraut über tausend Dinge, auch über unsere gemeinsame Zukunft, auch über das Kind plauderten, wie schon seit lange nicht mehr. Bei Sonnenuntergang saßen wir auf dem Balkon, du und ich, da ging er vorüber unten am Strand, ohne aufzublicken, und ich war beglückt, ihn zu sehen. Dir aber strich ich über die Stirne und küsste dich aufs Haar, und in meiner Liebe zu dir war zugleich viel schmerzliches Mitleid. Am Abend war ich sehr schön, du hast es mir selber gesagt, und trug eine weiße Rose im Gürtel. Es war vielleicht kein Zufall, dass der Fremde mit seinen Freunden in unserer Nähe saß. Er blickte nicht zu mir her, ich aber spielte mit dem Gedanken, aufzustehen, an seinen Tisch zu treten und ihm zu sagen: Da bin ich, mein Erwarteter, mein Geliebter, – nimm mich hin. In diesem Augenblick brachte man ihm das Telegramm, er las, erblasste, flüsterte dem jüngeren der beiden Offiziere einige Worte zu, und mit einem rätselhaften Blick mich streifend, verließ er den Saal.«

»Und?«, fragte Fridolin trocken, als sie schwieg.

»Nichts weiter. Ich weiß nur, dass ich am nächsten Morgen mit einer gewissen Bangigkeit erwachte. Wovor mir mehr bangte – ob davor, dass er abgereist, oder davor, dass er noch da sein könnte –, das weiß ich nicht, das habe ich auch damals nicht gewusst. Doch als er auch mittags verschwunden blieb, atmete ich auf. Frage mich nicht weiter, Fridolin, ich habe dir die ganze Wahrheit gesagt. – Und auch du hast an jenem Strand irgendetwas erlebt – ich weiß es.«

Fridolin erhob sich, ging ein paarmal im Zimmer auf und ab, dann sagte er: »Du hast recht.« Er stand am Fenster, das Antlitz im Dunkel. »Des Morgens«, begann er mit verschleierter, etwas feindseliger Stimme, »manchmal sehr früh noch, ehe du aufgestanden warst, pflegte ich längs des Ufers dahinzuwandern, über den Ort hinaus; und, so früh es war, immer lag schon die Sonne hell und stark über dem Meer. Da draußen am Strand gab es kleine Landhäuser, wie du weißt, die, jedes, dastanden, eine kleine Welt für sich, manche mit umplankten Gärten, manche auch nur von Wald umgeben, und die Badehütten waren von den Häusern durch die Landstraße und ein Stück Strand getrennt. Kaum dass ich je in so früher Stunde Menschen begegnete; und Badende waren überhaupt niemals zu sehen. Eines Morgens aber wurde ich ganz plötzlich einer weiblichen Gestalt gewahr, die, eben noch unsichtbar gewesen, auf der schmalen Terrasse einer in den Sand gepfählten Badehütte, einen Fuß vor den andern setzend, die Arme nach rückwärts an die Holzwand gespreitet, sich vorsichtig weiterbewegte. Es war ein ganz junges, vielleicht fünfzehnjähriges Mädchen mit aufgelöstem blondem Haar, das über die Schultern und auf der einen Seite über die zarte Brust herabfloss. Das Mädchen sah vor sich hin, ins Wasser hinab, langsam glitt es längs der Wand weiter, mit gesenktem Auge nach der andern Ecke hin, und plötzlich stand es mir gerade gegenüber; mit den Armen griff sie weit hinter sich, als wollte sie sich fester anklammern, sah auf und erblickte mich plötzlich. Ein Zittern ging durch ihren Leib, als müsste sie sinken oder fliehen. Doch da sie auf dem schmalen Brett sich doch nur ganz langsam hätte weiterbewegen können, entschloss sie sich innezuhalten – und stand nun da, zuerst mit einem erschrockenen, dann mit einem zornigen, endlich mit einem verlegenen Gesicht. Mit einem Mal aber lächelte sie, lächelte wunderbar; es war ein Grüßen, ja ein Winken in ihren Augen – und zugleich ein leiser Spott, mit dem sie ganz flüchtig zu ihren Füßen das Wasser streifte, das mich von ihr trennte. Dann reckte sie den jungen schlanken Körper hoch, wie ihrer Schönheit froh, und, wie leicht zu merken war, durch den Glanz meines Blicks, den sie auf sich fühlte, stolz und süß erregt. So standen wir uns gegenüber, vielleicht zehn Sekunden lang, mit halb offenen Lippen und flimmernden Augen. Unwillkürlich breitete ich meine Arme nach ihr aus, Hingebung und Freude war in ihrem Blick. Mit einem Mal aber schüttelte sie heftig den Kopf, löste einen Arm von der Wand, deutete gebieterisch, ich solle mich entfernen; und als ich es nicht gleich über mich brachte zu gehorchen, kam ein solches Bitten, ein solches Flehen in ihre Kinderaugen, dass mir nichts anderes übrig blieb, als mich abzuwenden. So rasch als möglich setzte ich meinen Weg wieder fort; ich sah mich kein einziges Mal nach ihr um, nicht eigentlich aus Rücksicht, aus Gehorsam, aus Ritterlichkeit, sondern darum, weil ich unter ihrem letzten Blick eine solche, über alles je Erlebte hinausgehende Bewegung verspürt hatte, dass ich mich einer Ohnmacht nah fühlte.« Und er schwieg.

»Und wie oft«, fragte Albertine, vor sich hinsehend und ohne jede Betonung, »bist du nachher noch denselben Weg gegangen?«

»Was ich dir erzählt habe«, erwiderte Fridolin, »ereignete sich zufällig am letzten Tag unseres Aufenthalts in Dänemark. Auch ich weiß nicht, was unter anderen Umständen geworden wäre. Frag' auch du nicht weiter, Albertine.«

Er stand immer noch am Fenster, unbeweglich. Albertine erhob sich, trat auf ihn zu, ihr Auge war feucht und dunkel, leicht gerunzelt die Stirn. »Wir wollen einander solche Dinge künftighin immer gleich erzählen«, sagte sie.

Er nickte stumm.

»Versprich's mir.«

Er zog sie an sich. »Weißt du das nicht?«, fragte er; aber seine Stimme klang immer noch hart.

Sie nahm seine Hände, streichelte sie und sah zu ihm auf mit umflorten Augen, auf deren Grund er ihre Gedanken zu lesen vermochte. Jetzt dachte sie seiner andern, wirklicherer, dachte seiner Jünglingserlebnisse, in deren manche sie eingeweiht war, da er, ihrer eifersüchtigen Neugier allzu willig nachgebend, ihr in den ersten Ehejahren manches verraten, ja, wie ihm oftmals scheinen wollte, preisgegeben, was er lieber für sich hätte behalten sollen. In dieser Stunde, er wusste es, drängte manche Erinnerung sich ihr mit Notwendigkeit auf, und er wunderte sich kaum, als sie, wie aus einem Traum, den halb vergessenen Namen einer seiner Jugendgeliebten aussprach. Doch wie ein Vorwurf, ja wie eine leise Drohung klang er ihm entgegen.

Er zog ihre Hände an seine Lippen.

»In jedem Wesen – glaub' es mir, wenn es auch wohlfeil klingen mag –, in jedem Wesen, das ich zu lieben meinte, habe ich immer nur dich gesucht. Das weiß ich besser, als du es verstehen kannst, Albertine.«

Sie lächelte trüb. »Und wenn es auch mir beliebt hätte, zuerst auf die Suche zu gehen?«, sagte sie. Ihr Blick veränderte sich, wurde kühl und undurchdringlich. Er ließ ihre Hände aus den seinen gleiten, als hätte er sie auf einer Unwahrheit, auf einem Verrat ertappt; sie aber sagte: »Ach, wenn ihr wüsstet«, und wieder schwieg sie.

»Wenn wir wüssten –? Was willst du damit sagen?«

Mit seltsamer Härte erwiderte sie: »Ungefähr, was du dir denkst, mein Lieber.«

»Albertine – so gibt es etwas, was du nur verschwiegen hast?« Sie nickte und blickte mit einem sonderbaren Lächeln vor sich hin. Unfassbare, unsinnige Zweifel wachten in ihm auf.

»Ich verstehe nicht recht«, sagte er. »Du warst kaum siebzehn, als wir uns verlobten.«

»Sechzehn vorbei, ja, Fridolin. Und doch –« sie sah ihm hell in die Augen – »lag es nicht an mir, dass ich noch jungfräulich deine Gattin wurde.«

»Albertine –!« Und sie erzählte:

»Es war am Wörthersee, ganz kurz vor unserer Verlobung, Fridolin, da stand an einem schönen Sommerabend ein sehr hübscher junger Mensch an meinem Fenster, das auf die große, weite Wiese hinaussah, wir plauderten miteinander, und ich dachte im Laufe dieser Unterhaltung, ja höre nur, was ich dachte: Was ist das doch für ein lieber, entzückender, junger Mensch – er müsste jetzt nur ein Wort sprechen, freilich, das richtige müsste es sein, so käme ich zu ihm hinaus auf die Wiese und spazierte mit ihm, wohin es ihm beliebte – in den Wald vielleicht – oder schöner noch wäre es, wir führen im Kahn zusammen in den See hinaus – und er könnte von mir in dieser Nacht alles haben, was er nur verlangte. Ja, das dachte ich mir. – Aber er sprach das Wort nicht aus, der entzückende junge Mensch; er küsste nur zart meine Hand – und am Morgen darauf fragte er mich – ob ich seine Frau werden wollte. Und ich sagte ja.«

Fridolin ließ unmutig ihre Hand los. »Und wenn an jenem Abend«, sagte er dann, »zufällig ein anderer an deinem Fenster gestanden hätte und ihm wäre das richtige Wort eingefallen, zum Beispiel –« er dachte nach, welchen Namen er nennen sollte, da streckte sie schon wie abwehrend die Arme vor.

»Ein anderer, wer immer es gewesen wäre, er hätte sagen können, was er wollte – es hätte ihm wenig geholfen. Und wärst nicht du es gewesen, der vor dem Fenster stand« – sie lächelte zu ihm auf –, »dann wäre wohl auch der Sommerabend nicht so schön gewesen.«

Er verzog spöttisch den Mund. »So sagst du in diesem Augenblick, so glaubst du vielleicht in diesem Augenblick. Aber –«

Es klopfte. Das Dienstmädchen trat ein und meldete, die Hausbesorgerin aus der Schreyvogelgasse sei da, den Herrn Doktor zum Hofrat zu holen, dem es wieder sehr schlecht gehe. Fridolin begab sich ins Vorzimmer, erfuhr von der Botin, dass der Hofrat einen Herzanfall erlitten und sich sehr übel befinde; und er versprach, unverzüglich hinzukommen.

»Du willst fort –?«, fragte ihn Albertine, als er sich rasch zum Fortgehen bereit machte, so ärgerlichen Tons, als füge er ihr mit Vorbedacht ein Unrecht zu.

Fridolin erwiderte, beinah verwundert: »Ich muss wohl.«

Sie seufzte leicht.

»Es wird hoffentlich nicht so schlimm sein«, sagte Fridolin, »bisher haben ihm drei Centi Morphin immer noch über den Anfall weggeholfen.«

Das Stubenmädchen hatte den Pelz gebracht, Fridolin küsste Albertine ziemlich zerstreut, als wäre das Gespräch der letzten Stunde aus seinem Gedächtnis schon weggewischt, auf Stirn und Mund und eilte davon.

II

Auf der Straße musste er den Pelz öffnen. Es war plötzlich Tauwetter eingetreten, der Schnee auf dem Fußsteig beinahe weggeschmolzen, und in der Luft wehte ein Hauch des kommenden Frühlings. Von Fridolins Wohnung in der Josefstadt nahe dem Allgemeinen Krankenhaus war es kaum eine Viertelstunde in die Schreyvogelgasse; und so stieg Fridolin bald die schlecht beleuchtete gewundene Treppe des alten Hauses in das zweite Stockwerk hinauf und zog an der Glocke; doch ehe der altväterische Klingelton sich vernehmen ließ, merkte er, dass die Türe nur angelehnt war; er trat durch den unbeleuchteten Vorraum in das Wohnzimmer und sah sofort, dass er zu spät gekommen war. Die grün verhängte Petroleumlampe, die von der niederen Decke herabhing, warf einen matten Schein über die Bettdecke, unter der regungslos ein schmaler Körper hingestreckt lag. Das Antlitz des Toten war überschattet, doch Fridolin kannte es so gut, dass er es in aller Deutlichkeit zu sehen vermeinte – hager, runzlig, hoch gestirnt, mit dem weißen, kurzen Vollbart, den auffallend hässlichen weiß behaarten Ohren. Marianne, die Tochter des Hofrats, saß am Fußende des Bettes mit schlaff herabhängenden Armen, wie in tiefster Ermüdung. Es roch nach alten Möbeln, Medikamenten, Petroleum, Küche; auch ein wenig nach Kölnisch Wasser und Rosenseife, und irgendwie spürte Fridolin auch den süßlich faden Geruch dieses blassen Mädchens, das noch jung war und seit Monaten, seit Jahren in schwerer häuslicher Arbeit, anstrengender Krankenpflege und Nachtwachen langsam verblühte.

Als der Arzt eingetreten war, hatte sie den Blick zu ihm gewandt, doch in der kärglichen Beleuchtung sah er kaum, ob ihre Wangen sich röteten wie sonst, wenn er erschien. Sie wollte sich erheben, eine Handbewegung Fridolins verwehrte es ihr, sie nickte ihm mit großen, aber trüben Augen einen Gruß zu. Er trat an das Kopfende des Bettes, berührte mechanisch die Stirn des Toten, dessen Arme, die in weiten offenen Hemdärmeln über der Bettdecke lagen, dann senkte er mit leichtem Bedauern die Schultern, steckte die Hände in die Taschen seines Pelzrockes, ließ den Blick im Zimmer umherschweifen und endlich auf Marianne verweilen. Ihr Haar war reich und blond, aber trocken, der Hals wohlgeformt und schlank, doch nicht ganz faltenlos und von gelblicher Tönung, und die Lippen wie von vielen ungesagten Worten schmal.

»Nun ja«, sagte er flüsternd und fast verlegen, »mein liebes Fräulein, es trifft Sie wohl nicht unvorbereitet.«

Sie streckte ihm die Hand entgegen. Er nahm sie teilnahmsvoll, fragte pflichtgemäß nach dem Verlauf des letzten tödlichen Anfalls, sie berichtete sachlich und kurz und sprach dann von den letzten, verhältnismäßig guten Tagen, in denen Fridolin den Kranken nicht mehr gesehen hatte. Fridolin hatte einen Stuhl herangerückt, setzte sich Marianne gegenüber und gab ihr tröstend zu bedenken, dass ihr Vater in den letzten Stunden kaum gelitten haben dürfte; dann erkundigte er sich, ob Verwandte verständigt seien. Ja, die Hausbesorgerin sei schon auf dem Weg zum Onkel, und jedenfalls werde bald Herr Doktor Roediger erscheinen, »mein Verlobter«, setzte sie hinzu und blickte Fridolin auf die Stirn statt ins Auge.

Fridolin nickte nur. Er war Doktor Roediger im Verlaufe eines Jahres zwei- oder dreimal hier im Hause begegnet. Der überschlanke, blasse, junge Mensch mit kurzem, blondem Vollbart und Brille, Dozent für Geschichte an der Wiener Universität, hatte ihm recht gut gefallen, ohne weiter sein Interesse anzuregen. Marianne sähe sicher besser aus, dachte er, wenn sie seine Geliebte wäre. Ihr Haar wäre weniger trocken, ihre Lippen röter und voller. Wie alt mag sie sein? fragte er sich weiter. Als ich zum ersten Mal zum Hofrat gerufen wurde, vor drei oder vier Jahren, war sie dreiundzwanzig. Damals lebte ihre Mutter noch. Sie war heiterer, als ihre Mutter noch lebte. Hat sie nicht eine kurze Zeit hindurch Gesangslektionen genommen? Also, diesen Dozenten wird sie heiraten. Warum tut sie das? Verliebt ist sie gewiss nicht in ihn, und viel Geld dürfte er auch nicht haben. Was wird das für eine Ehe werden? Nun, eine Ehe wie tausend andere. Was kümmert's mich. Es ist wohl möglich, dass ich sie niemals wiedersehen werde, denn nun habe ich in diesem Hause nichts mehr zu tun. Ach, wie viele Menschen habe ich nie mehr wiedergesehen, die mir näherstanden als sie.

Während ihm diese Gedanken durch den Kopf gingen, hatte Marianne von dem Verstorbenen zu reden begonnen – mit einer gewissen Eindringlichkeit, als wäre er durch die einfache Tatsache seines Todes plötzlich ein merkwürdigerer Mensch geworden. Also, wirklich erst vierundfünfzig Jahre war er alt gewesen? Freilich, die vielen Sorgen und Enttäuschungen, die Gattin immer leidend – und der Sohn hatte ihm so viel Kummer bereitet! Wie, sie besaß einen Bruder? Gewiss. Sie hatte es dem Doktor doch schon einmal erzählt. Der Bruder lebte jetzt irgendwo im Auslande, da drin in Mariannens Kabinett hing ein Bild, das er im Alter von fünfzehn Jahren gemalt hatte. Es stellte einen Offizier dar, der einen Hügel hinuntersprengt. Der Vater hatte immer getan, als sähe er das Bild überhaupt nicht. Aber es war ein gutes Bild. Der Bruder hätte es schon weiterbringen können unter günstigen Umständen.

Wie erregt sie spricht, dachte Fridolin, und wie ihre Augen glänzen! Fieber? Wohl möglich. Sie ist magerer geworden in der letzten Zeit. Spitzenkatarrh vermutlich.

Sie sprach immer weiter, aber ihm schien, als wüsste sie gar nicht recht, zu wem sie sprach; oder als spräche sie zu sich selbst. Zwölf Jahre war der Bruder nun fort vom Haus, ja, sie war noch ein Kind gewesen, als er plötzlich verschwand. Vor vier oder fünf Jahren zu Weihnachten war die letzte Nachricht von ihm gekommen, aus einer kleinen italienischen Stadt. Sonderbar, sie hatte den Namen vergessen. So redete sie noch eine Weile gleichgültige Dinge, ohne Notwendigkeit, fast ohne Zusammenhang, bis sie mit einem Mal schwieg und nun stumm dasaß, den Kopf in den Händen. Fridolin war müde und noch mehr gelangweilt, wartete sehnlich, dass jemand käme, die Verwandten oder der Verlobte. Das Schweigen im Raume lastete schwer. Es war ihm, als schwiege der Tote mit ihnen; nicht etwa weil er nun unmöglich mehr reden konnte, sondern absichtsvoll und mit Schadenfreude.

Und mit einem Seitenblick auf ihn sagte Fridolin: »Jedenfalls, wie die Dinge nun einmal liegen, ist es gut, Fräulein Marianne, dass Sie nicht mehr allzu lange in dieser Wohnung bleiben müssen« – und da sie den Kopf ein wenig hob, ohne aber zu Fridolin aufzuschauen –: »Ihr Bräutigam wird wohl bald eine Professur erhalten; an der philosophischen Fakultät liegen ja die Verhältnisse in dieser Beziehung günstiger als bei uns.« – Er dachte daran, dass er vor Jahren auch eine akademische Laufbahn angestrebt, dass er aber bei seiner Neigung zu einer behaglicheren Existenz sich am Ende für die praktische Ausübung seines Berufes entschieden hatte –

und plötzlich kam er sich dem vortrefflichen Doktor Roediger gegenüber als der Geringere vor.

»Im Herbst werden wir übersiedeln«, sagte Marianne, ohne sich zu regen, »er hat eine Berufung nach Göttingen.«

»Ah«, sagte Fridolin und wollte eine Art Glückwunsch anbringen, aber das schien ihm wenig angemessen in diesem Augenblick und in dieser Umgebung. Er warf einen Blick nach dem geschlossenen Fenster und, ohne vorher um Erlaubnis zu fragen, wie in Ausübung eines ärztlichen Rechtes öffnete er beide Flügel und ließ die Luft herein, die, indes noch wärmer und frühlingshafter geworden, einen linden Duft aus den erwachenden fernen Wäldern mitzubringen schien. Als er sich wieder ins Zimmer wandte, sah er die Augen Mariannens wie fragend auf sich gerichtet. Er trat näher zu ihr hin und bemerkte: »Die frische Luft wird Ihnen hoffentlich wohl tun. Es ist geradezu warm geworden, und gestern Nacht« – er wollte sagen: fuhren wir im Schneegestöber von der Redoute nach Hause, aber er formte rasch den Satz um und ergänzte: »Gestern Abend lag der Schnee noch einen halben Meter hoch in den Straßen.«

Sie hörte kaum, was er sagte. Ihre Augen wurden feucht, große Tränen liefen ihr über die Wangen herab, und wieder verbarg sie ihr Gesicht in den Händen. Unwillkürlich legte er seine Hand auf ihren Scheitel und strich ihr über die Stirn. Er fühlte, wie ihr Körper zu zittern begann, sie schluchzte in sich hinein, kaum hörbar zuerst, allmählich lauter, endlich ganz ungehemmt. Mit einem Mal war sie vom Sessel herabgeglitten, lag Fridolin zu Füßen, umschlang seine Knie mit den Armen und presste ihr Antlitz daran. Dann sah sie zu ihm auf mit weit offenen, schmerzlich-wilden Augen und flüsterte heiß: »Ich will nicht fort von hier. Auch wenn Sie niemals wiederkommen, wenn ich Sie niemals mehr sehen soll; ich will in Ihrer Nähe leben.«

Er war mehr ergriffen als erstaunt; denn er hatte es immer gewusst, dass sie in ihn verliebt war oder sich einbildete, es zu sein.

»Stehen Sie doch auf, Marianne«, sagte er leise, beugte sich zu ihr herab, richtete sie milde auf und dachte: Natürlich ist auch Hysterie dabei. Er warf einen Seitenblick auf den toten Vater. Ob er nicht alles hört, dachte er. Vielleicht ist er scheintot? Vielleicht ist jeder Mensch in diesen ersten Stunden nach dem Verscheiden nur scheintot –? Er hielt Marianne in den Armen, aber zugleich etwas entfernt von sich, und drückte beinahe unwillkürlich einen Kuss auf ihre Stirn, was ihm selbst ein wenig lächerlich vorkam. Flüchtig erinnerte er sich eines Romans, den er vor Jahren gelesen und in dem es geschah, dass ein ganz junger Mensch, ein Knabe fast, am Totenbett der Mutter von ihrer Freundin verführt, eigentlich vergewaltigt wurde. Im selben Augenblick, er wusste nicht warum, musste er seiner Gattin denken. Bitterkeit gegen sie stieg in ihm auf und ein dumpfer Groll gegen den Herrn in Dänemark mit der gelben Reisetasche auf der Hotelstiege. Er zog Marianne fester an sich, doch verspürte er nicht die geringste Erregung; eher flößte ihm der Anblick des glanzlos trockenen Haares, der süßlich-fade Geruch ihres ungelüfteten Kleides einen leichten Widerwillen ein. Nun ertönte die Glocke draußen, er fühlte sich wie erlöst, küsste Marianne die Hand rasch, gleichwie in Dankbarkeit, und ging öffnen. Es war Doktor Roediger, der in der Tür stand, in dunkelgrauem Havelock, mit Überschuhen, einen Regenschirm in der Hand, mit einem den Umständen angemessenen ernsten Gesichtsausdruck. Die beiden Herren nickten einander zu, vertrauter, als es ihren tatsächlichen Beziehungen entsprach. Dann traten sie beide ins Zimmer, Roediger drückte Marianne nach einem befangenen Blick auf den Toten seine Teilnahme aus; Fridolin begab sich ins Nebenzimmer, um die ärztliche Todesanzeige abzufassen, drehte die Gasflamme über dem Schreibtisch höher, und sein Blick fiel auf das Bildnis des weiß uniformierten Offiziers, der mit geschwungenem Säbel den Hügel hinabsprengte, einem unsichtbaren Feind entgegen. Es war in einen altgoldenen schmalen Rahmen gespannt und wirkte nicht viel besser als ein bescheidener Öldruck.

Mit dem ausgefüllten Totenschein trat Fridolin wieder in den Nebenraum, wo am Bett des Vaters, die Hände ineinander verschlungen, die Brautleute saßen.

Wieder ertönte die Türglocke, Doktor Roediger erhob sich und ging öffnen; indessen sagte Marianne, unhörbar fast, auf den Boden blickend: »Ich liebe dich.« Fridolin erwiderte nur, indem er, nicht ohne Zärtlichkeit, Mariannens Namen aussprach. Roediger trat wieder ein mit einem älteren Ehepaar. Es waren der Onkel und die Tante Mariannens; einige Worte, den Umständen entsprechend, wurden gewechselt, mit der Befangenheit, die die Anwesenheit eines eben Verstorbenen rings zu verbreiten pflegt. Das kleine Zimmer sah plötzlich wie von Trauergästen überfüllt aus, Fridolin erschien sich überflüssig, empfahl sich und wurde von Roediger zur Tür geleitet, der sich zu einigen Dankesworten verpflichtet fühlte und die Hoffnung baldiger Wiederbegegnung aussprach.

III

Fridolin, vor dem Haustor, sah zu dem Fenster auf, das er früher selbst geöffnet hatte; die Flügel zitterten leise im Vorfrühlingswinde. Die Menschen, die dort oben zurückgebliebenen waren, die lebendigen geradeso wie der Tote, waren ihm in gleicher Weise gespensterhaft unwirklich. Er selbst erschien sich wie, entronnen; nicht so sehr einem Erlebnis als vielmehr einem schwermütigen Zauber, der keine Macht über ihn gewinnen sollte. Als einzige Nachwirkung empfand er eine merkwürdige Unlust, sich nach Hause zu begeben. Der Schnee in den Straßen war geschmolzen, links und rechts waren kleine schmutzig-weiße Häuflein aufgeschichtet, die Gasflammen in den Laternen flackerten, von einer nahen Kirche schlug es elf. Fridolin beschloss, vor dem Schlafengehen noch eine halbe Stunde in einer stillen Kaffeehausecke nahe seiner Wohnung zu verbringen, und nahm den Weg durch den Rathauspark. Auf beschatteten Bänken saß da und dort ein Paar eng aneinandergeschmiegt, als wäre wirklich schon der Frühling da und die trügerisch-warme Luft nicht schwanger von Gefahren. Auf einer Bank der Länge nach ausgestreckt, den Hut in die Stirn gedrückt, lag ein ziemlich zerlumpter Mensch. Wenn ich ihn aufweckte, dachte Fridolin, und ihm Geld für ein Nachtlager schenkte? Ach, was wäre damit getan, überlegte er weiter, dann müsste ich morgen auch für eines sorgen, sonst hätte es ja keinen Sinn, und am Ende würde ich noch sträflicher Beziehungen mit ihm verdächtigt. Und er beschleunigte seinen Schritt, wie um jeder Art von Verantwortung und Versuchung so rasch als möglich zu entfliehen.

Warum gerade der? fragte er sich, Tausende von solchen armen Teufeln gibt's in Wien allein. Wenn man sich um die alle kümmern wollte – um die Schicksale aller Unbekannten! Und der Tote fiel ihm ein, den er eben verlassen, und mit einigem Schauer, ja nicht ohne Ekel dachte er daran, dass in dem lang dahingestreckten mageren Leib unter der braunen Flanelldecke nach ewigen Gesetzen Verwesung und Zerfall ihr Werk schon begonnen hatten. Und er freute sich, dass er noch lebte, dass für ihn aller Wahrscheinlichkeit nach all diese hässlichen Dinge noch ferne waren; ja dass er noch mitten in seiner Jugend stand, eine reizende und liebenswerte Frau zu eigen hatte und auch noch eine oder mehrere dazu haben konnte, wenn es ihm gerade beliebte. Zu dergleichen hätte freilich mehr Muße gehört, als ihm vergönnt war; und es fiel ihm ein, dass er morgen um acht Uhr früh auf der Abteilung sein, von elf bis eins Privatpatienten besuchen, nachmittags von drei bis fünf Ordination halten musste und dass ihm auch für die Abendstunden noch einige Krankenbesuche bevorstanden. – Nun – hoffentlich würde er wenigstens nicht wieder mitten in der Nacht geholt werden, wie es ihm heute geschehen war.

Er überquerte den Rathausplatz, der trüb erglänzte wie ein bräunlicher Teich, und wandte sich dem heimatlichen Josefstädter Bezirk zu. Von Weitem hörte er dumpfe, regelmäßige Schritte und sah, noch ziemlich entfernt, eben um eine Straßenecke biegend, einen kleinen Trupp von Couleurstudenten, die, sechs oder acht an der Zahl, ihm entgegenkamen. Als die jungen Leute in den Schein einer Laterne gerieten, glaubte er die blauen Alemannen in ihnen zu erkennen. Er selbst hatte nie einer Verbindung angehört, aber seinerzeit ein paar Säbelmensuren ausgefochten. Im Zusammenhang mit dieser Erinnerung an seine Studentenzeit fielen ihm die roten Dominos ein, die ihn gestern Nacht in die Loge gelockt und so bald wieder schnöde verlassen hatten. Die Studenten waren ganz nahe, sie redeten laut und lachten – ob er nicht einen oder den andern aus dem Spitale kennen mochte? Doch bei der unsicheren Beleuchtung war es nicht möglich, die Physiognomien deutlich auszunehmen. Er musste sich ganz nahe an die Mauer halten, um nicht mit ihnen zusammenzustoßen; – jetzt waren sie vorbei; nur der zuletzt ging, ein langer Kerl im offnen Winterrock, eine Binde über dem linken Auge, schien geradezu absichtlich ein Stückchen zurückzubleiben und stieß mit seitlich abgestreckten Ellbogen an ihn an. Es konnte kein Zufall sein. Was fällt dem Kerl ein? dachte Fridolin und blieb unwillkürlich stehen; der andere nach zwei Schritten tat desgleichen, und so sahen sie einander einen Moment lang aus mäßiger Entfernung in die Augen. Plötzlich aber wandte Fridolin sich wieder ab und ging weiter. Er hörte ein kurzes Lachen hinter sich – fast hätte er sich nochmals umgewandt, um den Burschen zu stellen, aber er verspürte ein sonderbares Herzklopfen – ganz wie einmal vor zwölf oder vierzehn Jahren, als es so heftig an seine Tür gepocht hatte, während das anmutige junge Ding bei ihm war, das immer von einem entfernt lebenden, wahrscheinlich gar nicht existierenden Bräutigam zu faseln liebte; es war auch tatsächlich nur der Briefträger gewesen, der so drohend gepocht hatte. – Und geradeso wie damals fühlte er jetzt sein Herz klopfen. Was ist das? fragte er sich ärgerlich und merkte nun, dass ihm die Knie ein wenig zitterten. Feig –? Unsinn, erwiderte er sich selbst. Soll ich mich mit einem betrunkenen Studenten herstellen, ich, ein Mann von fünfunddreißig Jahren, praktischer Arzt, verheiratet, Vater eines Kindes! – Kontrahage! Zeugen! Duell! Und am Ende wegen einer solchen dummen Rempelei einen Hieb in den Arm? Und für ein paar Wochen berufsunfähig? – Oder ein Auge heraus? – Oder gar Blutvergiftung –? Und in acht Tagen so weit wie der Herr in der Schreyvogelgasse unter der Bettdecke aus braunem Flanell! Feig –? Drei Säbelmensuren hatte er ausgefochten, und auch zu einem Pistolenduell war er einmal bereit gewesen, und nicht auf *seine* Veranlassung war die Sache damals gütlich beigelegt worden. Und sein Beruf! Gefahren von allen Seiten und in jedem Augenblick – man vergaß nur immer wieder dran. Wie lange war es denn her, dass das diphtheritiskranke Kind ihm ins Gesicht gehustet hatte? Drei oder vier Tage, nicht mehr. Das war immerhin eine bedenklichere Sache als so eine kleine Säbelfechterei. Und er hatte überhaupt nicht mehr daran gedacht. Nun, wenn er dem Kerl wieder begegnete, ließ sich die Angelegenheit immer noch ins reine bringen. Keineswegs war er verpflichtet, um Mitternacht auf dem Weg von einem Kranken oder auch zu einem Kranken, das hätte ja schließlich auch der Fall sein können, – nein, er war wirklich nicht verpflichtet, auf solch eine alberne Studentenrempelei zu reagieren. Wenn jetzt zum Exempel der junge Däne ihm entgegenkäme, mit dem Albertine – ach nein, was fiel ihm denn nur ein? Nun – es war ja doch nicht anders, als wenn sie seine Geliebte gewesen wäre. Schlimmer noch. Ja, der sollte ihm jetzt entgegenkommen. Oh, eine wahre Wonne wäre es, dem irgendwo in einer Waldlichtung gegenüberzustehen und auf die Stirn mit dem glattgestrichenen Blondhaar den Lauf einer Pistole zu richten.

Er fand sich, mit einem Male, schon über sein Ziel hinaus in einer engen Gasse, durch die nur ein paar armselige Dirnen auf nächtlichem Männerfang umherstrichen. Gespenstisch, dachte er. Und auch die Studenten mit den blauen Kappen wurden ihm plötzlich gespenstisch in der Erinnerung, ebenso Marianne, ihr Verlobter, Onkel und Tante, die er sich nun alle, Hand in Hand, um das Totenbett des alten Hofrats gereiht vorstellte; auch Albertine, die ihm nun im Geist als tief Schlafende, die Arme unter dem Nacken verschränkt, vorschwebte – sogar sein Kind, das jetzt zusammengerollt in dem schmalen weißen Messingbettchen lag, und das rotbäckige Fräulein mit dem Muttermal an der linken Schläfe – sie alle waren ihm völlig ins Gespenstische entrückt. Und in dieser Empfindung, obzwar sie ihn ein wenig schaudern machte, war zugleich etwas Beruhigendes, das ihn von aller Verantwortung zu befreien, ja aus jeder menschlichen Beziehung zu lösen schien.

Eines der herumstreifenden Mädchen forderte ihn zum Mitgehen auf. Es war ein zierliches, noch ganz junges Geschöpf, sehr blass mit rot geschminkten Lippen. Könnte gleichfalls mit Tod enden, dachte er, nur nicht *so* rasch! *Auch* Feigheit? Im Grunde schon. Er hörte ihre Schritte, bald ihre Stimme hinter sich. »Willst nicht mitkommen, Doktor?«

Unwillkürlich wandte er sich um. »Woher kennst du mich?«, fragte er.

»Ich kenn' Ihnen nicht«, sagte sie, »aber in dem Bezirk sind ja alle Doktors.«

Seit seiner Gymnasiastenzeit hatte er mit einem Frauenzimmer dieser Art nichts zu tun gehabt. Geriet er plötzlich in seine Knabenjahre zurück, dass dieses Geschöpf ihn reizte? Er erinnerte sich eines flüchtigen Bekannten, eines eleganten jungen Mannes, dem man ein fabelhaftes Glück bei Frauen nachsagte, mit dem er als Student nach einem Ball in einem Nachtlokal gesessen hatte und der, ehe er sich mit einer der gewerbsmäßigen Besucherinnen entfernte, Fridolins etwas verwunderten Blick mit den Worten erwidert hatte: »Es bleibt immer das Bequemste; – und die Schlimmsten sind es auch nicht.«

»Wie heißt du?«, fragte Fridolin.

»No, wie wir i denn heißen? Mizzi natürlich.« Schon hatte sie den Schlüssel im Haustor umgedreht, trat in den Flur und wartete, dass Fridolin ihr folgte.

»G'schwind!«, sagte sie, als er zögerte. Plötzlich stand er neben ihr, das Tor fiel hinter ihm zu, sie sperrte ab, zündete ein Wachskerzchen an und leuchtete ihm vor. – Bin ich verrückt? fragte er sich. Ich werde sie natürlich nicht anrühren.

In ihrem Zimmer brannte eine Öllampe. Sie drehte den Docht weiter auf, es war ein ganz behaglicher Raum, nett gehalten und jedenfalls roch es da viel angenehmer als zum Beispiel in Mariannens Behausung. Freilich, – hier hatte kein alter Mann monatelang krank gelegen. Das Mädchen lächelte, näherte sich ohne Zudringlichkeit Fridolin, der sie sanft abwehrte. Dann wies sie auf einen Schaukelstuhl, in den er sich gerne sinken ließ.

»Bist gewiss sehr müd«, meinte sie. Er nickte. Und sie, während sie sich ohne Hast entkleidete:

»Na ja, so ein Mann, was der den ganzen Tag zu tun hat. Da hat's unsereiner leichter.«

Er merkte, dass ihre Lippen gar nicht geschminkt, sondern von einem natürlichen Rot gefärbt waren, und machte ihr ein Kompliment darüber.

»Ja warum soll ich mich denn schminken?«, fragte sie. »Was glaubst denn du, wie alt ich bin?«

»Zwanzig?«, riet Fridolin.

»Siebzehn«, sagte sie, setzte sich auf seinen Schoß und schlang wie ein Kind den Arm um seinen Nacken.

Wer auf der Welt möchte vermuten, dachte er, dass ich mich jetzt gerade in diesem Raum befinde? Hätte ich selbst es vor einer Stunde, vor zehn Minuten für möglich gehalten? Und – warum? Warum? Sie suchte mit ihren Lippen die seinen, er bog sich zurück, sie sah ihn groß, etwas traurig an, ließ sich von seinem Schoß heruntergleiten. Fast tat es ihm leid, denn in ihrer Umschlingung war viel tröstende Zärtlichkeit gewesen.

Sie nahm einen roten Schlafrock, der über der Lehne des offenen Bettes hing, schlüpfte hinein und presste die Arme über der Brust zusammen, sodass ihre ganze Gestalt verhüllt war.

»Ist's dir jetzt recht?«, fragte sie ohne Spott, wie schüchtern, als gäbe sie sich Mühe, ihn zu verstehen. Er wusste kaum, was antworten.

»Du hast es richtig erraten«, sagte er dann, »ich bin wirklich müd, und ich finde es sehr angenehm, hier im Schaukelstuhl zu sitzen und dir einfach zuzuhören. Du hast so eine liebe, sanfte Stimme. Red' nur, erzähl' mir was.«

Sie saß auf dem Bett und schüttelte den Kopf.

»Du fürchtest dich halt«, sagte sie leise, – und dann vor sich hin, kaum vernehmlich, »schad'!«

Dieses letzte Wort jagte eine heiße Welle durch sein Blut. Er trat zu ihr hin, wollte sie umfassen, erklärte ihr, dass sie ihm völliges Vertrauen einflöße, und sprach damit sogar die Wahrheit. Er zog sie an sich, er warb um sie, wie um ein Mädchen, wie um eine geliebte Frau. Sie widerstand, er schämte sich und ließ endlich ab.

Sie sagte:

»Man kann ja nicht wissen, irgendeinmal muss es ja doch kommen. Du hast ganz recht, wenn du dich fürchten tust. Und wenn was passiert, dann möchtest du mich verfluchen.«

Die Banknoten, die er ihr bot, lehnte sie mit solcher Bestimmtheit ab, dass er nicht weiter in sie dringen konnte. Sie nahm einen schmalen blauen Wollschal um, zündete eine Kerze an, leuchtete ihm, begleitete ihn hinab und sperrte das Tor auf. »Ich bleib heut schon z'Haus«, sagte sie. Er nahm ihre Hand und küsste sie unwillkürlich. Sie sah erstaunt, fast erschrocken zu ihm auf, dann lachte sie verlegen und beglückt. »Wie einer Fräuln«, sagte sie.

Das Tor fiel hinter ihm zu, und Fridolin prägte mit einem raschen Blick seinem Gedächtnis die Hausnummer ein, um in der Lage zu sein, dem lieben armen Ding morgen Wein und Näschereien heraufzuschicken.

IV

Es war indes noch etwas wärmer geworden. Der laue Wind brachte in die enge Gasse einen Duft von feuchten Wiesen und fernem Bergfrühling. Wohin jetzt? dachte Fridolin, als wäre es nicht das Selbstverständliche, endlich nach Hause zu gehen und sich schlafen zu legen. Aber dazu konnte er sich nicht entschließen. Wie heimatlos, wie hinausgestoßen erschien er sich seit der widerwärtigen Begegnung mit den Alemannen … Oder seit Mariannens Geständnis? – Nein, länger schon – seit dem Abendgespräch mit Albertine rückte er immer weiter fort aus dem gewohnten Bezirk seines Daseins in irgendeine andere, ferne, fremde Welt.

Er wandelte kreuz und quer durch die nächtlichen Straßen, ließ den leichten Föhn um seine Stirne wehen, und endlich, entschlossenen Schritts, als wäre er nun an ein langgesuchtes Ziel gelangt, trat er in ein Kaffeehaus niederen Ranges ein, das altwienerisch gemütlich, nicht besonders geräumig, mäßig beleuchtet und zu dieser späten Stunde nur wenig besucht war.

In einer Ecke spielten drei Herren Karten; ein Kellner, der ihnen bisher zugeschaut hatte, half Fridolin beim Ablegen des Pelzes, nahm seine Bestellung entgegen und legte ihm illustrierte Zeitungen und Abendblätter auf den Tisch. Fridolin erschien sich wie geborgen und begann flüchtig die Journale zu durchblättern. Da und dort blieb sein Blick haften. In irgendeiner böhmischen Stadt waren deutschsprachige Straßentafeln heruntergerissen worden. In Konstantinopel gab es eine Konferenz wegen eines Bahnbaus in Kleinasien, an der auch Lord Cranford teilnahm. Die Firma Benies & Weingruber war insolvent geworden. Die Prostituierte Anna Tiger hatte auf ihre Freundin Hermine Drobizky ein Eifersuchtsattentat mit Vitriol verübt. Heute Abend fand ein Heringsschmaus in den Sophiensälen statt. Ein junges Mädchen, Marie B., wohnhaft Schönbrunner Hauptstraße 28, hatte sich mit Sublimat vergiftet. – Alle diese Tatsachen, die gleichgültigen und die traurigen, in ihrer trockenen Alltäglichkeit wirkten irgendwie ernüchternd und beruhigend auf Fridolin. Das junge Mädchen, Marie B., tat ihm leid; Sublimat, wie dumm. In dieser Sekunde, während er gemütlich im Café sitzt und Albertine ruhig schläft mit im Nacken verschränkten Armen und der Hofrat schon alles irdische Leid überwunden hat, windet sich Marie B., Schönbrunner Hauptstraße 28, in sinnlosen Schmerzen.

Er blickte von der Zeitung auf. Da sah er von einem gegenüberliegenden Tisch zwei Augen auf sich gerichtet. War es möglich? Nachtigall –? Der hatte ihn schon erkannt, hob freudig überrascht beide Arme, trat auf Fridolin zu, ein großer, ziemlich breiter, beinahe plumper, noch junger Mensch mit langem, leicht gelocktem, blondem, schon etwas grau meliertem Haar und einem blonden, in polnischer Art herunterhängenden Schnurrbart. Er trug einen offenen grauen Havelock, darunter einen etwas speckigen Frack, ein zerdrücktes Hemd mit drei falschen Brillantknöpfen, einen zerknitterten Kragen und eine flatternde weiße Seidenkrawatte. Seine Lider waren gerötet wie von vielen durchwachten Nächten, doch die Augen strahlten heiter und blau.

»Du bist in Wien, Nachtigall?«, rief Fridolin.

»Du weißt nicht«, sagte Nachtigall in polnisch weichem Akzent mit mäßigem jüdischem Beiklang. »Wie weißt du nicht? Ich bin doch so benehmt.« Er lachte laut und gutmütig und setzte sich Fridolin gegenüber.

»Wie?«, fragte Fridolin. »Vielleicht Professor der Chirurgie geworden im Geheimen?«

Nachtigall lachte noch heller auf: »Hast du mich jetzt nicht geheert? Jetzt äben?«

»Wieso gehört? – Ach ja!« Und nun erst kam es Fridolin zu Bewusstsein, dass er während seines Eintretens, ja schon früher, als er sich dem Kaffeehaus genähert, aus irgendeiner

Kellertiefe Klavierspiel heraufklingen gehört hatte. »Also das warst du?«, rief er aus.

»Wer denn als ich?«, lachte Nachtigall.

Fridolin nickte. Natürlich; – dieser eigentümlich energische Anschlag, diese sonderbaren, etwas willkürlichen, aber wohlklingenden Harmonien der linken Hand waren ihm ja gleich so bekannt vorgekommen. »Also du hast dich ganz darauf verlegt?«, meinte er. Er erinnerte sich, dass Nachtigall das Studium der Medizin schon nach der zweiten, sogar geglückten, wenn auch mit siebenjähriger Verspätung abgelegten Vorprüfung in Zoologie, endgültig aufgegeben hatte. Doch noch durch geraume Zeit hatte er sich in Krankenhaus, Seziersaal, Laboratorien und Hörsälen herumgetrieben, wo er mit seinem blonden Künstlerkopf, seinem stets zerknitterten Kragen, der flatternden, einst weiß gewesenen Krawatte eine auffallende, im heiteren Sinn populäre und nicht nur bei Kollegen, sondern auch bei manchen Professoren geradezu beliebte Figur vorgestellt hatte. Sohn eines jüdischen Branntweinschenkers in einem polnischen Nest war er seinerzeit aus der Heimat nach Wien gekommen, um Medizin zu studieren. Die geringfügigen elterlichen Unterstützungen waren von Anfang an kaum der Rede wert gewesen, und überdies bald gänzlich eingestellt worden, was ihn nicht hinderte, auch weiterhin im Riedhof an einem Stammtisch von Medizinern zu erscheinen, dem auch Fridolin angehörte. Die Bezahlung seiner Zeche hatte von einem gewissen Zeitpunkt an jedes Mal ein anderer der wohlhabenderen Kollegen übernommen. Auch Kleidungsstücke erhielt er manchmal zum Geschenk, was er sich gleichfalls gern und ohne falschen Stolz gefallen ließ. Schon in seinem Heimatstädtchen hatte er bei einem dort gestrandeten Pianisten die Anfangsgründe des Klavierspielens gelernt, und in Wien als Studiosus medicinae besuchte er zugleich das Konservatorium, wo er angeblich als vielversprechendes pianistisches Talent galt. Aber auch hier war er nicht ernst und fleißig genug, um sich regelrecht weiter auszubilden; und bald ließ er es sich an seinen musikalischen Erfolgen im Kreise seiner Bekannten, vielmehr an dem Vergnügen, das er ihnen durch sein Klavierspiel bereitete, vollauf genügen. Eine Zeitlang wirkte er in einer vorstädtischen Tanzschule als Pianist. Universitätskollegen und Tischgenossen versuchten ihn in besseren Häusern in gleicher Eigenschaft einzuführen, doch spielte er bei solcher Gelegenheit immer nur, was ihm eben und solange es ihm beliebte, ließ sich mit den jungen Damen in Unterhaltungen ein, die von seiner Seite nicht immer harmlos geführt waren, und trank mehr, als er vertragen konnte. Einmal spielte er im Hause eines Bankdirektors zum Tanze auf. Nachdem er schon vor Mitternacht durch anzüglich-galante Bemerkungen die vorbeitanzenden jungen Mädchen in Verlegenheit gebracht und bei ihren Herren Anstoß erregt hatte, fiel es ihm ein, einen wüsten Cancan zu spielen und mit seinem gewaltigen Bass ein zweideutiges Couplet dazu zu singen. Der Bankdirektor verwies es ihm heftig. Nachtigall, wie von seliger Heiterkeit erfüllt, erhob sich, umarmte den Direktor, dieser, empört, fauchte, obwohl selbst Jude, dem Pianisten ein landesübliches Schimpfwort ins Gesicht, das Nachtigall unverzüglich mit einer gewaltigen Ohrfeige quittierte – womit seine Laufbahn in den besseren Häusern der Stadt endgültig abgeschlossen erschien. In intimeren Zirkeln wusste er sich im Allgemeinen anständiger zu betragen, wenn man auch bei solchen Gelegenheiten in vorgerückten Stunden manchmal genötigt war, ihn gewaltsam aus dem Lokal zu entfernen. Doch am nächsten Morgen waren solche Zwischenfälle von allen Beteiligten verziehen und vergessen. – Eines Tages, seine Kollegen hatten längst alle ihre Studien beendet, war er plötzlich ohne Abschied aus der

Stadt verschwunden. Einige Monate hindurch trafen noch Kartengrüße von ihm aus verschiedenen russischen und polnischen Städten ein; und einmal, ohne weitere Erklärung, wurde Fridolin, den Nachtigall stets besonders in sein Herz geschlossen hatte, nicht nur durch einen Gruß, sondern durch die Bitte um einen mäßigen Geldbetrag an Nachtigalls Existenz erinnert. Fridolin sandte die Summe unverzüglich ab, ohne jemals einen Dank oder sonst ein Lebenszeichen von Nachtigall zu erhalten.

In diesem Augenblick aber, um dreiviertel ein Uhr nachts, nach acht Jahren, bestand Nachtigall darauf, dieses Versäumnis unverzüglich gutzumachen, und in genau stimmender Anzahl entnahm er Banknoten einer ziemlich defekten Brieftasche, die übrigens leidlich gefüllt war, sodass Fridolin sich die Rückzahlung mit gutem Gewissen durfte gefallen lassen ...

»Also, es geht dir gut«, meinte er lächelnd, wie zu seiner eigenen Beruhigung. »Kann nicht klagen«, erwiderte Nachtigall.

Und seine Hand auf Fridolins Arm legend: »Aber jetzt sag' einmal, wie kommst du mitten in der Nacht daher?«

Fridolin erklärte seine Anwesenheit zu so später Stunde mit dem dringenden Bedürfnis, nach einem nächtlichen Krankenbesuch noch eine Tasse Kaffee zu sich zu nehmen; verschwieg aber, ohne recht zu wissen warum, dass er seinen Patienten nicht mehr am Leben getroffen. Dann äußerte er sich ganz im Allgemeinen über seine ärztliche Tätigkeit an der Poliklinik und seine Privatpraxis und erwähnte, dass er verheiratet, glücklich verheiratet und Vater eines sechsjährigen Mädchens sei.

Nun berichtete Nachtigall. Er hatte sich, wie Fridolin richtig vermutet, die ganzen Jahre über als Pianist in allen möglichen polnischen, rumänischen, serbischen und bulgarischen Städten und Städtchen fortgebracht, in Lemberg lebte ihm eine Frau mit vier Kindern; – und er lachte hell, als wäre es ausnehmend lustig, vier Kinder zu haben, alle in Lemberg und alle von ein und derselben Frau. Seit dem vergangenen Herbst hielt er sich wieder in Wien auf. Das Varieté, das ihn engagiert hatte, war sofort verkracht, nun spielte er in den verschiedensten Lokalen, wie es sich eben fügte, manchmal auch in zweien oder dreien in derselben Nacht, hier unten zum Beispiel, im Keller, – kein sehr vornehmes Etablissement, wie er bemerkte, eigentlich eine Art von Kegelbahn, und was das Publikum anbelangt ... »Aber wenn man für vier Kinder zu sorgen hat und eine Frau in Lemberg« – und er lachte wieder, nicht mehr ganz so lustig wie vorher. »Auch privat habe ich manchmal zu tun«, fügte er rasch hinzu. Und als er ein erinnerndes Lächeln auf Fridolins Antlitz gewahrte, – »nicht bei Bankdirektoren und soo, nein, in allen mäglichen Kreisen, auch gräßere, äffentliche und gehäime.«

»Geheime?«

Nachtigall blickte düster-pfiffig vor sich hin. »Sofort werd' ich wieder abgeholt.«

»Wie, heute noch spielst du?«

»Ja, dort fangt es nämlich erst um zwei an.«

»Das ist ja besonders fein«, sagte Fridolin.

»Ja und nein«, lachte Nachtigall, wurde aber gleich wieder ernst. »Ja und nein –?«, wiederholte Fridolin neugierig.

Nachtigall beugte sich über den Tisch zu ihm.

»Ich spielle heute in einem Privathaus, aber wem es gehärt, weiß ich nicht.«

»Du spielst also heute zum ersten Mal dort?«, fragte Fridolin, mit steigendem Interesse.

»Nein, das dritte Mal. Aber es wird wahrscheinlich wieder ein anderes Haus sein.«

»Das versteh' ich nicht.«

»Ich auch nicht«, lachte Nachtigall. »Besser du fragst nicht.«

»Hm«, machte Fridolin.

»Oh, du irrst dich. Nicht was du glaubst. Ich hab' schon viel gesehen, man glaubt nicht, in solchen kleinen Städten – besonders Rumänien –, man erläbt vieles. Aber hier ...« Er schlug den gelben Fenstervorhang ein wenig zurück, blickte auf die Straße hinaus und sagte wie für sich: »Noch nicht da«, – dann zu Fridolin, erklärend, »nämlich der Wagen. Immer holt mich ein Wagen ab, und immer ein anderer.«

»Du machst mich neugierig, Nachtigall«, meinte Fridolin kühl.

»Här' zu«, sagte Nachtigall nach einigem Zögern. »Wenn ich einem auf der Welt vergennte – aber, wie macht man nur –« und plötzlich: »Hast du Courage?«

»Sonderbare Frage«, sagte Fridolin im Ton eines beleidigten Couleurstudenten.

»Ich meine nicht soo.«

»Also wie meinst du eigentlich? Wozu braucht man bei dieser Gelegenheit so besondere Courage? Was kann einem denn passieren?« Und er lachte kurz und verächtlich.

»*Mir* kann nichts passieren, heechstens, dass ich zum letzten Male heite – aber das ist vielleicht auch soo.« Er schwieg und blickte wieder durch den Vorhangspalt hinaus.

»Na also?«

»Wie meinst du?«, fragte Nachtigall wie aus einem Traum.

»Erzähl' doch weiter. Wenn du schon einmal angefangen hast ... Geheime Veranstaltung? Geschlossene Gesellschaft? Geladene Gäste?«

»Ich weiß nicht. Neilich waren dreißig Menschen, das erste Mal nur sechzehn.«

»Ein Ball?«

»Natürlich ein Ball.« Er schien jetzt zu bereuen, dass er überhaupt gesprochen hatte.

»Und du machst Musik dazu?«

»Wieso dazu? Ich weiß nicht wozu. Wirklich, ich weiß nicht. Ich spielle, ich spielle – mit verbundene Augen.«

»Nachtigall, Nachtigall, was singst du da für ein Lied!«

Nachtigall seufzte leise. »Aber leider nicht ganz verbunden. Nicht so, dass ich gar nichts sehe. Ich seh' nämlich im Spiegel durch das schwarze Seidentuch über meine Augen ...« Und wieder schwieg er.

»Mit einem Wort«, sagte Fridolin ungeduldig und verächtlich, fühlte sich aber sonderbar erregt ... »nackte Frauenzimmer.«

»Sag' nicht Frauenzimmer, Fridolin«, erwiderte Nachtigall wie beleidigt, »solche Weiber hast du nie gesehen.«

Fridolin räusperte sich leicht. »Und wie hoch ist das Entrée?«, fragte er beiläufig.

»Billetts meinst du und soo? Ha, was fallt dir ein.«

»Also wie verschafft man sich Eintritt?«, fragte Fridolin mit gepressten Lippen und trommelte auf die Tischplatte.

»Parolle musst du kennen, und jedes Mal ist eine andere.«

»Und die heutige?«

»Weiß ich noch nicht. Erfahr' ich erst vom Kutscher.«

»Nimm mich mit, Nachtigall.«

»Unmeglich, zu gefährlich.«

»Vor einer Minute hattest du doch selbst die Absicht ... mir zu ›vergennen‹. Es wird schon möglich sein.«

Nachtigall betrachtete ihn prüfend. »So wie du bist – kenntest du auf keinen Fall, nämlich alle sind maskiert, Herren und Damen. Hast du eine Maske bei dir und soo? Unmeglich. Vielleicht nächstes Mal. Werde mir was ausspekulieren.« Er horchte auf und blickte wieder durch den Vorhangspalt auf die Straße, und aufatmend: »Da ist der Wagen. Adieu.«

Fridolin hielt ihn beim Arm fest. »So kommst du mir nicht davon. Du wirst mich mitnehmen.«

»Aber Kollega ...«

»Überlass mir alles Weitere. Ich weiß schon, dass es ›gefährlich‹ ist, – vielleicht lockt mich gerade das.«

»Aber ich sage dir schon – ohne Kostüm und Larve –«

»Es gibt Maskenleihanstalten.«

»Um ein Uhr früh –!«

»Hör' einmal zu, Nachtigall. Ecke Wickenburgstraße befindet sich so ein Unternehmen. Täglich gehe ich ein paarmal an der Tafel vorbei.« Und hastig, in wachsender Erregung: »Du bleibst hier noch eine Viertelstunde, Nachtigall, ich versuch' indessen dort mein Glück. Der Besitzer der Leihanstalt wohnt vermutlich im gleichen Haus. Wenn nicht – dann verzichte ich eben. Das Schicksal soll entscheiden. Im selben Haus ist ein Café, Café Vindobona heißt es, glaube ich. Du sagst dem Kutscher – dass du in dem Café irgendetwas vergessen hast, gehst hinein, ich warte nah der Tür, du sagst mir rasch die Parole, steigst wieder in deinen Wagen; ich, wenn es mir gelungen ist, ein Kostüm zu bekommen, nehme mir rasch einen andern, fahre dir nach – das Weitere muss sich finden. Dein Risiko, Nachtigall, mein Ehrenwort, trage ich in jedem Falle mit.«

Nachtigall hatte einige Male versucht, Fridolin zu unterbrechen, doch vergeblich. Fridolin warf die Zeche auf den Tisch mit einem allzu reichlichen Trinkgeld, wie ihm das in den Stil dieser Nacht zu passen schien, und ging. Draußen stand ein geschlossener Wagen, unbeweglich auf dem Bock saß ein Kutscher, ganz in Schwarz, mit hohem Zylinder; – wie eine Trauerkutsche, dachte Fridolin. Nach wenigen Minuten, im Laufschritt, war er zu dem Eckhaus gelangt, das er suchte, läutete, erkundigte sich beim Hausmeister, ob der Maskenverleiher Gibiser hier im Hause wohnte, und hoffte im Stillen, dass es nicht der Fall wäre. Aber Gibiser wohnte tatsächlich hier, im Stockwerk unterhalb der Leihanstalt, der Hausmeister schien nicht einmal sonderlich erstaunt über den späten Besuch, sondern, durch das ansehnliche Trinkgeld Fridolins leutselig gestimmt, bemerkte er, dass während des Faschings gar nicht so selten auch in solcher Nachtstunde Leute kämen, um Kostüme auszuleihen. Er leuchtete von unten aus so lange mit der Kerze, bis Fridolin im ersten Stockwerk geklingelt hatte. Herr Gibiser, als hätte er an der Türe gewartet, öffnete selbst, er war hager, bartlos, kahl, trug einen altmodischen geblümten Schlafrock und eine türkische Mütze mit einer Troddel, sodass er wie ein lächerlicher Alter auf dem Theater aussah. Fridolin brachte sein Begehren vor und erwähnte, dass der Preis keine Rolle spiele, worauf Herr Gibiser beinahe wegwerfend bemerkte: »Ich verlange, was mir zukommt, nicht mehr.«

Er führte Fridolin über eine Wendeltreppe ins Magazin hinauf. Es roch nach Seide, Samt, Parfüms, Staub und trockenen Blumen; aus schwimmendem Dunkel blitzte es silbern und rot; und plötzlich glänzten eine Menge kleiner Lämpchen zwischen offenen Schränken eines engen, lang gestreckten Gangs, der sich rückwärts in Finsternis verlor. Rechts und links hingen Kostüme aller Art, auf der einen Seite Ritter, Knappen, Bauern, Jäger, Gelehrte, Orientalen, Narren, auf der anderen Hofdamen, Ritterfräulein, Bäuerinnen, Kammerzofen, Königinnen der Nacht. Oberhalb der Kostüme waren die entsprechenden Kopfbedeckungen zu sehen, und es war Fridolin zumute, als wenn er durch eine Allee von Gehängten schritte, die im Begriffe wären, sich gegenseitig zum Tanz aufzufordern. Herr Gibiser ging hinter ihm einher. »Haben der Herr einen besonderen Wunsch? Louis Quatorze? Directoire? Altdeutsch?«

»Ich brauche eine dunkle Mönchskutte und eine schwarze Larve, nichts weiter.«

In diesem Augenblick tönte vom Ende des Gangs her ein gläsernes Geklirr. Fridolin sah dem Maskenverleiher erschrocken ins Gesicht, als sei dieser zu sofortiger Aufklärung verpflichtet. Gibiser selbst aber stand starr, tastete nach einem irgendwo versteckten Schalter – und eine blendende Helle ergoss sich sofort bis zum Ende des Gangs, wo ein kleines gedecktes Tischchen mit Tellern, Gläsern und Flaschen zu sehen war. Von zwei Stühlen rechts und links erhoben sich je ein Femrichter in rotem Talar, während ein zierliches helles Wesen im selben Augenblick verschwand. Gibiser stürzte mit langen Schritten hin, griff über den Tisch und hielt eine weiße Perücke in der Hand, während zugleich unter dem Tisch sich hervorschlängelnd ein anmutiges, ganz junges Mädchen, fast noch ein Kind, im Pierrettenkostüm mit weißen Seidenstrümpfen durch den Gang bis zu Fridolin gelaufen kam, der sie notgedrungen in seinen Armen auffing. Gibiser hatte die weiße Perücke auf den Tisch fallen lassen und hielt rechts und links die Femrichter an den Falten ihrer Talare fest. Zugleich rief er zu Fridolin hin: »Herr, halten Sie mir das Mädel fest.« Die Kleine presste sich an Fridolin, als müsste er sie schützen. Ihr kleines schmales Gesicht war weiß bestäubt, mit einigen Schönheitspflästerchen bedeckt, von ihren zarten Brüsten stieg ein Duft von Rosen und Puder auf; – aus ihren Augen lächelte Schelmerei und Lust.

»Meine Herren«, rief Gibiser, »Sie bleiben hier so lange, bis ich Sie der Polizei übergeben habe.«

»Was fällt Ihnen ein?«, riefen die beiden. Und wie aus einem Munde: »Wir sind einer Einladung des Fräuleins gefolgt.«

Gibiser ließ sie beide los, und Fridolin hörte, wie er zu ihnen sagte: »Hierüber werden Sie nähere Auskunft zu geben haben. Oder sahen Sie nicht sofort, dass Sie es mit einer Wahnsinnigen zu tun hatten?« Und zu Fridolin gewendet: »Verzeihen Sie den Zwischenfall, mein Herr.«

»Oh, es tut nichts«, sagte Fridolin. Am liebsten wäre er dageblieben oder hätte die Kleine gleich mitgenommen, wohin immer – und was immer daraus gefolgt wäre. Sie sah lockend und kindlich zu ihm auf, wie gebannt. Die Femrichter am Ende des Ganges unterhielten sich aufgeregt miteinander, Gibiser wandte sich sachlich an Fridolin mit der Frage: »Sie wünschen eine Kutte, mein Herr, einen Pilgerhut, eine Larve?«

»Nein«, sagte die Pierrette mit leuchtenden Augen, »einen Hermelinmantel musst du diesem Herrn geben und ein rotseidenes Wams.«

»Du rührst dich nicht von meiner Seite«, sagte Gibiser und wies auf eine dunkle Kutte, die zwischen einem Landsknecht und einem venezianischen Senator hing. »Diese entspricht Ihrer Größe, hier der passende Hut, nehmen Sie, rasch.«

Nun meldeten sich von neuem die Femrichter. »Sie werden uns unverzüglich hinauslassen, Herr Chibisier«, sie sprachen den Namen Gibiser zu Fridolins Befremden französisch aus.

»Davon kann keine Rede sein«, erwiderte der Maskenverleiher höhnisch, »vorläufig werden Sie die Freundlichkeit haben, hier meine Rückkehr abzuwarten.«

Indes fuhr Fridolin in die Kutte, band die Enden der herunterhängenden weißen Schnur in einen Knoten, Gibiser reichte ihm, auf einer schmalen Leiter stehend, den schwarzen, breitkrempigen Pilgerhut herunter, und Fridolin setzte ihn auf; doch dies alles tat er wie unter einem Zwang, denn immer stärker empfand er es wie eine Verpflichtung, zu bleiben und der Pierrette in einer drohenden Gefahr beizustehen. Die Larve, die Gibiser ihm nun in die Hand drückte und die er gleich probierte, roch nach einem fremdartigen, etwas widerlichen Parfüm.

»Du gehst mir voran«, sagte Gibiser zu der Kleinen und wies gebieterisch zur Treppe. Pierrette wandte sich um, blickte zum Ende des Gangs und winkte einen wehmütigheiteren Abschiedsgruß hin. Fridolin folgte ihrem Blick; dort standen keine Femrichter mehr, sondern zwei schlanke junge Herren in Frack und weißer Krawatte, doch beide noch mit den roten Larven über den Gesichtern. Pierrette schwebte die Wendeltreppe hinab, Gibiser ging hinter ihr, ihnen folgte Fridolin. Im Vorzimmer unten öffnete Gibiser eine Tür, die nach den inneren Räumen führte, und sagte zu Pierrette: »Du gehst augenblicklich zu Bette, verworfenes Geschöpf, wir sprechen uns, sobald ich mit den Herren oben abgerechnet habe.«

Sie stand in der Türe, weiß und zart, und schüttelte mit einem Blick auf Fridolin traurig den Kopf. Fridolin erblickte in einem großen Wandspiegel rechts einen hageren Pilger, der niemand anderer war als er selbst, und wunderte sich darüber, mit so natürlichen Dingen es eigentlich zuging. Pierrette war verschwunden, der alte Maskenverleiher sperrte hinter ihr ab. Dann öffnete er die Wohnungstür und drängte Fridolin ins Stiegenhaus.

»Verzeihen Sie«, sagte Fridolin, »meine Schuldigkeit …«

»Lassen Sie, mein Herr, Bezahlung erfolgt bei Rückstellung, ich traue Ihnen.«

Doch Fridolin rührte sich nicht vom Fleck. »Sie schwören mir, dass Sie dem armen Kind nichts Böses tun werden?«

»Was kümmert Sie das, Herr?«

»Ich hörte, wie Sie die Kleine vorher als wahnsinnig bezeichneten, – und jetzt nannten Sie sie ein verworfenes Geschöpf. Ein auffallender Widerspruch, Sie werden es nicht leugnen.«

»Nun, mein Herr«, entgegnete Gibiser mit einem Ton wie auf dem Theater, »ist der Wahnsinnige nicht verworfen vor Gott?«

Fridolin schüttelte sich angewidert.

»Wie immer«, bemerkte er dann, »es wird sich Rat schaffen lassen. Ich bin Arzt. Wir reden morgen weiter über die Sache.«

Gibiser lachte höhnisch und lautlos. Im Stiegenhaus flammte plötzlich Licht auf, die Türe zwischen Gibiser und Fridolin schloss sich, und sofort wurde der Riegel vorgelegt. Fridolin entledigte sich, während er die Treppe hinunterging, des Huts, der Kutte, der Larve, nahm alles unter den Arm, der Hausbesorger öffnete das Tor, die Trauerkutsche stand gegenüber, mit dem unbeweglichen Lenker auf dem Bock. Nachtigall schickte sich eben an, das Café zu verlassen, und schien nicht sehr angenehm berührt, dass Fridolin pünktlich zur Stelle war.

»Du hast dir also richtig ein Kostüm verschafft?«

»Wie du siehst. Und die Parole?«

»Du bestehst also darauf?«

»Unbedingt.«

»Also – Parole ist Dänemark.«

»Bist du toll, Nachtigall?«

»Weshalb toll?«

»Nichts, nichts. – Ich war zufällig heuer im Sommer an der dänischen Küste. Also steig ein – aber nicht gleich, damit ich Zeit habe, mir drüben einen Wagen zu nehmen.«

Nachtigall nickte, zündete sich gemächlich eine Zigarette an, indes überquerte Fridolin rasch die Straße, nahm einen Fiaker und wies im harmlosen Ton, als handle es sich um einen Scherz, seinen Kutscher an, dem Trauerwagen zu folgen, der sich eben vor ihnen in Bewegung setzte.

Sie fuhren über die Alserstraße, dann unter einem Bahnviadukt der Vorstadt zu und weiter durch schlecht beleuchtete menschenleere Nebengassen. Fridolin erwog die Möglichkeit, dass der Kutscher seines Wagens die Spur des vorderen verlieren könnte; doch so oft er den Kopf durch das offene Fenster in die unnatürlich warme Luft hinaussteckte, immer sah er den anderen Wagen in mäßiger Entfernung vor sich, und unbeweglich saß der Kutscher mit dem hohen schwarzen Zylinder auf dem Bock. Es könnte auch übel ausgehen, dachte Fridolin. Dabei spürte er immer noch den Geruch von Rosen und Puder, der von Pierrettens Brüsten zu ihm aufgestiegen war. An welch einem seltsamen Roman bin ich da vorübergestreift? fragte er sich. Ich hätte nicht fortgehen sollen, vielleicht nicht dürfen. Wo bin ich nun eigentlich?

Zwischen bescheidenen Villen in langsamer Steigung ging es hinan. Nun glaubte Fridolin sich zurechtzufinden; Spaziergänge hatten ihn vor Jahren manchmal hierhergeführt: es musste der Galitzinberg sein, den er hinanfuhr. Zur Linken in der Tiefe sah er die in Dunst verschwimmende, von tausend Lichtern flimmernde Stadt. Er hörte Räderrollen hinter sich und blickte aus dem Fenster nach rückwärts. Zwei Wagen fuhren hinter ihm, und das war ihm lieb, so konnte er dem Trauerkutscher in keinem Fall verdächtig sein.

Plötzlich, mit einem sehr heftigen Ruck, bog der Wagen seitlich ab, und zwischen Gittern, Mauern, Abhängen ging es abwärts wie in eine Schlucht. Fridolin fiel es ein, dass es höchste Zeit war, sich zu maskieren. Er zog den Pelz aus, fuhr in die Kutte, geradeso wie er jeden Morgen auf der Spitalabteilung in die Ärmel seines Leinenkittels zu schlüpfen pflegte; und wie an etwas Erlösendes dachte er daran, dass er in wenigen Stunden schon, wenn alles gut ging, wie jeden Morgen zwischen den Betten seiner Kranken herumgehen würde – ein hilfsbereiter Arzt.

Der Wagen stand still. Wie wär's, dachte Fridolin, wenn ich gar nicht erst ausstiege – sondern lieber gleich zurückkehrte? Aber wohin? Zu der kleinen Pierrette? Oder zu dem Dirnchen in der Buchfeldgasse? Oder zu Marianne, der Tochter des Verstorbenen? Oder nach Hause? Und mit einem leichten Schauer empfand er, dass er nirgends hin sich weniger sehnte als gerade dorthin. Oder war es, weil dieser Weg ihn der weiteste dünkte? Nein, ich kann nicht zurück, dachte er bei sich. Weiter meinen Weg, und wär's mein Tod. Er lachte selbst zu dem großen Wort, aber sehr heiter war ihm dabei nicht zumut.

Ein Gartentor stand weit offen. Die Trauerkutsche vor ihm fuhr eben tiefer in die Schlucht hinab oder in das Dunkel, das ihm so erschien. Nachtigall war also jedenfalls schon ausgestiegen. Fridolin sprang rasch aus dem Wagen, wies den Kutscher an, oben an jener Biegung seine Rückkehr abzuwarten, so lange es auch dauern sollte. Und um sich seiner zu versichern, entlohnte er ihn im vorhinein reichlich und versprach ihm einen gleichen Betrag für die Rückfahrt. Die Wagen, die dem seinen gefolgt waren, kamen angefahren. Aus dem ersten sah Fridolin eine verhüllte Frauengestalt steigen; dann trat er in den Garten, nahm die Larve vor, ein schmaler, vom Hause her beleuchteter Pfad führte bis zum Tor, zwei Flügel sprangen auf, und Fridolin befand sich in einer schmalen weißen Vorhalle. Harmoniumklänge tönten ihm entgegen, zwei Diener in dunkler Livree, die Gesichter grau verlarvt, standen rechts und links.

»Parole?«, umflüsterte es ihn zweistimmig. Und er erwiderte: »Dänemark.« Der eine Diener nahm seinen Pelz in Empfang und verschwand damit in einem Nebenraum, der andere öffnete eine Tür, und Fridolin trat in einen dämmerigen, fast dunklen hohen Saal, der ringsum von schwarzer Seide umhangen war. Masken, durchaus in geistlicher Tracht, schritten auf und ab, sechzehn bis zwanzig Personen, Mönche und Nonnen. Die Harmoniumklänge, sanft anschwellend, eine italienische Kirchenmelodie, schienen aus der Höhe herabzutönen. In einem Winkel des Saales stand eine kleine Gruppe, drei Nonnen und zwei Mönche; von dort aus hatte man sich flüchtig zu ihm hin und gleich wieder, wie mit Absicht, abgewandt. Fridolin merkte, dass er als einziger das Haupt bedeckt hatte, nahm den Pilgerhut ab und wandelte so harmlos als möglich auf und nieder; ein Mönch streifte seinen Arm und nickte einen Gruß; doch hinter der Maske bohrte sich ein Blick, eine Sekunde lang, tief in Fridolins Augen. Ein fremdartiger, schwüler Wohlgeruch, wie von südländischen Gärten, umfing ihn. Wieder streifte ihn ein Arm. Diesmal war es der einer Nonne. Wie die andern hatte auch sie um Stirn, Haupt und Nacken einen schwarzen Schleier geschlungen, unter den schwarzen Seidenspitzen der Larve leuchtete ein blutroter Mund.

Wo bin ich? dachte Fridolin. Unter Irrsinnigen? Unter Verschwörern? Bin ich in die Versammlung irgendeiner religiösen Sekte geraten? War Nachtigall vielleicht beordert, bezahlt, irgendeinen Uneingeweihten mitzubringen, den man zum Besten haben wollte? Doch für einen Maskenscherz schien ihm alles zu ernst, zu eintönig, zu unheimlich. Den Harmoniumklängen hatte sich eine weibliche Stimme beigesellt, eine alt-italienische geistliche Arie tönte durch den Raum. Alle standen still, schienen zu lauschen, auch Fridolin gab sich für eine Weile der wundervoll anschwellenden Melodie gefangen. Plötzlich flüsterte eine weibliche Stimme hinter ihm: »Wenden Sie sich nicht nach mir um. Noch ist es Zeit, dass Sie sich entfernen. Sie gehören nicht hierher. Wenn man es entdeckte, erginge es Ihnen schlimm.«

Fridolin schrak zusammen. Eine Sekunde lang dachte er, der Warnung zu folgen. Aber die Neugier, die Lockung und vor allem sein Stolz waren stärker als jedes Bedenken. Nun bin ich einmal so weit, dachte er, mag es enden, wie es wolle. Und er schüttelte verneinend den Kopf, ohne sich umzuwenden.

Da flüsterte die Stimme hinter ihm: »Es täte mir leid um Sie.«

Jetzt wandte er sich um. Er sah den blutroten Mund durch die Spitzen schimmern, dunkle Augen sanken in die seinen. »Ich bleibe«, sagte er in einem heroischen Ton, den er nicht an sich kannte, und wandte das Antlitz wieder ab. Der Gesang schwoll wundersam an, das Harmonium tönte in einer neuen, durchaus nicht mehr kirchlichen Weise, sondern weltlich, üppig, wie eine Orgel brausend; und um sich schauend, merkte Fridolin, dass die Nonnen alle verschwunden waren und sich nur mehr Mönche im Saale befanden. Auch die Gesangsstimme war indes aus ihrem dunklen Ernst über einen kunstvoll ansteigenden Triller ins Helle und Jauchzende übergegangen, statt des Harmoniums aber hatte irdisch und frech ein Klavier eingesetzt, Fridolin erkannte sofort Nachtigalls wilden, aufreizenden Anschlag, und die vorher so edle weibliche Frauenstimme hatte sich in einem letzten grellen, wollüstigen Aufschrei gleichsam durch die Decke davongeschwungen in die Unendlichkeit. Türen rechts und links hatten sich aufgetan, auf der einen Seite erkannte Fridolin am Klavier die verdämmernden Umrisse von Nachtigalls Gestalt, der gegenüberliegende Raum aber strahlte in blendender Helle, und Frauen standen unbeweglich da, alle mit dunklen Schleiern um Haupt, Stirn und Nacken, schwarze Spitzenlarven über dem Antlitz, aber sonst völlig nackt. Fridolins Augen irrten durstig von üppigen zu schlanken, von zarten zu prangend erblühten Gestalten; – und dass jede dieser Unverhüllten doch ein Geheimnis blieb und aus den schwarzen Masken als unlöslichste Rätsel große Augen zu ihm herüberstrahlten, das wandelte ihm die unsägliche Lust des Schauens in eine fast unerträgliche Qual des Verlangens. Doch wie ihm erging es wohl auch den andern. Die ersten entzückten Atemzüge wandelten sich zu Seufzern, die nach einem tiefen Weh klangen; irgendwo entrang sich ein Schrei; – und plötzlich, als wären sie gejagt, stürzten sie alle, nicht mehr in ihren Mönchskutten, sondern in festlichen weißen, gelben, blauen, roten Kavalierstrachten aus dem dämmerigen Saal zu den Frauen hin, wo ein tolles, beinahe böses Lachen sie empfing. Fridolin war der Einzige, der als Mönch zurückgeblieben war, und schlich sich, einigermaßen ängstlich, in die entfernteste Ecke, wo er sich Nachtigall nahe befand, der ihm den Rücken zugewendet hatte. Fridolin sah wohl, dass Nachtigall eine Binde um die Augen trug, aber zugleich glaubte er zu bemerken, wie hinter dieser Binde seine Augen in den hohen Spiegel gegenüber sich bohrten, in dem die bunten Kavaliere mit ihren nackten Tänzerinnen sich drehten.

Plötzlich stand eine der Frauen neben Fridolin und flüsterte – denn niemand, als müssten auch die Stimmen Geheimnis bleiben, sprach ein lautes Wort –: »Warum so einsam? Warum schließest du dich vom Tanze aus?«

Fridolin sah, dass von einer anderen Ecke her ihn zwei Edelleute scharf ins Auge gefasst hatten, und er vermutete, dass das Geschöpf an seiner Seite – es war knabenhaft und schlank gewachsen – zu ihm gesandt war, ihn zu prüfen und zu versuchen. Trotzdem breitete er die Arme nach ihr aus, um sie an sich zu ziehen, als ein anderes der Weiber sich von ihrem Tänzer löste und geradeswegs zu Fridolin gelaufen kam. Er wusste sofort, dass es seine Warnerin von früher war. Sie stellte sich an, als erblicke sie ihn zum ersten Mal, und flüsterte, doch so vernehmlich, dass man sie auch in jener anderen Ecke hören musste: »Bist du endlich zurück?« Und heiter lachend: »Es ist alles vergeblich, du bist erkannt.« Und zu der Knabenhaften gewandt: »Lass mir ihn nur für zwei Minuten. Dann sollst du ihn gleich wieder, wenn du willst, bis zum Morgen haben.« Und leiser zu ihr, wie freudig: »Er ist es, ja, er.« Die andere erstaunt: »Wirklich?« und schwebte fort in die Ecke zu den Kavalieren.

»Frage nicht«, sprach nun die Zurückbleibende zu Fridolin, »und wundere dich über nichts. Ich versuchte sie irrezuführen, aber ich sage dir gleich: Auf die Dauer kann es nicht gelingen. Flieh, ehe es zu spät ist. Und es kann in jedem Augenblick zu spät sein. Und gib acht, dass man deine Spur nicht verfolgt. Niemand darf erfahren, wer du bist. Mit deiner Ruhe, mit dem Frieden deines Daseins wäre es vorbei für immer. Geh!«

»Seh' ich dich wieder?«

»Unmöglich.«

»So bleib' ich.«

Ein Zittern ging durch ihren nackten Leib, das sich ihm mitteilte und ihm fast die Sinne umnebelte.

»Es kann nicht mehr auf dem Spiel stehen als mein Leben«, sagte er, »und das bist du mir in diesem Augenblick wert.« Er fasste ihre Hände, versuchte sie an sich zu ziehen.

Sie flüsterte wieder, wie verzweifelt: »Geh!«

Er lachte und hörte sich, wie man sich im Traume hört. »Ich sehe ja, wo ich bin. Ihr seid doch nicht nur darum da, ihr alle, damit man von euerm Anblick toll wird! Du treibst nur einen besondern Spaß mit mir, um mich völlig verrückt zu machen.«

»Es wird zu spät, geh!«

Er wollte sie nicht hören. »Es sollte hier keine verschwiegenen Gemächer geben, in die Paare sich zurückziehen, die sich gefunden haben? Werden alle, die hier sind, mit höflichen Handküssen voneinander Abschied nehmen? Sie sehen nicht danach aus.«

Und er wies auf die Paare, die nach den rasenden Klängen des Klaviers in dem überhellen, spiegelnden Nebenraume weitertanzten, glühende, weiße Leiber an blaue, rote, gelbe Seide geschmiegt. Ihm war, als kümmerte sich jetzt niemand um ihn und die Frau neben ihm; sie standen in dem fast dunklen Mittelsaal ganz allein.

»Vergebliche Hoffnung«, flüsterte sie. »Es gibt hier keine Gemächer, wie du sie dir träumst. Es ist die letzte Minute. Flieh!«

»Komme mit mir.«

Sie schüttelte heftig den Kopf, wie verzweifelt.

Er lachte wieder und kannte sein Lachen nicht. »Du hältst mich zum Besten. Sind diese Männer und diese Frauen hierhergekommen, nur um einander zu entflammen und dann zu verschmähen? Wer kann dir verbieten, mit mir fortzugehen, wenn du willst?«

Sie atmete tief auf und senkte das Haupt.

»Ah, nun versteh' ich«, sagte er. »Es ist die Strafe, die ihr dem bestimmt habt, der sich ungeladen einschleicht. Ihr hättet keine grausamere ersinnen können. Erlasse sie mir. Begnadige mich. Verhänge eine andere Buße über mich. Nur nicht diese, dass ich ohne dich gehen soll!«

»Du bist wahnsinnig. Ich kann nicht mit dir von hier fortgehen, so wenig – wie mit irgendeinem andern. Und wer versuchen wollte, mir zu folgen, hätte sein und mein Leben verwirkt.«

Fridolin war wie trunken, nicht nur von ihr, ihrem duftenden Leib, ihrem rot glühenden Mund, nicht nur von der Atmosphäre dieses Raums, den wollüstigen Geheimnissen, die ihn hier umgaben; – er war berauscht und durstig zugleich von all den Erlebnissen dieser Nacht, deren keines einen Abschluss gehabt hatte, von sich selbst, von seiner Kühnheit, von der Wandlung, die er in sich spürte. Und er rührte mit den Händen an den Schleier, der um ihr Haupt geschlungen war, als wollte er ihn herunterziehen.

Sie ergriff seine Hände. »Es war eine Nacht, da fiel es einem ein, einer von uns im Tanz den Schleier von der Stirn zu reißen. Man riss ihm die Larve vom Gesicht und peitschte ihn hinaus.«

»Und – sie?«

»Du hast vielleicht von einem schönen, jungen Mädchen gelesen ... es sind erst wenige Wochen her, die am Tag vor ihrer Hochzeit Gift nahm.«

Er erinnerte sich, auch des Namens. Er nannte ihn. War es nicht ein Mädchen aus fürstlichem Hause, das mit einem italienischen Prinzen verlobt gewesen war?

Sie nickte.

Plötzlich stand einer der Kavaliere da, der Vornehmste von allen, der Einzige in weißer Tracht; und mit einer kurzen, zwar höflichen, doch zugleich gebieterischen Verneigung forderte er die Frau, mit der Fridolin sprach, zu einem Tanze auf. Es war Fridolin, als zögerte sie einen Augenblick. Doch schon hatte der andere sie umfasst und wirbelte mit ihr davon zu den andern Paaren im erleuchteten Nebensaal.

Fridolin fand sich allein, und diese plötzliche Verlassenheit überfiel ihn wie Frost. Er sah um sich. In diesem Augenblick schien sich niemand um ihn zu kümmern. Vielleicht war jetzt noch eine letzte Möglichkeit, sich ungestraft zu entfernen. Was ihn trotzdem in seine Ecke gebannt hielt, wo er sich nun ungesehen und unbeachtet fühlen durfte – die Scheu vor einem ruhmlosen und etwas lächerlichen Rückzug, das ungestillte, quälende Verlangen nach dem wundersamen Frauenleib, dessen Duft noch um ihn strich, oder die Erwägung, dass alles, was bisher geschehen, vielleicht eine Prüfung seines Muts bedeutet hätte, und dass ihm die herrliche Frau als Preis zufallen würde, – das wusste er selbst nicht. Jedenfalls aber war ihm klar, dass diese Spannung nicht länger zu ertragen war, und dass er auf alle Gefahr hin diesem Zustand ein Ende machen musste. Wozu immer er sich entschlösse, das Leben konnte es nicht kosten. Er befand sich vielleicht unter Narren, vielleicht unter Wüstlingen, gewiss nicht unter Buben oder Verbrechern. Und es kam ihm der Einfall, unter sie hinzutreten, sich selbst als Eindringling zu bekennen und sich ihnen in ritterlicher Weise zur Verfügung zu stellen. Nur in solcher Art, wie mit einem edeln Akkord, durfte diese Nacht abschließen, wenn sie mehr bedeuten sollte als ein schattenhaft wüstes Nacheinander von düsteren, trübseligen, skurrilen und lüsternen Abenteuern, deren doch keines zu Ende gelebt worden war. Und aufatmend machte er sich bereit.

In diesem Augenblick aber flüsterte es neben ihm: »Parole!« Ein schwarzer Kavalier war unversehens zu ihm hingetreten, und da Fridolin nicht gleich erwiderte, stellte er seine Frage ein zweites Mal. »Dänemark«, sagte Fridolin.

»Ganz recht, mein Herr, dies ist die Parole des Eingangs. Die Parole des Hauses, wenn ich bitten darf?«

Fridolin schwieg.

»Sie wollen nicht die Güte haben, uns die Parole des Hauses zu sagen?« Es klang messerscharf.

Fridolin zuckte die Achseln. Der andere trat in die Mitte des Raumes, erhob die Hand, das Klavierspiel verstummte, der Tanz brach ab. Zwei andere Kavaliere, einer in Gelb, der andere in Rot, traten herzu. »Die Parole, mein Herr«, sagten sie beide gleichzeitig.

»Ich habe sie vergessen«, erwiderte Fridolin mit einem leeren Lächeln und fühlte sich ganz ruhig.

»Das ist ein Unglück«, sagte der Herr in Gelb, »denn es gilt hier gleich, ob Sie die Parole vergessen oder ob Sie sie nie gekannt haben.«

Die andern männlichen Masken strömten herein, die Türen nach beiden Seiten schlossen sich. Fridolin stand allein da im Mönchsgewand mitten unter bunten Kavalieren.

»Die Maske herunter!«, riefen einige zugleich. Wie zum Schutz hielt Fridolin die Arme vor sich hingestreckt. Tausendmal schlimmer wäre es ihm erschienen, der Einzige mit unverlarvtem Gesicht unter lauter Masken dazustehen, als plötzlich unter Angekleideten nackt. Und mit fester Stimme sagte er: »Wenn einer von den Herren sich durch mein Erscheinen in seiner Ehre gekränkt fühlen sollte, so erkläre ich mich bereit, ihm in üblicher Weise Genugtuung zu geben. Doch meine Maske werde ich nur in dem Falle ablegen, dass Sie alle das gleiche tun, meine Herren.«

»Es handelt sich hier nicht um Genugtuung«, sagte der rot gekleidete Kavalier, der bisher noch nicht gesprochen hatte, »sondern um Sühne.«

»Die Maske herunter!«, befahl wieder ein anderer mit einer hellen frechen Stimme, durch die sich Fridolin an den Kommandoton eines Offiziers erinnert fühlte. »Man wird Ihnen ins Gesicht sagen, was Ihrer harrt, und nicht in Ihre Larve.«

»Ich nehme sie nicht ab«, sagte Fridolin in noch schärferem Ton, »und wehe dem, der es wagt, mich zu berühren.«

Irgendein Arm griff plötzlich nach seinem Gesicht, wie um ihm die Maske herunterzureißen, als plötzlich die eine Tür sich auftat und eine der Frauen – Fridolin konnte sich nicht im Zweifel darüber befinden, welche es war – dastand, in Nonnentracht, so wie er sie zuerst erblickt hatte. Hinter ihr aber in dem überhellten Raum waren die andern zu sehen, nackt mit verhüllten Gesichtern, aneinandergedrängt, stumm, eine verschüchterte Schar. Doch die Türe schloss sich sofort wieder.

»Lasst ihn«, sagte die Nonne, »ich bin bereit, ihn auszulösen.«

Ein kurzes tiefes Schweigen, als wenn etwas Ungeheueres sich ereignet hätte, dann wandte sich der schwarze Kavalier, der Fridolin zuerst die Parole abverlangt hatte, an die Nonne mit den Worten; »Du weißt, was du damit auf dich nimmst.«

»Ich weiß es.«

Wie ein tiefes Aufatmen ging es durch den Raum.

»Sie sind frei«, sagte der Kavalier zu Fridolin, »verlassen Sie ungesäumt dieses Haus und hüten Sie sich, weiter nach den Geheimnissen zu forschen, in deren Vorhof Sie sich eingeschlichen haben. Sollten Sie irgendjemanden auf unsere Spur zu leiten versuchen, ob es nun glückte oder nicht; – Sie wären verloren.«

Fridolin stand unbeweglich. »Auf welche Weise soll – diese Frau mich auslösen?«, fragte er.

Keine Antwort. Einige Arme wiesen der Türe zu, zum Zeichen, er möge sich unverzüglich entfernen.

Fridolin schüttelte den Kopf. »Verhängen Sie über mich, meine Herren, was Ihnen beliebt, ich werde nicht dulden, dass ein anderes menschliches Wesen für mich bezahlt.«

»An dem Los dieser Frau«, sagte der schwarze Kavalier nun ganz sanft, »würden Sie doch nichts mehr ändern. Wenn hier ein Versprechen geleistet wurde, gibt es kein Zurück.«

Die Nonne nickte langsam wie zur Bestätigung. »Geh!«, sagte sie zu Fridolin.

»Nein«, erwiderte dieser in erhöhtem Ton. »Das Leben hat keinen Wert mehr für mich, wenn ich ohne dich von hier fortgehen soll. Woher du kommst, wer du bist, ich frage nicht danach. Was kann es Ihnen, meine unbekannten Herren, bedeuten, ob Sie diese Faschingskomödie, und sei sie auch auf einen ernsthaften Schluss angelegt, zu Ende spielen oder nicht. Wer immer Sie sein mögen, meine Herren, Sie führen in jedem Fall noch eine andere Existenz als diese. Ich aber spiele keinerlei Komödie, auch nicht hier, und wenn ich es bisher notgedrungen getan habe, so gebe ich es jetzt auf. Ich fühle, dass ich in ein Schicksal geraten bin, das mit dieser Mummerei nichts mehr zu tun hat, ich will Ihnen meinen Namen nennen, ich will meine Larve abtun und nehme alle Folgen auf mich.«

»Hüte dich!«, rief die Nonne aus, »du würdest dich verderben, ohne mich zu retten! Geh!« Und zu den andern gewendet: »Hier bin ich, hier habt ihr mich – alle!«

Die dunkle Tracht fiel wie durch einen Zauber von ihr ab, im Glanz ihres weißen Leibes stand sie da, sie griff nach dem Schleier, der ihr um Stirn, Haupt und Nacken gewunden war, und mit einer wundersamen runden Bewegung wand sie ihn los. Er sank zu Boden, dunkle Haare stürzten ihr über Schultern, Brust und Lenden, – doch ehe noch Fridolin das Bild ihres Antlitzes zu erhaschen vermochte, war er von unwiderstehlichen Armen erfasst, fortgerissen und zur Türe gedrängt worden; im Augenblick darauf befand er sich im Vorraum, die Türe hinter ihm fiel zu, ein verlarvter Bedienter brachte ihm den Pelz, war ihm beim Anziehen behilflich, und das Haustor öffnete sich. Wie von einer unsichtbaren Gewalt fortgetrieben eilte er weiter, er stand auf der Straße, das Licht hinter ihm erlosch, er blickte sich um und sah das Haus schweigend daliegen mit verschlossenen Fenstern, aus denen kein Schimmer drang. Dass ich mir nur alles genau einpräge, dachte er vor allem. Ich muss das Haus wiederfinden, alles Weitere ergibt sich.

Nacht war um ihn, in einiger Entfernung über ihm, dort, wo der Wagen seiner warten sollte, leuchtete trüb-rötlich eine Laterne. Aus der Tiefe der Gasse fuhr die Trauerkutsche vor, als hätte er nach ihr gerufen. Ein Diener öffnete den Schlag.

»Ich habe meinen Wagen«, sagte Fridolin. Der Bediente schüttelte den Kopf. »Sollte er davongefahren sein, so werde ich zu Fuß nach der Stadt zurückkehren.«

Der Diener antwortete mit einer Handbewegung so wenig bedientenhafter Art, dass sie jeden Widerspruch ausschloss. Der Zylinder des Kutschers ragte lächerlich lang in die Nacht auf. Der Wind blies heftig, über den Himmel hin flogen violette Wolken. Fridolin konnte sich nach seinen bisherigen Erlebnissen nicht darüber täuschen, dass ihm nichts übrig blieb, als in den Wagen zu steigen, der sich auch mit ihm unverzüglich in Bewegung setzte.

Fridolin fühlte sich entschlossen, auf alle Gefahr hin die Aufklärung des Abenteuers, sobald es anging, in Angriff zu nehmen. Sein Dasein, so schien ihm, hatte nicht den geringsten Sinn mehr, wenn es ihm nicht gelang, die unbegreifliche Frau wiederzufinden, die in dieser Stunde den Preis für seine Rettung bezahlte. Was für einen, das war allzu leicht zu erraten. Aber welchen Anlass hatte sie, sich für ihn zu opfern? Zu opfern –? War sie überhaupt eine Frau, für die, was ihr nun bevorstand, was sie nun über sich ergehen ließ, ein Opfer bedeutete? Wenn sie an diesen Gesellschaften teilnahm – und es konnte heute nicht zum ersten Mal der Fall sein, da sie sich in die Bräuche so eingeweiht zeigte –, was mochte ihr daran liegen, einem dieser Kavaliere oder ihnen allen zu Willen zu sein? Ja, konnte sie überhaupt etwas anderes sein als eine Dirne? Konnten alle diese Weiber etwas anderes sein? Dirnen – kein Zweifel. Auch wenn sie alle noch irgendein zweites, sozusagen bürgerliches Leben neben diesem führten, das eben ein Dirnenleben war. Und war nicht alles, was er eben erlebt, wahrscheinlich nur ein infamer Spaß gewesen, den man sich mit ihm erlaubt hatte? Ein Spaß, der für den Fall, dass sich einmal ein Unberufener hier einschleichen sollte, schon vorgesehen, vorbereitet, ja möglicherweise einstudiert war? Und doch, wenn er nun wieder dieser Frau dachte, die ihn von Anfang an gewarnt hatte, die nun bereit war, für ihn zu bezahlen – in ihrer Stimme, in ihrer Haltung, in dem königlichen Adel ihres unverhüllten Leibes war etwas gewesen, das unmöglich Lüge sein konnte. Oder hatte vielleicht nur seine, Fridolins plötzliche Erscheinung als Wunder gewirkt, sie zu verwandeln? Nach allem, was ihm in dieser Nacht begegnet war, hielt er – und er war sich in diesem Gedanken keiner Geckerei bewusst – auch ein solches Wunder nicht für unmöglich. Vielleicht gibt es Stunden, Nächte, dachte er, in denen solch ein seltsamer, unwiderstehlicher Zauber von Männern ausgeht, denen unter gewöhnlichen Umständen keine sonderliche Macht über das andere Geschlecht innewohnt?

Der Wagen fuhr immer hügelaufwärts, längst hätte er, wenn's mit rechten Dingen zuging, in die Hauptstraße einbiegen müssen. Was hatte man mit ihm vor? Wohin sollte ihn der Wagen bringen? Sollte die Komödie vielleicht noch eine Fortsetzung finden? Und welcher Art sollte diese sein? Aufklärung vielleicht? Heiteres Wiederfinden an anderm Ort? Lohn nach rühmlich bestandener Probe, Aufnahme in die geheime Gesellschaft? Ungestörter Besitz der herrlichen Nonne –? Die Wagenfenster waren geschlossen, Fridolin versuchte hinauszublicken; – sie waren undurchsichtig. Er wollte die Fenster öffnen, rechts, links, es war unmöglich; und ebenso undurchsichtig, ebenso fest verschlossen war die Glaswand zwischen ihm und dem Kutschbock. Er klopfte an die Scheiben, er rief, er schrie, der Wagen fuhr weiter. Er wollte den Wagenschlag öffnen, rechts, links, sie gaben keinem Drucke nach, sein neuerliches Rufen verhallte im Knarren der Räder, im Sausen des Windes. Der Wagen begann zu holpern, fuhr bergab, immer rascher, Fridolin, von Unruhe, von Angst erfasst, war eben daran, eines der blinden Fenster zu zerschmettern, als der Wagen plötzlich still stand. Beide Türen öffneten sich gleichzeitig wie durch einen Mechanismus, als wäre nun Fridolin ironischerweise die Wahl zwischen rechts und links gegeben. Er sprang aus dem Wagen, die Türen klappten zu, – und ohne dass der Kutscher sich um Fridolin im Geringsten gekümmert hatte, fuhr der Wagen davon, über das freie Feld in die Nacht hinein.

Der Himmel war bedeckt, die Wolken jagten, der Wind pfiff, Fridolin stand im Schnee, der ringsum eine blasse Helligkeit verbreitete. Er stand allein mit offenem Pelz über seinem Mönchsgewand, den Pilgerhut auf dem Kopf, und es war ihm nicht eben heimlich zumute. In einiger Entfernung lief die breite Straße. Eine Prozession von trüb flackernden Laternen bezeichnete die Richtung nach der Stadt. Fridolin aber lief geradeaus, den Weg abkürzend, über das mäßig sich senkende, beschneite Feld nach abwärts, umso rasch als möglich unter Menschen zu gelangen. Mit durchnässten Füßen kam er in ein schmales, fast unbeleuchtetes Gässchen, schritt zuerst zwischen hohen Planken hin, die im Sturme ächzten; um die nächste Ecke geriet er in eine etwas breitere Gasse, wo spärliche kleine Häuser und leere Bauplätze miteinander abwechselten. Von einer Turmuhr schlug es drei Uhr morgens. Jemand kam Fridolin entgegen, in kurzer Jacke, die Hände in den Hosentaschen, den Kopf zwischen die Schultern gezogen, den Hut tief in die Stirne gedrückt. Fridolin stellte sich wie gegen einen Angriff in Bereitschaft, aber unerwarteterweise machte der Strolch plötzlich kehrt und lief davon. Was bedeutet das? fragte sich Fridolin. Dann besann er sich, dass er unheimlich genug aussehen mochte, nahm den Pilgerhut vom Kopf, knöpfte den Mantel zu, unter dem das Mönchshabit bis über die Knöchel schlotterte. Wieder bog er um eine Ecke; er betrat eine vorortliche Hauptstraße, ein ländlich gekleideter Mensch kam an ihm vorüber und grüßte, wie man einen Priester grüßt. Der Lichtstrahl einer Laterne fiel auf die Straßentafel des Eckhauses. Liebhartstal, – also nicht sehr weit von dem Haus, das er vor kaum einer Stunde verlassen. Eine Sekunde lockte es ihn, den Weg zurück zu nehmen, in der Nähe des Hauses der weiteren Dinge zu harren. Doch er stand sofort ab, in der Erwägung, dass er sich in schlimme Gefahr begeben hätte und der Lösung des Rätsels doch kaum näher gekommen wäre. Die Vorstellung der Dinge, die sich eben jetzt in der Villa ereignen mochten, erfüllte ihn mit Grimm, Verzweiflung, Beschämung und Angst. Dieser Gemütszustand war so unerträglich, dass Fridolin beinahe bedauerte, von dem Strolch, dem er begegnet war, nicht angefallen worden zu sein, ja beinahe bedauerte, nicht mit einem Messerstich zwischen den Rippen an einer Planke in der verlorenen Gasse zu liegen. So hätte diese unsinnige Nacht mit ihren läppischen, abgebrochenen Abenteuern am Ende doch eine Art von Sinn erhalten. So heimzukehren, wie er nun im Begriff war, erschien ihm geradezu lächerlich. Aber noch war nichts verloren. Morgen war auch ein Tag. Er schwor sich zu, nicht zu ruhen, ehe er das schöne Weib wiedergefunden, dessen blendende Nacktheit ihn berauscht hatte. Und nun erst dachte er an Albertine, – doch so, als hätte er auch sie erst zu erobern, als könnte sie, als dürfte sie nicht früher wieder die Seine werden, ehe er sie mit all den andern von heute Nacht, mit der nackten Frau, mit Pierrette, mit Marianne, mit dem Dirnchen aus der engen Gasse hintergangen. Und sollte er sich nicht auch bemühen, den frechen Studenten ausfindig zu machen, der ihn angerempelt hatte, um ihn auf Säbel, lieber noch auf Pistolen zu fordern? Was lag ihm an eines andern, was an seinem eigenen Leben? Sollte man es immer nur aus Pflicht, aus Opfermut aufs Spiel setzen, niemals aus Laune, aus Leidenschaft oder einfach, um sich mit dem Schicksal zu messen?!

Und wieder fiel ihm ein, dass er möglicherweise schon den Keim einer Todeskrankheit im Leibe trug. Wäre es nicht zu albern, daran zu sterben, dass einem ein diphtheriekrankes Kind ins Gesicht gehustet hatte? Vielleicht war er schon krank. Hatte er nicht Fieber? Lag er in diesem Augenblick nicht daheim zu Bett, – und all das, was er erlebt zu haben glaubte, waren nichts als Delirien gewesen?!

Fridolin riss die Augen so weit auf als möglich, strich sich über Stirn und Wange, fühlte nach seinem Puls. Kaum beschleunigt. Alles in Ordnung. Er war völlig wach.

Er ging die Straße weiter, der Stadt zu. Ein paar Marktwagen kamen hinter ihm, rumpelten vorbei, hin und wieder begegnete er ärmlich angezogenen Leuten, für die der Tag eben anfing. Hinter einem Kaffeehausfenster, an einem Tisch, über dem eine Gasflamme flackerte, saß ein dicker Mensch mit einem Schal um den Hals, den Kopf in die Hände gestützt und schlief. Die Häuser lagen noch im Dunkel, wenige vereinzelte Fenster waren erleuchtet. Fridolin glaubte zu fühlen, wie die Menschen allmählich erwachten, es war ihm, als sähe er sie in ihren Betten sich recken und rüsten zu ihrem armseligen, sauren Tag. Auch ihm stand einer bevor, aber doch nicht armselig und trüb. Und mit einem seltsamen Herzklopfen ward er sich freudig bewusst, dass er in wenigen Stunden schon im weißen Leinenkittel zwischen den Betten seiner Kranken herumgehen würde. An der nächsten Ecke stand ein Einspänner, der Kutscher schlief auf dem Bock, Fridolin weckte ihn, nannte ihm seine Adresse und stieg ein.

V

Es war vier Uhr morgens, als er die Treppe zu seiner Wohnung hinaufschritt. Er begab sich vor allem in sein Sprechzimmer, verschloss das Maskengewand sorgfältig in einen Schrank, und da er es vermeiden wollte, Albertine zu wecken, legte er Schuhe und Kleider ab, noch ehe er ins Schlafzimmer trat. Vorsichtig schaltete er das gedämpfte Licht seiner Nachttischlampe ein. Albertine lag ruhig, die Arme im Nacken verschlungen, ihre Lippen waren halb geöffnet, schmerzliche Schatten zogen rings um sie; es war ein Antlitz, das Fridolin nicht kannte. Er beugte sich über ihre Stirne, die sich sofort, wie unter einer Berührung, in Falten legte, ihre Mienen verzerrten sich sonderbar; Und plötzlich, immer noch im Schlafe, lachte sie so schrill auf, dass Fridolin erschrak. Unwillkürlich rief er sie beim Namen. Sie lachte von Neuem, wie zur Antwort, in einer völlig fremden, fast unheimlichen Weise. Nochmals und lauter rief Fridolin sie an. Nun öffnete sie die Augen, langsam, mühselig, groß, blickte ihn starr an, als erkenne sie ihn nicht.

»Albertine!«, rief er zum dritten Male. Nun erst schien sie sich zu besinnen. Ein Ausdruck der Abwehr, der Furcht, ja des Entsetzens trat in ihr Auge. Sie streckte die Arme empor, sinnlos und wie verzweifelt, ihr Mund blieb geöffnet.

»Was ist dir?«, fragte Fridolin stockenden Atems. Und da sie ihn immer noch wie mit Entsetzen anstarrte, fügte er wie beruhigend hinzu: »Ich bin's, Albertine.« Sie atmete tief, versuchte ein Lächeln, ließ die Arme auf die Bettdecke sinken, und wie aus der Ferne fragte sie: »Ist es schon Morgen?«

»Bald«, erwiderte Fridolin. »Vier Uhr vorüber. Eben erst bin ich nach Hause gekommen.« Sie schwieg. Er fuhr fort: »Der Hofrat ist tot. Er lag schon im Sterben, als ich kam, und ich konnte natürlich die Angehörigen nicht gleich allein lassen.«

Sie nickte, schien ihn aber kaum gehört oder verstanden zu haben, starrte wie durch ihn hindurch ins Leere, und ihm war – so unsinnig ihm selbst der Einfall im gleichen Augenblick erschien –, als müsste ihr bekannt sein, was er in dieser Nacht erlebt hatte. Er neigte sich über sie und berührte ihre Stirn. Sie erschauerte leicht.

»Was ist dir?«, fragte er wieder. Sie schüttelte nur langsam den Kopf. Er strich ihr über die Haare. »Albertine, was ist dir?«

»Ich habe geträumt«, sagte sie fern.

»Was hast du denn geträumt?«, fragte er mild.

»Ach, so viel. Ich kann mich nicht recht besinnen.«

»Vielleicht doch.«

»Es war so wirr – und ich bin müde. Und du musst doch auch müde sein?«

»Nicht im Geringsten, Albertine, ich werde kaum mehr schlafen. Du weißt ja, wenn ich so spät nach Hause komme – das Vernünftigste wäre eigentlich, ich setzte mich sofort an den Schreibtisch – gerade in solchen Morgenstunden –« Er unterbrach sich. »Aber willst du mir nicht doch lieber deinen Traum erzählen?« Er lächelte etwas gezwungen.

Sie antwortete: »Du solltest dich doch noch ein wenig hinlegen.«

Er zögerte eine Weile, dann tat er nach ihrem Wunsch und streckte sich an ihrer Seite aus. Doch er hütete sich, sie zu berühren. Ein Schwert zwischen uns, dachte er in der Erinnerung an eine halb scherzhafte Bemerkung gleicher Art, die einmal bei ähnlicher Gelegenheit von seiner Seite gefallen war. Sie schwiegen beide, lagen mit offenen Augen, fühlten gegenseitig ihre Nähe, ihre Ferne. Nach einer Weile stützte er den Kopf auf seinen Arm, betrachtete sie lange, als vermöchte er mehr zu sehen als nur die Umrisse ihres Antlitzes.

»Deinen Traum!«, sagte er plötzlich noch einmal, und es war, als hätte sie diese Aufforderung nur erwartet. Sie streckte ihm eine Hand entgegen; er nahm sie, und gewohnheitsmäßig, mehr zerstreut als zärtlich, hielt er wie spielend ihre schlanken Finger umklammert. Sie aber begann: »Erinnerst du dich noch des Zimmers in der kleinen Villa am Wörthersee, wo ich mit den Eltern im Sommer unserer Verlobung gewohnt habe?«

Er nickte.

»So fing der Traum nämlich an, dass ich in dieses Zimmer trat, ich weiß nicht woher – wie eine Schauspielerin auf die Szene. Ich wusste nur, dass die Eltern sich auf Reisen befanden und mich allein gelassen hatten. Das wunderte mich, denn morgen sollte unsere Hochzeit sein. Aber das Brautkleid war noch nicht da. Oder irrte ich mich vielleicht? Ich öffnete den Schrank, um nachzusehen, da hingen statt des Brautkleides eine ganze Menge von anderen Kleidern, Kostüme eigentlich, opernhaft, prächtig, orientalisch. Welches soll ich denn nur zur Hochzeit anziehen? dachte ich. Da fiel der Schrank plötzlich wieder zu oder war fort, ich weiß nicht mehr. Das Zimmer war ganz hell, aber draußen vor dem Fenster war finstere Nacht ... Mit einem Male standest du davor, Galeerensklaven hatten dich hergerudert, ich sah sie eben im Dunkel verschwinden. Du warst sehr kostbar gekleidet, in Gold und Seide, hattest einen Dolch mit Silbergehänge an der Seite und hobst mich aus dem Fenster. Ich war jetzt auch herrlich angetan, wie eine Prinzessin, beide standen wir im Freien im Dämmerschein und feine graue Nebel reichten uns bis an die Knöchel. Es war die wohl vertraute Gegend: Dort war der See, vor uns die Berglandschaft, auch die Landhäuser sah ich, sie standen da wie aus einer Spielzeugschachtel. Wir zwei aber, du und ich, wir schwebten, nein, wir flogen über die Nebel hin, und ich dachte: Dies ist also unsere Hochzeitsreise. Bald aber flogen wir nicht mehr, wir gingen einen Waldweg hin, den zur Elisabethhöhe, und plötzlich befanden wir uns sehr hoch im Gebirge in einer Art Lichtung, die auf drei Seiten von Wald umfriedet war, während rückwärts eine steile Felswand in die Höhe ragte. Über uns aber war ein Sternenhimmel so blau und weit gespannt, wie er in Wirklichkeit gar nicht existiert, und das war die Decke unseres Brautgemachs. Du nahmst mich in die Arme und liebtest mich sehr.«

»Du mich hoffentlich auch«, meinte Fridolin mit einem unsichtbaren bösen Lächeln.

»Ich glaube, noch viel mehr«, erwiderte Albertine ernst. »Aber, wie soll ich dir das erklären – trotz der innigsten Umarmung war unsere Zärtlichkeit ganz schwermütig wie mit einer Ahnung von vorbestimmtem Leid. Mit einem Mal war der Morgen da. Die Wiese war licht und bunt, der Wald ringsum köstlich betaut, und über der Felswand zitterten Sonnenstrahlen. Und wir beide sollten nun wieder zurück in die Welt, unter die Menschen, es war die höchste Zeit. Doch nun war etwas Fürchterliches geschehen. Unsere Kleider waren fort. Ein Entsetzen ohnegleichen erfasste mich, brennende Scham bis zu innerer Vernichtung, zugleich Zorn gegen dich, als wärst du allein an dem Unglück schuld; – und all das: Entsetzen, Scham, Zorn war an Heftigkeit mit nichts zu vergleichen, was ich jemals im Wachsein empfunden habe. Du aber im Bewusstsein deiner Schuld stürztest davon, nackt wie du warst, um hinabzusteigen und uns Gewänder zu verschaffen. Und als du verschwunden warst, wurde mir ganz leicht zumut. Du tatest mir weder leid, noch war ich in Sorge um dich, ich war nur froh, dass ich allein war, lief glückselig auf der Wiese umher und sang: Es war die Melodie eines

Tanzes, die wir auf der Redoute gehört haben. Meine Stimme klang wundervoll, und ich wünschte, man sollte mich unten in der Stadt hören. Diese Stadt sah ich nicht, aber ich *wusste* sie. Sie lag tief unter mir und war von einer hohen Mauer umgeben; eine ganz fantastische Stadt, die ich nicht schildern kann. Nicht orientalisch, auch nicht eigentlich altdeutsch, und doch bald das eine, bald das andere, jedenfalls eine längst und für immer versunkene Stadt. Ich aber lag plötzlich auf der Wiese hingestreckt im Sonnenglanz, – viel schöner, als ich je in Wirklichkeit war, und während ich so dalag, trat aus dem Wald ein Herr, ein junger Mensch hervor, in einem hellen, modernen Anzug, er sah, wie ich jetzt weiß, ungefähr aus wie der Däne, von dem ich dir gestern erzählt habe. Er ging seines Weges, grüßte sehr höflich, als er an mir vorüberkam, beachtete mich aber nicht weiter, ging geradenwegs auf die Felswand zu und betrachtete sie aufmerksam, als überlegte er, wie man sie bezwingen könnte. Zugleich aber sah ich auch dich. Du eiltest in der versunkenen Stadt von Haus zu Haus, von Kaufladen zu Kaufladen, bald unter Laubengängen, bald durch eine Art von türkischem Basar, und kauftest die schönsten Dinge ein, die du für mich nur finden konntest: Kleider, Wäsche, Schuhe, Schmuck; – und all das tatest du in eine kleine gelblederne Handtasche, in der doch alles Platz fand. Immerfort aber warst du von einer Menschenmenge verfolgt, die ich nicht wahrnahm, ich hörte nur ihr dumpfes, drohendes Geheul. Und nun erschien der andere wieder, der Däne, der früher vor der Felswand stehen geblieben war. Wieder kam er vom Walde her auf mich zu, – und ich wusste, dass er indessen um die ganze Welt gewandert war. Er sah anders aus als zuvor, aber doch war er derselbe. Er blieb wie das erste Mal vor der Felswand stehen, verschwand wieder, dann kam er wieder aus dem Wald hervor, verschwand, kam aus dem Wald; das wiederholte sich zwei- oder drei- oder hundertmal. Es war immer derselbe und immer ein anderer, jedes Mal grüßte er, wenn er an mir vorüberkam, endlich aber blieb er vor mir stehen, sah mich prüfend an, ich lachte verlockend, wie ich nie in meinem Leben gelacht habe, er streckte die Arme nach mir aus, nun wollte ich fliehen, doch ich vermochte es nicht, – und er sank zu mir auf die Wiese hin.«

Sie schwieg. Fridolin war die Kehle trocken, im Dunkel des Zimmers merkte er, wie Albertine das Gesicht in den Händen gleichsam verborgen hielt.

»Ein merkwürdiger Traum«, sagte er. »Ist er schon zu Ende?« Und da sie verneinte: »So erzähl' doch weiter.«

»Es ist nicht so leicht«, begann sie wieder. »In Worten lassen sich diese Dinge eigentlich kaum ausdrücken. Also – mir war, als erlebte ich unzählige Tage und Nächte, es gab weder Zeit noch Raum, es war auch nicht mehr die von Wald und Fels eingefriedete Lichtung, in der ich mich befand, es war eine weit, unendlich weithin gedehnte, blumenbunte Fläche, die sich nach allen Seiten in den Horizont verlor. Ich war auch längst – seltsam: dieses längst! – nicht mehr mit diesem einen Mann allein auf der Wiese. Aber ob außer mir noch drei oder zehn oder noch tausend Paare da waren, ob ich sie sah oder nicht, ob ich nur jenem einen oder auch andern gehörte, ich könnte es nicht sagen. Aber so wie jenes frühere Gefühl von Entsetzen und Scham über alles im Wachen Vorstellbare weit hinausging, so gibt es gewiss nichts in unserer bewussten Existenz, das der Gelöstheit, der Freiheit, dem Glück gleichkommt, das ich nun in diesem Traum empfand. Und dabei hörte ich keinen Augenblick lang auf, von dir zu wissen. Ja, ich sah dich, ich sah, wie du ergriffen wurdest, von Soldaten, glaube ich, auch Geistliche waren darunter; irgendwer, ein riesengroßer Mensch, fesselte deine Hände, und ich wusste, dass du hingerichtet werden solltest.

Ich wusste es ohne Mitleid, ohne Schauer, ganz von fern. Man führte dich in einen Hof, in eine Art von Burghof. Da standest du nun mit nach rückwärts gefesselten Händen und nackt. Und so wie ich dich sah, obwohl ich anderswo war, so sahst du auch mich, auch den Mann, der mich in seinen Armen hielt, und alle die andern Paare, diese unendliche Flut von Nacktheit, die mich umschäumte und von der ich und der Mann, der mich umschlungen hielt, gleichsam nur eine Welle bedeuteten. Während du nun im Burghof standest, erschien an einem hohen Bogenfenster zwischen roten Vorhängen eine junge Frau mit einem Diadem auf dem Haupt und im Purpurmantel. Es war die Fürstin des Landes. Sie sah hinab zu dir mit einem strenge fragenden Blick. Du standest allein, die andern, so viele es waren, hielten sich abseits, an die Mauern gedrückt, ich hörte ein tückisches, Gefahr drohendes Murmeln und Raunen. Da beugte sich die Fürstin über die Brüstung. Es wurde still, und die Fürstin gab dir ein Zeichen, als gebiete sie dir, zu ihr hinaufzukommen, und ich wusste, dass sie entschlossen war, dich zu begnadigen. Aber du merktest ihren Blick nicht oder wolltest ihn nicht bemerken. Plötzlich aber, immer noch mit gefesselten Händen, doch in einen schwarzen Mantel gehüllt, standest du ihr gegenüber, nicht etwa in einem Gemach, sondern irgendwie in freier Luft, schwebend gleichsam. Sie hielt ein Pergamentblatt in der Hand, dein Todesurteil, in dem auch deine Schuld und die Gründe deiner Verurteilung aufgezeichnet waren. Sie fragte dich – ich hörte die Worte nicht, aber ich wusste es –, ob du bereit seist, ihr Geliebter zu werden, in diesem Fall war dir die Todesstrafe erlassen. Du schütteltest verneinend den Kopf. Ich wunderte mich nicht, denn es war vollkommen in der Ordnung und konnte gar nicht anders sein, als dass du mir auf alle Gefahr hin und in alle Ewigkeit die Treue halten musstest. Da zuckte die Fürstin die Achseln, winkte ins Leere, und da befandest du dich plötzlich in einem unterirdischen Kellerraum, und Peitschen sausten auf dich nieder, ohne dass ich die Leute sah, die die Peitschen schwangen. Das Blut floss wie in Bächen an dir herab, ich sah es fließen, war mir meiner Grausamkeit bewusst, ohne mich über sie zu wundern. Nun trat die Fürstin auf dich zu. Ihre Haare waren aufgelöst, flossen um ihren nackten Leib, das Diadem hielt sie in beiden Händen dir entgegen – und ich wusste, dass sie das Mädchen vom dänischen Strande war, das du einmal des Morgens nackt auf der Terrasse einer Badehütte gesehen hattest. Sie sprach kein Wort, aber der Sinn ihres Hierseins, ja ihres Schweigens war, ob du ihr Gatte und der Fürst des Landes werden wolltest. Und da du wieder ablehntest, war sie plötzlich verschwunden, ich aber sah zugleich, wie man ein Kreuz für dich aufrichtete; – nicht unten im Burghof, nein, auf der blumenübersäten unendlichen Wiese, wo ich in den Armen eines Geliebten ruhte, unter all den andern Liebespaaren. Dich aber sah ich, wie du durch altertümliche Gassen allein dahinschrittest ohne jede Bewachung, doch wusste ich, dass dein Weg dir vorgezeichnet und jede Flucht unmöglich war. Jetzt gingst du den Waldpfad bergan. Ich erwartete dich mit Spannung, aber ohne jedes Mitgefühl. Dein Körper war mit Striemen bedeckt, die aber nicht mehr bluteten. Du stiegst immer höher hinan, der Pfad wurde breiter, der Wald trat zu beiden Seiten zurück, und nun standest du am Wiesenrand in einer Ungeheuern, unbegreiflichen Ferne. Doch du grüßtest mich lächelnd mit den Augen, wie zum Zeichen, dass du meinen Wunsch erfüllt hattest und mir alles brachtest, wessen ich bedurfte: – Kleider und Schuhe und Schmuck. Ich aber fand dein Gebaren über alle Maßen töricht und sinnlos, und es lockte mich, dich zu verhöhnen, dir ins Gesicht zu lachen, – und gerade darum, weil du aus Treue zu mir die Hand einer Fürstin ausgeschlagen, Foltern erduldet und nun hier heraufgewankt kamst, um einen furchtbaren Tod zu erleiden. Ich lief dir entgegen, auch du schlugst einen immer rascheren Gang ein – ich begann zu schweben, auch du schwebtest in den Lüften; doch plötzlich entschwanden wir einander, und ich wusste: Wir waren aneinander vorbeigeflogen. Da wünschte ich, du solltest doch wenigstens mein Lachen hören, gerade während man dich ans Kreuz schlüge. – Und so lachte ich auf, so schrill, so laut ich konnte. Das war das Lachen, Fridolin, – mit dem ich erwacht bin.«

Sie schwieg und blieb ohne jede Regung. Auch er rührte sich nicht und sprach kein Wort. Jedes wäre in diesem Augenblick matt, lügnerisch und feig erschienen. Je weiter sie in ihrer Erzählung fortgeschritten war, umso lächerlicher und nichtiger erschienen ihm seine eigenen Erlebnisse, so weit sie bisher gediehen waren, und er schwor sich zu, sie alle zu Ende zu erleben, sie ihr dann getreulich zu berichten und so Vergeltung zu üben an dieser Frau, die sich in ihrem Traum enthüllt hatte als die, die sie war, treulos, grausam und verräterisch, und die er in diesem Augenblick tiefer zu hassen glaubte, als er sie jemals geliebt hatte.

Nun merkte er, dass er immer noch ihre Finger mit seinen Händen umfasst hielt und dass er, wie sehr er diese Frau auch zu hassen gewillt war, für diese schlanken, kühlen, ihm so vertrauten Finger eine unveränderte, nur schmerzlicher gewordene Zärtlichkeit empfand; und unwillkürlich, ja gegen seinen Willen, – ehe er diese vertraute Hand aus der seinen löste, berührte er sie sanft mit seinen Lippen.

Albertine öffnete noch immer nicht die Augen, Fridolin glaubte zu sehen, wie ihr Mund, ihre Stirn, ihr ganzes Antlitz mit beglücktem, verklärtem, unschuldsvollem Ausdruck lächelte, und er fühlte einen ihm selbst unbegreiflichen Drang, sich über Albertine zu beugen und auf ihre blasse Stirn einen

Kuss zu drücken. Aber er bezwang sich in der Erkenntnis, dass es nur die allzu begreifliche Ermüdung nach den aufwühlenden Ereignissen der letzten Stunden war, die in der trügerischen Atmosphäre des Ehegemachs sich in sehnsüchtige Zärtlichkeit verkleidet hatte.

Doch wie immer es in diesem Augenblicke mit ihm stand – zu welchen Entschlüssen er im Laufe der nächsten Stunden gelangen sollte, das dringende Gebot des Augenblicks für ihn war, sich auf eine Weile wenigstens in Schlaf und Vergessen zu flüchten. Auch in der Nacht, die dem Tod seiner Mutter gefolgt war, hatte er geschlafen, hatte tief und traumlos schlafen können, und er sollte es in dieser nicht? Und er streckte sich an der Seite Albertinens hin, die schon eingeschlummert zu sein schien. Ein Schwert zwischen uns, dachte er wieder. Und dann: Wie Todfeinde liegen wir hier nebeneinander. Aber es war nur ein Wort.

VI

Das leise Klopfen des Dienstmädchens weckte ihn um sieben Uhr früh. Er warf einen raschen Blick auf Albertine. Manchmal, nicht immer, weckte dieses Klopfen auch sie. Heute schlief sie regungslos, allzu regungslos weiter. Fridolin machte sich rasch fertig. Ehe er fortging, wollte er seine kleine Tochter sehen. Sie lag ruhig in ihrem weißen Bett, die Hände nach Kinderart zu kleinen Fäustchen verkrampft. Er küsste sie auf die Stirn. Und noch einmal, auf den Fußspitzen, schlich er zur Tür des Schlafzimmers, wo Albertine immer noch ruhte, unbeweglich wie vorher. Dann ging er. In seiner schwarzen Arzttasche, wohl verwahrt, trug er Mönchskutte und Pilgerhut mit sich. Das Programm für den Tag hatte er sorgfältig, ja mit einiger

Pedanterie entworfen. An erster Stelle stand ein Besuch ganz in der Nähe bei einem schwerkranken jungen Rechtsanwalt. Fridolin nahm eine sorgfältige Untersuchung vor, fand den Zustand etwas gebessert, gab seiner Befriedigung darüber ehrlich erfreuten Ausdruck und versah ein altes Rezept mit dem üblichen Repetatur. Dann begab er sich unverzüglich nach dem Hause, in dessen Kellertiefen Nachtigall gestern Abend Klavier gespielt hatte. Das Lokal war noch gesperrt, doch im Café oben die Kassiererin wusste, dass Nachtigall in einem kleinen Hotel der Leopoldstadt wohne. Eine Viertelstunde darauf fuhr Fridolin dort vor. Es war ein elender Gasthof. Im Flur roch es nach ungelüfteten Betten, schlechtem Fett und Zichorienkaffee. Ein übel aussehender Portier, mit rotgeränderten pfiffigen Augen, stets auf polizeiliche Einvernahme gefasst, gab bereitwillig Auskunft. Herr Nachtigall sei heute Morgen um fünf Uhr in Gesellschaft zweier Herren vorgefahren, die ihr Gesicht durch hochgeschlungene Halstücher vielleicht absichtlich beinahe unkenntlich gemacht hätten. Während Nachtigall sich in sein Zimmer begeben, hätten die Herren seine Rechnung für die letzten vier Wochen bezahlt; als er nach einer halben Stunde nicht wieder erschienen war, hätte ihn der eine Herr persönlich heruntergeholt, worauf alle drei zum Nordbahnhof gefahren wären. Nachtigall hatte einen höchst aufgeregten Eindruck gemacht; ja – warum sollte man einem so vertrauenerweckenden Herrn nicht die ganze Wahrheit sagen – er hatte dem Portier einen Brief zuzustecken versucht, was die beiden Herren aber sofort verhindert hatten. Briefe, die für Herrn Nachtigall kämen – so hatten die Herren weiter erklärt –, würden von einer hierzu legitimierten Person abgeholt werden. Fridolin empfahl sich, es war ihm angenehm, dass er seine Arzttasche in der Hand trug, als er aus dem Haustor trat; so würde man ihn wohl nicht für einen Bewohner dieses Hotels halten, sondern für eine Amtsperson. Mit Nachtigall war es also vorderhand nichts. Man war recht vorsichtig gewesen und hatte wohl allen Anlass dazu.

Nun fuhr er zur Maskenverleihanstalt. Herr Gibiser öffnete selbst. »Hier bringe ich das entliehene Kostüm zurück«, sagte Fridolin, »und wünsche meine Schuld zu begleichen.« Herr Gibiser nannte einen mäßigen Betrag, nahm das Geld in Empfang, machte eine Eintragung in ein großes Geschäftsbuch und sah vom Bürotisch einigermaßen verwundert zu Fridolin auf, der keine Miene machte, sich zu entfernen.

»Ich bin ferner hier«, sagte Fridolin im Ton eines Untersuchungsrichters, »um ein Wort wegen Ihres Fräulein Tochter mit Ihnen zu reden.«

Irgendetwas zuckte um die Nasenflügel des Herrn Gibiser; – Unbehagen, Spott oder Ärger, es war nicht recht zu entscheiden.

»Wie meinen der Herr?«, fragte er in einem gleichfalls völlig unbestimmbaren Ton.

»Sie bemerkten gestern«, sagte Fridolin, die eine Hand mit gespreizten Fingern auf den Bürotisch gestützt, »dass Ihr Fräulein Tochter geistig nicht ganz normal sei. Die Situation, in der wir sie betrafen, legte diese Vermutung tatsächlich nahe. Und da mich der Zufall nun einmal zum Teilnehmer oder wenigstens zum Zuschauer jener sonderbaren Szene gemacht hat, so möchte ich Ihnen doch nahelegen, Herr Gibiser, einen Arzt zu Rate zu ziehen.«

Gibiser, einen unnatürlich langen Federstiel in der Hand hin und her drehend, maß Fridolin mit einem unverschämten Blick.

»Und Herr Doktor wären vielleicht selbst so gütig, die Behandlung zu übernehmen?«

»Ich bitte, mir keine Worte in den Mund zu legen«, erwiderte Fridolin scharf, aber etwas heiser, »die ich nicht ausgesprochen habe.«

In diesem Augenblick öffnete sich die Tür, die nach den Innenräumen führte, und ein junger Herr mit offenem Überzieher über dem Frackanzug trat heraus. Fridolin wusste sofort, dass es niemand anders sein konnte als einer der Femrichter von heute Nacht. Kein Zweifel, er kam aus Pierrettens Zimmer. Er schien betreten, als er Fridolins ansichtig wurde, fasste sich aber sofort, grüßte Gibiser flüchtig durch ein Winken mit der Hand, zündete sich dann noch eine Zigarette an, wozu er sich eines auf dem Bürotisch befindlichen Feuerzeugs bediente, und verließ die Wohnung.

»Ach so«, bemerkte Fridolin mit einem verächtlichen Zucken der Mundwinkel und mit einem bitterem Geschmack auf der Zunge.

»Wie meinen der Herr?«, fragte Gibiser mit vollkommenem Gleichmut.

»Sie haben also darauf verzichtet, Herr Gibiser«, und er ließ den Blick überlegen von der Wohnungstür nach der andern schweifen, aus der der Femrichter getreten war, »verzichtet, die Polizei zu verständigen.«

»Man hat sich auf anderm Weg geeinigt, Herr Doktor«, bemerkte Gibiser kühl und erhob sich, als wäre eine Audienz beendet. Fridolin wandte sich zum Gehen, Gibiser öffnete beflissen die Türe, und mit unbeweglicher Miene sagte er: »Wenn der Herr Doktor wieder einen Bedarf haben sollten ... Es muss ja nicht gerade ein Mönchsgewand sein.«

Fridolin schlug die Tür hinter sich zu. Dies wäre nun erledigt, dachte er mit einem Gefühl des Ärgers, das ihn selbst unverhältnismäßig dünkte. Er eilte die Treppen hinab, begab sich ohne besondere Eile auf die Poliklinik und telefonierte vor allem nach Hause, um sich zu erkundigen, ob ein Patient nach ihm geschickt habe, ob Post gekommen sei, was es sonst Neues gebe. Das Dienstmädchen hatte kaum ihre Antworten erteilt, als Albertine selbst an den Apparat kam und Fridolin begrüßte. Sie wiederholte alles, was das Dienstmädchen schon gesagt, dann erzählte sie unbefangen, dass sie eben erst aufgestanden sei und mit dem Kinde gemeinsam frühstücken wolle. »Gib ihr einen Kuss von mir«, sagte Fridolin, »und lasst es euch gut schmecken.«

Ihre Stimme hatte ihm wohlgetan, und gerade darum läutete er rasch ab. Er hatte eigentlich noch fragen wollen, was Albertine im Laufe dieses Vormittags vorhabe, aber was ging ihn das an? In der Tiefe seiner Seele war er doch fertig mit ihr, wie immer das äußere Leben weitergehen sollte. Die blonde Schwester half ihm aus den Ärmeln seines Rocks und reichte ihm den weißen Ärztekittel. Dabei lächelte sie ihn ein wenig an, wie sie eben alle zu lächeln pflegen, ob man sich um sie kümmerte oder nicht.

Ein paar Minuten darauf war er im Krankensaal. Der Chefarzt hatte melden lassen, dass er eines Konsiliums wegen plötzlich habe verreisen müssen, die Herren Assistenten möchten ohne ihn Visite machen. Fridolin fühlte sich beinahe glücklich, als er, von den Studenten gefolgt, von Bett zu Bett ging, Untersuchungen vornahm, Rezepte schrieb, mit Hilfsärzten und Wärterinnen sich fachlich besprach. Es gab allerlei Neuigkeiten. Der Schlossergeselle Karl Rödel war in der Nacht gestorben. Sektion Nachmittag halb fünf. Im Weibersaal war ein Bett frei geworden, aber schon wieder belegt. Die Frau von Bett siebzehn hatte man auf die chirurgische Abteilung transferieren müssen. Zwischendurch wurden auch Personalfragen berührt. Die Neubesetzung der Augenabteilung sollte übermorgen entschieden werden; Hügelmann, jetzt Professor in Marburg, vor vier Jahren noch zweiter Assistent bei Stellwag, hatte die meisten Chancen. Rasche

Karriere, dachte Fridolin. Ich werde nie für die Leitung einer Abteilung in Betracht kommen, schon weil mir die Dozentur fehlt. Zu spät. Warum eigentlich? Man müsste eben wieder wissenschaftlich zu arbeiten anfangen oder manches Begonnene mit größerem Ernst wiederaufnehmen. Die Privatpraxis ließ immer noch Zeit genug.

Er bat Herrn Doktor Fuchstaler, die Ambulanz zu leiten, und musste sich gestehen, dass er lieber hiergeblieben als auf den Galitzinberg gefahren wäre. Und doch, es musste sein. Nicht nur sich allein gegenüber war er verpflichtet, der Sache weiter nachzugehen; noch allerlei anderes gab es heute zu erledigen. Und so entschloss er sich für alle Fälle, Herrn Doktor Fuchstaler auch mit der Abendvisite zu betrauen. Das junge Mädchen mit dem verdächtigen Spitzenkatarrh dort im letzten Bett lächelte ihm zu. Es war dieselbe, die neulich bei Gelegenheit einer Untersuchung ihre Brüste so zutraulich an seine Wange gepresst hatte. Fridolin erwiderte ihren Blick ungnädig und wandte sich stirnrunzelnd ab. Eine wie die andere, dachte er mit Bitterkeit, und Albertine ist wie sie alle – sie ist die Schlimmste von allen. Ich werde mich von ihr trennen. Es kann nie wieder gut werden.

Auf der Treppe wechselte er noch ein paar Worte mit einem Kollegen von der chirurgischen Abteilung. Nun, wie stand es eigentlich mit der Frau, die heute Nacht hinübertransferiert worden war? Er für seinen Teil glaube nicht recht an die Notwendigkeit einer Operation. Man werde ihm doch das Resultat der histologischen Untersuchung berichten?

»Selbstverständlich, Herr Kollega.«

An der Ecke nahm er einen Wagen. Er zog sein Notizbuch zu Rate, lächerliche Komödie vor dem Kutscher, als müsse er sich jetzt erst entscheiden. »Nach Ottakring«, sagte er dann, »die Straße gegen den Galitzinberg. Ich werde Ihnen sagen, wo Sie zu halten haben.«

Im Wagen kam plötzlich wieder eine schmerzlich-sehnsüchtige Erregung über ihn, ja beinahe ein Schuldbewusstsein, dass er in den letzten Stunden seiner schönen Retterin kaum mehr gedacht hatte. Ob es ihm nun gelingen würde, das Haus zu finden? Nun, das konnte nicht sonderlich schwierig sein. Die Frage war nur: Was dann? Polizeiliche Anzeige? Das konnte gerade für die Frau, die sich vielleicht für ihn geopfert oder bereit gewesen war, sich für ihn zu opfern, üble Folgen nach sich ziehen. Oder sollte er sich an einen Privatdetektiv wenden? Das erschien ihm ziemlich abgeschmackt und seiner nicht ganz würdig. Aber was blieb ihm sonst noch übrig? Er hatte doch weder die Zeit noch wahrscheinlich das Talent, die nötigen Nachforschungen kunstgerecht durchzuführen. – Eine geheime Gesellschaft? Nun ja, jedenfalls geheim. Aber untereinander kannten sie sich doch? Aristokraten, vielleicht gar Herren vom Hof? Er dachte an gewisse Erzherzöge, denen man dergleichen Scherze schon zutrauen konnte. Und die Damen? Vermutlich ... aus Freudenhäusern zusammengetrieben. Nun, das war keineswegs sicher. Jedenfalls ausgesuchte Ware. Aber die Frau, die sich ihm geopfert hatte? Geopfert? Warum er nur immer wieder sich einbilden wollte, dass es wirklich ein Opfer gewesen war! Eine Komödie. Selbstverständlich war das Ganze eine Komödie gewesen. Eigentlich sollte er froh sein, so leichten Kaufs davongekommen zu sein. Nun ja, er hatte gute Haltung bewahrt. Die Kavaliere konnten wohl merken, dass er nicht der erste Beste war. Und sie hatte es jedenfalls auch gemerkt. Wahrscheinlich war er ihr lieber als alle diese Erzherzöge oder was sie sonst gewesen sein mochten.

Am Ende des Liebhartstals, wo der Weg entschiedener nach aufwärts führte, stieg er aus und schickte den Wagen vorsichtshalber wieder fort. Der Himmel war blassblau, mit weißen Wölkchen, und die Sonne schien frühlingswarm. Er blickte zurück – nichts Verdächtiges war zu sehen. Kein Wagen, kein Fußgänger. Langsam stieg er bergan. Der Mantel wurde ihm schwer; er legte ihn ab und warf ihn um die Schultern. Er kam an die Stelle, wo rechts die Seitenstraße abbiegen musste, in der das geheimnisvolle Haus stand; er konnte nicht fehlgehen; sie führte nach abwärts, aber keineswegs so steil, als es ihn nachts im Fahren gedünkt hatte. Eine stille Gasse. In einem Vorgarten standen Rosenstöcke, sorgfältig in Stroh gehüllt, in einem nächsten stand ein Kinderwägelchen; ein Bub, ganz in blaue Wolle gekleidet, tollte hin und her; vom Parterrefenster aus schaute eine junge Frau lachend zu. Dann kam ein unbebauter Platz, dann ein wilder eingezäunter Garten, dann eine kleine Villa, dann ein Rasenplatz, und nun, kein Zweifel –, dies hier war das Haus, das er suchte. Es sah keineswegs groß oder prächtig aus, es war eine einstöckige Villa in bescheidenem Empirestil und offenbar vor nicht allzu langer Zeit renoviert. Die grünen Jalousien waren überall heruntergelassen, nichts deutete darauf hin, dass die Villa bewohnt sein könnte. Fridolin blickte rings um sich. Niemand war in der Gasse zu sehen; nur weiter unten gingen, sich entfernend, zwei Knaben mit Büchern unter dem Arm. Er stand vor der Gartentür. Und was nun? Einfach wieder zurückspazieren? Das wäre ihm geradezu lächerlich erschienen. Er suchte nach dem elektrischen Taster. Und wenn man ihm aufschlösse, was sollte er sagen? Nun, ganz einfach – ob das hübsche Landhaus nicht über den Sommer zu vermieten wäre? Doch schon tat sich das Haustor von selbst auf, ein alter Diener in einfacher Morgenlivree trat heraus und ging langsam den schmalen Pfad bis zur Gartentür. Er hielt einen Brief in der Hand und reichte ihn stumm zwischen den Gitterstäben Fridolin, dem das Herz klopfte.

»Für mich?«, fragte er stockend. Der Diener nickte, wandte sich, ging, und die Haustür fiel hinter ihm zu. Was bedeutet das? fragte sich Fridolin. Am Ende von ihr? *Sie* ist es vielleicht selbst, der das Haus gehört –? Rasch schritt er wieder die Straße aufwärts, jetzt erst merkte er, dass auf dem Kuvert sein Name stand in steiler, hoheitsvoller Schrift. An der Ecke öffnete er den Brief; entfaltete ein Blatt und las: »Geben Sie Ihre Nachforschungen auf, die völlig nutzlos sind, und betrachten Sie diese Worte als zweite Warnung. Wir hoffen in Ihrem Interesse, dass keine weitere nötig sein wird.« Er ließ das Blatt sinken.

Diese Botschaft enttäuschte ihn in jeder Hinsicht; jedenfalls aber war es eine andere, als die er törichterweise für möglich gehalten hatte. Immerhin, der Ton war merkwürdig zurückhaltend, gänzlich ohne Schärfe. Er ließ erkennen, dass die Leute, die diese Botschaft gesandt, sich keineswegs sicher fühlten.

Zweite Warnung –? Wieso? Ach ja, in der Nacht war die erste an ihn ergangen. Warum aber *zweite* – und nicht letzte? Wollten sie seinen Mut nochmals erproben? Sollte er eine Prüfung zu bestehen haben? Und woher kannten sie seinen Namen? Nun, das war weiter nicht sonderbar, wahrscheinlich hatte man Nachtigall gezwungen, ihn zu verraten. Und überdies – er lächelte unwillkürlich über seine Zerstreutheit –, im Futter seines Pelzes waren sein Monogramm und seine genaue Adresse eingenäht.

Doch wenn er auch nicht weiter war als vorher – der Brief hatte ihn im Ganzen beruhigt – ohne dass er recht zu sagen gewusst hätte, warum. Insbesondere war er überzeugt, dass die Frau, um deren Schicksal er gebangt hatte, sich noch am Leben befand und dass es nur an ihm lag, sie zu finden, wenn er mit Vorsicht und Schlauheit zu Werke ging.

Als er etwas ermüdet, aber in einer seltsam erlösten Stimmung, die er doch zugleich als trügerisch empfand, zu Hause anlangte, hatten Albertine und das Kind schon zu Mittag gegessen, leisteten ihm aber Gesellschaft, während er selbst sein Mahl einnahm. Da saß sie ihm gegenüber, die ihn heute Nacht ruhig ans Kreuz hatte schlagen lassen, mit engelhaftem Blick, hausfraulich-mütterlich, und er verspürte zu seiner Verwunderung keinerlei Hass gegen sie. Er ließ es sich schmecken; befand sich in etwas erregter, aber eigentlich heiterer Laune, und nach seiner Art sprach er sehr lebhaft von den kleinen Berufserlebnissen des Tages, insbesondere von den ärztlichen Personalfragen, über die er Albertine immer genau zu unterrichten pflegte. Er erzählte, dass die Ernennung Hügelmanns so gut wie sicher sei, und sprach von seinem eigenen Vorsatz, die wissenschaftlichen Arbeiten wieder mit etwas größerer Energie aufzunehmen. Albertine kannte diese Stimmung, wusste, dass sie nicht allzu lange anzuhalten pflegte, und ein leises Lächeln verriet ihre Zweifel. Fridolin ereiferte sich, worauf Albertine mit milder Hand ihm beruhigend über die Haare strich. Jetzt zuckte er leicht zusammen und wandte sich dem Kinde zu, wodurch er seine Stirn weiterer peinlicher Berührung entzog. Er nahm die Kleine auf den Schoß, schickte sich eben an, sie auf den Knien zu schaukeln, als das Dienstmädchen meldete, dass schon einige Patienten warteten. Fridolin erhob sich wie befreit, erwähnte noch beiläufig, dass doch Albertine und das Kind die schöne sonnige Nachmittagsstunde zum Spazierengehen benützen sollten, und begab sich in sein Sprechzimmer.

Im Laufe der nächsten zwei Stunden hatte Fridolin sechs alte Patienten und zwei neue vorzunehmen. Er war in jedem einzelnen Fall völlig bei der Sache, untersuchte, machte Notizen, verordnete – und freute sich, dass er nach den zwei letzten, fast ohne Schlaf verbrachten Nächten sich so wunderbar frisch und geistesklar fühlte.

Nach Erledigung der Sprechstunde sah er noch einmal, wie es seine Gewohnheit war, nach Frau und Kind und stellte nicht ohne Befriedigung fest, dass Albertine eben Besuch von ihrer Mutter hatte, sowie dass die Kleine mit dem Fräulein Französisch lernte. Und erst auf der Stiege kam ihm wieder zu Bewusstsein, dass all diese Ordnung, all dies Gleichmaß, all diese Sicherheit seines Daseins nur Schein und Lüge zu bedeuten hatten.

Trotzdem er die Nachmittagsvisite abgesagt hatte, zog es ihn doch unwiderstehlich auf die Abteilung. Es lagen zwei Fälle dort, die für die wissenschaftliche Arbeit, die er vor allem plante, besonders in Betracht kamen, und er beschäftigte sich eine Weile eingehender mit ihnen, als er es bisher getan. Dann hatte er noch einen Krankenbesuch in der inneren Stadt zu erledigen, und so war es sieben Uhr abends geworden, als er vor dem alten Hause in der Schreyvogelgasse stand. Nun erst, da er zu Mariannens Fenster aufblickte, wurde ihm ihr Bild, das indes völlig verblasst war, noch mehr als das aller anderen wieder lebendig. Nun – hier konnte es ihm nicht fehlen. Ohne Aufwand besonderer Mühe konnte er hier sein Rachewerk beginnen, hier gab es für ihn keine Schwierigkeit, keine Gefahr; und das, wovor andere vielleicht zurückgeschreckt wären, der Verrat an dem Bräutigam, das bedeutete für ihn beinahe einen Anreiz mehr. Ja, verraten, betrügen, lügen, Komödie spielen, da und dort, vor Marianne, vor Albertine, vor diesem guten Doktor Roediger, vor der ganzen Welt – eine Art von Doppelleben führen, zugleich der tüchtige, verlässliche, zukunftsreiche Arzt, der brave Gatte und Familienvater sein –, und zugleich ein Wüstling, ein Verführer, ein Zyniker, der mit den Menschen, mit Männern und Frauen spielte, wie ihm just die Laune ankam – das erschien ihm in diesem Augenblick als etwas ganz Köstliches –, und das Köstlichste dran war, dass er später einmal, wenn Albertine sich schon längst in der Sicherheit eines ruhigen Ehe- und Familienlebens geborgen wähnte, ihr kühl lächelnd alle seine Sünden eingestehen wollte, umso Vergeltung zu üben für das, was sie ihm in einem Traume Bitteres und Schmachvolles angetan hatte.

Im Hausflur fand er sich dem Doktor Roediger gegenüber, der ihm harmlos-herzlich die Hand entgegenreichte.

»Wie geht es Fräulein Marianne?«, fragte Fridolin. »Hat sie sich ein wenig beruhigt?«

Doktor Roediger zuckte die Achseln. »Sie war lange genug auf das Ende vorbereitet, Herr Doktor. – Nur als man heute gegen Mittag die Leiche holte –«

»Ah, ist das schon geschehen?«

Doktor Roediger nickte. »Morgen Nachmittag drei Uhr findet das Begräbnis statt ...«

Fridolin sah vor sich hin. »Es sind wohl – die Verwandten bei Fräulein Marianne?«

»Nicht mehr«, erwiderte Doktor Roediger, »jetzt ist sie allein. Es wird sie gewiss freuen, Sie noch zu sehen, Herr Doktor. Morgen bringen wir sie nämlich nach Mödling, meine Mutter und ich«, und auf einen höflich fragenden Blick Fridolins: »Meine Eltern haben nämlich dort ein kleines Häuschen. Auf Wiedersehen, Herr Doktor. Ich habe noch allerlei zu besorgen. Ja, was so ein – Fall zu tun gibt! Ich hoffe, Sie noch oben anzutreffen, Herr Doktor, wenn ich zurückkomme.« Und schon trat er aus dem Haustor auf die Straße.

Fridolin zögerte einen Augenblick, dann schritt er langsam die Treppe hinauf. Er klingelte; und Marianne selbst war es, die ihm öffnete. Sie war schwarz gekleidet, um den Hals trug sie eine schwarze Jettkette, die er noch nie an ihr gesehen. Ihr Antlitz rötete sich leise.

»Sie lassen mich lange warten«, sagte sie mit einem schwachen Lächeln.

»Verzeihen Sie, Fräulein Marianne, ich hatte heute einen besonders angestrengten Tag.«

Er folgte ihr durch das Sterbezimmer, in dem das Bett nun leer stand, in den Nebenraum, wo er gestern unter dem Bilde mit dem weiß uniformierten Offizier den Totenschein für den Hofrat geschrieben hatte. Auf dem Schreibtisch brannte schon eine kleine Lampe, sodass Zwielicht im Zimmer war. Marianne wies ihm einen Platz auf dem schwarzen Lederdiwan an, sie selbst setzte sich ihm gegenüber an den Schreibtisch.

»Eben bin ich im Hausflur Herrn Doktor Roediger begegnet. – Also morgen schon fahren Sie aufs Land?«

Marianne sah ihn an, als wundere sie sich über den kühlen Ton seiner Fragen, und ihre Schultern senkten sich, als er mit beinahe harter Stimme fortsetzte: »Ich finde das sehr vernünftig.« Und er erläuterte sachlich, wie günstig die gute Luft, die neue Umgebung auf sie wirken würde.

Sie saß unbeweglich, und Tränen flossen ihr über die Wangen. Er sah es ohne Mitgefühl, eher mit Ungeduld; und die Vorstellung, dass sie vielleicht in der nächsten Minute wieder zu seinen Füßen liegen, ihr gestriges Geständnis wiederholen könnte, erfüllte ihn mit Angst. Und da sie schwieg, stand er brüsk auf. »So leid es mir tut, Fräulein Marianne –« Er sah auf die Uhr.

Sie hob den Kopf, blickte Fridolin an, und ihre Tränen flossen weiter. Er hätte ihr gern irgendein gutes Wort gesagt und war es nicht imstande.

»Sie bleiben wohl einige Tage auf dem Land«, begann er gezwungen. »Ich hoffe, Sie geben mir Nachricht ... Herr Doktor Roediger sagt mir übrigens, dass die Hochzeit bald stattfinden werde. Erlauben Sie mir schon heute, Ihnen meinen Glückwunsch auszusprechen.«

Sie rührte sich nicht, als hätte sie seinen Glückwunsch, seinen Abschied überhaupt nicht zur Kenntnis genommen. Er streckte ihr die Hand entgegen, die sie nicht nahm, und fast in einem Ton des Vorwurfs wiederholte er: »Also, ich hoffe zuversichtlich, Sie geben mir Nachricht über Ihr Befinden. Auf Wiedersehen, Fräulein Marianne.« Sie saß da wie versteinert. Er ging, eine Sekunde lang blieb er in der Türe stehen, als gewähre er ihr noch eine letzte Frist, ihn zurückzurufen, sie schien den Kopf eher wegzuwenden, und nun schloss er die Türe hinter sich. Auf dem Gang draußen verspürte er irgendetwas wie Reue. Einen Augenblick dachte er daran, umzukehren, aber er fühlte, dass das vor allem andern sehr lächerlich gewesen wäre.

Aber was nun? Nach Hause? Wohin sonst! Heute konnte er ja doch nichts mehr unternehmen. Und morgen? Was? Und wie? Er fühlte sich ungeschickt, hilflos, alles zerfloss ihm unter den Händen; alles wurde unwirklich, sogar sein Heim, seine Frau, sein Kind, sein Beruf, ja, er selbst, wie er so mit schweifenden Gedanken die abendlichen Straßen mechanisch weiterging.

Von der Uhr des Rathausturmes schlug es halb acht. Es war übrigens gleichgültig, wie spät es war; die Zeit lag in völliger Überflüssigkeit vor ihm. Nichts, niemand ging ihn an. Er verspürte ein leises Mitleid mit sich selbst. Ganz flüchtig, nicht etwa wie ein Vorsatz, kam ihm der Einfall, zu irgendeinem Bahnhof zu fahren, abzureisen, gleichgültig wohin, zu verschwinden für alle Leute, die ihn gekannt, irgendwo in der Fremde wieder aufzutauchen und ein neues Leben zu beginnen als ein anderer, neuer Mensch. Er besann sich gewisser merkwürdiger Krankheitsfälle, die er aus psychiatrischen Büchern kannte, sogenannter Doppelexistenzen: Ein Mensch verschwand plötzlich aus ganz geordneten Verhältnissen, war verschollen, kehrte nach Monaten oder nach Jahren wieder, erinnerte sich selbst nicht, wo er in dieser Zeit gewesen, aber später erkannte ihn irgendwer, der irgendwo in einem fernen Land mit ihm zusammengetroffen war, und der Heimgekehrte wusste gar nichts davon. Solche Dinge kamen freilich selten vor, aber immerhin, sie waren erwiesen. Und in abgeschwächter Form erlebte sie wohl mancher. Wenn man aus Träumen wiederkehrte zum Beispiel? Freilich, man erinnerte sich ... Aber gewiss gab es auch Träume, die man völlig vergaß, von denen nichts übrig blieb als irgendeine rätselhafte Stimmung, eine geheimnisvolle Benommenheit. Oder man erinnerte sich erst später, viel später und wusste nicht mehr, ob man etwas erlebt oder nur geträumt hatte. Nur – nur –!

Und wie er so weiterging und doch unwillkürlich die Richtung nach seiner Wohnung zu nahm, geriet er in die Nähe der dunklen, ziemlich verrufenen Gasse, in der er vor weniger als vierundzwanzig Stunden einem verlorenen Geschöpf nach ihrer armseligen und doch traulichen Behausung gefolgt war. *Verloren*, gerade die? Und gerade diese Gasse *verrufen*? Wie man doch immer wieder, durch Worte verführt, Straßen, Schicksale, Menschen in träger Gewohnheit benennt und beurteilt. War dieses junge Mädchen nicht im Grunde von allen, mit denen seltsame Zufälle ihn in der letzten Nacht zusammengeführt, das anmutigste, ja geradezu das reinste gewesen? Er fühlte einige Rührung, wenn er ihrer dachte. Und nun erinnerte er sich auch seines Vorsatzes von gestern; rasch entschlossen kaufte er im nächsten Laden allerlei Essbares ein; und als er mit dem kleinen Päckchen die Häusermauern entlangschritt, fühlte er sich geradezu froh in dem Bewusstsein, dass er im Begriffe war, eine zum mindesten vernünftige, vielleicht sogar lobenswerte Handlung zu begehen. Immerhin schlug er den Kragen hoch, als er in den Hausflur trat, nahm beim Treppensteigen einige Stufen auf einmal, die Wohnungsglocke tönte ihm mit unerwünschter Schrille ins Ohr; und als er von einer übel aussehenden Frauensperson den Bescheid erhielt, dass das Fräulein Mizzi nicht zu Hause sei, atmete er auf. Doch ehe die Frau noch Gelegenheit hatte, das Päckchen für die Abwesende in Empfang zu nehmen, trat ein anderes, noch junges, nicht unhübsches Frauenzimmer, in eine Art von Bademantel gehüllt, ins Vorzimmer und sagte: »Wen sucht der Herr? Die Fräuln Mizzi? Die wird so bald nicht z'haus kommen.«

Die Alte gab ihr ein Zeichen, zu schweigen; Fridolin aber, als wünschte er dringend eine Bestätigung zu erhalten für das, was er irgendwie doch schon geahnt hatte, bemerkte einfach: »Sie ist im Spital, nicht wahr?«

»Na, wenn's der Herr eh weiß. Aber mir sein g'sund, Gott sei Dank«, rief sie fröhlich aus und trat ganz nahe an Fridolin heran mit halb geöffneten Lippen und einem frechen Zurückwerfen ihres üppigen Leibes, sodass der Bademantel sich öffnete. Fridolin sagte ablehnend: »Ich bin nur im Vorbeigehen heraufgekommen, um der Mizzi was zu bringen«, und er erschien sich plötzlich wie ein Gymnasiast. Und in einem neuen, sachlichen Ton fragte er: »Auf welcher Abteilung liegt sie denn?«

Die Junge nannte ihm den Namen eines Professors, auf dessen Klinik Fridolin vor einigen Jahren Sekundararzt gewesen war. Und dann rügte sie gutmütig hinzu: »Geben S' es her, die Packerin, ich bring ihr's morgen. Können sich drauf verlassen, dass ich nichts wegnaschen werde. Und grüßen werd ich sie auch von Ihnen und ihr ausrichten, Sie sein ihr nicht untreu worden.«

Zugleich aber trat sie näher auf ihn zu und lachte ihn an. Doch als er leicht zurückwich, gab sie es sofort auf und bemerkte tröstend: »In sechs, spätestens acht Wochen, hat der Doktor g'sagt, is sie wieder zu Haus.«

Als Fridolin aus dem Haustor auf die Straße trat, fühlte er Tränen in der Kehle; aber er wusste, dass das nicht so sehr Ergriffenheit zu bedeuten hatte als ein allmähliches Versagen seiner Nerven. Er nahm absichtlich einen rascheren und lebhafteren Schritt an, als seiner Stimmung gemäß war. Sollte dieses Erlebnis ein weiteres, ein letztes Zeichen sein, dass ihm alles misslingen musste? Warum? Dass er einer so großen Gefahr entgangen war, konnte immerhin auch ein gutes Zeichen bedeuten. Und war es gerade das, worauf es ankam: Gefahren zu entgehen? Allerlei andere standen ihm wohl noch bevor. Er dachte keineswegs daran, die Nachforschungen nach der wunderbaren Frau von heute Nacht aufzugeben. Nun war freilich nicht mehr Zeit dazu. Und überdies musste genau erwogen werden, auf welche Art diese Nachforschungen weiterzuführen waren. Ja, wenn man jemanden hätte, mit dem man sich beraten könnte! Aber er, wusste keinen, den er in die Abenteuer der vergangenen Nacht gerne eingeweiht hätte. Seit Jahren war er mit keinem Menschen wirklich vertraut als mit seiner Frau, und mit der konnte er sich in diesem Fall doch kaum beraten, in diesem nicht und in keinem andern. Denn man mochte es nehmen, wie man wollte: Heute Nacht hatte sie ihn ans Kreuz schlagen lassen.

Und nun wusste er, warum seine Schritte ihn statt in der Richtung seines Hauses unwillkürlich immer weiter in die entgegengesetzte führten. Er wollte, er konnte Albertine jetzt nicht entgegentreten. Das Vernünftigste war es, irgendwo auswärts zur Nacht zu essen, dann auf die Abteilung nach seinen zwei Fällen sehen – und keinesfalls daheim sein – »daheim!« – bevor er sicher sein konnte, Albertine schon schlafend anzutreffen.

Er trat in ein Café, eines der vornehmeren, stilleren in der Nähe des Rathauses, telefonierte nach Hause, dass man ihn zum Abendessen nicht erwarten solle, läutete rasch ab, damit nicht etwa Albertine noch ans Telefon käme, dann setzte er sich an ein Fenster und zog den Vorhang zu. In einer entfernten Ecke nahm eben ein Herr Platz; in dunklem Überzieher, auch sonst ganz unauffällig gekleidet. Fridolin erinnerte sich, diese Physiognomie im Laufe dieses Tages schon irgendwo gesehen zu haben. Das konnte natürlich auch Zufall sein. Er nahm ein Abendblatt zur Hand und las, so wie er es gestern Nacht in einem anderen Kaffeehaus getan, da und dort ein paar Zeilen: Berichte über politische Ereignisse, Theater, Kunst, Literatur, über kleine und große Unglücksfalle aller Art. In irgendeiner Stadt Amerikas, deren Namen er niemals gehört hatte, war ein Theater abgebrannt. Der Rauchfangkehrermeister Peter Korand hatte sich zum Fenster hinausgestürzt. Es kam Fridolin irgendwie sonderbar vor, dass auch Rauchfangkehrer sich zuweilen umbrachten, und er fragte sich unwillkürlich, ob der Mann sich vorher ordentlich gewaschen oder schwarz, wie er war, ins Nichts gestürzt hatte. In einem vornehmen Hotel der inneren Stadt hatte sich heute früh eine Frau vergiftet, eine Dame, die unter dem Namen einer Baronin D. vor wenigen Tagen dort abgestiegen war, eine auffallend hübsche Dame. Fridolin fühlte sich sofort ahnungsvoll berührt. Die Dame war morgens um vier Uhr in Begleitung zweier Herren nach Hause gekommen, die am Tore sich von ihr verabschiedeten. Vier Uhr. Gerade zu der Stunde, da auch er nach Hause gekommen war. Und gegen Mittag war sie bewusstlos – so hieß es weiter – mit den Anzeichen einer schweren Vergiftung im Bette aufgefunden worden … Eine auffallend hübsche junge Dame … Nun, es gab manche auffallend hübsche junge Damen … Es war kein Anlass, anzunehmen, dass die Baronin D., vielmehr die Dame, die unter dem Namen Baronin D. in dem Hotel abgestiegen war, und eine gewisse andere ein und dieselbe Person vorstellen. Und doch – ihm klopfte das Herz, und das Blatt bebte in seiner Hand. In einem vornehmen Stadthotel … in welchem –? Warum so geheimnisvoll? – So diskret? …

Er ließ das Blatt sinken und sah, wie zugleich der Herr dort in der fernen Ecke eine Zeitung, eine große illustrierte Zeitung, wie einen Vorhang vor sein Gesicht schob. Sofort nahm auch Fridolin sein Blatt wieder zur Hand, und er wusste in diesem Augenblick, dass die Baronin D. unmöglich jemand anders sein konnte als die Frau von heute Nacht ... In einem vornehmen Stadthotel ... Es gab nicht so viele, die in Betracht kamen – für eine Baronin D. ... Und nun mochte geschehen, was da wolle – diese Spur musste verfolgt werden. Er rief nach dem Kellner, zahlte, ging. An der Tür wandte er sich noch einmal nach dem verdächtigen Herrn in der Ecke um. Der aber war sonderbarerweise schon verschwunden ...

Schwere Vergiftung ... Aber sie lebte ... In dem Augenblick, da man sie aufgefunden hatte, lebte sie noch. Und es war am Ende kein Grund, anzunehmen, dass sie nicht gerettet war. Jedenfalls, ob sie lebte oder tot war – er würde sie finden. Und er würde sie sehen – in jedem Fall – ob tot oder lebendig. Sehen würde er sie; kein Mensch auf der Erde konnte ihn daran hindern, die Frau zu sehen, die seinetwegen, ja, die *für ihn* in den Tod gegangen war. Er war schuldig an ihrem Tod – er allein – wenn sie es war. Ja, sie war es. Um vier Uhr morgens nach Hause gekommen in Begleitung zweier Herren! Wahrscheinlich derselben, die ein paar Stunden später Nachtigall zur Bahn gebracht hatten. Sie hatten kein sonderlich reines Gewissen, diese Herren.

Er stand auf dem großen weiten Platz vor dem Rathaus und blickte nach allen Seiten. Nur wenige Menschen befanden sich innerhalb seiner Sehweite, der verdächtige Herr aus dem Kaffeehaus war nicht unter ihnen. Und wenn auch – die Herren fürchteten sich, der Überlegene war er. Fridolin eilte weiter, auf dem Ring nahm er einen Wagen, ließ sich zuerst zum Hotel Bristol fahren und erkundigte sich bei dem Portier, als wäre er dazu befugt oder beauftragt, ob die Frau Baronin D., die sich heute Morgen bekanntlich vergiftet, hier in dem Hotel gewohnt habe. Der Portier schien weiter nicht erstaunt, hielt Fridolin vielleicht für einen Herrn von der Polizei oder sonst eine Amtsperson, in jedem Fall erwiderte er höflich, dass sich der traurige Fall nicht hier, sondern im Hotel Erzherzog Karl zugetragen habe …

Fridolin fuhr sofort in das bezeichnete Hotel und erhielt dort die Auskunft, dass die Baronin D. unverzüglich nach ihrer Auffindung ins Allgemeine Krankenhaus geschafft worden sei. Fridolin erkundigte sich, auf welche Weise die Entdeckung des Selbstmordversuches erfolgt sei. Was für Anlass denn vorgelegen habe, sich schon um die Mittagstunde um eine Dame zu kümmern, die doch erst um vier Uhr früh nach Hause gekommen war? Nun, das war ganz einfach: Zwei Herren (also wieder zwei Herren!) hatten vormittags um elf Uhr nach ihr gefragt. Da die Dame sich auf wiederholten telefonischen Anruf nicht gemeldet, hatte das Stubenmädchen an die Türe geklopft; da sich darauf wieder nichts gerührt hatte und die Türe von innen verriegelt blieb, war nichts übrig geblieben, als sie aufzusprengen, und da hatte man die Baronin bewusstlos im Bette liegend gefunden. Man hatte sofort Rettungsgesellschaft und Polizei verständigt.

»Und die zwei Herren?«, fragte Fridolin scharf und kam sich selbst vor wie ein Geheimpolizist.

Ja, die Herren, das gab freilich zu denken, die waren indes spurlos verschwunden. Im Übrigen dürfte es sich keineswegs um eine Baronin Dubieski gehandelt haben, unter welchem Namen die Dame im Hotel gemeldet war. Sie war das erste Mal in diesem Hotel abgestiegen, und es gab überhaupt keine Familie dieses Namens, jedenfalls keine adlige.

Fridolin dankte für die Auskunft, entfernte sich ziemlich rasch, da einer der eben hinzugetretenen Hoteldirektoren ihn mit unangenehmer Neugier zu mustern begann, stieg wieder in den Wagen und ließ sich zum Krankenhaus fahren. Wenige Minuten später, in der Aufnahmekanzlei, erfuhr er nicht nur, dass die angebliche Baronin Dubieski auf die zweite interne Klinik eingeliefert worden, sondern dass sie nachmittags um fünf trotz aller ärztlichen Bemühungen – ohne das Bewusstsein wiedererlangt zu haben – gestorben war.

Fridolin holte tief Atem, so glaubte er, doch es war ein schwerer Seufzer gewesen, der sich ihm entrungen. Der diensthabende Beamte blickte mit einiger Verwunderung zu ihm auf. Fridolin fasste sich gleich wieder, empfahl sich höflich und stand in der nächsten Minute im Freien. Der Krankenhausgarten war fast menschenleer. In einer benachbarten Allee unter einer Laterne ging eben eine Wärterin in blauweiß gestreiftem Kittel und weißem Häubchen. »Tot«, sagte Fridolin vor sich hin. – Wenn sie es ist. Und wenn sie es nicht ist? Wenn sie noch lebt, wie kann ich sie finden?

Wo der Leichnam der Unbekannten sich in diesem Augenblick befand, diese Frage konnte er sich leicht beantworten. Da sie erst vor wenigen Stunden gestorben war, lag sie jedenfalls in der Totenkammer, nur wenige hundert Schritte von hier. Schwierigkeiten für ihn als Arzt, sich auch in dieser späten Stunde dort Eingang zu verschaffen, gab es natürlich nicht. Doch – was wollte er dort? Er kannte ja nur ihren Körper, ihr Antlitz hatte er nie gesehen, nur eben einen flüchtigen Schimmer davon erhascht in der Sekunde, da er heute Nacht den Tanzsaal verlassen hatte oder, richtiger gesagt, aus dem Saal gejagt worden war. Doch dass er diesen Umstand bis jetzt gar nicht erwogen, das kam daher, dass er in diesen ganzen letztverflossenen Stunden, seit er die Zeitungsnotiz gelesen, die Selbstmörderin, deren Antlitz er nicht kannte, sich mit den Zügen Albertinens vorgestellt hatte, ja, dass ihm, wie er nun erst erschaudernd wusste, ununterbrochen seine Gattin als die Frau vor Augen geschwebt war, die er suchte. Und nochmals fragte er sich, was er eigentlich in der Totenkammer wollte? Ja, hätte er sie lebend wiedergefunden, heute, Morgen – in Jahren, wann, wo und in welcher Umgebung immer – an ihrem Gang, ihrer Haltung, ihrer Stimme vor allem hätte er sie, so war er überzeugt, unwidersprechlich erkannt. Nun aber sollte er nur den Körper wiedersehen, einen toten Frauenkörper und ein Antlitz, von dem er nichts kannte als die Augen – Augen, die nun gebrochen waren. Ja – diese Augen kannte er und die Haare, die sich in jenem letzten Augenblick, ehe man ihn aus dem Saal gejagt, plötzlich gelöst und die nackte Gestalt verhüllt hatten. Würde das genug sein, um ihn untrüglich wissen zu lassen, ob sie es sei oder nicht?

Und langsamen, zögernden Schritts nahm er den Weg durch die wohlbekannten Höfe nach dem Pathologisch-anatomischen Institut. Er fand das Tor unverschlossen, sodass er nicht nötig hatte zu klingeln. Der steinerne Fußboden hallte unter seinen Tritten, als er durch den schwach beleuchteten Gang schritt. Ein vertrauter, gewissermaßen heimatlicher Geruch von allerlei Chemikalien, der den angestammten Duft dieses Gebäudes übertönte, umfing Fridolin. Er klopfte an die Tür des histologischen Kabinetts, wo er wohl noch einen Assistenten bei der Arbeit vermuten durfte. Auf ein etwas unwirsches »Herein« trat Fridolin in den hohen, geradezu festlich erhellten Raum, in dessen Mitte, das Auge eben vom Mikroskop entfernend, wie Fridolin beinahe erwartet, sein alter Studienkollege, der Assistent des Institutes, Doktor Adler, sich von seinem Stuhl erhob.

»Oh, lieber Kollege«, begrüßte ihn Doktor Adler immer noch etwas unwillig, aber zugleich verwundert, »was verschafft mir die Ehre zu so ungewohnter Stunde?«

»Entschuldige die Störung«, sagte Fridolin. »Du bist gerade mitten in der Arbeit.«

»Allerdings«, erwiderte Adler in dem scharfen Ton, der ihm noch von seiner Burschenzeit eigen war. Und leichter fügte er hinzu: »Was sollte man in diesen heiligen Hallen sonst um Mitternacht zu schaffen haben? Aber du störst mich natürlich nicht im Geringsten. Womit kann ich dienen?«

Und da Fridolin nicht gleich antwortete: »Der Addison, den ihr uns heute heruntergeliefert habt, liegt noch in holder Unberührtheit da drüben. Sektion morgen Früh acht Uhr dreißig.«

Und auf eine verneinende Bewegung Fridolins: »Ah so – der Pleuratumor! Nun – die histologische Untersuchung hat unwiderleglich Sarkom ergeben. Darüber braucht ihr euch also auch keine grauen Haare wachsen zu lassen.«

Fridolin schüttelte wieder den Kopf. »Es handelt sich um keine – dienstliche Angelegenheit.«

»Na, umso besser«, sagte Adler, »ich hab' schon geglaubt, das schlechte Gewissen treibt dich da herunter zu nachtschlafender Zeit.«

»Mit schlechtem Gewissen oder wenigstens mit Gewissen überhaupt hängt es schon eher zusammen«, erwiderte Fridolin.

»Oh!«

»Kurz und gut« – er befliss sich eines harmlos-trockenen Tones –, »ich möchte gern Auskunft wegen einer Frauensperson, die heute Abend auf der zweiten Klinik an Morphiumvergiftung gestorben ist und die jetzt da herunten liegen dürfte, eine gewisse Baronin Dubieski.« Und rascher fuhr er fort: »Ich habe nämlich die Vermutung, dass diese angebliche Baronin Dubieski eine Person ist, die ich vor Jahren flüchtig gekannt habe. Und es würde mich interessieren, ob meine Vermutung stimmt.«

»Suicidium?«, fragte Adler.

Fridolin nickte. »Ja. Selbstmord«, übersetzte er, als wünschte er damit der Angelegenheit wieder ihren privaten Charakter zu verleihen.

Adler deutete mit humoristisch gestrecktem Zeigefinger auf Fridolin. »Unglückliche Liebe zu Euer Hochwohlgeboren?«

Fridolin verneinte etwas ärgerlich. »Der Selbstmord dieser Baronin Dubieski hat mit meiner Person nicht das Geringste zu tun.«

»Bitte, bitte, ich will nicht indiskret sein. Wir können uns ja sofort überzeugen. Meines Wissens ist heute Abend keine Anforderung von der gerichtlichen Medizin gekommen. Also, jedenfalls –«

Gerichtliche Obduktion, zuckte es durch Fridolins Hirn. Das könnte wohl noch der Fall sein. Wer weiß, ob ihr Selbstmord überhaupt ein freiwilliger war? Die zwei Herren fielen ihm wieder ein, die so plötzlich aus dem Hotel verschwunden waren, nachdem sie von dem Selbstmordversuch erfahren hatten. Die Angelegenheit könnte sich wohl noch zu einer Kriminalaffäre ersten Ranges entwickeln. Und ob er – Fridolin – nicht gar als Zeuge vorgeladen würde – ja, ob er nicht eigentlich verpflichtet wäre, sich freiwillig bei Gericht zu melden?

Er folgte Doktor Adler über den Gang zu der gegenüberliegenden Türe, die halb offenstand. Der kahle hohe Raum war durch die zwei offenen, etwas heruntergeschraubten Flammen eines zweiarmigen Gaslüsters schwach beleuchtet. Von den zwölf oder vierzehn Leichentischen war nur die geringere Anzahl belegt. Einige Körper lagen nackt da, über die andern waren Leinentücher gebreitet. Fridolin trat zu dem ersten Tisch gleich an der Türe und zog vorsichtig das Tuch von dem Kopf der Leiche weg. Ein greller Lichtschein von der elektrischen Taschenlampe des Doktor Adler fiel plötzlich hin. Fridolin sah ein gelbes, graubärtiges Männergesicht und bedeckte es gleich wieder mit dem Leichentuch. Auf dem nächsten Tisch lag ein hagerer nackter Jünglingsleib. Doktor Adler, von einem anderen Tische her, sagte: »Eine zwischen sechzig und siebzig, die wird's also wohl auch nicht sein.«

Fridolin aber, wie plötzlich hingezogen, schritt ans Ende des Saales, von wo ein Frauenleib ihm fahl entgegenleuchtete. Der Kopf war zur Seite gesenkt; lange, dunkle Haarsträhnen fielen fast bis zum Fußboden herab. Unwillkürlich streckte Fridolin die Hand aus, um den Kopf zurechtzurücken, doch mit einer Scheu, die ihm, dem Arzt, sonst fremd war, zögerte er wieder. Doktor Adler war herzugetreten und bemerkte hinter sich deutend: »Kommen alle nicht in Betracht – also die?« Und er leuchtete mit der elektrischen Lampe auf den Frauenkopf, den Fridolin eben, seine Scheu überwindend, mit beiden Händen gefasst und ein wenig emporgehoben hatte. Ein weißes Antlitz mit halb geschlossenen Lidern starrte ihm entgegen. Der Unterkiefer hing schlaff herab, die schmale, hinaufgezogene Oberlippe ließ das bläuliche Zahnfleisch und eine Reihe weißer Zähne sehen. Ob dieses Antlitz irgendeinmal, ob es vielleicht gestern noch schön gewesen – Fridolin hätte es nicht zu sagen vermocht – es war ein völlig nichtiges, leeres, es war ein totes Antlitz. Es konnte ebenso gut einer Achtzehnjährigen als einer Achtunddreißigjährigen angehören.

»Ist sie's?«, fragte Doktor Adler.

Fridolin beugte sich unwillkürlich tiefer herab, als könnte sein bohrender Blick den starren Zügen eine Antwort entreißen. Und er wusste doch zugleich, auch wenn es wirklich ihr Antlitz wäre, ihre Augen, dieselben Augen, die gestern so lebensheiß in die seinen geleuchtet, er wüsste es nicht, könnte es – wollte es am Ende gar nicht wissen. Und sanft legte er den Kopf wieder auf die Platte hin und ließ seinen Blick den toten Körper entlangschweifen, vom wandernden Schein der elektrischen Lampe geleitet. War es ihr Leib? – der wunderbare, blühende, gestern noch so qualvoll ersehnte? Er sah einen gelblichen, faltigen Hals, er sah zwei kleine und doch etwas schlaff gewordene Mädchenbrüste, zwischen denen, als wäre das Werk der Verwesung schon vorgebildet, das Brustbein mit grausamer Deutlichkeit sich unter der bleichen Haut abzeichnete, er sah die Rundung des mattbraunen Unterleibs, er sah, wie von einem dunklen, nun geheimnis- und sinnlos gewordenen Schatten aus wohlgeformte Schenkel sich gleichgültig öffneten, sah die leise auswärts gedrehten Kniewölbungen, die scharfen Kanten der Schienbeine und die schlanken Füße mit den einwärts gekrümmten Zehen. All dies versank nacheinander rasch wieder im Dunkel, da der Lichtkegel der elektrischen Lampe den Weg zurück mit vielfacher Geschwindigkeit zurücklegte, bis er endlich leicht zitternd über dem bleichen Antlitz ruhen blieb. Unwillkürlich, ja wie von einer unsichtbaren Macht gezwungen und geführt, berührte Fridolin mit beiden Händen die Stirne, die Wangen, die Schultern, die Arme der toten Frau, dann schlang er seine Finger wie zu einem Liebesspiel in die der Toten, und so starr sie waren, es schien ihm, als versuchten sie sich zu regen, die seinen zu ergreifen; ja ihm war, als irrte unter den halb geschlossenen Lidern ein ferner, farbloser Blick nach dem seinen; und wie magisch angezogen beugte er sich herab.

Da flüsterte es plötzlich hinter ihm: »Aber was treibst du denn?«

Fridolin kam jählings zur Besinnung. Er löste seine Finger aus denen der Toten, umklammerte ihre schmalen Handgelenke und legte sorglich, ja mit einer gewissen Pedanterie die eiskalten Arme zuseiten des Rumpfes hin. Und ihm war, als ob jetzt, eben erst in diesem Augenblick, dieses Weib gestorben sei. Dann wandte er sich ab, lenkte die Schritte zur Türe und über den hallenden Gang, trat in das Arbeitskabinett zurück, das man früher verlassen. Doktor Adler folgte ihm schweigend und schloss hinter ihnen ab.

Fridolin trat ans Waschbecken. »Du erlaubst«, sagte er und reinigte seine Hände sorgfältig mit Lysol und Seife. Indes schien Doktor Adler ohne Weiteres seine unterbrochene Arbeit wiederaufnehmen zu wollen. Er hatte die entsprechende Lichtvorrichtung neu eingeschaltet, drehte die Mikrometerschraube und blickte ins Mikroskop. Als Fridolin zu ihm trat, um sich zu verabschieden, war Doktor Adler völlig in seine Arbeit vertieft.

»Willst du dir das Präparat einmal anschauen?«, fragte er.

»Warum?«, fragte Fridolin abwesend.

»Nun, zur Beruhigung deines Gewissens«, erwiderte Doktor Adler, – als nähme er doch an, dass Fridolins Besuch nur einen medizinisch-wissenschaftlichen Zweck gehabt hätte.

»Findest du dich zurecht?«, fragte er, während Fridolin ins Mikroskop schaute. »Es ist nämlich eine ziemlich neue Färbungsmethode.«

Fridolin nickte, ohne das Auge vom Glas zu entfernen. »Geradezu ideal«, bemerkte er, »ein farbenprächtiges Bild, könnte man sagen.«

Und er erkundigte sich nach verschiedenen Einzelheiten der neuen Technik. Doktor Adler gab ihm die gewünschten Aufklärungen, und Fridolin äußerte die Ansicht, dass ihm diese neue Methode bei einer Arbeit, die er für die nächste Zeit vorhabe, voraussichtlich gute Dienste leisten würde. Er erbat sich die Erlaubnis, morgen oder übermorgen wiederkommen zu dürfen, um sich weitere Aufschlüsse zu holen.

»Stets gerne zu Diensten«, sagte Doktor Adler, begleitete Fridolin über die hallenden Steinfliesen bis zum Tore, das indessen geschlossen worden war, und sperrte es mit seinem eigenen Schlüssel auf.

»Du bleibst noch?«, fragte Fridolin.

»Aber natürlich«, erwiderte Doktor Adler, »das sind ja die allerschönsten Arbeitsstunden – so von Mitternacht bis früh. Da ist man wenigstens vor Störungen ziemlich sicher.«

»Na«, – sagte Fridolin mit einem leisen, wie schuldbewussten Lächeln.

Doktor Adler legte die Hand beruhigend auf Fridolins Arm, dann fragte er mit einiger Zurückhaltung: »Also – war sie's?«

Fridolin zögerte einen Augenblick, dann nickte er wortlos, und war sich kaum bewusst, dass diese Bejahung möglicherweise eine Unwahrheit bedeutete. Denn ob die Frau, die nun da drin in der Totenkammer lag, dieselbe war, die er vor vierundzwanzig Stunden zu den wilden Klängen von Nachtigalls Klavierspiel nackt in den Armen gehalten, oder ob diese Tote irgendeine andere, eine Unbekannte, eine ganz Fremde war, der er niemals vorher begegnet; er wusste: Auch wenn das Weib noch am Leben war, das er gesucht, das er verlangt, das er eine Stunde lang vielleicht geliebt hatte, und, wie immer sie dieses Leben weiterlebte – was da hinter ihm lag in der gewölbten Halle, im Scheine von flackernden Gasflammen, ein Schatten unter andern Schatten, dunkel, sinn- und geheimnislos wie sie –, ihm bedeutete es, ihm konnte es nichts anderes mehr bedeuten als, zu unwiderruflicher Verwesung bestimmt, den bleichen Leichnam der vergangenen Nacht.

VII

Durch die finsteren menschenleeren Gassen eilte er nach Hause, und wenige Minuten später, nachdem er, wie vierundzwanzig Stunden vorher, schon in seinem Ordinationszimmer sich entkleidet hatte, so leise als möglich betrat er das eheliche Schlafgemach.

Er hörte den gleichmäßig-ruhigen Atem Albertinens und sah die Umrisse ihres Kopfes sich auf dem weichen Polster abzeichnen. Ein Gefühl von Zärtlichkeit, ja von Geborgenheit, wie er es nicht erwartet, durchdrang sein Herz. Und er nahm sich vor, ihr bald, vielleicht morgen schon, die Geschichte der vergangenen Nacht zu erzählen, doch so, als wäre alles, was er erlebt, ein Traum gewesen – und dann, erst wenn sie die ganze Nichtigkeit seiner Abenteuer gefühlt und erkannt hatte, wollte er ihr gestehen, dass sie Wirklichkeit gewesen waren. Wirklichkeit? fragte er sich –, und gewahrte in diesem Augenblick, ganz nahe dem Antlitz Albertines auf dem benachbarten, auf *seinem* Polster etwas Dunkles, Abgegrenztes, wie die umschatteten Linien eines menschlichen Gesichts. Einen Moment nur stand ihm das Herz still, im nächsten schon wusste er, woran er war, griff nach dem Polster hin und hielt die Maske in der Hand, die er während der vorigen Nacht getragen, die ihm, während er heute Morgen das Paket zusammengerollt, ohne dass er es bemerkt, entglitten, und von dem Stubenmädchen oder Albertine selbst gefunden sein mochte. So konnte er auch nicht daran zweifeln, dass Albertine nach diesem Fund mancherlei ahnte und vermutlich noch mehr und noch Schlimmeres, als sich tatsächlich ereignet hatte Doch die Art, wie sie ihm das zu verstehen gab, ihr Einfall, die dunkle Larve neben sich auf das Polster hinzulegen, als hätte sie nun sein des Gatten, ihr nun rätselhaft gewordenes Antlitz zu bedeuten, diese scherzhafte, fast übermütige Art, in der zugleich eine müde Warnung und die Bereitwilligkeit des Verzeihens ausgedrückt schien, gab Fridolin die sichere Hoffnung, dass sie, wohl in Erinnerung ihres eigenen Traums –, was auch geschehen sein mochte, geneigt war, es nicht allzu schwer zu nehmen. Fridolin aber, mit einem Male am Ende seiner Kräfte, ließ die Maske zu Boden gleiten, schluchzte, sich selbst ganz unerwartet, laut und schmerzlich auf, sank neben dem Bette nieder und weinte leise in die Kissen hinein.

Nach wenigen Sekunden fühlte er eine weiche Hand über seine Haare streichen. Da erhob er sein Haupt, und aus der Tiefe seines Herzens entrang sich's ihm: »Ich will dir alles erzählen.«

Sie hob zuerst, wie in leiser Abwehr, die Hand; er fasste sie, behielt sie in der seinen, sah wie fragend und zugleich bittend zu ihr auf, sie nickte ihm zu und er begann.

Der Morgen dämmerte grau durch die Vorhänge, als Fridolin zu Ende war. Nicht ein einziges Mal hatte ihn Albertine mit einer neugierigen oder ungeduldigen Frage unterbrochen. Sie fühlte wohl, dass er ihr nichts verschweigen wollte und konnte. Ruhig lag sie da, die Arme im Nacken verschlungen, und schwieg noch lange, als Fridolin schon längst geendet hatte. Endlich – er lag an ihrer Seite hingestreckt – beugte er sich über sie, und in ihr regungsloses Antlitz mit den großen hellen Augen, in denen jetzt auch der Morgen aufzugehen schien, fragte er zweifelnd und hoffnungsvoll zugleich: »Was sollen wir tun, Albertine?«

Sie lächelte, und nach kurzem Zögern erwiderte sie: »Dem Schicksal dankbar sein, glaube ich, dass wir aus allen Abenteuern heil davongekommen sind – aus den wirklichen und aus den geträumten.«

»Weißt du das auch ganz gewiss?«, fragte er

»So gewiss, als ich ahne, dass die Wirklichkeit einer Nacht, ja dass nicht einmal die eines ganzen Menschenlebens zugleich auch seine innerste Wahrheit bedeutet.«

»Und kein Traum«, seufzte er leise, »ist völlig Traum.«

Sie nahm seinen Kopf in beide Hände und bettete ihn innig an ihre Brust. »Nun sind wir wohl erwacht«, sagte sie –, »für lange.«

Für immer, wollte er hinzufügen, aber noch ehe er die Worte ausgesprochen, legte sie ihm einen Finger auf die Lippen und, wie vor sich hin, flüsterte sie: »Niemals in die Zukunft fragen.«

So lagen sie beide schweigend, beide wohl auch ein wenig schlummernd und einander traumlos nah – bis es wie jeden Morgen um sieben Uhr an die Zimmertür klopfte, und, mit den gewohnten Geräuschen von der Straße her, einem sieghaften Lichtstrahl durch den Vorhangspalt und einem hellen Kinderlachen von nebenan der neue Tag begann.

Spiel im Morgengrauen

I

»Herr Leutnant! … Herr Leutnant! … Herr Leutnant!« Erst beim dritten Anruf rührte sich der junge Offizier, reckte sich, wandte den Kopf zur Tür; noch schlaftrunken, aus den Polstern, brummte er: »Was gibt's?« dann, wacher geworden, als er sah, dass es nur der Bursche war, der in der umdämmerten Türspalte stand, schrie er: »Zum Teufel, was gibt's denn in aller Früh'?«

»Es ist ein Herr unten im Hof, Herr Leutnant, der den Herrn Leutnant sprechen will.«

»Wieso ein Herr? Wie spät ist es denn? Hab' ich Ihnen nicht g'sagt, dass Sie mich nicht wecken sollen am Sonntag?«

Der Bursche trat ans Bett und reichte Wilhelm eine Visitenkarte.

»Meinen Sie, ich bin ein Uhu, Sie Schafskopf, dass ich im Finstern lesen kann? Aufzieh'n!«

Noch ehe der Befehl ausgesprochen war, hatte Joseph die inneren Fensterflügel geöffnet und zog den schmutzigweißen Vorhang in die Höhe. Der Leutnant, sich im Bette halb aufrichtend, vermochte nun den Namen auf der Karte zu lesen, ließ sie auf die Bettdecke sinken, betrachtete sie nochmals, kraulte sein blondes, kurz geschnittenes, morgendlich zerrauftes Haar und überlegte rasch: »Abweisen? – Unmöglich! – Auch eigentlich kein Grund. Wenn man wen empfängt, das heißt ja noch nicht, dass man mit ihm verkehrt. Übrigens hat er ja nur wegen Schulden quittieren müssen. Andere haben halt mehr Glück. Aber was will er von mir?« – Er wandte sich wieder an den Burschen: »Wie schaut er denn aus, der Herr Ober –, der Herr von Bogner?«

Der Bursche erwiderte mit breitem, etwas traurigem Lächeln: »Melde gehorsamst, Herr Leutnant, Uniform ist dem Herrn Oberleutnant besser zu G'sicht gestanden.«

Wilhelm schwieg eine Weile, dann setzte er sich im Bett zurecht: »Also, ich lass bitten. Und der Herr – Oberleutnant möcht' freundlichst entschuldigen, wenn ich noch nicht fertig angezogen bin. – Und hören S' – für alle Fälle, wenn einer von den anderen Herren fragt, der Oberleutnant Höchster oder der Leutnant Wengler oder der Herr Hauptmann oder sonstwer – ich bin nicht mehr zu Haus – verstanden?«

Während Joseph die Tür hinter sich schloss, zog Wilhelm rasch die Bluse an, ordnete mit dem Staubkamm seine Frisur, trat zum Fenster, blickte in den noch unbelebten Kasernenhof hinab; und als er den einstigen Kameraden unten auf und ab gehen sah, mit gesenktem Kopf, den steifen, schwarzen Hut in die Stirne gedrückt, im offenen, gelben Überzieher, mit braunen, etwas bestaubten Halbschuhen, da wurde ihm beinah weh ums Herz. Er öffnete das Fenster, war nahe daran, ihm zuzuwinken, ihn laut zu begrüßen; doch in diesem Augenblick war eben der Bursche an den Wartenden herangetreten, und Wilhelm merkte den ängstlich gespannten Zügen des alten Freundes die Erregung an, mit der er die Antwort erwartete. Da sie günstig ausfiel, heiterten sich Bogners Mienen auf, er verschwand mit dem Burschen im Tor unter Wilhelms Fenster, das dieser nun schloss, als wenn die bevorstehende Unterredung solche Vorsicht immerhin verlangen könnte. Nun war mit einem Male der Duft von Wald und Frühjahr wieder fort, der in solchen Sonntagsmorgenstunden in den Kasernenhof zu dringen pflegte und von dem an Wochentagen sonderbarerweise überhaupt nichts zu bemerken war. Was immer geschieht, dachte Wilhelm – was soll denn übrigens geschehen?! – nach Baden fahr' ich heute unbedingt und speise zu Mittag in der »Stadt Wien« – wenn sie mich nicht wie neulich bei Keßners zum Essen behalten sollten. »Herein!« Und mit übertriebener Lebhaftigkeit streckte Wilhelm dem Eintretenden die Hand entgegen. »Grüß dich

Gott, Bogner. Es freut mich aber wirklich. Willst nicht ablegen? Ja, schau' dich nur um; alles wie früher. Geräumiger ist das Lokal auch nicht geworden. Aber Raum ist in der kleinsten Hütte für ein glücklich ...«

Otto lächelte höflich, als merke er Wilhelms Verlegenheit und wollte ihm darüber weghelfen. »Hoffentlich passt das Zitat für die kleine Hütte manchmal besser als in diesem Augenblick«, sagte er.

Wilhelm lachte lauter, als nötig war. »Leider nicht oft. Ich leb' ziemlich einschichtig. Wenn ich dich versicher', sechs Wochen mindestens hat diesen Raum kein weiblicher Fuß betreten. Der Plato ist ein Waisenknabe gegen mich. Aber nimm doch Platz.« Er räumte Wäschestücke von einem Sessel aufs Bett. »Und darf ich dich vielleicht zu einem Kaffee einladen?«

»Danke, Kasda, mach' dir keine Umstände. Ich hab' schon gefrühstückt ... Eine Zigarette, wenn du nichts dagegen hast ...«

Wilhelm ließ nicht zu, dass Otto sich aus der eigenen Dose bediente, und wies auf das Rauchtischchen, wo eine offene Pappschachtel mit Zigaretten stand. Wilhelm gab ihm Feuer, Otto tat schweigend einige Züge, und sein Blick fiel auf das wohlbekannte Bild, das an der Wand über dem schwarzen Lederdiwan hing und eine Offizierssteeplechase aus längst verflossenen Zeiten vorstellte.

»Also, jetzt erzähl'«, sagte Wilhelm, »wie geht's dir denn? Warum hat man so gar nichts mehr von dir gehört? – Wie wir uns – vor zwei Jahren oder drei – Adieu gesagt haben, hast du mir doch versprochen, dass du von Zeit zu Zeit –«

Otto unterbrach ihn: »Es war vielleicht doch besser, dass ich nichts hab' von mir hören und sehen lassen, und ganz bestimmt wär's besser, wenn ich auch heut nicht hätt' kommen müssen.« Und, ziemlich überraschend für Wilhelm, setzte er sich plötzlich in die Ecke des Sofas, in dessen anderer Ecke einige zerlesene Bücher lagen –: »Denn du kannst dir denken, Willi«, – er sprach hastig und scharf zugleich – »mein Besuch heute zu so ungewohnter Stunde – ich weiß, du schläfst dich gern aus an einem Sonntag –, dieser Besuch hat natürlich einen *Zweck*, sonst hätte ich mir natürlich nicht erlaubt – kurz und gut, ich komm, an unsere alte Freundschaft appellieren – an unsere Kameradschaft darf ich ja leider nicht mehr sagen. Du brauchst nicht blass zu werden, Willi, es ist nicht gar so gefährlich, es handelt sich um ein paar Gulden, die ich halt morgen Früh haben muss, weil mir sonst nichts übrig bliebe als –« seine Stimme schnarrte militärisch in die Höhe –, »na – was vielleicht schon vor zwei Jahren das Gescheiteste gewesen wäre.«

»Aber, was red'st denn da«, meinte Wilhelm im Ton freundschaftlich-verlegenen Unwillens.

Der Bursche brachte das Frühstück und verschwand wieder. Willi schenkte ein. Er verspürte einen bitteren Geschmack im Mund und empfand es unangenehm, dass er noch nicht dazu gekommen war, Toilette zu machen. Übrigens hatte er sich vorgenommen, auf dem Weg zur Eisenbahn ein Dampfbad zu nehmen. Es genügte ja vollkommen, wenn er gegen Mittag in Baden eintraf. Er hatte keine bestimmte Abmachung; und wenn er sich verspätete, ja, wenn er gar nicht käme, es würde keinem Menschen sonderlich auffallen, weder den Herren im Café Schopf, noch dem Fräulein Keßner; vielleicht eher noch ihrer Mutter, die übrigens auch nicht übel war.

»Bitt' schön, bedien' dich doch«, sagte er zu Otto, der die Tasse noch nicht an die Lippen gesetzt hatte. Nun nahm er rasch einen Schluck und begann sofort: »Um kurz zu sein: du weißt ja vielleicht, dass ich in einem Büro für elektrische Installation angestellt bin, als Kassierer, seit einem Vierteljahr. Woher sollst du das übrigens wissen? Du weißt ja nicht einmal, dass ich verheiratet bin und einen Buben hab' – von vier Jahren. Er war nämlich schon auf der Welt, wie ich noch bei euch war. Es hat's keiner gewusst. Na also, besonders gut ist es mir die ganze Zeit über nicht gegangen. Kannst dir ja denken. Und besonders im vergangenen Winter – der Bub war krank –, also, die Details sind ja weiter nicht interessant – da hab' ich mir etliche Male aus der Kasse was ausleihen müssen. Ich hab's immer rechtzeitig zurückgezahlt. Diesmal ist's ein bissel mehr geworden als sonst, leider, und«, er hielt inne, indes Wilhelm mit dem Löffel in seiner Tasse rührte, »und das Malheur ist außerdem, dass am Montag, morgen also, wie ich zufällig in Erfahrung gebracht habe, von der Fabrik aus eine Revision stattfinden soll. Wir sind nämlich eine Filiale, verstehst du, und es sind ganz geringfügige Beträge, die bei uns ein- und ausgezahlt werden; es ist ja auch wirklich nur eine Bagatelle – die ich schuldig bin –, neunhundertsechzig Gulden. Ich könnte sagen tausend, das käm' schon auf eins heraus. Es sind aber neunhundertsechzig. Und die müssen morgen vor halb neun Uhr früh da sein, sonst – na – also, du erwiesest mir einen wirklichen Freundschaftsdienst, Willi, wenn du mir diese Summe –« Er konnte plötzlich nicht weiter. Willi schämte sich ein wenig für ihn, nicht so sehr wegen der kleinen Veruntreuung oder – Defraudation, so musste man's ja wohl nennen, die der alte Kamerad begangen, sondern vielmehr, weil der ehemalige Oberleutnant Otto von Bogner – vor wenigen Jahren noch ein liebenswürdiger, wohlsituierter und schneidiger Offizier – bleich und ohne Haltung in der Diwanecke lehnte und vor verschluckten Tränen nicht weiterreden konnte.

Er legte ihm die Hand auf die Schulter. »Geh, Otto, man muss ja nicht gleich die Kontenance verlieren«, und da der andere auf diese nicht sehr ermutigende Einleitung hin mit trübem, fast erschrecktem Blick zu ihm aufsah – »nämlich, ich selber bin so ziemlich auf dem trockenen. Mein ganzes Vermögen beläuft sich auf etwas über hundert Gulden. Hundertzwanzig, um ganz so genau zu sein wie du. Die stehen dir natürlich bis auf den letzten Kreuzer zur Verfügung. Aber wenn wir uns ein bissl anstrengen, so müssen wir doch auf einen Modus kommen.«

Otto unterbrach ihn.

»Du kannst dir denken, dass alle sonstigen – Modusse bereits erledigt sind. Wir brauchen also die Zeit nicht mit unnützem Kopfzerbrechen zu verlieren, umso weniger, als ich schon mit einem bestimmten Vorschlage komme.«

Wilhelm sah ihm gespannt ins Auge.

»Stell' dir einmal vor, Willi, du befändest dich selbst in einer solchen Schwulität. Was würdest du tun?«

»Ich versteh' nicht recht«, bemerkte Wilhelm ablehnend.

»Natürlich, ich weiß, in eine fremde Kasse hast du noch nie gegriffen – so was kann einem nur in Zivil passieren. Ja. Aber schließlich, wenn du einmal aus einem – weniger kriminellen Grund eine gewisse Summe dringend benötigtest, an wen würdest du dich wenden?«

»Entschuldige, Otto; darüber hab' ich noch nicht nachgedacht, und ich hoffe ... Ich hab' ja auch manchmal Schulden gehabt, das leugne ich nicht, erst im vorigen Monat, da hat mir der Höchster mit fünfzig Gulden ausgeholfen, die ich ihm natürlich am Ersten retourniert habe. Drum geht's mir ja diesmal so knapp zusammen. Aber tausend Gulden – tausend – ich wüsste absolut nicht, wie ich mir die verschaffen könnte.«

»Wirklich nicht?«, sagte Otto und fasste ihn scharf ins Auge.

»Wenn ich dir sag'.«

»Und dein Onkel?«

»Was für ein Onkel?«

»Dein Onkel Robert.«

»Wie – kommst du auf den?«

»Es liegt doch ziemlich nahe. Der hat dir ja manchmal ausgeholfen. Und eine regelmäßige Zulage hast du doch auch von ihm.«

»Mit der Zulage ist es längst vorbei«, erwiderte Willi ärgerlich über den in diesem Augenblick kaum angemessenen Ton des einstigen Kameraden. »Und nicht nur mit der Zulage. Der Onkel Robert, der ist ein Sonderling geworden. Die Wahrheit ist, dass ich ihn mehr als ein Jahr lang mit keinem Aug' gesehen habe. Und wie ich ihn das letzte Mal um eine Kleinigkeit ersucht habe – ausnahmsweise – na, nur, dass er mich nicht hinausgeschmissen hat.«

»Hm, so.« Bogner rieb sich die Stirn. »Du hältst es wirklich für absolut ausgeschlossen?«

»Ich hoffe, du zweifelst nicht«, erwiderte Wilhelm mit einiger Schärfe.

Plötzlich erhob sich Bogner aus der Sofaecke, rückte den Tisch beiseite und trat zum Fenster hin. »Wir müssen's versuchen«, erklärte er dann mit Bestimmtheit. »Jawohl, verzeih, aber wir *müssen*. Das Schlimmste, das dir passieren kann, ist, dass er nein sagt. Und vielleicht in einer nicht ganz höflichen Form. Zugegeben. Aber gegen das, was mir bevorsteht, wenn ich bis morgen Früh die paar schäbigen Gulden nicht beisammen hab', ist doch das alles nichts als eine kleine Unannehmlichkeit.«

»Mag sein«, sagte Wilhelm, »aber eine Unannehmlichkeit, die vollkommen zwecklos wäre. Wenn nur die geringste Chance bestünde – na, du wirst doch hoffentlich nicht an meinem guten Willen zweifeln. Und zum Teufel, es muss doch noch andere Möglichkeiten geben. Was ist denn zum Beispiel – sei nicht bös, er fällt mir grad ein – mit deinem Cousin Guido, der das Gut bei Amstetten hat?«

»Du kannst dir denken, Willi«, erwiderte Bogner ruhig, »dass es auch mit dem nix ist. Sonst wär' ich ja nicht da. Kurz und gut, es gibt auf der ganzen Welt keinen Menschen –«

Willi hob plötzlich einen Finger, als wäre er auf eine Idee gekommen. Bogner sah ihn erwartungsvoll an.

»Der Rudi Höchster, wenn du's bei dem versuchen würdest. Er hat nämlich eine Erbschaft gemacht vor ein paar Monaten. Zwanzig- oder fünfundzwanzigtausend Gulden, davon muss doch noch was übrig sein.«

Bogner runzelte die Stirn, und etwas zögernd erwiderte er: »An Höchster habe ich – vor drei Wochen einmal, wie es noch nicht so dringend war – geschrieben – um viel weniger als tausend – nicht einmal geantwortet hat er mir. Also du siehst, es gibt nur einen einzigen Ausweg: dein Onkel.« Und auf Willis Achselzucken: »Ich kenn' ihn ja, Willi – ein so liebenswürdiger, charmanter alter Herr. Wir waren ja auch ein paarmal im Theater zusammen und im Riedhof – er wird sich gewiss erinnern! Ja, um Gottes willen, er kann doch nicht plötzlich ein anderer Mensch geworden sein.«

Ungeduldig unterbrach ihn Willi. »Es scheint doch. Ich weiß ja auch nicht, was mit ihm eigentlich vorgegangen ist. Aber das kommt ja vor zwischen Fünfzig und Sechzig, dass sich die Leut' so merkwürdig verändern. Ich kann dir nicht *mehr* sagen, als dass ich – seit fünf viertel Jahren oder länger sein Haus nicht mehr betreten habe und – kurz und gut – es unter keiner Bedingung je wieder betreten werde.«

Bogner sah vor sich hin. Dann plötzlich hob er den Kopf, sah Willi wie abwesend an und sagte: »Also, ich bitt' dich um Entschuldigung, grüß dich Gott«, nahm den Hut und wandte sich zum Gehen.

»Otto!«, rief Willi. »Ich hätt' noch eine Idee.«

»Noch eine ist gut.«

»Also hör' einmal, Bogner. Ich fahre nämlich heut aufs Land – nach Baden. Da ist manchmal am Sonntag Nachmittag im Café Schopf eine kleine Hasardpartie: Einundzwanzig oder Bakkarat, je nachdem. Ich bin natürlich höchst bescheiden daran beteiligt oder auch gar nicht. Drei- oder viermal habe ich mitgetan, aber mehr zum Spaß. Der Hauptmacher ist der Regimentsarzt Tugut, der übrigens eine Mordssau hat, der Oberleutnant Wimmer ist auch gewöhnlich dabei, dann der Greising, von den Siebenundsiebzigern ... den kennst du gar nicht. Er ist draußen in Behandlung – wegen einer alten G'schicht, auch ein paar Zivilisten sind dabei, ein Advokat von draußen, der Sekretär vom Theater, ein Schauspieler und ein älterer Herr, ein gewisser Konsul Schnabel. Der hat ein Verhältnis draußen mit einer Operettensängerin, bessere Choristin eigentlich. Das ist die Hauptwurzen. Der Tugut hat ihm vor vierzehn Tagen nicht weniger als dreitausend Gulden auf einem Sitz abgenommen. Bis sechs Uhr früh haben wir gespielt auf der offenen Veranda, die Vögel haben dazu gesungen; die Hundertzwanzig, die ich heut noch hab', verdank' ich übrigens auch nur meiner Ausdauer, sonst wär' ich ganz blank. Also, weißt du was, Otto, *hundert* von den hundertzwanzig werd' ich heute für dich riskieren. Ich weiß, die Chance ist nicht überwältigend, aber der Tugut hat sich neulich gar nur mit fünfzig hingesetzt, und mit dreitausend ist er aufgestanden. Und dann kommt noch etwas hinzu: dass ich seit ein paar Monaten nicht das geringste Glück in der Liebe habe. Also vielleicht ist auf ein Sprichwort mehr Verlass als auf die Menschen.«

Bogner schwieg.

»Nun – was denkst du über meine Idee?«, fragte Willi.

Bogner zuckte die Achseln. »Ich dank' dir jedenfalls sehr – ich sag' natürlich nicht nein – obwohl –«

»Garantieren kann ich selbstverständlich nicht«, unterbrach ihn Willi mit übertriebener Lebhaftigkeit, »aber riskiert ist am End' auch nicht viel. Und wenn ich gewinn' – respektive von dem, was ich gewinn', gehören dir tausend – *mindestens* tausend gehören dir. Und wenn ich zufällig einen besonderen Riss machen sollte –«

»Versprich nicht zu viel«, sagte Otto mit trübem Lächeln. – »Aber jetzt will ich dich nicht länger aufhalten. Schon um meinetwillen. Und morgen Früh werde ich mir erlauben – vielmehr ... ich warte morgen Früh um halb acht drüben vor der Alserkirche.« Und mit bitterem Lachen: »Wir können uns ja auch zufällig begegnet sein.« Den Versuch einer Erwiderung vonseiten Willis wehrte Bogner ab und fügte rasch hinzu: »Übrigens, ich lasse meine Hände unterdessen auch nicht im Schoß liegen. Siebzig Gulden hab' ich noch im Vermögen. Die riskier' ich heut Nachmittag beim Rennen – auf dem Zehn-Kreuzer-Platz natürlich.« Er trat rasch zum Fenster, sah in den Kasernenhof hinab –: »Die Luft ist rein«, sagte er, verzog bitterhöhnisch den Mund, schlug den Kragen hoch, reichte Willi die Hand und ging.

Wilhelm seufzte leicht, sann eine Weile nach, dann machte er sich eilig zum Gehen fertig. Mit dem Zustand seiner Uniform war er übrigens nicht sehr zufrieden. Wenn er heute gewinnen sollte, war er entschlossen, sich mindestens einen neuen Waffenrock anzuschaffen. Das Dampfbad gab er in Anbetracht der vorgerückten Stunde auf; in jedem Falle aber wollte er sich einen Fiaker zur Bahn nehmen. Auf die zwei Gulden kam es heute wirklich nicht an.

II

Als er um die Mittagsstunde in Baden den Zug verließ, befand er sich in gar nicht übler Laune. Auf dem Bahnhof in Wien hatte der Oberstleutnant Wositzky – im Dienst ein sehr unangenehmer Herr – sich aufs Freundlichste mit ihm unterhalten, und im Coupé hatten zwei junge Mädel so lebhaft mit ihm kokettiert, dass er um seines Tagesprogramms willen beinahe froh war, als sie nicht zugleich mit ihm ausstiegen. In all seiner günstigen Stimmung aber fühlte er sich doch versucht, dem einstigen Kameraden Bogner innerlich Vorwürfe zu machen, nicht einmal so sehr wegen des Eingriffs in die Kasse, der ja durch die unglückseligen äußeren Verhältnisse gewissermaßen entschuldbar war, als vielmehr wegen der dummen Spielgeschichte, mit der er sich vor drei Jahren die Karriere einfach abgeschnitten hatte. Ein Offizier musste doch am Ende wissen, bis wohin er gehen durfte. Er selbst zum Beispiel war vor drei Wochen, als ihn das Unglück beständig verfolgte, einfach vom Kartentisch aufgestanden, obwohl der Konsul Schnabel ihm in der liebenswürdigsten Weise seine Börse zur Verfügung gestellt hatte. Er hatte überhaupt immer gewusst, Versuchungen zu widerstehen, und jederzeit war es ihm gelungen, mit der knappen Gage und den geringen Zuschüssen auszukommen, die er zuerst vom Vater und, nachdem dieser als Oberstleutnant in Temesvar gestorben war, von Onkel Robert erhalten hatte. Und seit diese Zuschüsse eingestellt waren, hatte er sich eben danach einzurichten gewusst: der Kaffeehausbesuch wurde eingeschränkt, von Neuanschaffungen wurde Abstand genommen, an Zigaretten gespart, und die Weiber durften einen überhaupt nichts mehr kosten. Ein kleines Abenteuer vor drei Monaten, das vielverheißend begonnen hatte, war daran gescheitert, dass Willi buchstäblich nicht in der Lage gewesen wäre, an einem gewissen Abend ein Nachtmahl für zwei Personen zu bezahlen.

Eigentlich traurig, dachte er. Niemals noch war ihm die Enge seiner Verhältnisse so deutlich zum Bewusstsein gekommen als heute – an diesem wunderschönen Frühlingstag, da er in einem leider nicht mehr sehr funkelnden Waffenrock, in drap Beinkleidern, die an den Knien ein wenig zu glänzen anfingen, und mit einer Kappe, die erheblich niedriger war, als die neueste Offiziersmode vorschrieb, durch die duftenden Parkanlagen den Weg zu dem Landhaus nahm, in dem die Familie Keßner wohnte – wenn es nicht gar ihr Besitz war. Zum ersten Mal auch geschah es ihm heute, dass er die Hoffnung auf eine Einladung zum Mittagessen oder vielmehr den Umstand, dass ihm diese Erwartung eine Hoffnung bedeutete, als beschämend empfand.

Immerhin gab er sich nicht ungern darein, dass diese Hoffnung sich erfüllte, nicht nur wegen des schmackhaften Mittagessens und des trefflichen Weins, sondern auch darum, weil Fräulein Emilie, die zu seiner Rechten saß, durch freundliche Blicke und zutrauliche Berührungen, die übrigens durchaus als zufällig gelten konnten, sich als sehr angenehme Tischnachbarin erwies. Er war nicht der einzige Gast. Auch ein junger Rechtsanwalt war anwesend, den der Hausherr aus Wien mitgebracht hatte und der das Gespräch in einem fröhlichen, leichten, zuweilen auch etwas ironischen Tone zu führen wusste. Der Hausherr war höflich, aber etwas kühl gegenüber Willi, wie er ja im Allgemeinen von den Sonntagsbesuchen des Herrn Leutnants, der seinen Damen im vergangenen Fasching auf einem Ball vorgestellt worden war und eine Aufforderung, gelegentlich einmal zum Tee zu kommen, vielleicht allzu wörtlich aufgefasst hatte, nicht sonderlich entzückt zu sein schien. Auch die noch immer hübsche Hausfrau hatte offensichtlich keinerlei Erinnerung mehr daran, dass sie vor vierzehn Tagen auf einer etwas abseits gelegenen Gartenbank einer unerwartet kühnen Umarmung des Leutnants sich erst entzogen, als das Geräusch nahender Schritte auf dem Kies vernehmbar geworden war. Bei Tische war zuerst in allerlei für den Leutnant nicht ganz verständlichen Ausdrücken von einem Prozess die Rede, den der Rechtsanwalt für den Hausherrn in Angelegenheit seiner Fabrik zu führen hatte; dann aber kam das Gespräch auf Landaufenthalte und Sommerreisen, und nun war auch für Willi die Möglichkeit gegeben, sich daran zu beteiligen. Er hatte vor zwei Jahren die Kaisermanöver in den Dolomiten mitgemacht, erzählte von Nachtlagern unter freiem Himmel, von den zwei schwarzlockigen Töchtern eines Kastelruther Wirts, die man wegen ihrer Unnahbarkeit die zwei Medusen genannt hatte, und von einem Feldmarschallleutnant, der sozusagen vor Willis Augen wegen eines missglückten Reiterangriffs in Ungnade gefallen war. Und wie es ihm beim dritten oder vierten Glas Wein leicht zu geschehen pflegte, wurde er immer unbefangener, frischer, ja beinahe witzig. Er fühlte, wie er allmählich den Hausherrn für sich gewann, wie der Rechtsanwalt im Ton immer weniger ironisch wurde, wie in der Hausfrau eine Erinnerung aufzuschimmern begann; und ein lebhafter Druck von Emiliens Knie an dem seinen gab sich nicht mehr die Mühe, als zufällig zu gelten.

Zum schwarzen Kaffee erschien eine wohlbeleibte, ältere Dame mit ihren zwei Töchtern, denen Willi als »unser Tänzer vom Industriellenball« vorgestellt wurde. Es ergab sich bald, dass die drei Damen sich vor zwei Jahren gleichfalls in Südtirol aufgehalten hatten; und war es nicht der Herr Leutnant gewesen, den sie an einem schönen Sommertag an ihrem Hotel in Seis auf einem Rappen vorbeisprengen gesehen hatten? Willi wollte es nicht geradezu in Abrede stellen, obzwar er bei sich sehr gut wusste, dass er, ein kleiner Infanterieleutuant vom Achtundneunzigsten, niemals auf einem stolzen Ross durch irgendeine in Tirol oder sonst wo gelegene Ortschaft gesprengt sein konnte.

Die beiden jungen Damen waren anmutig in Weiß gekleidet; das Fräulein Keßner, hellrosa, in der Mitte, so liefen sie alle drei mutwillig über den Rasen.

»Wie drei Grazien, nicht wahr?«, meinte der Rechtsanwalt. Wieder klang es wie Ironie, und dem Leutnant lag es auf der Zunge: Wie meinen Sie das, Herr Doktor? Doch es war umso leichter, diese Bemerkung zu unterdrücken, als Fräulein Emilie sich eben von der Wiese her umgewandt und ihm lustig zugewinkt hatte. Sie war blond, etwas größer als er, und es war anzunehmen, dass sie eine nicht unbeträchtliche Mitgift erwarten durfte. Aber bis man so weit war – wenn man überhaupt von solchen Möglichkeiten zu träumen wagte –, dauerte es noch lange, sehr lange, und die tausend Gulden für den verunglückten Kameraden mussten spätestens bis morgen Früh beschafft sein.

So blieb ihm nichts übrig, als sich zu empfehlen, dem einstigen Oberleutnant Bogner zuliebe, gerade als die Unterhaltung im besten Gange war. Man gab sich den Anschein, als wollte man ihn zurückhalten, er bedauerte sehr; leider sei er verabredet, und vor allem musste er einen Kameraden im Garnisonsspitale besuchen, der hier ein altes rheumatisches Leiden auskurierte. Auch hierzu lächelte der Rechtsanwalt ironisch. Ob denn dieser Besuch den ganzen Nachmittag in Anspruch nähme, fragte Frau Keßner, verheißungsvoll lächelnd. Willi zuckte unbestimmt die Achseln. Nun, jedenfalls würde man sich freuen, falls es ihm gelänge, sich frei zu machen, ihn im Laufe des heutigen Abends wiederzusehen.

Als er das Haus verließ, fuhren eben zwei elegante junge Herren im Fiaker vor, was Willi nicht angenehm berührte. Was konnte in diesem Hause sich nicht alles ereignen, während er genötigt war, für einen entgleisten Kameraden im Kaffeehaus tausend Gulden zu verdienen? Ob es nicht das weitaus Klügere wäre, sich auf die Sache gar nicht einzulassen und in einer halben Stunde etwa, nachdem man angeblich den kranken Freund besucht, wieder in den schönen Garten zu den drei Grazien zurückzukehren? Umso klüger, dachte er mit einiger Selbstgefälligkeit weiter, als seine Chancen für einen Gewinst im Spiel indes erheblich gesunken sein dürften.

III

Von einer Anschlagsäule starrte ihm ein großes, gelbes Rennplakat entgegen, und es fiel ihm ein, dass Bogner in dieser Stunde schon in der Freudenau bei den Rennen, ja vielleicht eben daran war, auf eigene Faust die rettende Summe zu gewinnen. Wie aber, wenn Bogner ihm einen solchen Glücksfall verschwiege, um noch überdies sich der tausend Gulden zu versichern, die Willi indes dem Konsul Schnabel oder dem Regimentsarzt Tugut im Kartenspiel abgewonnen? Nun ja, wenn man einmal tief genug gesunken war, um in eine fremde Kasse zu greifen ... Und in ein paar Monaten oder Wochen würde Bogner wahrscheinlich wieder geradeso weit sein wie heute. Und was dann?

Musik klang zu ihm herüber. Es war irgendeine italienische Ouvertüre von der halb verschollenen Art, wie sie überhaupt nur von Kurorchestern gespielt zu werden pflegen. Willi aber kannte sie gut. Vor vielen Jahren hatte er sie seine Mutter in Temesvar mit irgendeiner entfernten Verwandten vierhändig spielen hören. Er selbst hatte es nie so weit gebracht, der Mutter als Partner im Vierhändigspiel zu dienen, und als sie vor acht Jahren gestorben war, hatte es auch keine Klavierlektionen mehr gegeben wie früher manchmal, wenn er zu den Feiertagen von der Kadettenschule nach Hause gekommen war. Leise und etwas rührend klangen die Töne durch die zitternde Frühlingsluft.

Auf einer kleinen Brücke überschritt er den trüben Schwechatbach, und nach wenigen Schritten schon stand er vor der geräumigen, sonntäglich überfüllten Terrasse des Café Schopf. Nahe der Straße an einem kleinen Tischchen saß Leutnant Greising, der Patient, fahl und hämisch, mit ihm der dicke Theatersekretär Weiß in kanariengelbem, etwas zerknittertem Flanellanzug, wie immer mit einer Blume im Knopfloch. Nicht ohne Mühe drängte sich Willi zwischen den Tischen und Stühlen zu ihnen durch. »Wir sind ja spärlich gesät heute«, sagte er, ihnen die Hand reichend. Und es war ihm eine Erleichterung, zu denken, dass die Spielpartie vielleicht nicht zusammenkommen würde. Greising aber klärte ihn auf, dass sie beide, er und der Theatersekretär, nur darum hier im Freien säßen, um sich für die »Arbeit« zu stärken. Die anderen seien schon drin, am Kartentisch; auch der Herr Konsul Schnabel, der übrigens wie gewöhnlich im Fiaker aus Wien herausgefahren sei.

Willi bestellte eine kalte Limonade; Greising fragte ihn, wo er sich denn so sehr erhitzt habe, dass er schon eines kühlenden Getränkes bedürfe, und bemerkte ohne weiteren Übergang, dass die Badener Mädel überhaupt hübsch und temperamentvoll seien. Hierauf berichtete er in nicht sonderlich gewählten Ausdrücken von einem kleinen Abenteuer, das er gestern Abend im Kurpark eingeleitet und noch in derselben Nacht zum erwünschten Abschluss gebracht habe. Willi trank langsam seine Limonade, und Greising, der merkte, was jenem durch den Sinn gehen mochte, sagte, wie zur Antwort, mit einem kurzen Auflachen: »Das ist der Lauf der Welt, müssen halt andere auch dran glauben.«

Der Oberleutnant Wimmer vom Train, der von Ungebildeten oft für einen Kavalleristen gehalten wurde, stand plötzlich hinter ihnen: »Was glaubt ihr denn eigentlich, meine Herren, sollen wir allein uns mit dem Konsul abplagen?« Und er reichte Willi, der nach seiner Art, obwohl außer Dienst, dem ranghöheren Kameraden stramm salutiert hatte, die Hand.

»Wie steht's denn drin?«, fragte Greising misstrauisch und unwirsch. »Langsam, langsam«, erwiderte Wimmer. »Der Konsul sitzt auf seinem Geld wie ein Drachen, auf meinem leider auch schon. Also auf in den Kampf, meine Herren Toreros.«

Die anderen erhoben sich. »Ich bin wo eingeladen«, bemerkte Willi, während er sich mit gespielter Gleichgültigkeit eine Zigarette anzündete. »Ich werde nur eine Viertelstunde kiebitzen.«

»Ha«, lachte Wimmer, »der Weg zur Hölle ist mit guten Vorsätzen gepflastert.« – »Und der zum Himmel mit schlechten«, bemerkte der Sekretär Weiß. – »Gut gegeben«, sagte Wimmer und klopfte ihm auf die Schulter.

Sie traten ins Innere des Kaffeehauses. Willi warf noch einen Blick zurück ins Freie, über die Villendächer, zu den Hügeln hin. Und er schwor sich zu, in spätestens einer halben Stunde bei Keßners im Garten zu sitzen.

Mit den anderen trat er in einen dämmerigen Winkel des Lokals, wo von Frühlingsluft und -licht nichts mehr zu merken war. Den Sessel hatte er weit zurückgeschoben, womit er deutlich zu erkennen gab, dass er keineswegs gesonnen sei, sich am Spiel zu beteiligen. Der Konsul, ein hagerer Herr von unbestimmtem Alter, mit englisch gestutztem Schnurrbart, rötlichem, schon etwas angegrautem, dünnem Haupthaar, elegant in Hellgrau gekleidet, gustierte eben mit der ihm eigenen Gründlichkeit eine Karte, die ihm Doktor Flegmann, der Bankhalter, zugeteilt hatte. Er gewann, und Doktor Flegmann nahm neue Banknoten aus seiner Brieftasche.

»Zuckt nicht mit der Wimper«, bemerkte Wimmer mit ironischer Hochachtung.

»Wimperzucken ändert nichts an gegebenen Tatsachen«, erwiderte Flegmann kühl mit halb geschlossenen Augen. Der Regimentsarzt Tugut, Abteilungschef im Badener Garnisonsspital, legte eine Bank mit zweihundert Gulden auf.

Das ist heute wirklich nichts für mich, dachte Willi und schob seinen Sessel noch weiter zurück.

Der Schauspieler Elrief, ein junger Mensch aus gutem Hause, berühmter um seiner Beschränktheit als um seines Talents willen, ließ Willi in die Karten sehen. Er setzte kleine Beträge und schüttelte ratlos den Kopf, wenn er verlor. Tugut hatte bald seine Bank verdoppelt. Sekretär Weiß machte bei Elrief eine Anleihe, und Doktor Flegmann nahm neuerdings Geld aus der Brieftasche. Tugut wollte sich zurückziehen, als der Konsul, ohne nachzuzählen, sagte: »Hopp, die Bank.« Er verlor, und mit einem Griff in die Westentasche beglich er seine Schuld, die dreihundert Gulden betrug. »Noch einmal hopp«, sagte er. Der Regimentsarzt lehnte ab, Doktor Flegmann übernahm die Bank und teilte aus. Willi nahm keine Karte an; nur zum Spaß, auf Elriefs dringendes Zureden, »um ihm Glück zu bringen«, setzte er auf dessen Blatt einen Gulden – und gewann. Bei der nächsten Runde warf Doktor Flegmann auch ihm eine Karte hin, die er nicht zurückwies. Er gewann wieder, verlor, gewann, rückte seinen Sessel nahe an den Tisch zwischen die andern, die ihm bereitwilligst Platz machten; und gewann – verlor – gewann – verlor, als könnte sich das Schicksal nicht recht entscheiden. Der Sekretär musste ins Theater und vergaß, Herrn Elrief den entliehenen Betrag zurückzugeben, obwohl er längst einen weit höheren zurückgewonnen hatte. Willi war ein wenig im Gewinn, aber zu den tausend Gulden fehlten immerhin noch etwa neunhundertundfünfzig.

»Es tut sich nichts«, stellte Greising unzufrieden fest. Nun übernahm der Konsul wieder die Bank, und alle spürten in diesem Augenblick, dass es endlich ernst werden würde.

Man wusste vom Konsul Schnabel nicht viel mehr, als dass er eben Konsul war, Konsul eines kleinen Freistaats in Südamerika und »Großkaufmann«. Der Sekretär Weiß war es, der ihn in die Offiziersgesellschaft eingeführt hatte, und des Sekretärs Beziehungen zu ihm stammten daher, dass der Konsul ihn für das Engagement einer kleinen Schauspielerin zu interessieren gewusst hatte, die sofort nach Antritt ihrer bescheidenen Stellung in ein näheres Verhältnis zu Herrn Elrief getreten war. Gern hätte man sich nach guter alter Sitte über den betrogenen Liebhaber lustig gemacht, aber als dieser kürzlich, während er Karten austeilte, an Elrief, der eben an der Reihe war, ohne aufzublicken, die Zigarre zwischen den Zähnen, die Frage gerichtet hatte: »Na, wie geht's denn unserer gemeinsamen kleinen Freundin?«, war es klar, dass man diesem Mann gegenüber mit Spott und Späßen in keiner Weise auf die Kosten kommen würde. Dieser Eindruck befestigte sich, als er dem Leutnant Greising, der einmal spät nachts zwischen zwei Gläsern Kognak eine anzügliche Bemerkung über Konsuln unerforschter Landstriche ins Gespräch warf, mit einem stechenden Blick entgegnet hatte: »Warum frozzeln Sie mich, Herr Leutnant? Haben Sie sich schon erkundigt, ob ich satisfaktionsfähig bin?«

Bedenkliche Stille war nach dieser Erwiderung eingetreten, aber wie nach einem geheimen Übereinkommen wurden keinerlei weitere Konsequenzen gezogen, und man entschloss sich, ohne Verabredung, aber einmütig, nur zu einem vorsichtigeren Benehmen ihm gegenüber.

Der Konsul verlor. Man hatte nichts dagegen, dass er, entgegen sonstiger Gepflogenheit, sofort eine neue Bank und, nach neuerlichem Verlust, eine dritte auflegte. Die übrigen Spieler gewannen, Willi vor allen. Er steckte sein Anfangskapital, die hundertundzwanzig Gulden, ein, die sollten keineswegs mehr riskiert werden. Er legte nun selbst eine Bank auf, hatte sie bald verdoppelt, zog sich zurück, und mit kleinen Unterbrechungen blieb ihm das Glück auch gegen die übrigen Bankhalter treu, die einander rasch ablösten. Der Betrag von tausend Gulden, den er – für einen andern – zu gewinnen unternommen hatte, war um einige hundert überschritten, und da eben Herr Elrief sich erhob, um sich ins Theater zu begeben, zwecks Darstellung einer Rolle, über die er trotz ironisch interessierter Frage Greisings nichts weiter verlauten ließ, benützte Willi die Gelegenheit, sich anzuschließen. Die andern waren gleich wieder in ihr Spiel vertieft; und als Willi an der Tür sich noch einmal umwandte, sah er, dass ihm nur das Auge des Konsuls mit einem kalten, raschen Aufschauen von den Karten gefolgt war.

IV

Nun erst, da er wieder im Freien stand und linde Abendluft um seine Stirn strich, kam er zum Bewusstsein seines Glücks oder, wie er sich gleich verbesserte, zum Bewusstsein von Bogners Glück. Doch auch ihm selbst blieb immerhin so viel, dass er sich, wie er geträumt, einen neuen Waffenrock, eine neue Kappe und ein neues Portepee anschaffen konnte. Auch für etliche Soupers in angenehmer Gesellschaft, die sich nun leicht finden würde, waren die nötigen Fonds vorhanden. Aber abgesehen davon – welche

Genugtuung, morgen Früh halb acht dem alten Kameraden vor der Alserkirche die rettende Summe überreichen zu können, – tausend Gulden, ja, den berühmten blanken Tausender, von dem er bisher nur in Büchern gelesen hatte und den er nun tatsächlich mit noch einigen Hunderter-Banknoten in der Brieftasche verwahrte. So, mein lieber Bogner, da hast du. Genau die tausend Gulden habe ich gewonnen. Um ganz präzis zu sein, tausendeinhundertfünfundfünfzig. Dann hab' ich aufgehört. Selbstbeherrschung, was? Und hoffentlich, lieber Bogner, wirst du von nun ab – – Nein, nein, er konnte doch dem früheren Kameraden keine Moralpredigt halten. Der würde es sich schon selbst zur Lehre dienen lassen und hoffentlich auch taktvoll genug sein, um aus diesem für ihn so günstig erledigten Zwischenfall nicht etwa die Berechtigung zu einem weiteren freundschaftlichen Verkehr abzuleiten. Vielleicht aber war es doch vorsichtiger oder sogar richtiger, den Burschen mit dem Geld zur Alserkirche hinüberzuschicken.

Auf dem Weg zu Keßners fragte sich Willi, ob sie ihn auch zum Nachtmahl dort behalten würden. Ah, auf das Nachtmahl kam es ihm jetzt glücklicherweise nicht mehr an. Er war ja jetzt selber reich genug, um die ganze Gesellschaft zu einem Souper einzuladen. Schade nur, dass man nirgends Blumen zu kaufen bekam. Aber eine Konditorei, an der er vorüberkam, war geöffnet, und so entschloss er sich, eine Tüte Bonbons und, an der Tür wieder umkehrend, eine zweite noch größere zu kaufen, und überlegte, wie er die beiden zwischen Mutter und Tochter richtig zu verteilen hätte.

Als er bei Keßners in den Vorgarten trat, ward ihm vom Stubenmädchen die Auskunft, die Herrschaften, ja die ganze Gesellschaft sei ins Helenental gefahren, wahrscheinlich zur Krainerhütte. Die Herrschaften würden wohl auch auswärts soupieren, wie meistens Sonntag Abend.

Gelinde Enttäuschung malte sich in Willis Zügen, und das Stubenmädchen lächelte mit einem Blick auf die beiden Tüten, die der Leutnant in der Hand hielt. Ja, was sollte man nun damit anfangen! »Ich lasse mich bestens empfehlen und – bitte schön« – er reichte dem Stubenmädchen die Tüten hin –, »die größere ist für die gnädige Frau, die andere für das Fräulein, und ich hab' sehr bedauert.« – »Vielleicht, wenn der Herr Leutnant sich einen Wagen nehmen – jetzt sind die Herrschaften gewiss noch in der Krainerhütte.« Willi sah nachdenklich-wichtig auf die Uhr: »Ich werd' schaun«, bemerkte er nachlässig, salutierte mit scherzhaft übertriebener Höflichkeit und ging.

Da stand er nun allein in der abendlichen Gasse. Eine fröhliche kleine Gesellschaft von Touristen, Herren und Damen mit bestaubten Schuhen, zog an ihm vorbei. Vor einer Villa auf einem Strohsessel saß ein alter Herr und las Zeitung. Etwas weiter auf einem Balkon eines ersten Stockwerks saß, häkelnd, eine ältere Dame und sprach mit einer andern, die im Haus gegenüber, die gekreuzten Arme auf der Brüstung, am offenen Fenster lehnte. Es schien Willi, als wären diese paar Menschen die einzigen in dem Städtchen, die zu dieser Stunde nicht ausgeflogen waren. Keßners hätten wohl bei dem Stubenmädchen ein Wort für ihn zurücklassen können. Nun, er wollte sich nicht aufdrängen. Im Grunde hatte er das nicht nötig. Aber was tun? Gleich nach Wien zurückfahren? Wäre vielleicht das Vernünftigste! Wie, wenn man die Entscheidung dem Schicksal überließe?

Zwei Wagen standen vor dem Kursalon. »Wie viel verlangen S' ins Helenental?« Der eine Kutscher war bestellt, der andere forderte einen geradezu unverschämten Preis. Und Willi entschied sich für einen Abendgang durch den Park.

Er war zu dieser Stunde noch ziemlich gut besucht. Ehe- und Liebespaare, die Willi mit Sicherheit voneinander zu unterscheiden sich getraute, auch junge Mädchen und Frauen, allein, zu zweit, zu dritt, lustwandelten an ihm vorüber, und er begegnete manchem lächelnden, ja ermutigenden Blick. Aber man konnte nie wissen, ob nicht ein Vater, ein Bruder, ein Bräutigam hinterherging, und ein Offizier war doppelt und dreifach zur Vorsicht verpflichtet. Einer dunkeläugigen, schlanken Dame, die einen Knaben an der Hand führte, folgte er eine Weile. Sie stieg die Treppe zur Terrasse des Kursalons hinauf, schien jemanden zu suchen, anfangs vergeblich, bis ihr von einem entlegenen Tisch aus lebhaft zugewinkt wurde, worauf sie, mit einem spöttischen Blick Willi streifend, inmitten einer größeren Gesellschaft Platz nahm. Auch Willi tat nun, als suchte er einen Bekannten, trat von der Terrasse aus ins Restaurant, das ziemlich leer war, kam von dort in die Eingangshalle, dann in den schon erleuchteten Lesesaal, wo an einem langen, grünen Tisch als einziger Herr ein pensionierter General in Uniform saß. Willi salutierte, schlug die Hacken zusammen, der General nickte verdrossen, und Willi machte eilig wieder kehrt. Draußen vor dem Kursalon stand noch immer der eine von den Fiakern, und der Kutscher erklärte sich ungefragt bereit, den Herrn Leutnant billig ins Helenental zu fahren. »Ja, jetzt zahlt sich's nimmer aus«, meinte Willi, und geflügelten Schritts nahm er den Weg zum Café Schopf.

V

Die Spieler saßen da, als wäre seit Willis Fortgehen keine Minute vergangen, in gleicher Weise gruppiert wie vorher.

Unter grünem Schirm leuchtete fahl das elektrische Licht. Um des Konsuls Mund, der als erster seinen Eintritt bemerkt hatte, glaubte Willi ein spöttisches Lächeln zu gewahren. Niemand äußerte die geringste Verwunderung, als Willi seinen leergebliebenen Sessel wieder zwischen die andern rückte. Doktor Flegmann, der eben Bank hielt, teilte ihm eine Karte zu, als verstünde sich das von selbst. In der Eile setzte Willi eine größere Banknote, als er beabsichtigt hatte, gewann, setzte vorsichtig weiter; das Glück aber wendete sich, und bald kam ein Augenblick, in dem der Tausender ernstlich gefährdet schien. Was liegt daran, dachte sich Willi, ich hätt' ja doch nichts davon gehabt. Aber nun gewann er wieder, er hatte es nicht nötig, die Banknote zu wechseln, das Glück blieb ihm treu, und um neun Uhr, als man das Spiel beschloss, fand sich Willi im Besitz von über zweitausend Gulden. Tausend für Bogner, tausend für mich, dachte er. Die Hälfte davon reservier' ich mir als Spielfonds für nächsten Sonntag. Aber er fühlte sich nicht so glücklich, als es doch natürlich gewesen wäre.

Man begab sich zum Nachtmahl in die »Stadt Wien«, saß im Garten unter einer dicht belaubten Eiche, sprach über Hasardspiel im Allgemeinen und über berühmt gewordene Kartenpartien mit riesigen Differenzen im Jockeiklub. »Es ist und bleibt ein Laster«, behauptete Doktor Flegmann ganz ernsthaft. Man lachte, aber Oberleutnant Wimmer zeigte Lust, die Bemerkung krumm zu nehmen. Was bei Advokaten vielleicht ein Laster sei, bemerkte er, sei darum noch lange keines bei Offizieren. Doktor Flegmann erklärte höflich, dass man zugleich lasterhaft und doch ein Ehrenmann sein könne, wofür zahlreiche Beispiele seien: Don Juan zum Beispiel oder der Herzog von Richelieu. Der Konsul meinte, ein Laster sei das Spiel nur, wenn man seine Spielschulden zu zahlen nicht imstande sei. Und in diesem Fall sei es eigentlich kein Laster mehr, sondern ein Betrug; nur eine feigere Art davon. Man schwieg ringsum. Glücklicherweise erschien eben Herr Elrief, mit einer Blume im Knopfloch und sieghaften Augen. »Schon den Ovationen entzogen?«, fragte Greising. – »Ich bin im vierten Akt nicht beschäftigt«, erwiderte der Schauspieler und streifte nachlässig seinen Handschuh ab in der Art etwa, wie er vorhatte, es in irgendeiner nächsten Novität als Vicomte oder Marquis zu tun. Greising zündete sich eine Zigarre an. »Wär' g'scheiter, du tät'st nicht rauchen«, sagte Tugut.

»Aber Herr Regimentsarzt, ich hab' ja nix mehr im Hals«, erwiderte Greising.

Der Konsul hatte einige Flaschen ungarischen Weins bestellt. Man trank einander zu. Willi sah auf die Uhr. »Oh, ich muss mich leider verabschieden. Um zehn Uhr vierzig geht der letzte Zug.« – »Trinken Sie nur aus«, sagte der Konsul, »mein Wagen bringt Sie zur Bahn.« – »Oh, Herr Konsul, das kann ich keinesfalls ...«

»Kannst schon«, unterbrach ihn Oberleutnant Wimmer.

»Na, was is«, fragte der Regimentsarzt Tugut, »machen wir heut noch was?«

Keiner hatte gezweifelt, dass die Partie nach dem Abendessen ihre Fortsetzung finden werde. Es war jeden Sonntag dasselbe. »Aber nicht lang«, sagte der Konsul. – Die haben's gut, dachte Willi und beneidete sie alle um die Aussicht, sich gleich wieder an den Kartentisch zu setzen, das Glück versuchen, Tausende gewinnen zu können. Der Schauspieler Elrief, dem der Wein sofort zu Kopf stieg, bestellte mit einem etwas dummen und frechen Gesicht dem Konsul einen Gruß von Fräulein Rihoscheck, wie ihre gemeinschaftliche Freundin hieß. »Warum haben S' das Fräulein nicht gleich mitgebracht, Herr Mimius?«, fragte

Greising. – »Sie kommt später ins Kaffeehaus kiebitzen, wenn der Herr Konsul erlaubt«, sagte Elrief. Der Konsul verzog keine Miene.

Willi trank aus und erhob sich. »Auf nächsten Sonntag«, sagte Wimmer, »da werden wir dich wieder etwas leichter machen.« – Da werdet ihr euch täuschen, dachte Willi, man kann überhaupt nicht verlieren, wenn man vorsichtig ist. – »Sie sind so freundlich, Herr Leutnant«, bemerkte der Konsul »und schicken den Kutscher vom Bahnhof gleich wieder zurück zum Kaffeehaus«, und zu den Übrigen gewendet: »aber so spät, respektive so früh wie neulich darf's heut nicht werden, meine Herren.«

Willi salutierte nochmals in die Runde und wandte sich zum Gehen. Da sah er zu seiner angenehmen Überraschung an einem der benachbarten Tische die Familie Keßner und die Dame von Nachmittag mit ihren zwei Töchtern sitzen. Weder der ironische Advokat war da, noch die eleganten jungen Herrn, die im Fiaker bei der Villa vorgefahren waren. Man begrüßte ihn sehr liebenswürdig, er blieb am Tisch stehen, war heiter, unbefangen, – ein fescher, junger Offizier, in behaglichen Umständen, überdies nach drei Gläsern eines kräftigen ungarischen Weins, und in diesem Augenblick ohne Konkurrenten, angenehm »montiert«. Man forderte ihn auf, Platz zu nehmen, er lehnte dankend ab mit einer lässigen Geste zum Ausgang hin, wo der Wagen wartete. Immerhin hatte er noch einige Fragen zu beantworten: wer denn der hübsche junge Mensch in Zivil sei? – Ah, ein Schauspieler? – Elrief? – Man kannte nicht einmal den Namen. Das Theater hier sei überhaupt recht mäßig, höchstens Operetten könne man sich ansehen, so behauptete Frau Keßner. Und mit einem verheißungsvollen Blick regte sie an: wenn der Herr Leutnant nächstens wieder herauskäme, könnte man vielleicht gemeinsam die Arena besuchen. »Das Netteste wäre«, meinte Fräulein Keßner, »man nähme zwei Logen nebeneinander«, und sie sandte ein Lächeln zu Herrn Elrief hinüber, der es leuchtend erwiderte. Willi küsste allen Damen die Hand, grüßte noch einmal hinüber zu dem Tisch der Offiziere, und eine Minute drauf saß er im Fiaker des Konsuls. »G'schwind«, sagte er dem Kutscher, »Sie kriegen ein gutes Trinkgeld.« In der Gleichgültigkeit, mit der der Kutscher dieses Versprechen hinnahm, glaubte Willi einen ärgerlichen Mangel an Respekt zu verspüren. Immerhin liefen die Pferde vortrefflich, und in fünf Minuten war man beim Bahnhof. In dem gleichen Augenblick aber setzte sich auch oben in der Station der Zug, der eine Minute früher eingefahren war, in Bewegung. Willi war aus dem Wagen gesprungen, blickte den erleuchteten Waggons nach, wie sie sich langsam und schwer über den Viadukt fortwälzten, hörte den Pfiff der Lokomotive in der Nachtluft verwehen, schüttelte den Kopf und wusste selbst nicht, ob er ärgerlich oder froh war. Der Kutscher saß gleichgültig auf dem Bock und streichelte das eine Ross mit dem Peitschenstiel. »Da kann man nix machen«, sagte Willi endlich. Und zum Kutscher: »Also fahren wir zurück zum Café Schopf.«

VI

Es war hübsch, so im Fiaker durch das Städtchen zu sausen; aber noch viel hübscher würde es sein, nächstens einmal an einem lauen Sommerabend in Gesellschaft irgendeines anmutigen weiblichen Wesens aufs Land hinaus zu fahren – nach Rodaun oder zum Roten Stadl – und dort im Freien zu soupieren. Ah, welche Wonne, nicht mehr genötigt sein, jeden Gulden zweimal umzudrehen, ehe man sich entschließen durfte, ihn auszugeben. Vorsicht, Willi, Vorsicht, sagte er sich, und er nahm sich fest vor, keineswegs den ganzen Spielgewinn zu riskieren, sondern höchstens die Hälfte. Und überdies wollte er das System Flegmann anwenden: mit einem geringen Einsatz beginnen; – nicht höher gehen, bevor man einmal gewonnen, dann aber niemals das Ganze aufs Spiel setzen, sondern nur drei Viertel des Gesamtbetrages – und so weiter. Doktor Flegmann fing immer mit diesem System an, aber es fehlte ihm an der nötigen Konsequenz, es durchzuführen. So konnte er natürlich auf keinen grünen Zweig kommen.

Willi schwang sich vor dem Kaffeehaus aus dem Wagen, noch ehe dieser hielt, und gab dem Kutscher ein nobles Trinkgeld; so viel, dass auch ein Mietwagen ihn kaum hätte mehr kosten können. Der Dank des Kutschers fiel zwar immer noch zurückhaltend, aber immerhin freundlich genug aus.

Die Spielpartie war vollzählig beisammen, auch die Freundin des Konsuls, Fräulein Mizi Rihoscheck, war anwesend; stattlich, mit überschwarzen Augenbrauen, im Übrigen nicht allzu sehr geschminkt, in hellem Sommerkleid, einen flachkrempigen Strohhut mit rotem Band auf dem braunen, hochgewellten Haar, so saß sie neben dem Konsul, den Arm um die Lehne seines Sessels geschlungen, und schaute ihm in die Karten. Er blickte nicht auf, als Willi an den Tisch trat, und doch spürte der Leutnant, dass der Konsul sofort sein Kommen bemerkt hatte. »Ah, Zug versäumt«, meinte Greising. – »Um eine halbe Minute«, erwiderte Willi. – »Ja, das kommt davon«, sagte Wimmer und teilte Karten aus. Flegmann empfahl sich eben, weil er dreimal hintereinander mit einem kleinen Schlager gegen einen großen verloren hatte. Herr Elrief harrte noch aus, aber er besaß keinen Kreuzer mehr. Vor dem Konsul lag ein Haufen Banknoten. »Das geht ja hoch her«, sagte Willi und setzte gleich zehn Gulden statt fünf, wie er sich eigentlich vorgenommen hatte. Seine Kühnheit belohnte sich: er gewann und gewann immer weiter. Auf einem kleinen Nebentisch stand eine Flasche Kognak. Fräulein Rihoscheck schenkte dem Leutnant ein Gläschen ein und reichte es ihm mit schwimmendem Blick. Elrief bat ihn, ihm bis morgen Mittag Punkt zwölf Uhr fünfzig Gulden leihweise zur Verfügung zu stellen. Willi schob ihm die Banknote hin, eine Sekunde darauf war sie zum Konsul gewandert. Elrief erhob sich, Schweißtropfen auf der Stirn. Da kam eben im gelben Flanellanzug der Direktionssekretär Weiß, ein leise geführtes Gespräch hatte zur Folge, dass der Sekretär sich entschloss, dem Schauspieler die am Nachmittag von ihm entliehene Summe zurückzuerstatten. Elrief verlor auch dies Letzte, und anders als es der Vicomte getan hätte, den er nächstens einmal zu spielen hoffte, rückte er wütend den Sessel, stand auf, stieß einen leises Fluch aus und verließ den Raum. Als er nach einer Weile nicht wiederkam, erhob sich Fräulein Rihoscheck, strich dem Konsul zärtlich-zerstreut über das Haupt und verschwand gleichfalls.

Wimmer und Greising, sogar Tugut waren vorsichtig geworden, da das Ende der Partie nahe war; nur der Direktionssekretär zeigte noch einige Verwegenheit. Doch das Spiel hatte sich allmählich zu einem Einzelkampf zwischen dem Leutnant Kasda und dem Konsul Schnabel gestaltet. Willis Glück hatte sich gewendet, und außer den tausend für den alten Kameraden Bogner hatte Willi kaum hundert Gulden mehr. Sind die hundert weg, so hör' ich auf, unbedingt, schwor er sich zu. Aber er glaubte selbst nicht daran. Was geht mich dieser Bogner eigentlich an? dachte er. Ich habe doch keinerlei Verpflichtung.

Fräulein Rihoscheck erschien wieder, trällerte eine Melodie, richtete vor dem großen Spiegel ihre Frisur, zündete sich eine Zigarette an, nahm ein Billardqueue, versuchte ein paar Stöße, stellte das Queue wieder in die Ecke, dann wippte sie bald die weiße, bald die rote Kugel mit den Fingern über das grüne Tuch. Ein kalter Blick des Konsuls rief sie herbei, trällernd nahm sie ihren Platz an seiner Seite wieder ein und legte ihren Arm über die Lehne. Von draußen, wo es schon seit Langem ganz still geworden war, erklang nun vielstimmig ein Studentenlied. Wie kommen die heute noch nach Wien zurück? fragte sich Willi. Dann fiel ihm ein, dass es vielleicht Badener Gymnasiasten waren, die draußen sangen. Seit Fräulein Rihoscheck ihm gegenübersaß, begann das Glück sich ihm zögernd wieder zuzuwenden. Der Gesang entfernte sich, verklang; eine Kirchturmuhr schlug. »Drei viertel eins«, sagte Greising. – »Letzte Bank«, erklärte der Regimentsarzt. – »Jeder noch eine«, schlug der Oberleutnant Wimmer vor. – Der Konsul gab durch Nicken sein Einverständnis kund.

Willi sprach kein Wort. Er gewann, verlor, trank ein Glas Kognak, gewann, verlor, zündete sich eine neue Zigarette an, gewann und verlor. Tuguts Bank hielt sich lange. Mit einem hohen Satz des Konsuls war sie endgültig erledigt. Sonderbar genug erschien Herr Elrief wieder, nach beinahe einstündiger Abwesenheit, und, noch sonderbarer, er hatte wieder Geld bei sich. Vornehm lässig, als wäre nichts geschehen, setzte er sich hin, wie jener Vicomte, den er doch niemals spielen würde, und er hatte eine neue Nuance vornehmer Lässigkeit, die eigentlich von Doktor Flegmann herrührte: halb geschlossene, müde Augen. Er legte eine Bank von dreihundert Gulden auf, als verstünde sich das von selbst, und gewann. Der Konsul verlor gegen ihn, gegen den Regimentsarzt und ganz besonders gegen Willi, der sich bald im Besitz von nicht weniger als dreitausend Gulden befand. Das bedeutete: neuer Waffenrock, neues Portepee, neue Wäsche, Lackschuhe,

Zigaretten, Nachtmähler zu zweit, zu dritt, Fahrten in den Wienerwald, zwei Monate Urlaub mit Karenz der Gebühren – und um zwei Uhr hatte er viertausendzweihundert Gulden gewonnen. Da lagen sie vor ihm, es war kein Zweifel: viertausendzweihundert Gulden und etwas darüber. Die Übrigen alle waren zurückgefallen, spielten kaum mehr. »Es ist genug«, sagte Konsul Schnabel plötzlich. Willi fühlte sich zwiespältig bewegt. Wenn man jetzt aufhörte, so konnte ihm nichts mehr geschehen, und das war gut. Zugleich aber spürte er eine unbändige, eine wahrhaft höllische Lust, weiterzuspielen, noch einige, alle die blanken Tausender aus der Brieftasche des Konsuls in die seine herüberzuzaubern. Das wäre ein Fonds, damit könnte man sein Glück machen. Es musste ja nicht immer Bakkarat sein – es gab auch die Wettrennen in der Freudenau und den Trabrennplatz, auch Spielbanken gab es, Monte Carlo zum Beispiel, unten am Meeresstrand, – mit köstlichen Weibern aus Paris ... Während so seine Gedanken trieben, versuchte der Regimentsarzt den Konsul zu einer letzten Bank zu animieren. Elrief, als wäre er der Gastgeber, schenkte Kognak ein. Er selbst trank das achte Glas. Fräulein Mizi Rihoscheck wiegte den Körper und trällerte eine innere Melodie. Tugut nahm die verstreuten Karten auf und mischte. Der Konsul schwieg. Dann, plötzlich, rief er nach dem Kellner und ließ zwei neue, unberührte Spiele bringen. Ringsum die Augen leuchteten. Der Konsul sah auf die Uhr und sagte: »Punkt halb drei Schluss, ohne Pardon.« Es war fünf Minuten nach zwei.

VII

Der Konsul legte eine Bank auf, wie sie in diesem Kreise noch nicht erlebt worden war, eine Bank von dreitausend Gulden.

Außer der Spielergesellschaft und einem Kellner befand sich kein Mensch mehr im Café. Durch die offen stehende Tür drangen von draußen her morgendliche Vogelstimmen. Der Konsul verlor, aber er hielt sich vorläufig mit seiner Bank. Elrief hatte sich vollkommen erholt, und auf einen mahnenden Blick des Fräulein Rihoscheck zog er sich vom Spiel zurück. Die anderen, alle in mäßigem Gewinn, setzten bescheiden und vorsichtig weiter. Noch war die Bank zur Hälfte unberührt.

»Hopp«, sagte Willi plötzlich und erschrak vor seinem eigenen Wort, ja vor seiner Stimme. Bin ich verrückt geworden? dachte er. Der Konsul deckte »Neun« auf, einen großen Schlager, und Willi war um fünfzehnhundert Gulden ärmer. Nun, in Erinnerung an das System Flegmann, setzte Willi einen lächerlich kleinen Betrag, fünfzig Gulden, und gewann. Zu dumm, dachte er. Das Ganze hätte ich mit einem Schlage zurückgewinnen können! Warum war ich so feig. »Wieder hopp.« Er verlor. »Noch einmal hopp.« Der Konsul schien zu zögern. – »Was fallt dir denn ein, Kasda«, rief der Regimentsarzt. Willi lachte und spürte es wie einen Schwindel in die Stirne steigen. War es vielleicht der Kognak, der ihm die Besinnung trübte? Offenbar. Er hatte sich natürlich geirrt, er hatte nicht im Traum daran gedacht, tausend oder zweitausend auf einmal zu setzen. »Entschuldigen, Herr Konsul, ich habe eigentlich gemeint –«. Der Konsul ließ ihn nicht zu Ende sprechen. Freundlich bemerkte er: »Wenn Sie nicht gewusst haben, welcher Betrag noch in der Bank steht, so nehme ich natürlich ihren Rückzug zur Kenntnis.« – »Wieso zur Kenntnis, Herr Konsul?«, sagte Willi. »Hopp ist hopp.« – War er das selbst, der sprach? Seine Worte? Seine Stimme? Wenn er verlor, dann war es aus mit dem neuen Waffenrock, dem neuen Portepee, den Soupers in angenehmer weiblicher Gesellschaft; – da blieben eben noch die tausend für den Defraudanten, den Bogner – und er selbst war ein armer Teufel wie zwei Stunden vorher.

Wortlos deckte der Konsul sein Blatt auf Neun. Niemand sprach die Zahl aus, doch sie klang geisterhaft durch den Raum. Willi fühlte eine seltsame Feuchtigkeit auf der Stirne. Donnerwetter, ging das geschwind! Immerhin, er hatte noch tausend Gulden vor sich liegen, sogar etwas darüber. Er wollte nicht zählen, das brachte vielleicht Unglück. Um wie viel reicher war er immer noch als heute Mittag da er aus dem Zug gestiegen war. Heute Mittag – Und es zwang ihn doch nichts, auf einmal die ganzen tausend Gulden aufs Spiel zu setzen! Man konnte ja wieder mit hundert oder zweihundert anfangen. System Flegmann. Nur leider war so wenig Zeit mehr, kaum zwanzig Minuten. Schweigen ringsum. »Herr Leutnant«, äußerte der Konsul fragend. – »Ach ja«, lachte Willi und faltete den Tausender zusammen. »Die Hälfte, Herr Konsul«, sagte er. – »Fünfhundert? –«

Willi nickte. Auch die anderen setzten der Form wegen. Aber ringsum war schon die Stimmung des Aufbruchs. Der Oberleutnant Wimmer stand aufrecht mit umgehängtem Mantel. Tugut lehnte am Billardbrett. Der Konsul deckte seine Karte auf, »Acht«, und die Hälfte von Willis Tausender war verspielt. Er schüttelte den Kopf, als ginge es nicht mit rechten Dingen zu. »Den Rest«, sagte er und dachte: Bin eigentlich ganz ruhig. Er gustierte langsam. Acht. Der Konsul musste eine Karte kaufen. Neun. Und fort waren die fünfhundert, fort die tausend. Alles fort. – Alles? Nein. Er hatte ja noch seine hundertzwanzig Gulden, mit denen er mittags angekommen war, und etwas drüber. Komisch, da war man nun plötzlich wirklich ein armer Teufel wie vorher. Und da draußen sangen die Vögel … wie damals … als er noch nach Monte Carlo hätte fahren können. Ja, nun musste er leider aufhören, denn die paar Gulden durfte man doch nicht mehr riskieren … aufhören, obzwar noch eine Viertelstunde Zeit war. Was für Pech. In einer Viertelstunde konnte man geradeso gut fünftausend Gulden gewinnen, als man sie verloren hatte. »Herr Leutnant«, fragte der Konsul. – »Bedauere sehr«, erwiderte Willi mit einer hellen, schnarrenden Stimme und wies auf die paar armseligen Banknoten, die vor ihm lagen. Seine Augen lachten geradezu, und wie zum Spaß setzte er zehn Gulden auf ein Blatt. Er gewann. Dann zwanzig und gewann wieder. Fünfzig – und gewann. Das Blut stieg ihm zu Kopf, er hätte weinen mögen vor Wut. Jetzt war das Glück da – und es kam zu spät. Und mit einem plötzlichen, kühnen Einfall wandte er sich an den Schauspieler, der hinter ihm neben Fräulein Rihoscheck stand. »Herr von Elrief, möchten Sie jetzt vielleicht so freundlich sein, mir zweihundert Gulden zu leihen?«

»Tut mir unendlich leid«, erwiderte Elrief achselzuckend vornehm. »Sie haben ja gesehen, Herr Leutnant, ich habe alles verloren bis auf den letzten Kreuzer.« – Es war eine Lüge, jeder wusste es. Aber es schien, als fänden es alle ganz in Ordnung, dass der Schauspieler Elrief den Herrn Leutnant anlog. Da schob ihm der Konsul lässig einige Banknoten hinüber, anscheinend ohne zu zählen. »Bitte sich zu bedienen«, sagte er. Der Regimentsarzt Tugut räusperte vernehmlich. Wimmer mahnte: »Ich möcht' jetzt aufhören an deiner Stelle, Kasda.« Willi zögerte. – »Ich will Ihnen keineswegs zureden, Herr Leutnant«, sagte Schnabel. Er hatte die Hand noch leicht über das Geld gebreitet. Da griff Willi hastig nach den Banknoten, dann tat er, als wollte er sie zählen. »Fünfzehnhundert sind's«, sagte der Konsul, »Sie können sich darauf verlassen, Herr Leutnant. Wünschen Sie ein Blatt?« – Willi lachte: »Na, was denn?« – »Ihr Einsatz, Herr Leutnant?« – »Oh, nicht das Ganze«, rief

Willi aufgeräumt, »arme Leute müssen sparen, tausend für'n Anfang.« Er gustierte, der Konsul gleichfalls mit gewohnter, ja übertriebener Langsamkeit. Willi musste eine Karte kaufen, bekam zu einer Karo-Vier eine Pik-Drei. Der Konsul deckte auf, auch er hatte sieben. »Ich tät' aufhören«, mahnte der Oberleutnant Wimmer nochmals, und nun klang es fast wie ein Befehl. Und der Regimentsarzt fügte hinzu: »Jetzt, wo du so ziemlich auf gleich bist.« – Auf gleich! dachte Willi. Das nennt er: auf gleich. Vor einer Viertelstunde war man ein wohlhabender junger Mann; und jetzt ist man ein Habenichts, und das nennen sie »auf gleich«! Soll ich ihnen das erzählen vom Bogner? Vielleicht begriffen sie's dann.

Neue Karten lagen vor ihm. Sieben. Nein, er kaufte nichts. Aber der Konsul fragte nicht danach, er deckte einfach seinen Achter auf. Tausend verloren, brummte es in Willis Hirn. Aber ich gewinn' sie zurück. Und wenn nicht, ist es ja doch egal. Ich kann tausend grad so wenig zurückzahlen wie zweitausend. Jetzt ist schon alles eins. Zehn Minuten ist noch Zeit. Ich kann auch die ganzen vier- oder fünftausend von früher zurückgewinnen. – »Herr Leutnant?«, fragte der Konsul. Es hallte dumpf durch den Raum; denn alle die anderen schwiegen; schwiegen vernehmlich. Sagte jetzt keiner: Ich möcht' aufhören an deiner Stelle? Nein, dachte Willi, keiner traut sich. Sie wissen, es wäre ein Blödsinn, wenn ich jetzt aufhörte. Aber welchen Betrag sollte er setzen? – er hatte nur mehr ein paar Hundert Gulden vor sich liegen. Plötzlich waren es mehr. Der Konsul hatte ihm zwei weitere Tausender hingeschoben. »Bedienen Sie sich, Herr Leutnant.« Jawohl, er bediente sich, er setzte tausendfünfhundert und gewann. Nun konnte er seine Schuld bezahlen und behielt immerhin noch einiges übrig. Er fühlte eine Hand auf seiner Schulter. »Kasda«, sagte der

Oberleutnant Wimmer hinter ihm. »Nicht weiter.« Es klang hart, streng beinahe. Ich bin ja nicht im Dienst, dachte Willi, kann außerdienstlich mit meinem Geld und mit meinem Leben anfangen, was ich will. Und er setzte, setzte bescheiden nur tausend Gulden und deckte seinen Schlager auf. Acht. Schnabel gustierte noch immer, tödlich langsam, als wenn endlose Zeit vor ihnen läge. Es war auch noch Zeit, man war ja nicht gezwungen, um halb drei aufzuhören. Neulich war es halb sechs geworden. Neulich ... Schöne, ferne Zeit. Warum standen sie denn nun alle herum? Wie in einem Traum. Ha, sie waren alle aufgeregter als er; sogar das Fräulein Rihoscheck, die ihm gegenüberstand, den Strohhut mit dem roten Band auf der hochgewellten Frisur, hatte sonderbar glänzende Augen. Er lächelte sie an. Sie hatte ein Gesicht wie eine Königin in einem Trauerspiel und war doch kaum etwas Besseres als eine Choristin. Der Konsul deckte seine Karten auf. Eine Königin. Ha, die Königin Rihoscheck und eine Pik-Neun. Verdammte Pik, die brachte ihm immer Unglück. Und die tausend wanderten hinüber zum Konsul. Aber das machte ja nichts, er hatte ja noch einiges. Oder war er schon ganz ruiniert? Oh, keine Idee ... Da lagen schon wieder ein paar Tausend. Nobel, der Konsul. Nun ja, er war sicher, dass er sie zurückbekam. Ein Offizier musste ja seine Spielschulden zahlen. So ein Herr Elrief blieb der Herr Elrief in jedem Falle, aber ein Offizier, wenn er nicht gerade Bogner hieß ... »Zweitausend, Herr Konsul.« – »Zweitausend?« – »Jawohl, Herr Konsul.« – Er kaufte nichts, er hatte sieben. Der Konsul aber musste kaufen. Und diesmal gustierte er nicht einmal, so eilig hatte er's, und bekam zu seiner Eins eine Acht – Pik-Acht –, das waren neun, ganz ohne Zweifel. Acht wären ja auch genug gewesen. Und zwei Tausender wanderten zum Konsul hinüber, und gleich wieder zurück. Oder waren es mehr? Drei oder vier? Besser gar nicht hinsehen, das brachte Unglück. Oh, der Konsul würde ihn nicht betrügen, auch standen ja all die anderen da und passten auf. Und da er ohnehin nicht mehr recht wusste, was er schon schuldig war, setzte er neuerlich zweitausend. Pik-Vier. Ja da musste man wohl kaufen. Sechs, Pik-Sechs. Nun war es um eins zu viel. Der Konsul musste sich gar nicht bemühen und hatte doch nur drei gehabt ... Und wieder wanderten die zweitausend hinüber – und gleich wieder zurück. Es war zum Lachen. Hin und her. Her und hin. Ha, da schlug wieder die Kirchturmuhr – halb. Aber niemand hatte es gehört offenbar. Der Konsul teilte ruhig die Karten aus. Da standen sie alle herum, die Herren, nur der Regimentsarzt war verschwunden. Ja, Willi hatte schon früher bemerkt, wie er wütend den Kopf geschüttelt und irgendetwas in die Zähne gemurmelt hatte. Er konnte es wohl nicht mit ansehen, wie der Leutnant Kasda hier um seine Existenz spielte. Wie ein Doktor nur so schwache Nerven haben konnte!

Und wieder lagen Karten vor ihm. Er setzte – wie viel, wusste er nicht genau. Eine Handvoll Banknoten. Das war eine neue Art, es mit dem Schicksal aufzunehmen. Acht. Nun musste es sich wenden.

Es wendete sich nicht. Neun deckte der Konsul auf, sah rings im Kreis um sich, dann schob er die Karten von sich fort. Willi riss die Augen weit auf. »Nun, Herr Konsul?« Der aber hob den Finger, deutete nach draußen. »Es hat soeben halb geschlagen, Herr Leutnant.« – »Wie?«, rief Willi scheinbar erstaunt. »Aber man könnte vielleicht noch ein Viertelstündchen zugeben –?« Er schaute im Kreis herum, als suche er Beistand. Alle schwiegen. Herr Elrief sah fort, sehr vornehm, und zündete sich eine Zigarette an, Wimmer biss die Lippen zusammen, Greising pfiff nervös, fast unhörbar, der Sekretär aber bemerkte roh, als handelte es sich um eine Kleinigkeit: »Der Herr Leutnant hat aber heut wirklich Pech gehabt.«

Der Konsul war aufgestanden, rief nach dem Kellner – als wäre es eine Nacht gewesen, wie jede andere. Es kamen nur zwei Flaschen Kognak auf seine Rechnung, aber der Einfachheit halber wünschte er die gesamte Zeche zu begleichen. Greising verbat sich's und sagte seinen Kaffee und seine Zigaretten persönlich an. Die anderen ließen sich gleichgültig die Bewirtung gefallen. Dann wandte sich der Konsul an Willi, der immer noch sitzen geblieben war, und wieder mit der Rechten nach draußen weisend, wie vorher, da er den Schlag der Turmuhr nachträglich festgestellt hatte, sagte er: »Wenn's Ihnen recht ist, Herr Leutnant, nehm' ich Sie in meinem Wagen nach Wien mit.« – »Sehr liebenswürdig«, erwiderte Willi. Und in diesem Augenblick war es ihm, als sei diese letzte Viertelstunde, ja die ganze Nacht mit allem, was darin geschehen war, ungültig geworden. So nahm es wohl auch der Konsul. Wie hätte er ihn sonst in seinen Wagen laden können. »Ihre Schuld, Herr Leutnant«, fügte der Konsul freundlich hinzu, »beläuft sich auf elftausend Gulden netto.« – »Jawohl, Herr Konsul«, erwiderte Willi in militärischem Ton. – »Was Schriftliches«, meinte der Konsul, »braucht's wohl nicht?« – »Nein«, bemerkte der Oberleutnant Wimmer rau, »wir sind ja alle Zeugen.« – Der Konsul beachtete weder ihn noch den Ton seiner Stimme. Willi saß immer noch da, die Beine waren ihm bleischwer. Elftausend Gulden, nicht übel. Ungefähr die Gage von drei oder vier Jahren, mit Zulagen. Wimmer und Greising sprachen leise und erregt miteinander. Elrief äußerte zu dem Direktionssekretär wohl irgendetwas sehr Heiteres, denn dieser lachte laut auf. Fräulein Rihoscheck stand neben dem Konsul, richtete eine leise Frage an ihn, die er kopfschüttelnd verneinte. Der

Kellner hing dem Konsul den Mantel um, einen weiten, schwarzen, ärmellosen, mit Samtkragen versehenen Mantel, der Willi schon neulich als sehr elegant, doch etwas exotisch aufgefallen war. Der Schauspieler Elrief schenkte sich rasch aus der fast leeren Flasche ein letztes Glas Kognak ein. Es schien Willi, als vermieden sie alle, sich um ihn zu kümmern, ja ihn nur anzusehen. Nun erhob er sich mit einem Ruck. Da stand mit einem Mal der Regimentsarzt Tugut neben ihm, der überraschenderweise wiedergekommen war, schien zuerst nach Worten zu suchen und bemerkte endlich: »Du kannst dir's doch hoffentlich bis morgen beschaffen.« – »Aber selbstverständlich, Herr Regimentsarzt«, erwiderte Willi und lächelte breit und leer. Dann trat er auf Wimmer und Greising zu und reichte ihnen die Hand. »Auf Wiedersehen nächsten Sonntag«, sagte er leicht. Sie antworteten nicht, nickten nicht einmal. – »Ist's gefällig, Herr Leutnant?«, fragte der Konsul. – »Stehe zur Verfügung.« Nun verabschiedete er sich noch sehr freundlich und aufgeräumt von den andern; und dem Fräulein Rihoscheck – das konnte nicht schaden – küsste er galant die Hand.

Sie gingen alle. Auf der Terrasse die Tische und Sessel glänzten gespenstisch weiß; noch lag die Nacht über Stadt und Landschaft, doch kein Stern mehr war zu sehen. In der Gegend des Bahnhofs begann der Himmelsrand sich leise zu erhellen. Draußen wartete der Wagen des Konsuls, der Kutscher schlief, mit den Füßen auf dem Trittbrett. Schnabel berührte ihn an der Schulter, er wurde wach, lüftete den Hut, sah nach den Pferden, nahm ihnen die Decken ab. Die Offiziere legten nochmals die Hand an die Kappen, dann schlenderten sie davon. Der Sekretär, Elrief und Fräulein Rihoscheck warteten, bis der Kutscher fertig war. Willi dachte: Warum bleibt der Konsul nicht in Baden bei Fräulein Rihoscheck? Wozu hat er sie überhaupt, wenn er nicht dableibt? Es fiel ihm ein, dass er irgendeinmal von einem älteren Herrn erzählen gehört hatte, der im Bett seiner Geliebten vom Schlag getroffen worden war, und er sah den Konsul von der Seite an. Der aber schien sehr frisch und wohlgelaunt, nicht im Geringsten zum Sterben aufgelegt, und offenbar um Elrief zu ärgern, verabschiedete er sich eben von Fräulein Rihoscheck mit einer handgreiflichen Zärtlichkeit, die zu seinem sonstigen Wesen nicht recht stimmen wollte. Dann lud er den Leutnant in den Wagen ein, wies ihm den Platz auf der rechten Seite an, breitete ihm und sich zugleich eine hellgelbe mit braunem Plüsch gefütterte Decke über die Knie, und nun fuhren sie ab. Herr Elrief lüftete nochmals den Hut mit einer weit ausladenden Bewegung, nicht ohne Humor, nach spanischer Sitte, wie er es irgendwo in Deutschland an einem kleinen Hoftheater als Grande im Laufe der nächsten Saison zu tun gedachte. Als der Wagen über die Brücke bog, wandte der Konsul sich nach den Dreien um, die Arm in Arm, Fräulein Rihoscheck in der Mitte, eben davonschlenderten, und winkte ihnen einen Gruß zu; doch diese, in lebhafter Unterhaltung begriffen, merkten es nicht mehr.

VIII

Sie fuhren durch die schlafende Stadt, kein Laut war zu vernehmen als der klappernde Hufschlag der Pferde. »Etwas kühl«, bemerkte der Konsul. Willi verspürte wenig Lust, ein Gespräch zu führen, aber er sah doch die Notwendigkeit ein, irgendetwas zu erwidern, wäre es auch nur, um den Konsul in freundlicher Stimmung zu erhalten. Und er sagte: »Ja, so gegen den Morgen zu, da ist es immer frisch, das weiß unsereins vom Ausrücken her.« – »Mit den vierundzwanzig

Stunden«, begann der Konsul nach einer kleinen Pause liebenswürdig, »wollen wir es übrigens nicht so genau nehmen.« Willi atmete auf und ergriff die Gelegenheit. »Ich wollte Sie eben ersuchen, Herr Konsul, da ich die ganze Summe begreiflicherweise im Augenblick nicht flüssig habe –« – »Selbstverständlich«, unterbrach ihn der Konsul abwehrend. Die Hufschläge klapperten weiter, nun tönte ein Widerhall, man fuhr unter einem Viadukt der freien Landschaft zu. »Wenn ich auf den üblichen vierundzwanzig Stunden bestände«, fuhr der Konsul fort, »so wären Sie nämlich verpflichtet, mir spätestens morgen, nachts um halb drei, Ihre Schuld zu bezahlen. Das wäre unbequem für uns beide. So setzen wir denn die Stunde« – anscheinend überlegte er – »auf Dienstag Mittag zwölf Uhr fest, wenn es Ihnen recht ist.« Er entnahm seiner Brieftasche eine Visitenkarte, übergab sie Willi, der sie aufmerksam betrachtete. Die Morgendämmerung war schon so weit vorgeschritten, dass er imstande war, die Adresse zu lesen. Helfersdorfer Straße fünf – kaum fünf Minuten weit von der Kaserne, dachte er. »Also morgen, meinen Herr Konsul, um zwölf?« Und er fühlte sein Herz etwas schneller schlagen. »Ja, Herr Leutnant, das meine ich. Dienstag präzise zwölf. Ich bin von neun Uhr ab im Büro.« – »Und wenn ich bis zu dieser Stunde nicht in der Lage wäre, Herr Konsul – wenn ich zum Beispiel erst im Laufe des Nachmittags oder am Mittwoch ...«

Der Konsul unterbrach ihn: »Sie werden sicher in der Lage sein, Herr Leutnant. Da Sie sich an einen Spieltisch setzten, mussten Sie natürlich auch gefasst sein, zu verlieren, geradeso wie ich darauf gefasst sein musste, und, falls Sie über keinen Privatbesitz verfügen, haben Sie jedenfalls allen Grund anzunehmen, dass – Ihre Eltern Sie nicht im Stich lassen werden.« –

»Ich habe keine Eltern mehr«, erwiderte Willi rasch, und da Schnabel ein bedauerndes »Oh« hören ließ – »meine Mutter ist acht Jahre lang tot, mein Vater ist vor fünf Jahren gestorben – als Oberstleutnant in Ungarn.« – »So, Ihr Herr Vater war auch Offizier?« Es klang teilnahmsvoll, geradezu herzlich. – »Jawohl, Herr Konsul, wer weiß, ob ich unter anderen Umständen die militärische Karriere eingeschlagen hätte.«

»Merkwürdig«, nickte der Konsul. »Wenn man denkt, wie die Existenz für manche Menschen sozusagen vorgezeichnet daliegt, während andere von einem Jahr, manchmal von einem Tag zum nächsten ...« Kopfschüttelnd hielt er inne. Diesen allgemein gehaltenen, nicht zu Ende gesprochen Satz empfand Willi sonderbarerweise als beruhigend. Und um die Beziehung zwischen sich und dem Konsul womöglich noch weiter zu befestigen, suchte er gleichfalls nach einem allgemeinen, gewissermaßen philosophischen Satz; und etwas unüberlegt, wie ihm gleich klar wurde, bemerkte er, dass es immerhin auch Offiziere gäbe, die genötigt seien, ihre Karriere zu wechseln.

»Ja«, erwiderte der Konsul, »das stimmt schon, aber dann geschieht es meistens unfreiwillig, und sie sind, vielmehr sie kommen sich lächerlicherweise deklassiert vor, sie können auch kaum wieder zurück zu ihrem früheren Beruf. Hingegen unsereiner – ich meine: Menschen, die durch keinerlei Vorurteile der Geburt, des Standes oder – sonstige behindert sind – – ich zum Beispiel war schon mindestens ein halbes dutzendmal oben und wieder unten. Und *wie* tief unten – ha, wenn das Ihre Herren Kameraden wüssten, *wie* tief, sie hätten sich kaum mit mir an einen Spieltisch gesetzt – sollte man glauben. Darum haben sie wohl auch vorgezogen, Ihre Herren Kameraden, keine allzu sorgfältigen Recherchen anzustellen.« Willi blieb stumm, er war höchst peinlich berührt und war unschlüssig, wie er sich zu verhalten habe. Ja, wenn Wimmer oder Greising hier an seiner Stelle gesessen wären, die hätten wohl die richtige Antwort gefunden und finden dürfen. Er, Willi, er musste schweigen. Er durfte nicht fragen: Wie meinen das Herr Konsul, »tief unten«, und wie meinen das mit den »Recherchen«. Ach, er konnte sich's ja denken, wie es gemeint war. Er war ja nun selber tief unten, so tief, als man nur sein konnte, tiefer, als er es noch vor wenigen Stunden für möglich gehalten hätte.

Er war angewiesen auf die Liebenswürdigkeit, auf das Entgegenkommen, auf die Gnade dieses Herrn Konsul, wie tief unten der auch einmal gewesen sein mochte. Aber würde der auch gnädig sein? Das war die Frage. Würde er eingehen auf Ratenzahlung innerhalb eines Jahres oder – innerhalb fünf Jahren – oder auf eine Revanchepartie nächsten Sonntag? Er sah nicht danach aus – nein, vorläufig sah er keineswegs danach aus. Und – wenn er nicht gnädig war – hm, dann blieb nichts anderes übrig als ein Bittgang zu Onkel Robert. Doch – Onkel Robert! Eine höchst peinliche, eine geradezu fürchterliche Sache, aber versucht musste sie werden. Unbedingt ... Und es war doch undenkbar, dass der ihm seine Hilfe verweigern könnte, wenn tatsächlich die Karriere, die Existenz, das Leben, ja, ganz einfach das Leben des Neffen, des einzigen Sohnes seiner verstorbenen Schwester, auf dem Spiel stand. Ein Mensch, der von seinen Renten lebte, recht bescheiden zwar, aber doch eben als Kapitalist, der einfach nur das Geld aus der Kasse zu nehmen brauchte! Elftausend Gulden, das war doch gewiss nicht der zehnte, nicht der zwanzigste Teil seines Vermögens. Und statt um elf, könnte man ihn eigentlich gleich um zwölftausend Gulden bitten, das käme schon auf eins heraus. Und damit wäre auch Bogner gerettet. Dieser Gedanke stimmte Willi zugleich hoffnungsvoller, etwa so, als hätte der Himmel die Verpflichtung, ihn unverzüglich für seine edle Regung zu lohnen. Aber das alles kam ja vorläufig nur in Betracht, wenn der Konsul unerbittlich blieb. Und das war noch nicht bewiesen. Mit einem raschen Seitenblick streifte Willi seinen Begleiter. Der schien in Erinnerungen versunken. Er hatte den Hut auf der Wagendecke liegen, seine Lippen waren halb geöffnet wie zu einem Lächeln, er sah älter und milder aus als vorher. Wäre jetzt nicht der Augenblick –? Aber wie beginnen! Aufrichtig einzugestehen, dass man einfach nicht in der Lage war – dass man sich unüberlegt in eine Sache eingelassen – dass man den Kopf verloren, ja, dass man eine Viertelstunde geradezu unzurechnungsfähig gewesen war? Und, hätte er sich denn jemals so weit gewagt, so weit vergessen, wenn der Herr Konsul – oh, das durfte man schon erwähnen – wenn der Herr Konsul nicht unaufgefordert, ja ohne die leiseste Andeutung, ihm das Geld zur Verfügung gestellt, es ihm hingeschoben, ihm gewissermaßen, wenn auch in liebenswürdigster Weise, aufgedrängt hätte?

»Etwas Wundervolles«, bemerkte der Konsul, »eine solche Spazierfahrt am frühen Morgen, nicht wahr?« – »Großartig«, erwiderte beflissen der Leutnant. – »Nur schade«, fügte der Konsul hinzu, »dass man immer glaubt, sich so etwas um den Preis einer durchwachten Nacht erkaufen zu müssen, ob man sie nun am Spieltisch verbracht oder noch was Dümmeres angestellt hat.« – »Oh, was mich betrifft«, bemerkte der Leutnant rasch, »bei mir kommt es gar nicht so selten vor, dass ich auch ohne durchwachte Nacht mich schon zu so früher Stunde im Freien befinde. Vorgestern zum Beispiel bin ich schon um halb vier Uhr im Kasernenhof gestanden mit meiner Kompagnie. Wir haben eine Übung im Prater gehabt. Allerdings bin ich nicht im Fiaker hinuntergefahren.«

Der Konsul lachte herzlich, was Willi wohltat, trotzdem es etwas künstlich geklungen hatte. – »Ja, so was Ähnliches habe ich auch etliche Male mitgemacht«, sagte der Konsul, »freilich nicht als Offizier, nicht einmal als Freiwilliger, so weit hab' ich's nicht gebracht. Denken Sie, Herr Leutnant, ich habe meine drei Jahre abgedient seinerzeit und bin nicht weitergekommen als bis zum Korporal. So ein ungebildeter Mensch bin ich – oder war ich wenigstens. Nun, ich habe einiges nachgeholt im Laufe der Zeit, auf Reisen hat man ja dazu Gelegenheit.« – »Herr Konsul sind viel in der Welt herumgekommen«, bemerkte Willi zuvorkommend. – »Das kann ich wohl behaupten«, entgegnete der Konsul, »ich war nahezu überall nur gerade in dem Land, das ich als Konsul vertrete, war ich noch nie, in Ecuador. Aber ich habe die Absicht, nächstens auf den Konsultitel zu verzichten und hinzufahren.« Er lachte, und Willi stimmte, wenn auch etwas mühselig, ein.

Sie fuhren durch eine lang gestreckte, armselige Ortschaft hin, zwischen ebenerdigen, grauen, wenig gepflegten Häuschen. In einem kleinen Vorgarten begoss ein hemdärmeliger alter Mann das Gesträuch; aus einem früh geöffneten Milchladen trat ein junges Weib in ziemlich abgerissenem Kleid mit einer gefüllten Kanne eben auf die Straße. Willi verspürte einen gewissen Neid auf beide, auf den alten Mann, der sein Gärtchen begoss, auf das Weib, das für Mann und Kinder Milch nach Hause brachte. Er wusste, dass diesen beiden wohler zumute war als ihm. Der Wagen kam an einem hohen, kahlen Gebäude vorüber, vor dem ein Justizsoldat auf und ab schritt; er salutierte dem Leutnant, der höflicher dankte, als es sonst Mannschaftspersonen gegenüber seine Art war. Der Blick, den der Konsul auf dem Gebäude haften ließ, ein verachtungs- und zugleich erinnerungsvoller Blick, gab Willi zu denken. Doch was konnte es ihm in diesem

Augenblick helfen, dass des Konsuls Vergangenheit aller Wahrscheinlichkeit nach nicht eben makellos gewesen war? Spielschulden waren Spielschulden, auch ein abgestrafter Verbrecher hatte das Recht, sie einzufordern. Die Zeit verstrich, immer rascher liefen die Pferde, in einer Stunde, in einer halben war man in Wien – und was dann?

»Und Subjekte, wie zum Beispiel diesen Leutnant Greising«, sagte der Konsul, wie zum Beschluss eines inneren Gedankengangs, »lässt man frei herumlaufen.«

Also es stimmt, dachte Willi. Der Mensch ist einmal eingesperrt gewesen. Aber in diesem Augenblick kam es auch darauf nicht an, die Bemerkung des Konsuls bedeutete eine nicht misszuverstehende Beleidigung eines abwesenden Kameraden. Durfte er sie einfach hingehen lassen, als hätte er sie überhört oder als gäbe er ihre Berechtigung zu? »Ich muss bitten, Herr Konsul, meinen Kameraden Greising aus dem Spiel zu lassen.«

Der Konsul hatte darauf nur eine wegwerfende Handbewegung. »Eigentlich merkwürdig«, sagte er, »wie die Herren, die so streng auf ihre Standesehre halten, einen Menschen in ihrer Mitte dulden dürfen, der mit vollem Bewusstsein die Gesundheit eines anderen Menschen, eines dummen, unerfahrenen Mädels zum Beispiel, in Gefahr bringt, so ein Geschöpf krank macht, möglicherweise tötet –«

»Es ist uns nicht bekannt«, erwiderte Willi etwas heiser, »jedenfalls ist es *mir* nicht bekannt.« – »Aber, Herr Leutnant, es fällt mir doch gar nicht ein, Ihnen Vorwürfe zu machen. Sie persönlich sind ja nicht verantwortlich für diese Dinge, und keineswegs stünde es in Ihrer Macht, sie zu ändern.«

Willi suchte vergeblich nach einer Erwiderung. Er überlegte, ob er nicht verpflichtet sei, die Äußerung des Konsuls dem Kameraden zur Kenntnis zu bringen, – oder sollte er mit Regimentsarzt Tugut vorerst einmal außerdienstlich über die Angelegenheit reden? Oder den Oberleutnant Wimmer um Rat fragen? Aber was ging ihn das alles an?! Um *ihn* handelte es sich, um ihn selbst, um seine eigene Sache – um seine Karriere – um sein Leben! Dort im ersten Sonnenglanz ragte schon das Standbild der Spinnerin am Kreuz. Und noch hatte er kein Wort gesprochen, das geeignet wäre, wenigstens einen Aufschub, einen kurzen Aufschub zu erwirken. Da fühlte er, wie sein Nachbar leise an seinem Arm rührte. »Entschuldigen Sie, Herr Leutnant, wir wollen das Thema lassen, mich kümmert's ja im Grunde nicht, ob der Herr Leutnant Greising oder sonst wer – – umso weniger, als ich ja kaum mehr das Vergnügen haben werde, mit den Herren an einem Tisch zu sitzen.«

Willi gab es einen Ruck. »Wie ist das zu verstehen, Herr Konsul?« – »Ich verreise nämlich«, erwiderte der Konsul kühl. – »So bald?« – »Ja. Übermorgen – richtiger gesagt: morgen, Dienstag.« – »Auf längere Zeit, Herr Konsul?« – »Vermutlich – so auf drei bis – dreißig Jahre.«

Die Reichsstraße war von Last- und Marktwagen schon ziemlich belebt. Willi, den Blick gesenkt, sah im Glanz der aufgehenden Sonne die goldenen Knöpfe seines Waffenrocks blitzen. »Ein plötzlicher Entschluss, Herr Konsul, diese Abreise?«, fragte er. – »Oh, keineswegs, Herr Leutnant, steht schon lange fest. Ich fahre nach Amerika, vorläufig nicht nach Ecuador – sondern nach Baltimore, wo meine Familie wohnt und wo ich auch ein Geschäft habe. Freilich habe ich mich seit acht Jahren nicht persönlich an Ort und Stelle darum bekümmern können.«

Er hat Familie, dachte Willi. Und was ist es eigentlich mit Fräulein Rihoscheck? Weiß sie überhaupt, dass er fortreist? Aber was kümmert mich das! Es ist höchste Zeit. Es geht mir an den Kragen. Und unwillkürlich fuhr er sich mit der Hand an den Hals. »Das ist ja sehr bedauerlich«, sagte er hilflos, »dass der Herr Konsul schon morgen abreisen. Und ich hatte, ja wirklich, ich hatte mit einiger Sicherheit darauf gerechnet«, – er nahm einen leichteren, gewissermaßen scherzhaften Ton an – »dass Herr Konsul mir am nächsten Sonntag eine kleine Revanche geben würden.« – Der Konsul zuckte die Achseln, als wäre der Fall längst abgetan. – Wie mach' ich's nur? dachte Willi. Was tu' ich? Ihn geradezu – bitten? Was kann ihm denn an den paar Tausend Gulden liegen? Er hat eine Familie in Amerika – und das Fräulein Rihoscheck –. Er hat ein Geschäft drüben – was bedeuten ihm diese paar Tausend Gulden?! Und für mich handelt es sich um Leben oder Tod.

Sie fuhren unter dem Viadukt der Stadt zu. Aus der Südbahnhalle brauste eben ein Zug. Da fahren Leute nach Baden, dachte Willi, und weiter, nach Klagenfurt, nach Triest – und von dort vielleicht übers Meer in einen anderen Weltteil ... Und er beneidete sie alle.

»Wo darf ich Sie absetzen, Herr Leutnant?«

»Oh, bitte«, erwiderte Willi, »wo es Ihnen bequem ist. Ich wohne in der Alserkaserne.« – »Ich bringe Sie bis ans Tor, Herr Leutnant.« Er gab dem Kutscher die entsprechende Weisung.

»Danke vielmals, Herr Konsul, es wäre wirklich nicht notwendig –«

Die Häuser schliefen alle. Die Gleise der Straßenbahn, noch unberührt vom Verkehr des Tages, liefen glatt und glänzend neben ihnen einher. Der Konsul sah auf die Uhr: »Gut ist er gefahren, eine Stunde und zehn Minuten. Haben Sie heute Ausrückung, Herr Leutnant?« – »Nein«, erwiderte Willi, »heute habe ich Schule zu halten.« – »Na, da können Sie sich doch noch auf eine Weile hinlegen.« – »Allerdings,

Herr Konsul, aber ich glaube, ich werde mir heute einen dienstfreien Tag machen – werde mich marod melden.« – Der Konsul nickte und schwieg. – »Also, Mittwoch fahren Herr Konsul ab?« – »Nein, Herr Leutnant«, erwiderte der Konsul mit Betonung jedes einzelnen Wortes, »*morgen, Dienstag Abend.*«

»Herr Konsul – ich will Ihnen ganz aufrichtig gestehen –, es ist mir ja äußerst peinlich, aber ich fürchte sehr, dass es mir total unmöglich sein wird in so kurzer Zeit – bis morgen Mittag zwölf Uhr ...« Der Konsul blieb stumm. Er schien kaum zuzuhören. »Wenn Herr Konsul vielleicht die besondere Güte hätten, mir eine Frist zu gewähren?« – Der Konsul schüttelte den Kopf. Willi fuhr fort. »Oh, keine lange Frist, ich könnte Herrn Konsul vielleicht eine Bestätigung oder einen Wechsel ausstellen, und ich würde mich ehrenwörtlich verpflichten, innerhalb vierzehn Tagen – es wird sich gewiss ein Modus finden ...« Der Konsul schüttelte immer nur den Kopf, ohne irgendwelche Erregung, ganz mechanisch. »Herr Konsul«, begann Willi von Neuem, und es klang flehend, ganz gegen seinen Willen, »Herr Konsul, mein Onkel, Robert Wilram, vielleicht kennen Herr Konsul den Namen?« Der andere schüttelte unentwegt weiter den Kopf – »Ich bin nämlich nicht ganz überzeugt, dass mein Onkel, auf den ich mich im Übrigen durchaus verlassen kann, die Summe augenblicklich flüssig hat. Aber selbstverständlich kann er innerhalb weniger Tage ... er ist ein wohlhabender Mann, der einzige Bruder meiner Mutter, ein Privatier.« – Und plötzlich, mit einer komisch umschlagenden Stimme, die wie ein Lachen klang: »Es ist wirklich fatal, dass Herr Konsul gleich bis Amerika reisen.« – »Wohin ich reise, Herr Leutnant«, erwiderte der Konsul ruhig, »das kann Ihnen vollkommen gleichgültig sein. Ehrenschulden sind bekanntlich innerhalb vierundzwanzig Stunden zu bezahlen.«

»Ist mir bekannt, Herr Konsul, ist mir bekannt. Aber es kommt trotzdem manchmal vor – ich kenne selbst Kameraden, die in ähnlicher Lage … Es hängt ja nur von Ihnen ab, Herr Konsul, ob Sie sich vorläufig mit einem Wechsel oder mit meinem Wort zufrieden geben wollen bis – bis zum nächsten Sonntag wenigstens.«

»Ich gebe mich nicht zufrieden, Herr Leutnant, morgen, Dienstag Mittag, letzter Termin … Oder – Anzeige an Ihr Regimentskommando.« –

Der Wagen fuhr über den Ring, am Volksgarten vorbei, dessen Bäume in üppigem Grün über dem vergoldeten Gitter wipfelten. Es war ein köstlicher Frühlingsmorgen, kaum noch ein Mensch auf der Straße zu sehen; nur eine junge, sehr elegante Dame in hoch geschlossenem, drapfarbigem Mantel, mit einem kleinen Hund, spazierte rasch, wie einer Pflicht genügend, längs dem Gitter hin und warf einen gleichgültigen Blick auf den Konsul, der sich nach ihr umwandte, trotz der Gattin in Amerika und des Fräulein Rihoscheck in Baden, die freilich mehr dem Schauspieler Elrief gehörte. Was kümmert mich Herr Elrief, dachte Willi, und was kümmert mich das Fräulein Rihoscheck. Wer weiß übrigens, wär' ich netter mit ihr gewesen, vielleicht hätte sie ein gutes Wort für mich eingelegt. – Und einen Augenblick lang überlegte er ernstlich, ob er nicht noch rasch nach Baden hinausfahren sollte, sie um ihre Fürsprache bitten. Fürsprache beim Konsul? Ins Gesicht würde sie ihm lachen. Sie kannte ihn ja, den Herrn Konsul, sie musste ihn kennen … Und die einzige Möglichkeit der Rettung war Onkel Robert. Das stand fest. Sonst blieb nichts übrig als eine Kugel vor die Stirn. Man musste sich nur klar sein.

Ein regelmäßiges Geräusch wie von dem herannahenden Schritt einer marschierenden Kolonne drang an sein Ohr. Hatten die Achtundneunziger nicht heute eine Übung? Am

Bisamberg? Es wäre ihm peinlich gewesen, jetzt im Fiaker Kameraden an der Spitze ihrer Kompagnie zu begegnen. Aber es war kein Militär, das heranmarschiert kam, es war ein Zug von Knaben, offenbar eine Schulklasse, die sich mit ihrem Lehrer auf einen Ausflug begab. Der Lehrer, ein junger, blasser Mensch, streifte mit einem Blick unwillkürlicher Hochachtung die beiden Herren, die zu so früher Stunde im Fiaker an ihm vorüberfuhren. Willi hätte nie geahnt, dass er einen Moment erleben sollte, in dem sogar ein armer Schullehrer ihm als ein beneidenswertes Geschöpf vorkommen würde. Nun überholte der Fiaker eine erste Straßenbahn, in der ein paar Leute im Arbeitsanzug und eine alte Frau als Passagiere saßen. Ein Spritzwagen kam ihnen entgegen, und ein wild aussehender Kerl mit hinaufgekrempelten Hemdärmeln schwang in regelmäßigen Stößen, wie eine Springschnur, den Wasserschlauch, aus dem das Nass die Straße feuchtete. Zwei Nonnen, die Blicke gesenkt, überquerten die Fahrbahn in der Richtung gegen die Votivkirche, die hellgrau mit ihren schlanken Türmen zum Himmel ragte. Auf einer Bank unter einem weißblühenden Baum saß ein junges Geschöpf mit bestaubten Schuhen, den Strohhut auf dem Schoß, lächelnd, wie nach einem angenehmen Erlebnis. Ein geschlossener Wagen mit heruntergelassenen Vorhängen sauste vorüber. Ein dickes, altes Weib bearbeitete die hohe Fensterscheibe eines Kaffeehauses mit Besen und Scheuertuch. All diese Menschen und Dinge, die Willi sonst nicht bemerkt hätte, zeigten sich seinem überwachen Auge in beinahe schmerzhaft scharfen Umrissen. Aber der Mann, an dessen Seite er im Wagen saß, war ihm indes wie aus dem Gedächtnis geschwunden. Nun wandte er ihm einen scheuen Blick zu. Zurückgelehnt, den Hut vor sich auf der Decke, mit geschlossenen Augen, saß der Konsul da. Wie mild, wie gütig sah er aus! Und der – trieb ihn in den Tod? Wahrhaftig, er schlief – oder stellte er sich so? Nur keine Angst, Herr Konsul, ich werde Sie nicht weiter belästigen. Sie werden Dienstag um zwölf Uhr Ihr Geld haben. Oder auch nicht. Aber in keinem Falle ... Der Wagen hielt vor dem Kasernentor, und sofort erwachte der Konsul – oder er tat wenigstens so, als wenn er eben erwacht wäre, er rieb sich sogar die Augen, eine etwas übertriebene Geste nach einem Schlaf von zweieinhalb Minuten. Der Posten am Tor salutierte. Willi sprang aus dem Wagen, gewandt, ohne das Trittbrett zu berühren, und lächelte dem Konsul zu. Er tat noch ein Übriges und gab dem Kutscher ein Trinkgeld; nicht zu viel, nicht zu wenig, als ein Kavalier, dem es am Ende nichts verschlug, ob er im Spiel gewonnen oder verloren hatte. »Danke bestens, Herr Konsul – und auf Wiedersehen.« – Der Konsul reichte Willi aus dem Wagen heraus die Hand und zog ihn zugleich leicht an sich heran, als hätte er ihm etwas anzuvertrauen, das nicht jeder zu hören brauchte. »Ich rate Ihnen, Herr Leutnant«, meinte er in fast väterlichem Ton, »nehmen Sie die Angelegenheit nicht leicht, wenn Sie Wert darauf legen ... Offizier zu bleiben. Morgen, Dienstag, zwölf Uhr.« Dann laut: »Also, auf Wiedersehen, Herr Leutnant.« – Willi lächelte verbindlich, legte die Hand an die Kappe, der Wagen wendete und fuhr davon.

IX

Von der Alserkirche schlug es drei viertel fünf. Das große Tor öffnete sich, eine Kompagnie der Achtundneunziger marschierte mit strammer Kopfwendung an Willi vorbei. Willi führte dankend die Hand ein paarmal an die Kappe. »Wohin, Wieseltier?«, fragte er herablassend den Kadetten, der als Letzter kam. – »Feuerwehrwiese, Herr Leutnant.« Willi nickte wie zum Einverständnis und blickte den Achtundneunzigern eine Weile nach, ohne sie zu sehen. Der Posten stand immer noch salutierend, als Willi durch das Tor schritt, das nun hinter ihm geschlossen wurde.

Kommandorufe vom Ende des Hofs her schnarrten ihm ins Ohr. Ein Trupp von Rekruten übte Gewehrgriffe unter der Leitung eines Korporals. Der Hof lag sonnbeglänzt und kahl, da und dort ragten ein paar Bäume in die Luft. Die Mauer entlang schritt Willi weiter; er sah zu seinem Fenster auf, sein Bursche erschien im Rahmen, blickte hinab, stand einen Augenblick stramm und verschwand. Willi eilte die Treppen hinauf; noch im Vorraum, wo der Bursche sich eben anschickte, den Schnellkocher anzuzünden, entledigte er sich des Kragens, öffnete den Waffenrock. – »Herr Leutnant, melde gehorsamst, Kaffee ist gleich fertig.« – »Gut ist's«, sagte Willi, trat ins Zimmer, schloss die Tür hinter sich, legte den Rock ab, warf sich in Hosen und Schuhen aufs Bett.

Vor neun kann ich unmöglich zu Onkel Robert, dachte er. Ich werde ihn für alle Fälle gleich um zwölftausend bitten, kriegt der Bogner auch seine tausend, wenn er sich nicht inzwischen totgeschossen hat. Übrigens, wer weiß, vielleicht hat er wirklich beim Rennen gewonnen und ist sogar imstande, mich herauszureißen. Ha, elftausend, zwölftausend, die gewinnen sich nicht so leicht beim Totalisator.

Die Augen fielen ihm zu. Pik-Neun – Karo-Ass – Herz-König – Pik-Acht – Pik-Ass – Treff-Bub – Karo-Vier – so tanzten die Karten an ihm vorüber. Der Bursche brachte den Kaffee, rückte den Tisch näher ans Bett, schenkte ein, Willi stützte sich auf den Arm und trank. »Soll ich Herrn Leutnant vielleicht Stiefel ausziehn?« – Willi schüttelte den Kopf. »Nicht mehr der Müh' wert.« – »Soll ich Herrn Leutnant später wecken?« – und da ihn Willi wie verständnislos ansah – »Melde gehorsamst, sieben Uhr Schul'.« – Willi schüttelte wieder den Kopf. »Bin marod, muss zum Doktor. Sie melden mich beim Herrn Hauptmann ... marod, verstehen S', Dienstzettel schick' ich nach. Bin zu einem Professor bestellt, wegen Augen, um neun Uhr. Ich lass den Herrn Kadettstellvertreter Brill bitten, Schule zu halten. Abtreten. – Halt!« – »Herr Leutnant?« – »Um viertel acht gehn S' hinüber zur Alserkirche, der Herr, der gestern früh da war, ja, der Oberleutnant Bogner, wird dort warten. Er möcht' mich freundlichst entschuldigen – habe leider nichts ausgerichtet, verstehen S'?« – »Jawohl, Herr Leutnant.« – »Wiederholen.« – »Herr Leutnant lasst sich entschuldigen, Herr Leutnant haben nichts ausgerichtet.« – »*Leider* nichts ausgerichtet. – Halt. Wenn vielleicht noch Zeit wär' bis heut Abend oder morgen Früh« – er hielt plötzlich inne. »Nein, nichts mehr. Ich hab' leider nichts ausgerichtet und damit Schluss. Verstehn S'?« – »Jawohl, Herr Leutnant.« – »Und wenn Sie zurückkommen von der Alserkirche, so klopfen S' für alle Fälle. Und jetzt machen S' noch das Fenster zu.« Der Bursche tat, wie ihm geheißen, und ein greller Kommandoruf im Hofe schnitt in der Mitte ab. Als Joseph die Tür hinter sich schloss, streckte sich Willi wieder hin, und die Augen fielen ihm zu. Karo-Ass – Treff-Sieben – Herz-König -Karo-Acht – Pik-Neun – Pik-Zehn – Herz-Dame – verdammte Kanaille, dachte Willi. Denn die Herzdame war eigentlich das Fräulein Keßner. Wär' ich nicht bei dem Tisch stehn geblieben, so wär' das ganze Malheur nicht passiert. Treff-Neun – Pik-Sechs – Pik-Fünf – Pik-König – Herz-König – Treff-König – Nehmen Sie's nicht leicht, Herr Leutnant. – Hol' ihn der Teufel, das Geld kriegt er, aber dann schick' ich ihm zwei Herren – geht ja nicht – er ist ja nicht einmal satisfaktionsfähig – Herz-König – Pik-Bub – Karo-Dame – Karo-Neun – Pik-Ass – so tanzten sie vorüber,

Karo-Ass, Herz-Ass ... sinnlos, unaufhaltsam, dass ihn die Augen unter den Lidern schmerzten. Es gab gewiss auf der ganzen Welt nicht so viele Kartenspiele, als vor ihm in dieser Stunde vorüberrasten.

Es klopfte, jäh erwachte er, auch vor seinen offenen Augen noch rasten sie weiter. Der Bursche stand da. »Herr Leutnant, melde gehorsamst, der Herr Oberleutnant lasst sich vielmals bedanken für die Mühe und lasst den Herrn Leutnant schönstens grüßen.« – »So. – Sonst – sonst hat er nix g'sagt?« – »Nein, Herr Leutnant, der Herr Oberleutnant hat sich umgedreht und ist gleich wieder gegangen.« – »So – hat er sich gleich wieder umgedreht ... Und haben S' mich marod gemeldet?« – »Jawohl, Herr Leutnant.« Und da Willi sah, wie der Bursche grinste, fragte er: »Was lachen S' denn so dumm?« – »Melde gehorsamst, wegen dem Herrn Hauptmann.« – »Warum denn? Was hat er denn g'sagt, der Herr Hauptmann?« – Und immer noch grinsend, erzählte der Bursche: »Zum Augenarzt muss der Herr Leutnant, hat der Herr Hauptmann g'sagt, hat sich wahrscheinlich in ein Mädel verschaut, der Herr Leutnant.« – Und da Willi dazu nicht lächelte, fügte der Bursche etwas erschrocken hinzu: »Hat der Herr Hauptmann gesagt, melde gehorsamst.« – »Abtreten«, sagte Willi.

Während er sich fertigmachte, überdachte er bei sich allerlei Sätze, übte innerlich den Tonfall der Reden ein, mit denen er des Onkels Herz zu bewegen hoffte. Zwei Jahre lang hatte er ihn nicht gesehen. Er war in diesem Augenblick kaum imstande, sich Wilrams Wesen, ja auch nur dessen Gesichtszüge zu vergegenwärtigen; es tauchte immer wieder eine andere Erscheinung mit anderem Gesichtsausdruck, anderen Gewohnheiten, einer anderen Art zu reden vor ihm auf, und er konnte nicht vorher wissen, welcher er heute gegenüberstehen würde.

Von der Knabenzeit her hatte er den Onkel als einen schlanken, immer sehr sorgfältig gekleideten, immerhin noch jungen Mann im Gedächtnis, wenn ihm auch der um fünfundzwanzig Jahre Ältere damals schon als recht reif erschienen war. Robert Wilram kam immer nur für wenige Tage zu Besuch in das ungarische Städtchen, wo der Schwager, damals noch *Major* Kasda, in Garnison lag. Vater und Onkel verstanden einander nicht sonderlich gut, und Willi erinnerte sich sogar dunkel eines auf den Onkel bezüglichen Wortwechsels zwischen den Eltern, der damit geendet hatte, dass die Mutter weinend aus dem Zimmer gegangen war. Von dem Beruf des Onkels war kaum jemals die Rede gewesen, doch glaubte Willi sich zu besinnen, dass Robert Wilram eine Staatsbeamtenstelle bekleidet und, früh verwitwet, wieder aufgegeben hatte. Von seiner verstorbenen Frau erbte er ein kleines Vermögen, lebte seither als Privatmann und reiste viel in der Welt herum. Die Nachricht vom Tode der Schwester hatte ihn in Italien ereilt, er traf erst nach dem Begräbnis ein, und es blieb Willis Gedächtnis für immer eingeprägt, wie der Onkel, mit ihm am Grabe stehend, tränenlos, doch mit einem Ausdruck düsteren Ernstes auf die kaum noch verwelkten Kränze herabgesehen hatte. Bald darauf waren sie zusammen aus der kleinen Stadt abgereist; Robert Wilram nach Wien und Willi zurück nach Wiener-Neustadt in die Kadettenschule. Von dieser Zeit an besuchte er den Onkel manchmal an Sonn- und Feiertagen, wurde von ihm ins Theater oder in Restaurants mitgenommen; später, nach des Vaters plötzlich erfolgtem Tod, nachdem Willi als Leutnant zu einem Wiener Regiment eingeteilt worden war, bestimmte ihm der Onkel aus freien Stücken einen monatlichen Zuschuss, der auch während seiner gelegentlichen Reisen, durch eine Bank, pünktlich an den jungen Offizier ausbezahlt wurde. Von einer dieser Reisen, auf der er gefährlich erkrankt gewesen war, kam Robert Wilram auffällig gealtert zurück, und während der monatliche Zuschuss auch weiterhin regelmäßig an Willis Adresse gelangte, trat im persönlichen Verkehr zwischen Onkel und Neffe manche kürzere und längere Unterbrechung ein, wie denn die Epochen in Robert Wilrams Existenz überhaupt in eigentümlicher Weise abzuwechseln schienen. Es gab Zeiten, in denen er ein heiteres und geselliges Wesen zur Schau trug, mit dem Neffen wie früher Restaurants, Theater und nun auch Vergnügungslokale leichteren Charakters zu besuchen pflegte, bei welchen Gelegenheiten meist auch irgendeine muntere junge Dame anwesend war, die Willi bei diesem Anlass gewöhnlich zum ersten Mal und niemals ein zweites Mal wiedersah. Dann wieder gab es Wochen, in denen der Onkel sich vollkommen aus der Welt und von den Menschen zurückzuziehen schien; und wenn Willi überhaupt vorgelassen wurde, so fand er sich einem ernsten, wortkargen, früh gealterten Mann gegenüber, der in einen dunkelbraunen talarartigen Schlafrock gehüllt, mit der Miene eines vergrämten Schauspielers, in dem nie ganz hellen, hochgewölbten Zimmer auf und ab ging oder auch lesend oder arbeitend bei künstlichem Licht an seinem Schreibtisch saß. Das Gespräch ging dann meistens mühsam und schleppend, als wäre man einander völlig fremd geworden; einmal nur, da zufällig von einem Kameraden Willis die Rede war, der kürzlich aus unglücklicher Liebe seinem Leben ein Ende gemacht hatte, öffnete Robert Wilram eine Schreibtischlade, entnahm ihr zu Willis Verwunderung eine Anzahl beschriebener Blätter und las dem Neffen einige philosophische Bemerkungen über Tod und Unsterblichkeit, auch manches Abfällige und Schwermütige über die Frauen im Allgemeinen vor, wobei er der Anwesenheit des Jüngeren, der nicht ohne Verlegenheit und eher gelangweilt zuhörte, völlig zu vergessen schien. Gerade als Willi ein leichtes Gähnen vergeblich zu unterdrücken versuchte, geschah es, dass der Onkel den Blick von dem Manuskript erhob; seine Lippen kräuselten sich zu einem leeren Lächeln, er faltete die Blätter zusammen, tat sie wieder in die Lade und sprach unvermittelt von anderen Dingen, wie sie dem Interesse eines jungen Offiziers näherliegen mochten. Auch nach diesem wenig geglückten Zusammensein gab es immerhin noch eine Anzahl von vergnügten Abenden nach der alten Weise; auch kleine Spaziergänge zu zweit, besonders an schönen Feiertagsnachmittagen, kamen vor; eines Tages aber, da Willi den Onkel aus der Wohnung abholen sollte, kam eine Absage und kurz darauf ein Brief Wilrams, er sei jetzt so dringend beschäftigt, dass er Willi leider bitten müsse, von weiteren Besuchen vorläufig abzusehen. Bald blieben auch die Geldsendungen aus. Eine höfliche, schriftliche Erinnerung wurde nicht beantwortet, einer zweiten erging es ebenso, auf eine dritte erfolgte der Bescheid, dass Robert Wilram zu seinem Bedauern sich genötigt sehe, »wegen grundlegender Veränderung seiner Verhältnisse«, weitere Zuwendungen »selbst an nächststehende Personen« einzustellen. Willi versuchte, den Onkel persönlich zu sprechen. Er wurde zweimal nicht empfangen, ein drittes Mal sah er den Onkel, der sich hatte verleugnen lassen, eben rasch in der Türe verschwinden. So musste er endlich die Aussichtslosigkeit jeder weiteren Bemühung einsehen, und es blieb ihm nichts übrig, als sich auf das Möglichste einzuschränken. Die geringfügige Erbschaft von der Mutter her, mit der er bisher hausgehalten, war eben erst aufgezehrt, doch hatte er sich seiner Art nach über die Zukunft bisher keinerlei ernste Gedanken gemacht, bis nun mit einem Mal, von einem Tag, von einer Stunde zur anderen, die Sorge gleich in ihrer drohendsten Gestalt auf seinem Wege stand.

In gedrückter, aber nicht hoffnungsloser Stimmung schritt er endlich die gewundene, stets in Halbdunkel getauchte Offiziersstiege hinab und erkannte den Mann nicht gleich, der ihm mit vorgestreckten Armen den Weg versperrte.

»Willi!« Es war Bogner, der ihn anrief.

»Du bist's?« Was wollte der? »Weißt du denn nicht? Hat dir der Joseph nicht ausgerichtet?«

»Ich weiß, ich weiß, ich will dir nur sagen – für alle Fälle –, dass die Revision auf morgen verschoben ist.« Willi zuckte die Achseln. Das interessierte ihn wahrhaftig nicht sehr.

»Verschoben, verstehst du!«

»Es ist ja nicht gar so schwer, zu verstehen«, und er nahm eine Stufe nach abwärts.

Bogner ließ ihn nicht weiter. »Das ist doch ein Schicksalszeichen«, rief er. »Das kann ja die Rettung bedeuten. Sei nicht bös, Kasda, dass ich noch einmal – – ich weiß ja, dass du gestern kein Glück gehabt hast –«

»Allerdings«, stieß Willi hervor, »allerdings hab' ich kein Glück gehabt.« Und mit einem Auflachen: »Alles hab' ich verloren – und noch etwas mehr.« Und unbeherrscht, als stände in Bogner die eigentliche und einzige Ursache seines Unglücks ihm gegenüber: »Elftausend Gulden, Mensch, elftausend Gulden!«

»Donnerwetter, das ist freilich ... was gedenkst du ...« Er unterbrach sich. Ihre Blicke trafen einander, und Bogners Züge erhellten sich. »Da gehst du ja doch wohl zu deinem Onkel?«

Willi biss sich in die Lippen. Zudringlich! Unverschämt! dachte er bei sich, und es fehlte nicht viel, so hätte er es ausgesprochen.

»Verzeih – es geht mich ja nichts an – vielmehr, ich darf ja da nichts dreinreden, umso weniger, als ich gewissermaßen mitschuldig – – na ja –, aber wenn du's schon versuchst,

Kasda – – ob zwölf- oder elftausend, das kann doch deinem Onkel ziemlich egal sein.«

»Du bist verrückt, Bogner. Ich werd' die elftausend so wenig kriegen, als ich zwölf kriegen tät.«

»Aber du gehst doch hin, Kasda!«

»Ich weiß nicht –«

»Willi – –«

»Ich weiß nicht«, wiederholte er ungeduldig. »Vielleicht – vielleicht auch nicht ... Adieu.« Er schob ihn beiseite und stürzte die Treppe hinab.

Zwölf oder elf, das war keineswegs gleichgültig. Gerade auf den einen Tausender konnte es ankommen! – Und es summte in seinem Kopf: Elf, zwölf – elf, zwölf – elf, zwölf! Nun, er müsste sich ja nicht früher entscheiden, als er vor dem Onkel stand. Der Moment sollte es ergeben. Jedenfalls war es eine Dummheit, dass er vor Bogner die Summe genannt, dass er sich überhaupt auf der Treppe hatte aufhalten lassen. Was ging ihn der Mensch an? Kameraden – nun ja, aber eigentliche *Freunde* waren sie doch nie gewesen! Und nun sollte sein Schicksal mit dem Bogners plötzlich unlöslich verbunden sein? Unsinn. Elf, zwölf – elf, zwölf. Zwölf, das klang vielleicht besser als elf, vielleicht brachte es ihm Glück ... vielleicht geschah das Wunder – gerade, wenn er zwölf verlangte. Und während des ganzen Weges, von der Alserkaserne durch die Stadt bis zu dem uralten Haus in der engen Straße hinter dem Stefansdom, überlegte er, ob er den Onkel um elf- oder um zwölftausend Gulden bitten sollte – als hinge der Erfolg, als hinge am Ende sein Leben davon ab.

Eine ältliche Person, die er nicht kannte, öffnete auf sein Klingeln. Willi nannte seinen Namen. Der Onkel – ja, er sei nämlich der Neffe des Herrn Wilram – der Onkel möge entschuldigen, es handle sich um eine sehr dringende Angelegenheit, und er werde keineswegs lange stören. Die Frau, zuerst unschlüssig, entfernte sich, kam merkwürdig rasch mit freundlicherer Miene wieder, und Willi – tief atmete er auf – wurde sofort vorgelassen.

X

Der Onkel stand an einem der beiden hohen Fenster; er trug nicht den talarartigen Schlafrock, in dem Willi ihn anzutreffen erwartet hatte, sondern einen gut geschnittenen, aber etwas abgetragenen, hellen Sommeranzug und Lackhalbschuhe, die ihren Glanz verloren hatten. Mit einer weitläufigen, aber müden Geste winkte er dem Neffen entgegen. »Grüß dich Gott, Willi. Schön, dass du dich wieder einmal um deinen alten Onkel umschaust. Ich hab' geglaubt, du hast mich schon ganz vergessen.«

Die Antwort lag nahe, dass man ihn die letzten Male nicht empfangen und seine Briefe nicht beantwortet hatte, aber er hielt es für geratener, sich vorsichtiger auszudrücken. »Du lebst ja so zurückgezogen«, sagte er, »ich hab' nicht wissen können, ob dir ein Besuch auch willkommen gewesen wäre.«

Das Zimmer war unverändert. Auf dem Schreibtisch lagen Bücher und Papiere, der grüne Vorhang vor der Bibliothek war halbseits zugezogen, sodass einige alte Lederbände sichtbar waren; über den Diwan war, wie früher, der Perserteppich gebreitet, und etliche gestickte Kopfkissen lagen darauf. An der Wand hingen zwei vergilbte Kupferstiche, die italienische Landschaften darstellten, und Familienporträts in mattgoldenen Rahmen; das Bild der Schwester hatte seinen Platz, wie früher, auf dem Schreibtisch, Willi erkannte es an Umriss und Rahmen von rückwärts.

»Willst du dich nicht setzen?«, fragte Robert Wilram.

Willi stand, die Kappe in der Hand, mit umgeschnalltem Säbel, stramm, wie zu einer dienstlichen Meldung. Und in einem zu seiner Haltung nicht ganz stimmenden Tone begann er: »Die Wahrheit zu sagen, lieber Onkel, ich wär' wahrscheinlich auch heute nicht gekommen, wenn ich nicht – – also, mit einem Wort, es handelt sich um eine sehr, sehr ernste Angelegenheit.«

»Was du nicht sagst«, bemerkte Robert Wilram freundlich, aber ohne besondere Teilnahme.

»Für *mich* wenigstens ernst. Kurz und gut, ohne weitere Umschweife, ich habe eine Dummheit begangen, eine große Dummheit. Ich – habe gespielt und habe mehr verspielt, als ich im Vermögen gehabt habe.«

»Hm, das ist schon ein bissl mehr wie eine Dummheit«, sagte der Onkel.

»Ein Leichtsinn war's«, bestätigte Willi, »ein sträflicher Leichtsinn. Ich will nichts beschönigen. Aber die Sache steht leider so: Wenn ich meine Schuld bis heute Abend sieben Uhr nicht bezahlt habe, bin ich – bin ich einfach –« er zuckte die Achseln und hielt inne wie ein trotziges Kind.

Robert Wilram schüttelte bedauernd den Kopf, aber er erwiderte nichts. Die Stille im Raum wurde sofort unerträglich, sodass Willi gleich wieder zu reden anfing. Hastig berichtete er sein gestriges Erlebnis. Er sei nach Baden gefahren, um einen kranken Kameraden zu besuchen, sei dort mit anderen Offizieren, guten alten Bekannten, zusammengetroffen und habe sich zu einer Spielpartie verleiten lassen, die, anfangs ganz solid, im weiteren Verlauf, ohne sein Dazutun, in ein wildes Hasard ausgeartet sei. Die Namen der Beteiligten möchte er lieber verschweigen mit Ausnahme desjenigen, der sein Gläubiger geworden sei, ein Großkaufmann, ein südamerikanischer Konsul, ein gewisser Herr Schnabel, der unglücklicherweise morgen Früh nach Amerika reise und für den Fall, dass die Schuld nicht bis abends beglichen sei, mit der Anzeige ans Regimentskommando gedroht habe. »Du weißt, Onkel, was das zu bedeuten hat«, schloss Willi und ließ sich plötzlich ermüdet auf den Diwan nieder.

Der Onkel, den Blick über Willi hinweg auf die Wand gerichtet, aber immer noch freundlich, fragte: »Um was für einen Betrag handelt es sich denn eigentlich?«

Wieder schwankte Willi. Zuerst dachte er doch die tausend Gulden für Bogner dazuzuschlagen, dann aber war er plötzlich überzeugt, dass gerade der kleine Mehrbetrag den Ausgang infrage stellen könnte, und so nannte er nur die Summe, die er für seinen Teil schuldig war.

»Elftausend Gulden«, wiederholte Robert Wilram kopfschüttelnd, und es klang fast ein Ton von Bewunderung mit.

»Ich weiß«, erwiderte Willi rasch, »es ist ein kleines Vermögen. Ich versuche auch gar nicht, mich zu rechtfertigen. Es war ein niederträchtiger Leichtsinn, ich glaub' der erste – gewiss aber der letzte meines Lebens. Und ich kann nichts anderes tun, als dir schwören, Onkel, dass ich in meinem ganzen Leben keine Karte mehr anrühren, dass ich mich bemühen werde, dir durch ein streng solides Leben meine ewige Dankbarkeit zu beweisen, ja, ich bin bereit – ich erkläre feierlich, auf jeden Anspruch für später, der mir etwa durch unsere Verwandtschaft erwachsen könnte, ein für allemal zu verzichten, wenn du nur diesmal, dieses eine Mal, – Onkel –«

Nachdem Robert Wilram bisher immer noch keine innere Bewegung gezeigt hatte, schien er nun allmählich in eine gewisse Unruhe zu geraten. Schon früher hatte er die eine Hand wie abwehrend erhoben, nahm nun die andere zu Hilfe, als wollte er den Neffen durch eine möglichst ausdrucksvolle Geste zum Schweigen bringen, und mit einer ungewohnt hohen, fast schrillen Stimme unterbrach er ihn. »Bedauere sehr, bedauere aufrichtig, ich kann dir beim besten Willen nicht helfen.« Und da Willi den Mund zu einer Erwiderung auftat: »*Absolut* nicht helfen; jedes weitere Wort wäre überflüssig, also bemühe dich nicht weiter.« Und er wandte sich dem Fenster zu.

Willi, zuerst wie vor den Kopf geschlagen, besann sich, dass er doch keineswegs hatte hoffen dürfen, den Onkel im ersten Ansturm zu besiegen, und so begann er von Neuem: »Ich gebe mich ja keiner Täuschung hin, Onkel, dass meine Bitte eine Unverschämtheit ist, eine Unverschämtheit ohnegleichen; – ich hätte auch nie und nimmer gewagt, an dich heranzutreten, wenn nur die geringste Möglichkeit bestände, das Geld in irgendeiner anderen Weise aufzutreiben. Du musst dich nur in meine Lage versetzen, Onkel. Alles, alles steht für mich auf dem Spiel, nicht nur meine Existenz als Offizier. Was soll ich, was kann ich denn anderes anfangen? Ich hab' ja sonst nichts gelernt, ich versteh' ja nichts weiter. Und ich kann doch überhaupt nicht als weggejagter Offizier – grad gestern hab' ich zufällig einen früheren Kameraden wiedergetroffen, der auch – nein, nein, lieber eine Kugel vor den Kopf. Sei mir nicht bös, Onkel. Du musst dir das nur vorstellen. Der Vater war Offizier, der Großvater ist als Feldmarschallleutnant gestorben. Um Gottes willen, es kann doch nicht so mit mir enden. Das wäre doch eine zu harte Strafe für einen leichtsinnigen Streich. Ich bin ja kein Gewohnheitsspieler, das weißt du. Ich hab' nie Schulden gemacht. Auch im letzten Jahr nicht, wo es mir ja manchmal recht schwer zusammengegangen ist. Und ich habe mich nie verleiten lassen, obwohl man es mir direkt angetragen hat. Freilich, ein solcher Betrag! Ich glaube, nicht einmal zu Wucherzinsen könnte ich mir je einen solchen Betrag beschaffen. Und wenn schon, was käm' dabei heraus? In einem halben Jahr wär' ich das Doppelte schuldig, in einem Jahr das Zehnfache – und –«

»Genug, Willi«, unterbrach ihn Wilram endlich mit noch schrillerer Stimme als vorher. »Genug, ich *kann* dir nicht helfen; – ich möcht' ja gern, aber ich kann nicht. Verstehst du? Ich hab' selber nichts, nicht hundert Gulden hab' ich im Vermögen, wie du mich da siehst. Da, da ...« Er riss eine Lade nach der andern auf, die Schreibtischladen, die Kommodenladen, als wäre es ein Beweis für die Wahrheit seiner Worte, dass dort freilich keinerlei Banknoten oder Münzen zu sehen waren, sondern nur Papiere, Schachteln, Wäsche, allerlei Kram. Dann warf er auch seine Geldbörse auf den Tisch hin. »Kannst selber nachschaun, Willi, und wenn du mehr findest als hundert Gulden, so kannst du mich meinetwegen halten – wofür du willst.« Und plötzlich sank er in den Stuhl vor dem Schreibtisch hin und ließ die Arme schwer auf die Platte hinfallen, sodass einige Bogen Papier auf den Fußboden flatterten.

Willi hob sie beflissen auf, dann ließ er den Blick durch den Raum schweifen, als müsste er nun doch da oder dort irgendwelche Veränderungen entdecken, die den so unbegreiflich veränderten Verhältnissen des Onkels entsprächen. Aber alles sah genau so aus wie vor zwei oder drei Jahren. Und er fragte sich, ob sich denn wirklich die Dinge so verhalten müssten, wie es der Onkel versicherte. War der sonderbare alte Mann, der ihn vor zwei Jahren so unerwartet, so plötzlich im Stich gelassen hatte, nicht auch imstande, durch eine Lüge, die er durch Komödienspielerei glaubhafter machen wollte, sich vor weiterem Drängen und Flehen des Neffen schützen zu wollen? Wie? Man lebte in einer wohlgehaltenen Wohnung der inneren Stadt mit einer Art von Wirtschafterin, die schönen Ledereinbände standen wie früher im Bücherschrank, die mattgold gerahmten Bilder hingen noch alle an den Wänden –, und der Besitzer all dieser Dinge sollte indes zum Bettler geworden sein? Wo wäre denn sein Vermögen hingekommen im Verlauf dieser letzten zwei oder drei Jahre? Willi glaubte ihm nicht. Er hatte nicht den geringsten Grund, ihm zu glauben, und noch weniger Grund hatte er, sich einfach geschlagen zu geben, da er doch in keinem Fall mehr etwas zu verlieren hatte. So entschloss er sich zu einem letzten Versuch, der aber weniger kühn ausfiel, als er sich vorgenommen; denn mit einem Mal, zu seiner eigenen Verwunderung, zu seiner Beschämung stand er vor Onkel Robert mit gefalteten Händen da und flehte: »Es geht um mein Leben, Onkel, glaube mir, es geht um mein Leben. Ich bitte dich, ich –« Die Stimme versagte ihm, einer plötzlichen Eingebung folgend ergriff er die Fotografie der Mutter und hielt sie dem Onkel wie beschwörend entgegen. Der aber, mit leichtem Stirnrunzeln, nahm ihm das Bild sanft aus der Hand, stellte es ruhig auf seinen Platz zurück, und leise, durchaus nicht unwillig, bemerkte er: »Deine Mutter hat mit der Sache nichts zu tun. Sie kann dir nicht helfen – so wenig als mir. Wenn ich dir nicht helfen *wollte*, Willi, brauchte ich ja keine Ausrede. Verpflichtungen, besonders in einem solchen Fall, erkenne ich nicht an. Und, meiner Ansicht nach, kann man immer noch ein ganz anständiger Mensch sein – und werden, auch in Zivil. Die *Ehre* verliert man auf andere Weise. Aber so weit, dass du das begreifst, kannst du heute noch nicht sein. Und darum sage ich dir noch einmal: Hätte ich das Geld, verlass dich drauf, ich würde es dir geben. Aber ich hab's nicht. *Nichts* hab' ich. Ich hab' mein Vermögen nicht mehr. Ich besitze nur mehr eine Leibrente. Ja, jeden Ersten und Fünfzehnten kriege ich so und so viel ausgezahlt, und heute« – er wies mit einem trüben Lächeln auf die Geldbörse –, »heute ist der Siebenundzwanzigste.« Und da er in Willis Augen plötzlich einen Hoffnungsstrahl erschimmern sah, fügte er gleich hinzu: »Ah, du meinst, auf meine Leibrente könnte ich ein Darlehen aufnehmen. Ja, mein lieber Willi, es kommt eben darauf an, *woher* man sie hat und unter welchen Bedingungen man sie gekriegt hat.«

»Vielleicht, Onkel, vielleicht wäre es doch möglich, vielleicht könnten wir gemeinsam –«

Robert Wilram aber unterbrach ihn heftig: »Nichts ist möglich, absolut nichts.« Und wie in dumpfer Verzweiflung: »Ich kann dir nicht helfen, glaub' mir, ich kann nicht.« Und er wandte sich ab.

»Also«, erwiderte Willi nach kurzem Besinnen, »da kann ich halt nichts tun, als dich um Verzeihung bitten, dass ich – adieu, Onkel.« Er war schon an der Tür, als die Stimme Roberts ihn wieder festbannte. »Willi, komm her, ich will nicht, dass du mich – ich kann's dir ja sagen, also kurz und gut, ich habe nämlich mein Vermögen, gar so viel war es ja nicht mehr, meiner Frau überschrieben.«

»Du bist verheiratet!«, rief Willi erstaunt aus, und eine neue Hoffnung erglänzte in seinen Augen. »Also, wenn deine Frau Gemahlin das Geld hat, dann müsste sich doch ein Modus finden lassen – ich meine, wenn du deiner Frau Gemahlin sagst, dass es sich –«

Robert Wilram unterbrach ihn mit einer ungeduldigen Handbewegung. »Gar nichts werde ich ihr sagen. Dring nicht weiter in mich. Wär' alles vergeblich.«

Er hielt inne.

Willi aber, nicht gewillt, die letzte aufgetauchte Hoffnung gleich wieder aufzugeben, versuchte aufs Neue anzuknüpfen und begann: »Deine – Frau Gemahlin lebt wahrscheinlich nicht in Wien?«

»O ja, sie lebt in Wien, aber nicht mit mir zusammen, wie du siehst.« Er ging ein paarmal im Zimmer hin und her, dann, mit einem bitteren Lachen, sagte er: »Ja, ich habe mehr verloren als ein Portepee und lebe auch weiter. Ja, Willi –« er unterbrach sich plötzlich und begann gleich wieder von Neuem: »Vor anderthalb Jahren habe ich ihr mein Vermögen überschrieben – freiwillig. Und ich habe es eigentlich mehr um meinetwillen getan als um ihretwillen ... Denn ich bin ja nicht sehr haushälterisch angelegt, und sie – sie ist sehr sparsam, das muss man ihr lassen, und auch sehr geschäftstüchtig und hat das Geld vernünftiger angelegt, als ich das je getroffen hätte. Sie hat es in irgendwelchen Unternehmungen investiert – in die näheren Umstände bin ich nicht eingeweiht –, ich verstünde auch nichts davon. Und die Rente, die ich ausbezahlt bekomme, beträgt zwölfeinhalb Prozent, das ist nicht wenig, also beklagen darf ich mich nicht ... Zwölfeinhalb Prozent. Aber auch keinen Kreuzer mehr. Und jeder Versuch, den ich anfangs unternommen habe, um gelegentlich einen Vorschuss zu bekommen, war umsonst. Nach dem zweiten Versuch habe ich es übrigens wohlweislich unterlassen. Denn dann habe ich sie sechs Wochen nicht zu sehen bekommen, und sie hat einen Eid geschworen, dass ich sie überhaupt nie wieder zu Gesicht bekomme, wenn ich jemals wieder mit einem solchen Ansinnen an sie herantrete. Und das – das hab' ich nicht riskieren wollen. Ich brauch' sie nämlich, Willi, ich kann ohne sie nicht existieren. Alle acht Tage sehe ich sie, alle acht Tage kommt sie einmal zu mir. Ja, sie hält unsern Pakt, sie ist überhaupt das ordentlichste Geschöpf der Welt. Noch nie ist sie ausgeblieben, und auch das Geld war jeden Ersten und Fünfzehnten pünktlich da. Und im Sommer sind wir alljährlich ganze vierzehn Tage irgendwo auf dem Land beisammen. Das steht auch in unserm Kontrakt. Aber die übrige Zeit, die gehört ihr.«

»Und du selbst, Onkel, besuchst sie nie?«, fragte Willi einigermaßen verlegen.

»Aber freilich, Willi. Am ersten Weihnachtsfeiertag, am Ostersonntag und am Pfingstmontag. Der ist heuer am achten Juni.«

»Und wenn du, verzeih, Onkel, wenn es dir einmal einfiele, an irgendeinem andern Tag – du bist doch schließlich ihr Mann, Onkel, und wer weiß, ob es ihr nicht eher schmeicheln würde, wenn du einmal –«

»Kann ich nicht riskieren«, unterbrach ihn Robert Wilram. »Einmal – weil ich dir schon alles gesagt habe – also einmal bin ich am Abend in ihrer Straße auf und ab gegangen, in der Nähe von ihrem Haus, zwei Stunden lang –«

»Nun und?«

»Sie ist nicht sichtbar geworden. Aber am nächsten Tag ist ein Brief von ihr gekommen, in dem ist nur gestanden, dass ich sie in meinem Leben nicht wieder zu sehen bekomme, wenn ich es mir noch einmal einfallen ließe, vor ihrem Wohnhaus herumzupromenieren. Ja, Willi, so steht's. Und ich weiß, wenn mein eigenes Leben daran hinge – sie ließ' mich eher zugrunde gehen, Als dass sie mir auch nur den zehnten Teil von dem, was du verlangst, außer der Zeit ausbezahlen würde. Da wirst du viel eher den Herrn Konsul zur Nachgiebigkeit bewegen, als ich jemals das Herz meiner ›Frau Gemahlin‹ zu erweichen imstande wäre.«

»Und – – war sie denn immer so?«, fragte Willi.

»Das ist doch egal«, erwiderte Robert Wilram ungeduldig. »Auch wenn ich alles vorausgesehen hätte, es hätte mir nichts genützt. Ich war ihr verfallen vom ersten Moment an, wenigstens von der ersten Nacht an, und die war unsere Hochzeitsnacht.«

»Selbstverständlich«, sagte Willi, wie vor sich hin.

Robert Wilram lachte auf. »Ah, du meinst, sie ist eine anständige junge Dame gewesen aus einer guten bürgerlichen Familie? Gefehlt, mein lieber Willi, eine Dirne ist sie gewesen. Und wer weiß, ob sie es nicht heut noch ist – für andere.«

Willi fühlte sich verpflichtet, durch eine Geste seine Zweifel anzudeuten; und er hegte sie wirklich, weil er sich nach dem ganzen Bericht des Onkels dessen Frau unmöglich als ein junges und reizvolles Geschöpf vorzustellen imstande war. Er hatte sie die ganze Zeit über als eine hagere, gelbliche, geschmacklos gekleidete, ältliche Person mit einer spitzen Nase vor sich gesehen, und flüchtig dachte er, ob der Onkel nicht seiner Empörung über die unwürdige Behandlung, die er von ihr erleiden musste, durch eine bewusst ungerechte Beschimpfung Luft machen wollte. Aber Robert Wilram schnitt ihm jedes Wort ab und sprach gleich weiter. »Also, Dirne ist ja vielleicht zu viel gesagt – Blumenmädel war sie halt damals. Beim ›Hornig‹ hab' ich sie zum ersten Mal gesehen vor vier oder fünf Jahren; du übrigens auch. Ja, du wirst dich vielleicht noch an sie erinnern.« Und auf Willis fragenden Blick: »Wir waren damals in einer größeren Gesellschaft dort, ein Jubiläum von dem Volkssänger Kriebaum war's, ein knallrotes Kleid hat sie angehabt, einen blonden Wuschelkopf und eine blaue Schleife um den Hals.« Und mit einer Art verbissener Freude setzte er hinzu: »Ziemlich ordinär hat sie ausgesehen. Im nächsten Jahr beim Ronacher, da hat sie schon ganz anders ausgeschaut, da hat sie sich ihre Leute schon aussuchen können. Ich hab' leider kein Glück bei ihr gehabt. Mit anderen Worten: ich war ihr halt nicht zahlungsfähig genug im Verhältnis zu meinen Jahren – na, und dann ist es eben gekommen, wie es manchmal zu kommen pflegt, wenn sich ein alter Esel von einem jungen Frauenzimmer den Kopf verdrehen lässt. Und vor zweieinhalb Jahren habe ich das Fräulein Leopoldine Lebus zur Frau genommen.«

Also Lebus hat sie mit dem Zunamen geheißen, dachte Willi. Denn dass das Mädel, von dem der Onkel erzählte, niemand anders sein konnte als die Leopoldine – wenn Willi auch diesen Namen längst wieder vergessen hatte –, das war ihm in demselben Augenblick klar gewesen, da der Onkel den Hornig, das rote Kleid und den blonden Wuschelkopf erwähnt hatte. Natürlich hatte er sich wohl gehütet, sich zu verraten, denn wenn sich der Onkel auch über das Vorleben des Fräulein Leopoldine Lebus keinerlei Illusionen zu machen schien, es wäre ihm doch gewiss recht peinlich gewesen, zu ahnen, wie jener Abend beim Hornig geendet, oder gar zu erfahren, dass Willi nachts um drei, nachdem er den Onkel zuerst nach Hause gebracht, die Leopoldine heimlich wieder getroffen hatte und bis zum Morgen mit ihr zusammengeblieben war. So tat er für alle Fälle so, als könnte er sich des ganzen Abends nicht recht erinnern; und als gälte es, dem Onkel etwas Tröstliches zu sagen, bemerkte er, dass gerade aus solchen Wuschelköpfen manchmal sehr brave Haus- und Ehefrauen würden, während im Gegensatz dazu Mädchen aus guter Familie und mit tadellosem Ruf ihren späteren Gatten zuweilen schon recht schlimme Enttäuschungen bereitet hätten. Er wusste auch ein Beispiel von einer Baronesse, die ein Kamerad geheiratet hatte, also eine junge Dame aus feinster, aristokratischer Familie, und die man kaum zwei Jahre nach der Hochzeit einem andern Kameraden in einem »Salon«, wo »anständige Frauen« zu fixen Preisen zu haben waren, zugeführt hatte. Der ledige Kamerad hatte sich verpflichtet gefühlt, den Ehemann zu verständigen; die Folge: Ehrengericht, Duell, schwere Verwundung des Gatten, Selbstmord der Frau; – der Onkel musste ja in der Zeitung davon gelesen haben! Die Affäre hatte ja so viel Aufsehen gemacht. Willi sprach sehr lebhaft, als interessiere ihn diese Angelegenheit plötzlich mehr als seine eigene, und es kam ein Augenblick, in dem Robert Wilram einigermaßen befremdet zu ihm aufsah. Willi besann sich, und obwohl doch der Onkel unmöglich auch nur im entferntesten den Plan ahnen konnte, der indes in Willi aufgetaucht und weitergereift war, hielt er es doch für richtig, den Ton zu dämpfen und das Thema, das doch eigentlich nicht hierher gehörte, zu verlassen. Und etwas unvermittelt erklärte er, dass er nach den Aufschlüssen, die ihm der Onkel gegeben, natürlich nicht weiter in ihn dringen dürfe, und er ließ sogar gelten, dass ein Versuch beim Konsul Schnabel immerhin noch eher Aussicht auf Erfolg haben könnte als bei dem gewesenen Fräulein Leopoldine Lebus; und dann wäre es immerhin nicht undenkbar, dass auch der Oberleutnant Höchster, der eine kleine Erbschaft gemacht, vielleicht auch ein Regimentsarzt, der gestern an der Spielpartie teilgenommen hatte, sich gemeinsam bereitfänden, ihn aus seiner fürchterlichen Situation zu retten. Ja, Höchster müsse er vor allem aufsuchen, der hatte heute Kasernendienst.

Der Boden brannte ihm unter den Füßen, er sah auf die Uhr, stellte sich plötzlich noch eiliger an, als er war, reichte dem Onkel die Hand, schnallte den Säbel fester und ging.

XI

Nun aber kam es vor allem darauf an, Leopoldinens Adresse zu erfahren, und Willi machte sich unverzüglich auf den Weg zum Meldungsamt. Dass sie ihm seine Bitte abschlagen könnte, sobald er sie überzeugt hatte, dass sein Leben auf dem Spiel stand, erschien ihm in diesem Augenblick geradezu unmöglich. Ihr Bild, das im Laufe der seither vergangenen Jahre kaum jemals in ihm aufgetaucht war, jener ganze Abend erstand neu lebendig in seiner Erinnerung. Er sah den blonden Wuschelkopf auf dem grobleinen weißen, rotdurchschimmerten Bettpolster, das blasse, rührendkindliche Gesicht, auf das durch die Spalten der schadhaften grünen Holzjalousien das Dämmerlicht des Sommermorgens fiel, sah den schmalen Goldreif mit dem Halbedelstein auf dem Ringfinger ihrer Rechten, die über der roten Bettdecke lag, das schmale silberne Armband um das Gelenk ihrer Linken, die sie Abschied winkend aus dem Bett hervorstreckte, als er sie verließ. Sie hatte ihm so gut gefallen, dass er sich beim Abschied fest entschlossen glaubte, sie wiederzusehen; es traf sich aber zufällig, dass gerade damals ein anderes weibliches Wesen ältere Rechte an ihn hatte, die ihm als die ausgehaltene Geliebte eines Bankiers keinen Kreuzer kostete, was bei seinen Verhältnissen immerhin in Betracht kam; – und so fügte es sich, dass er sich weder beim Hornig wieder blicken ließ, noch auch von der Adresse ihrer verheirateten Schwester Gebrauch machte, bei der sie wohnte und wohin er ihr hätte schreiben können. So hatte er sie seit jener einzigen Nacht niemals wiedergesehen. Aber was immer sich seither in ihrem Leben ereignet haben mochte, so sehr konnte sie sich nicht verändert haben, dass sie ruhig geschehen ließe – was eben geschehen musste, wenn sie eine Bitte zurückwies, die zu erfüllen für sie doch so leicht war.

Er hatte immerhin eine Stunde im Meldungsamt zu warten, bis er den Zettel mit Leopoldinens Adresse in der Hand hielt. Dann fuhr er in einem geschlossenen Wagen bis zur Ecke der Gasse, in der Leopoldine wohnte, und stieg aus.

Das Haus war ziemlich neu, vier Stock hoch, nicht übermäßig freundlich anzusehen, und lag gegenüber einem eingezäunten Holzplatz. Im zweiten Stock öffnete ihm ein nett gekleidetes Dienstmädchen; auf seine Frage, ob Frau Wilram zu sprechen sei, betrachtete sie ihn zögernd, worauf er ihr seine Visitenkarte reichte: Wilhelm Kasda, Leutnant im k. u. k. Infanterie-Regiment Nr. 98, Alserkaserne. Das Mädchen kam sofort mit dem Bescheid wieder, die gnädige Frau sei sehr beschäftigt; – was der Herr Leutnant wünsche? Nun erst fiel ihm ein, dass Leopoldine wahrscheinlich seinen Zunamen nicht kannte. Er überlegte, ob er sich einfach als einen alten Freund oder etwa scherzhaft als einen Cousin des Herrn von Hornig ausgeben sollte, als die Tür sich öffnete, ein älterer, dürftig gekleideter Mensch mit einer schwarzen Aktentasche heraustrat und dem Ausgang zuschritt. Dann ertönte eine weibliche Stimme: »Herr Kraßny!«; was dieser, schon im Stiegenhaus, nicht mehr zu hören schien, worauf die Dame, die gerufen, persönlich ins Vorzimmer trat und nochmals nach Herrn Kraßny rief, sodass dieser sich umwandte. Leopoldine aber hatte den Leutnant schon erblickt und, wie ihr Blick und ihr Lächeln verriet, sofort wiedererkannt. Sie sah dem Geschöpf nicht im Geringsten ähnlich, das er in der Erinnerung bewahrt hatte, war stattlich und voll, ja anscheinend größer geworden, trug eine einfache glatte, beinahe strenge Frisur, und, was das merkwürdigste war, auf der Nase saß ihr ein Zwicker, dessen Schnur sie um das Ohr geschlungen hatte.

»Bitte, Herr Leutnant«, sagte sie. – Und nun merkte er, dass ihre Züge eigentlich ganz unverändert waren. »Bitte nur weiterzuspazieren, ich stehe gleich zur Verfügung.« Sie wies auf die Tür, aus der sie gekommen war, wandte sich Herrn Kraßny zu und schien ihm irgendeinen Auftrag, zwar leise und für Willi unverständlich, aber eindringlich einzuschärfen. Willi trat indes in ein helles und geräumiges Zimmer, in dessen Mitte ein langer Tisch stand, mit Tintenzeug, Lineal, Bleistiften und Geschäftsbüchern; an den Wänden rechts und links ragten zwei hohe Aktenschränke, auf der Rückwand über einem Tischchen mit Zeitungen und Prospekten war eine große Landkarte von Europa ausgespannt, und Willi musste unwillkürlich an das Reisebüro einer Provinzstadt denken, in dem er einmal zu tun gehabt hatte. Gleich darauf aber sah er das armselige Hotelzimmer vor sich, mit den schadhaften Jalousien und dem durchscheinenden Bettpolster – – und es war ihm sonderbar zumute, beinahe wie in einem Traum.

Leopoldine trat ein, schloss die Tür hinter sich, den Zwicker ließ sie nun in den Fingern hin und her spielen, dann streckte sie dem Leutnant die Hand entgegen, freundlich, aber ohne merkliche Erregung. Er beugte sich über die Hand, als wenn er sie küssen wollte, doch sie entzog sie ihm sofort. »Nehmen Sie doch Platz, Herr Leutnant. Was verschafft mir das Vergnügen?« Sie wies ihm einen bequemen Stuhl an; sie selbst nahm ihren offenbar gewohnten Platz auf einem einfacheren Sessel ihm gegenüber an dem langen Tisch mit den Geschäftsbüchern ein. Willi kam sich vor, als wäre er bei einem Advokaten oder Arzt. –»Womit kann ich dienen?«, fragte sie nun mit einem beinahe ungeduldigen Ton, der nicht sehr ermutigend klang.

»Gnädige Frau«, begann Willi nach einem leichten Räuspern, »ich muss vor allem vorausschicken, dass es nicht etwa mein Onkel war, der mir Ihre Adresse gegeben hat.«

Sie blickte verwundert auf. »Ihr Onkel?«

»Mein Onkel Robert Wilram«, betonte Willi.

»Ach ja«, lächelte sie und sah vor sich hin.

»Er weiß selbstverständlich nichts von diesem Besuch«, fuhr Willi etwas hastiger fort. »Ich muss das ausdrücklich bemerken.« Und auf ihren verwunderten Blick: »Ich habe ihn überhaupt schon lange nicht gesehen, aber es war nicht meine Schuld. Erst heute, im Laufe des Gesprächs, teilte er mir mit, dass er sich – in der Zwischenzeit vermählt hätte.«

Leopoldine nickte freundlich. »Eine Zigarette, Herr Leutnant?« Sie wies auf die offene Schachtel, er bediente sich, sie gab ihm Feuer und zündete sich gleichfalls eine Zigarette an.

»Also, darf ich nun endlich wissen, welchem Umstand ich das Vergnügen zu verdanken habe –«

»Gnädige Frau, es handelt sich bei meinem Besuch um die gleiche Angelegenheit, die mich – zu meinem Onkel geführt hat. Eine eher – peinliche Angelegenheit, wie ich leider gleich bemerken muss«, – und da ihr Blick sich sofort auffallend verdunkelte – »ich will Ihre Zeit nicht allzu sehr in Anspruch nehmen, gnädige Frau. Ganz ohne Umschweife: ich würde Sie nämlich ersuchen, mir auf – drei Monate einen gewissen Betrag vorzustrecken.«

Nun erhellte sich sonderbarerweise ihr Blick wieder. »Ihr Vertrauen ist für mich sehr schmeichelhaft, Herr Leutnant«, sagte sie und streifte die Asche von ihrer Zigarette, »obzwar ich eigentlich nicht recht weiß, wie ich zu dieser Ehre komme. Darf ich in jedem Fall fragen, um welchen Betrag es sich handelt?« Sie trommelte mit ihrem Zwicker leicht auf den Tisch.

»Um elftausend Gulden, gnädige Frau.« Er bereute, dass er nicht zwölf gesagt hatte. Schon wollte er sich verbessern, dann fiel ihm plötzlich ein, dass der Konsul sich vielleicht mit zehntausend zufrieden geben würde, und so ließ er es bei den elf bewenden.

»So«, sagte Leopoldine, »elftausend, das kann man ja wirklich schon einen ›gewissen Betrag‹ nennen.« Sie ließ ihre Zunge zwischen den Zähnen spielen. »Und welche Sicherheit würden Sie mir bieten, Herr Leutnant?«

»Ich bin Offizier, gnädige Frau.«

Sie lächelte – beinahe gütig. »Verzeihen Sie, Herr Leutnant, aber das bedeutet nach geschäftlichen Usancen noch keine Sicherheit. Wer würde für Sie bürgen?«

Willi schwieg und blickte zu Boden. Eine brüske Abweisung hätte ihn nicht minder verlegen gemacht als diese kühle Höflichkeit. »Verzeihen Sie, gnädige Frau«, sagte er. »Die formelle Seite der Angelegenheit habe ich mir freilich noch nicht genügend überlegt. Ich befinde mich nämlich in einer ganz verzweifelten Situation. Es handelt sich um eine Ehrenschuld, die bis morgen acht Uhr früh beglichen werden muss. Sonst ist eben die Ehre verloren und – was bei unsereinem sonst noch dazugehört.« Und da er nun in ihren Augen eine Spur von Teilnahme glaubte schimmern zu sehen, erzählte er ihr, geradeso wie eine Stunde vorher dem Onkel, doch in gewandteren und bewegteren Worten, die Geschichte der vergangenen Nacht. Sie hörte ihn mit immer deutlicheren Anzeichen des Mitgefühls, ja des Bedauerns an. Und als er geendet, fragte sie mit einem verheißungsvollen Augenaufschlag: »Und ich – ich, Willi, bin das einzige menschliche Wesen auf Erden, an das du dich in dieser Situation wenden konntest?«

Diese Ansprache, insbesondere ihr Du, beglückte ihn. Schon hielt er sich für gerettet. »Wär' ich sonst da?«, fragte er. »Ich habe wirklich keinen andern Menschen.«

Sie schüttelte teilnehmend den Kopf. »Umso peinlicher ist es mir«, erwiderte sie und drückte langsam ihre glimmende Zigarette aus, »dass ich leider nicht in der Lage bin, dir gefällig zu sein. Mein Vermögen ist in verschiedenen Unternehmungen festgelegt. Über nennenswerte Barbeträge verfüge ich niemals. Bedauere wirklich.« Und sie erhob sich von ihrem Sessel, als wäre eine Audienz beendet. Willi, im Tiefsten erschrocken, blieb sitzen. Und zögernd, unbeholfen, fast stotternd, gab er ihr zur Erwägung, ob nicht doch bei dem wahrscheinlich sehr günstigen Stand ihrer geschäftlichen Unternehmungen eine Anleihe aus irgendwelchen Kassenbeständen oder die Inanspruchnahme irgendeines Kredites möglich wäre. Ihre Lippen kräuselten sich ironisch, und seine geschäftliche Naivität nachsichtig belächelnd sagte sie: »Du stellst dir diese Dinge etwas einfacher vor, als sie sind, und offenbar hältst du es für ganz selbstverständlich, dass ich mich in deinem Interesse in irgendeine finanzielle Transaktion einließe, die ich in meinem eigenen nie und nimmer unternähme. Und noch dazu ohne jede Sicherstellung! – Wie komm' ich eigentlich dazu?« Diese letzten Worte klangen nun wieder so freundlich, ja kokett, als sei sie innerlich doch schon bereit nachzugeben und erwarte nur noch ein bittendes, ein beschwörendes Wort aus seinem Mund. Er glaubte es gefunden zu haben und sagte: »Gnädige Frau – Leopoldine – meine Existenz, mein Leben steht auf dem Spiel.«

Sie zuckte leicht zusammen; er spürte, dass er zu weit gegangen war, und fügte leise hinzu: »Bitte um Verzeihung.«

Ihr Blick wurde undurchdringlich, und nach kurzem Schweigen bemerkte sie trocken: »Keineswegs kann ich eine Entscheidung treffen, ohne meinen Advokaten zu Rate gezogen zu haben.« Und da nun sein Auge in neuer Hoffnung zu leuchten begann, mit einer wie abwehrenden Handbewegung: »Ich habe heute ohnehin eine Besprechung mit ihm – um fünf in seiner Kanzlei. Ich will sehen, was sich machen lässt. Jedenfalls rate ich dir, verlass dich nicht darauf, nicht im Geringsten. Denn eine sogenannte Kabinettsfrage werde ich natürlich nicht daraus machen.« Und mit plötzlicher Härte fügte sie hinzu: »Ich wüsste wirklich nicht, warum.« Dann aber lächelte sie wieder und reichte ihm die Hand. Nun erlaubte sie ihm auch, einen Kuss darauf zu drücken.

»Und wann darf ich mir die Antwort holen?«

Sie schien eine Weile nachzudenken: »Wo wohnst du?«

»Alserkaserne«, erwiderte er rasch, »Offizierstrakt, dritte Stiege, Zimmer vier.«

Sie lächelte kaum. Dann sagte sie langsam: »Um sieben, halb acht werd' ich jedenfalls schon wissen, ob ich in der Lage bin oder nicht – –« überlegte wieder eine Weile und schloss mit Entschiedenheit: »Ich werde dir die Antwort zwischen sieben und acht durch eine Vertrauensperson übermitteln lassen.« Sie öffnete ihm die Tür und geleitete ihn in den Vorraum. »Adieu, Herr Leutnant.«

»Auf Wiedersehn«, erwiderte er betroffen. Ihr Blick war kalt und fremd. Und als das Dienstmädchen dem Herrn Leutnant die Tür ins Stiegenhaus auftat, war Frau Leopoldine Wilram schon in ihrem Zimmer verschwunden.

XII

Während der kurzen Zeit, die Willi bei Leopoldine verbracht hatte, war er durch so wechselnde Stimmungen der Entmutigung, der Hoffnung, der Geborgenheit und neuer Enttäuschung gegangen, dass er die Treppe wie benommen hinabstieg. Im Freien erst gewann er einige Klarheit wieder, und nun schien ihm seine Angelegenheit im Ganzen nicht ungünstig zu stehen. Dass Leopoldine, wenn sie nur wollte, in der Lage war, sich für ihn das Geld zu verschaffen, war zweifellos; dass es in ihrer Macht lag, ihren Rechtsanwalt zu bestimmen, wie es ihr beliebte, dafür war ihr ganzes Wesen Beweis genug; – dass endlich in ihrem Herzen noch etwas für ihn sprach –, dieses Gefühl wirkte so stark in Willi nach, dass er sich, im Geist eine lange Frist überspringend, plötzlich als Gatten der verwitweten Frau Leopoldine Wilram, nunmehriger Frau Majorin Kasda, zu erblicken glaubte.

Doch dieses Traumbild verblasste bald, während er in Sommermittagsschwüle durch mäßig belebte Gassen eigentlich ziellos dem Ring zu spazierte. Er erinnerte sich nun wieder des unerfreulichen Büroraums, in dem sie ihn empfangen hatte; und ihr Bild, um das eine Weile hindurch eine gewisse weibliche Anmut geflossen war, nahm wieder den harten, beinahe strengen Ausdruck an, der ihn in manchen Momenten eingeschüchtert hatte. Doch wie immer es kommen sollte, noch viele Stunden der Ungewissheit lagen vor ihm; und auf irgendeine Weise mussten sie hingebracht werden. Es kam ihm der Einfall, sich, wie man das so nennt, einen »guten Tag« zu machen, und wenn – ja *gerade* wenn es der letzte wäre. Er entschloss sich, das Mittagessen in einem vornehmen Hotelrestaurant einzunehmen, wo er seinerzeit ein paarmal mit dem Onkel gespeist hatte, ließ sich in einer kühlen, dämmerigen Ecke eine vortreffliche Mahlzeit servieren, trank eine Flasche herbsüßen ungarischen Weins dazu und geriet allmählich in einen Zustand von Behaglichkeit, gegen den er sich nicht zu wehren vermochte. Mit einer guten Zigarre saß er noch geraume Zeit, der einzige Gast, in der Ecke des Samtdiwans, duselte vor sich hin, und als ihm der Kellner echte ägyptische Zigaretten zum Kauf anbot, nahm er gleich eine ganze Schachtel; es war ja alles egal, schlimmstenfalls vererbte er sie seinem Burschen.

Als er wieder auf die Straße trat, war ihm nicht anders zumute, als wenn ihm ein einigermaßen bedenkliches, aber doch im Wesentlichen interessantes Abenteuer bevorstünde, etwa ein Duell. Und er erinnerte sich eines Abends, einer halben Nacht, die er vor zwei Jahren mit einem Kameraden verbracht hatte, der am nächsten Morgen auf Pistolen antreten sollte; – zuerst in Gesellschaft von ein paar weiblichen Wesen, dann mit ihm allein unter ernsten, gewissermaßen philosophischen Gesprächen. Ja, so ähnlich musste dem damals zumute gewesen sein; und dass die Sache damals gut ausgegangen war, erschien Willi wie eine günstige Vorbedeutung.

Er schlenderte über den Ring, ein junger, nicht übermäßig eleganter Offizier, aber schlank gewachsen, leidlich hübsch, und den jungen Damen aus verschiedensten Kreisen, die ihm begegneten, wie er an manchem Augenaufschlag bemerkte, ein nicht unerfreulicher Anblick. Vor einem Kaffeehaus im Freien trank er einen Mokka, rauchte Zigaretten, blätterte in illustrierten Zeitungen, musterte die Vorübergehenden, ohne sie eigentlich zu sehen; und allmählich erst, ungern, aber mit Notwendigkeit erwachte er zum klaren Bewusstsein der Wirklichkeit. Es war fünf Uhr. Unaufhaltsam, wenn auch allzu langsam, schritt der Nachmittag weiter vor; nun war es wohl das klügste, sich nach Hause zu begeben und eine Weile der Ruhe zu pflegen, soweit das möglich war. Er nahm die Pferdebahn, stieg vor der Kaserne aus, und ohne irgendwelche unwillkommene Begegnung gelangte er über den Hof zu seinem Quartier. Joseph war im Vorzimmer beschäftigt, die Garderobe des Herrn Leutnant in Ordnung zu bringen, meldete gehorsamst, dass sich nichts Neues ereignet habe, nur – der Herr von Bogner sei da gewesen, schon am Vormittag, und habe seine Visitenkarte dagelassen. »Was brauch' ich dem seine Karten«, sagte Willi unwirsch. Die Karte lag auf dem Tisch, Bogner hatte seine Privatadresse darauf geschrieben: Piaristengasse zwanzig. Gar nicht weit, dachte Willi. Was geht das mich übrigens an, ob er nah oder weit wohnt, der Narr. Wie ein Gläubiger lief er ihm nach – der zudringliche Kerl. Willi war nah daran, die Karte zu zerreißen, dann überlegte er sich's doch –, warf sie nachlässig auf die Kommode hin und wandte sich wieder an den Burschen: Am Abend zwischen sieben und acht würde jemand nach ihm, nach dem Herrn Leutnant Kasda fragen, ein Herr, vielleicht ein Herr mit einer Dame, möglicherweise auch eine Dame allein. »Verstanden?« – »Jawohl, Herr Leutnant.« Willi schloss die Tür hinter sich, streckte sich auf das Sofa hin, das etwas zu kurz war, sodass seine Füße über die niedere Lehne herabbaumelten, und sank in den Schlaf wie in einen Abgrund.

XIII

Es dämmerte schon, als er durch ein unbestimmtes Geräusch erwachte, die Augen aufschlug und eine junge Dame in einem blau-weiß getupften Sommerkleid vor sich stehen sah. Schlaftrunken noch erhob er sich, sah, dass mit einem etwas ängstlichen Blick, wie schuldbewusst, sein Bursche hinter der jungen Dame stand, und schon vernahm er Leopoldinens Stimme. »Verzeihen Sie, Herr Leutnant, dass ich Ihrem – Herrn Burschen nicht erlaubt habe, mich anzumelden, aber ich habe lieber gewartet, bis Sie von selbst aufwachen.«

Wie lang mag sie schon dastehen, dachte Willi, und was ist denn das für eine Stimme? Und wie sieht sie aus? Das ist doch eine ganz andere als die von Vormittag. Sicher hat sie das Geld mitgebracht. Er winkte dem Burschen ab, der gleich verschwand. Und zu Leopoldine gewendet: »Also, gnädige Frau bemühen sich selbst – ich bin sehr glücklich. Bitte, gnädige Frau –« Und er lud sie ein, Platz zu nehmen.

Sie ließ einen hellen, beinahe fröhlichen Blick im Zimmer herumgehen und schien mit dem Raum durchaus einverstanden. In der Hand hielt sie einen weiß-blau gestreiften Schirm, der ihrem blauen, weiß getupften Foulardkleid vortrefflich angepasst war. Sie trug einen Strohhut von nicht ganz moderner Fasson, breitrandig, nach Florentiner Art, mit herabhängenden, künstlichen Kirschen. »Sehr hübsch haben Sie's da, Herr Leutnant«, sagte sie, und die Kirschen schaukelten an ihrem Ohr hin und her. »Ich habe mir gar nicht vorgestellt, dass Zimmer in einer Kaserne so behaglich und nett ausschauen können.« – »Es sind nicht alle gleich«, bemerkte Willi mit einiger Genugtuung. Und sie ergänzte lächelnd: »Es wird wohl im Allgemeinen auf den Bewohner ankommen.«

Willi, verlegen und froh erregt, rückte Bücher auf dem Tisch zurecht, schloss den schmalen Schrank ab, dessen Tür ein wenig geklafft hatte, und plötzlich bot er Leopoldine aus der im Hotel gekauften Schachtel eine Zigarette an. Sie lehnte ab, ließ sich aber leicht in die Ecke des Diwans sinken. Entzückend sieht sie aus, dachte Willi. Eigentlich wie eine Frau aus guten, bürgerlichen Kreisen. Sie erinnerte so wenig an die Geschäftsdame von heute Vormittag als an den Wuschelkopf von einst. Wo mochte sie nur die elftausend Gulden haben? Als erriete sie seine Gedanken, sah sie lächelnd, spitzbübisch beinahe zu ihm auf und fragte dann scheinbar harmlos: »Wie leben Sie denn immer, Herr Leutnant?« Und da Willi mit der Antwort auf ihre doch gar zu allgemein gehaltene Frage zögerte, erkundigte sie sich im Einzelnen, ob sein Dienst leicht oder schwer sei, ob er bald avancieren werde, wie er mit seinen Vorgesetzten stehe und ob er oft Ausflüge in die Umgegend unternehme, wie zum Beispiel am vorigen Sonntag. Willi entgegnete, mit dem Dienst sei es bald so, bald so, über seine Vorgesetzten habe er sich im Allgemeinen nicht zu beklagen, insbesondere der Oberstleutnant Wositzky sei sehr nett zu ihm, ein Avancement sei vor drei Jahren nicht zu erwarten, zu Ausflügen habe er natürlich wenig Zeit, wie sich die gnädige Frau denken könne, nur eben an Sonntagen – wozu er einen leichten Seufzer vernehmen ließ. Leopoldine bemerkte darauf, den Blick freundlich zu ihm erhoben – denn er stand noch immer durch den Tisch von ihr getrennt ihr gegenüber –, sie hoffe, dass er seine Abende auch nützlicher zu verwenden wisse als am Kartentisch. Und nun hätte sie wohl ungezwungen anknüpfen können: Ja, richtig, Herr Leutnants dass ich nicht vergesse, hier, die Kleinigkeit, um die Sie mich heute Morgen angingen – – Aber kein Wort, keine Bewegung, die so zu deuten war. Sie sah immer nur lächelnd, wohlgefällig zu ihm auf, und ihm blieb nichts anderes übrig, als die Unterhaltung mit ihr weiterzuführen, so gut es ging. So erzählte er von der sympathischen Familie Keßner und der schönen Villa, in der sie wohnten, von dem dummen Schauspieler Elrief, von dem geschminkten Fräulein Rihoscheck und von der nächtlichen Fiakerfahrt nach Wien. »In netter Gesellschaft, hoffentlich«, meinte sie. Oh, keineswegs, er sei mit einem seiner Spielpartner hereingefahren. Nun erkundigte sie sich scherzhaft, ob das Fräulein Keßner blond oder braun oder schwarz sei. Das wisse er selbst nicht genau, antwortete er. Und sein Ton verriet absichtsvoll, dass es in seinem Leben keinerlei Herzenssachen von irgendwelcher Bedeutung gäbe. »Ich glaube überhaupt, gnädige Frau, Sie stellen sich mein Leben ganz anders vor, als es ist.« Teilnahmsvoll, die Lippen halb geöffnet, sah sie zu ihm auf. »Wenn man nicht so allein wär'«, fügte er hinzu, »könnten einem so fatale Dinge wohl nicht passieren.« Sie hatte einen unschuldig-fragenden Augenaufschlag, als verstünde sie nicht recht, dann nickte sie ernst, aber auch jetzt benützte sie die Gelegenheit nicht; und statt von dem Geld zu reden, das sie doch jedenfalls mitgebracht hatte, oder einfacher noch, ohne viel Worte, die Banknoten auf den Tisch zu legen, bemerkte sie: »Alleinsein und Alleinsein, das ist zweierlei.« – »Das stimmt«, sagte er. Und da sie darauf nur verständnisvoll nickte und es ihm immer nur banger wurde, wenn die Unterhaltung stockte, entschloss er sich zu der Frage, wie es ihr denn immer gegangen sei, ob sie viel Schönes erlebt habe; und er vermied es, des älteren Herrn Erwähnung zu tun, mit dem sie verheiratet und der sein Onkel war, ebenso wie er es unterließ, vom Hornig zu reden oder gar von einem gewissen Hotelzimmer mit schadhaften Jalousien und rotdurchschimmerten Kissen. Es war ein Gespräch zwischen einem nicht sonderlich gewandten Leutnant und einer hübschen, jungen Frau der bürgerlichen Gesellschaft, die beide wohl allerlei voneinander wussten – recht verfängliche Dinge einer von dem anderen –, die aber beide ihre Gründe haben mochten, an diese Dinge lieber nicht zu rühren, und wäre es auch nur aus dem Grunde, um die Stimmung nicht zu gefährden, die nicht ohne Reiz, ja nicht ohne Verheißungen war. Leopoldine hatte ihren Florentiner Hut abgenommen und vor sich hin auf den Tisch gelegt. Sie trug wohl noch die glatte Frisur von heute Morgen, aber seitlich hatten sich ein paar Locken gelöst und fielen geringelt über die Schläfe hin, was nun ganz von ferne den einstigen Wuschelkopf in Erinnerung brachte.

Es dunkelte immer tiefer. Willi überlegte eben, ob er die Lampe anzünden sollte, die in der Nische des weißen Kachelofens stand; in diesem Augenblick griff Leopoldine wieder nach ihrem Hut. Es sah zuerst aus, als hätte das weiter keine Bedeutung, denn sie war indes in die Erzählung von einem Ausflug geraten, der sie voriges Jahr über Mödling, Lilienfeld, Heiligenkreuz gerade nach Baden geführt hatte, aber plötzlich setzte sie den Florentiner Hut auf, steckte ihn fest, und mit einem höflichen Lächeln bemerkte sie, dass es nun an der Zeit für sie sei, sich zu empfehlen. Auch Willi lächelte; aber es war ein unsicheres, fast erschrockenes Lächeln, das um seine Lippen irrte. Hielt sie ihn zum Besten? Oder wollte sie sich nur an seiner Unruhe, an seiner Angst weiden, um ihn endlich im letzten Augenblick mit der Kunde zu beglücken, dass sie das Geld mitgebracht habe? Oder war sie nur gekommen, um sich zu entschuldigen, dass es ihr nicht möglich gewesen war, den gewünschten Betrag für ihn flüssig zu machen? und fand nur die rechten Worte nicht, ihm das zu sagen? Jedenfalls aber, das war unverkennbar, es war ihr ernst mit der Absicht zu gehen; und ihm in seiner Hilflosigkeit blieb nichts übrig, als Haltung zu bewahren, sich zu betragen wie ein galanter junger Mann, der den erfreulichen Besuch einer schönen, jungen Frau erhalten und sich unmöglich darein finden konnte, sie mitten in der besten Unterhaltung einfach gehen zu lassen. »Warum wollen Sie denn schon fort?«, fragte er im Ton eines enttäuschten Liebhabers. Und dringender: »Sie werden doch nicht wirklich schon fort wollen, Leopoldine?« – »Es ist spät«, erwiderte sie. Und leicht scherzend fügte sie hinzu: »Du wirst wohl auch etwas Gescheiteres vor haben an einem so schönen Sommerabend?«

Er atmete auf, da sie ihn nun plötzlich wieder mit dem vertrauten Du ansprach; und es war ihm schwer, eine neu aufsteigende Hoffnung nicht zu verraten. Nein, er habe nicht das Geringste vor, sagte er, und selten hatte er etwas mit gleich gutem Gewissen beteuern können. Sie zierte sich ein wenig, behielt den Hut vorerst noch auf dem Kopf, trat zu dem offenen Fenster hin und blickte wie mit plötzlich erwachtem Interesse in den Kasernenhof hinab. Dort gab es freilich nicht viel zu sehen: drüben vor der Kantine, um einen langen Tisch, saßen Soldaten; ein Offiziersbursche, ein verschnürtes Paket unter dem Arm, eilte quer durch den Hof, ein anderer schob ein Wägelchen mit einem Fass Bier der Kantine zu, zwei Offiziere spazierten plaudernd dem Tore zu. Willi stand neben Leopoldine, ein wenig hinter ihr, ihr blau-weiß getupftes Foulardkleid rauschte leise, ihr linker Arm hing schlaff herab, die Hand blieb erst unbeweglich, als die seine sie berührte; allmählich aber glitten ihre Finger leicht zwischen die seinen. Aus einem Mannschaftszimmer gegenüber, dessen Fenster weit offen standen, drangen melancholisch die Übungsläufe einer Trompete. Schweigen.

»Ein bissl traurig ist es da«, meinte Leopoldine endlich. – »Findst du?« Und da sie nickte, sagte er: »Es müsste aber gar nicht traurig sein.« Sie wandte langsam den Kopf nach ihm um. Er hätte erwartet, ein Lächeln um ihre Lippen zu sehen, doch er gewahrte einen zarten, fast schwermütigen Zug. Plötzlich aber reckte sie sich und sagte: »Jetzt ist es aber wirklich höchste Zeit, meine Marie wird schon mit dem Nachtmahl warten.« – »Haben Gnädigste die Marie noch nie warten lassen?« Und da sie ihn darauf lächelnd ansah, wurde er kühner und fragte sie, ob sie ihm nicht die Freude bereiten und bei ihm zu Abend essen möchte. Er werde den Burschen hinüberschicken in den Riedhof, sie könne ganz leicht noch vor zehn zu Hause sein. Ihre Einwendungen klangen so wenig ernsthaft, dass Willi ohne Weiteres ins Vorzimmer eilte, rasch seinem Burschen die zweckdienlichen Aufträge erteilte und gleich wieder bei Leopoldine war, die, noch immer am Fenster stehend, eben mit einem lebhaften Schwung den Florentiner Hut über den Tisch auf das Bett fliegen ließ. Und von diesem Augenblick an schien sie eine andere geworden. Sie strich Willi lachend über den glatten Scheitel, er fasste sie um die Mitte und zog sie neben sich auf das Sofa. Doch als er sie küssen wollte, wandte sie sich heftig ab, er unterließ weitere Versuche und stellte nun die Frage an sie, wie sie denn eigentlich ihre Abende zu verbringen pflege. Sie sah ihm ernsthaft ins Auge. »Ich hab' ja tagsüber so viel zu tun«, sagte sie, »und ich bin ganz froh, wenn ich am Abend meine Ruh' hab' und keinen Menschen seh'.« Er gestand ihr, dass er sich von ihren Geschäften eigentlich keinen rechten Begriff zu machen vermöge; und rätselhaft erschiene es ihm, dass sie überhaupt in diese Art von Existenz geraten sei. Sie wehrte ab. Von solchen Dingen verstünde er ja doch nichts. Er gab nicht gleich nach, sie solle ihm doch wenigstens etwas von ihrem Lebenslauf erzählen, nicht alles natürlich, das könne er nicht verlangen, aber er möchte doch gern so ungefähr wissen, was sie erlebt seit dem Tage, da – da sie einander zum letzten Mal gesehen. Noch mancherlei wollte sich auf seine Lippen drängen, auch der Name seines Onkels, aber irgendetwas hielt ihn zurück, ihn auszusprechen. Und er fragte sie nur unvermittelt, fast überstürzt, ob sie glücklich sei.

Sie blickte vor sich hin. »Ich glaub' schon«, erwiderte sie dann leise. »Vor allem bin ich ein freier Mensch, das hab' ich mir immer am meisten gewünscht, bin von niemandem abhängig, wie – ein Mann.«

»Das ist aber Gott sei Dank das Einzige«, sagte Willi, »was du von einem Mann an dir hast.« Er rückte näher an sie, wurde zärtlich. Sie ließ ihn gewähren, doch wie zerstreut. Und als draußen die Türe ging, rückte sie rasch von ihm fort, stand auf, nahm die Lampe aus der Ofennische und machte Licht. Joseph trat mit dem Essen ein. Leopoldine nahm in Augenschein, was er mitgebracht, nickte zustimmend. »Herr Leutnant müssen einige Erfahrung haben«, bemerkte sie lächelnd. Dann deckte sie gemeinsam mit Joseph den Tisch, gestattete nicht, dass Willi mit Hand anlegte; er blieb auf dem Sofa sitzen, »wie ein Pascha« bemerkte er, und rauchte eine Zigarette. Als alles in Ordnung war und das Vorgericht auf dem Tische stand, wurde Joseph für heute entlassen. Ehe er ging, drückte ihm Leopoldine ein so reichliches Trinkgeld in die Hand, dass er vor Staunen fassungslos war und ehrerbietigst salutierte wie vor einem General.

»Dein Wohl«, sagte Willi und stieß mit Leopoldine an. Beide leerten ihre Gläser, sie stellte das ihre klirrend hin und presste ihre Lippen heftig an Willis Mund. Als er nun stürmischer wurde, schob sie ihn von sich fort, bemerkte: »Zuerst wird soupiert« und wechselte die Teller.

Sie aß, wie gesunde Geschöpfe zu essen pflegen, die ihr Tagewerk vollbracht haben und es sich nach getaner Arbeit gut schmecken lassen, aß, mit weißen, kraftvollen Zähnen, dabei doch recht fein und manierlich, in der Art von Damen, die immerhin schon manchmal in vornehmen Restaurants mit feinen Herren soupiert haben. Die Weinflasche war bald geleert, und es traf sich gut, dass der Herr Leutnant sich rechtzeitig erinnerte, eine halbe Flasche französischen Kognak, weiß Gott von welcher Gelegenheit her, im Schrank stehen zu haben. Nach dem zweiten Glas schien Leopoldine ein wenig schläfrig zu werden. Sie lehnte sich in die Ecke des Diwans zurück, und als Willi sich über ihre Stirn beugte, ihre Augen, ihre Lippen, ihren Hals küsste, flüsterte sie hingegeben, schon wie aus einem Traum, seinen Namen.

XIV

Als Willi erwachte, dämmerte es, und kühle Morgenluft wehte durch das Fenster herein. Leopoldine aber stand mitten im Zimmer, völlig angekleidet, den Florentiner Hut auf der Frisur, den Schirm in der Hand. Herrgott, muss ich fest geschlafen haben, war Willis erster Gedanke, und sein zweiter: Wo ist das Geld? Da stand sie mit Hut und Schirm, offenbar bereit, in der nächsten Sekunde den Raum zu verlassen. Sie nickte dem Erwachenden einen Morgengruß zu. Da streckte er, wie sehnsüchtig, die Arme nach ihr aus. Sie trat näher, setzte sich zu ihm aufs Bett, mit freundlicher, aber ernster Stirn. Und als er die Arme um sie schlingen, sie an sich ziehen wollte, deutete sie auf ihren Hut, auf ihren Schirm, den sie, fast wie eine Waffe, in der Hand hielt, schüttelte den

Kopf: »Keine Dummheiten mehr«, und versuchte, sich zu erheben. – Er ließ es nicht zu. »Du willst doch nicht gehen?«, fragte er mit umflorter Stimme.

»Gewiss will ich«, sagte sie und strich ihm schwesterlich übers Haar. »Ein paar Stunden möchte ich mich ordentlich ausruhen, um neun habe ich eine wichtige Konferenz.«

Es ging ihm durch den Sinn, dass dies vielleicht eine Konferenz – wie das Wort klang! – in seiner Angelegenheit sein könne –, die Beratung mit dem Advokaten, zu der sie gestern offenbar keine Zeit mehr gefunden. Und in seiner Ungeduld fragte er sie geradezu: »Eine Besprechung mit deinem Anwalt?« – »Nein«, erwiderte sie unbefangen, »ich erwarte einen Geschäftsfreund aus Prag.« Sie beugte sich zu ihm herab, strich ihm den kleinen Schnurrbart von den Lippen zurück, küsste ihn flüchtig, flüsterte »Adieu« und erhob sich. In der nächsten Sekunde konnte sie bei der Tür draußen sein. Willi stand das Herz still. Sie wollte fort? So wollte sie fort?! Doch eine neue Hoffnung wachte in ihm auf. Vielleicht hatte sie, aus Diskretion gewissermaßen, das Geld unbemerkt irgendwohin gelegt. Ängstlich, unruhig irrte sein Blick im Zimmer hin und her – über den Tisch, zur Nische des Ofens. – Oder hatte sie es vielleicht, während er schlief, unter die Kissen verborgen? Unwillkürlich griff er hin. Nichts. Oder in sein Portemonnaie gesteckt, das neben seiner Taschenuhr lag? Wenn er nur nachsehen könnte! Und zugleich fühlte, wusste, sah er, wie sie immer seinem Blick, seinen Bewegungen gefolgt war, mit Spott, wenn nicht gar mit Schadenfreude. Den Bruchteil einer Sekunde nur traf sein Blick sich mit dem ihren. Er wandte den seinen ab wie ertappt – da war sie auch schon an der Tür und hatte die Klinke in der Hand. Er wollte ihren Namen rufen, seine Stimme versagte wie unter einem Albdruck, wollte aus dem Bett springen, zu ihr hin stürzen, sie zurückhalten; ja, er fühlte sich bereit, ihr über die Treppe nachzulaufen, im Hemd – geradeso – er sah das Bild vor sich –, wie er in einem Provinzbordell vor vielen Jahren einmal eine Dirne einem Herrn hatte nachlaufen sehen, der ihr den Liebeslohn schuldig geblieben war …; sie aber, als hätte sie von seinen Lippen ihren Namen vernommen, den er doch gar nicht ausgesprochen, ohne nur die Klinke aus der Hand zu lassen, griff mit der andern in den Ausschnitt ihres Kleides. »Bald hätt' ich vergessen«, sagte sie beiläufig, trat nun näher, ließ eine Banknote auf den Tisch gleiten – »da« – und war schon wieder bei der Tür.

Willi, mit einem Ruck, saß auf dem Rand des Bettes und starrte auf die Banknote hin. Es war nur eine, ein Tausender; Banknoten von höherem Wert gab es nicht, so konnte es nur ein Tausender sein. »Leopoldine«, rief er mit einer fremden Stimme. Doch als sie sich daraufhin nach ihm umwandte, immer die Türklinke in der Hand, mit etwas verwundertem, eiskaltem Blick, überfiel ihn eine Scham, so tief, so peinigend, wie er sie niemals in seinem Leben verspürt hatte. Aber nun war es zu spät, er musste weiter, wohin immer, in welche Schmach er noch geriete. Und unaufhaltsam stürzte es von seinen Lippen:

»Das ist ja zu wenig, Leopoldine, nicht um tausend, du hast mich gestern wahrscheinlich missverstanden, um *elftausend* habe ich dich gebeten.« Und unwillkürlich unter ihrem immer eisigeren Blick zog er die Bettdecke über seine nackten Beine.

Sie sah ihn an, als verstünde sie nicht recht. Dann nickte sie ein paarmal, als werde ihr jetzt erst alles klar: »Ah so«, sagte sie, »du hast gedacht …« Und mit einer verächtlich-flüchtigen Kopfwendung zu der Banknote hin: »Darauf hat das keinen Bezug. Die tausend Gulden, die sind nicht geliehen, die gehören dir – für die vergangene Nacht.« Und zwischen ihren halb geöffneten Lippen, ihren blitzenden Zähnen spielte ihre feuchte Zunge hin und her.

Die Decke glitt von Willis Füßen. Aufrecht stand er da, das Blut stieg ihm brennend in Augen und Stirn. Unbewegt, wie neugierig, blickte sie ihn an. Und da er nicht vermochte, ein Wort herauszubringen – wie fragend: »Ist doch nicht zu wenig? Was hast du dir denn eigentlich vorgestellt? Tausend Gulden! – Von dir hab' ich damals nur zehn gekriegt, weißt noch?« Er machte ein paar Schritt auf sie zu. Leopoldine blieb ruhig an der Türe stehen. Nun griff er mit einer plötzlichen Bewegung nach der Banknote, zerknitterte sie, seine Finger bebten, es war, als wollte er ihr das Geld vor die Füße werfen. Da ließ sie die Klinke los, trat ihm gegenüber, blieb Aug' in Aug' mit ihm stehen. »Das soll kein Vorwurf sein«, sagte sie. »Ich hab' ja auf mehr nicht Anspruch gehabt damals. Zehn Gulden – war ja genug, zu viel sogar.« Und das Auge noch tiefer in das seine: »Wenn man's genau nimmt, gerade um zehn Gulden zu viel.«

Er starrte sie an, senkte den Blick, begann zu verstehen. »Das hab' ich nicht wissen können«, kam es tonlos von seinen Lippen. – »Hätt'st schon«, entgegnete sie, »war nicht so schwer.«

Er hob langsam wieder den Blick; und nun, in der Tiefe ihrer Augen, gewahrte er einen seltsamen Schimmer: der gleiche kindlich-holde Schimmer war darin, der ihm auch in jener längst verflossenen Nacht aus ihren Augen erglänzt war. Und neu lebendig stieg Erinnerung in ihm auf – nicht an die Lust nur, die sie ihm gegeben, wie manche andere vor ihr, manche nach ihr – und an die schmeichelnden Koseworte, wie er sie von anderen auch gehört; – auch der wundersamen, niemals sonst erlebten Hingegebenheit erinnerte er sich nun, mit der sie die schmalen Kinderarme um seinen Hals geschlungen, und verklungene Worte tönten in ihm auf, – der Klang und die Worte selbst, wie er sie von keiner andern je vernommen hatte: »Lass mich nicht allein, ich hab' dich lieb.« All dies Vergessene, nun wusste er es wieder. Und geradeso, wie *sie* es heute getan – auch das wusste er nun –, unbekümmert, gedankenlos, während sie noch in süßer Ermattung zu schlummern schien, hatte *er* sich damals von ihrer Seite erhoben, nach flüchtiger Erwägung, ob es nicht auch mit einer kleineren Note getan wäre, nobel einen Zehnguldenschein auf das Nachttischchen hingelegt; – dann, in der Tür schon den schlaftrunkenen und doch bangen Blick der langsam Erwachenden auf sich fühlend, hatte er sich eilig davongemacht, um sich in der Kaserne noch für ein paar Stunden ins Bett zu strecken; und in der Frühe, vor Antritt des Dienstes noch, war das kleine Blumenmädel vom Hornig vergessen.

Indessen aber, während jene längst verflossene Nacht in ihm so unbegreiflich lebendig ward, erlosch allmählich der kindlich-holde Schimmer in Leopoldinens Auge wieder. Kalt, grau, fern starrte es in das seine, und in dem Maße, da nun auch das Bild jener Nacht in ihm verblasste, stieg Abwehr, Zorn, Erbitterung in ihm auf. Was fiel ihr ein? Was nahm sie sich heraus gegen ihn? Wie durfte sie sich anstellen, als glaubte sie wirklich, dass er für Geld sich ihr angeboten? Ihn behandeln wie einen Zuhälter, der sich seine Gunst bezahlen ließ? Und fügte solchem unerhörten Schimpf noch den frechsten Hohn hinzu, indem sie wie ein von den Liebeskünsten einer Dirne enttäuschter Lüstling einen Preis heruntersetzte, der ausbedungen war? Als zweifelte sie nur im Geringsten daran, dass er auch die ganzen elftausend Gulden ihr vor die Füße geschmissen; wenn sie es gewagt hatte, sie ihm als Liebessold anzubieten!

Doch während das Schmähwort, das ihr gebührte, den Weg auf seine Lippen suchte, während er die Faust erhob, als wollte er sie auf die Elende herniedersausen lassen, zerfloss das Wort ihm ungesprochen auf der Zunge, und seine Hand sank langsam wieder herab. Denn plötzlich wusste er, – und hatte er es nicht früher schon geahnt? – dass er auch bereit gewesen war, sich zu *verkaufen*. Und nicht ihr allein, auch irgendeiner andern, *jeder*, die ihm die Summe geboten, die ihn retten konnte; – und so – in all dem grausamen und tückischen Unrecht, das ein böses Weib ihm zugefügt –, auf dem Grunde seiner Seele, so sehr er sich dagegen wehrte, begann er eine verborgene und doch unentrinnbare Gerechtigkeit zu verspüren, die sich über das trübselige Abenteuer hinaus, in das er verstrickt war, an sein tiefstes Wesen wandte.

Er blickte auf, er sah rings um sich, es war ihm, als erwache er aus einem wirren Traum. Leopoldine war fort. Er hatte die Lippen noch nicht aufgetan –, und sie war fort. Kaum fasste er, wie sie aus dem Zimmer so plötzlich – so unbemerkt hatte verschwinden können. Er fühlte die zerknitterte Banknote in der immer noch zusammengekrampften Hand, stürzte zum Fenster hin, riss es auf, als wollte er ihr den Tausender nachschleudern. Dort ging sie. Er wollte rufen; doch sie war weit. Längs der Mauer ging sie hin in wiegendem, vergnügtem Schritt, den Schirm in der Hand, mit wippendem Florentiner Hut – ging hin, als käme sie aus irgendeiner Liebesnacht, wie sie wohl schon aus hundert anderen gekommen war. Sie war am Tor. Der Posten salutierte wie vor einer Respektsperson, und sie verschwand.

Willi schloss das Fenster und trat ins Zimmer zurück, sein Blick fiel auf das zerknüllte Bett, auf den Tisch mit den Resten des Mahls, den geleerten Gläsern und Flaschen, unwillkürlich öffnete sich seine Hand, und die Banknote entsank ihr. Im Spiegel über der Kommode erblickte er sein Bild – mit wirrem Haar, dunklen Ringen unter den Augen;

er schauderte, unsäglich widerte es ihn an, dass er noch im Hemde war; er griff nach dem Mantel, der am Haken hing, fuhr in die Ärmel, knöpfte zu, schlug den Kragen hoch. Ein paarmal, sinnlos, lief er in dem kleinen Raum auf und ab. Endlich, wie gebannt, blieb er vor der Kommode stehen. In der mittleren Lade, zwischen den Taschentüchern, er wusste es, lag der Revolver. Ja, nun war er so weit. Geradeso weit wie der andere, der es vielleicht schon überstanden hatte. Oder wartete er noch auf ein Wunder? Nun, immerhin, er, Willi, hatte das Seinige getan, und mehr als das. Und in diesem Augenblick war ihm wirklich, als hätte er sich nur um Bogners willen an den Spieltisch gesetzt, nur um Bogners willen so lange das Schicksal versucht, bis er selbst als Opfer gefallen war.

Auf dem Teller mit der angebrochenen Tortenschnitte lag die Banknote, so wie er sie vor einer Weile aus der Hand hatte sinken lassen, und sah nicht einmal mehr sonderlich zerknittert aus. Sie hatte begonnen, sich wieder aufzurollen; – es dauerte gewiss nicht mehr lange, so war sie glatt, völlig glatt wie irgendein anderes reinliches Papier, und niemand würde ihr mehr ansehen, dass sie eigentlich nichts Besseres war, als was man einen Schandlohn und ein Sündengeld zu nennen pflegt. Nun, wie immer, sie gehörte ihm, zu seiner Verlassenschaft: sozusagen. Ein bitteres Lächeln spielte um seine Lippen. Er konnte sie vererben, wem er wollte; und wenn einer darauf Anspruch hatte, Bogner war es mehr als jeder andre. Unwillkürlich lachte er auf. Vortrefflich! Ja, das sollte noch besorgt werden, das in jedem Fall. Hoffentlich hatte Bogner nicht vorzeitig ein Ende gemacht. Für ihn war ja nun das Wunder da! Es kam nur darauf an, es abzuwarten.

Wo blieb nur der Joseph? Er wusste ja, dass heute Ausrückung war. Punkt drei hätte Willi bereit sein müssen, nun war es halb fünf. Das Regiment war jedenfalls längst fort. Er hatte nichts davon gehört, so tief war sein Schlaf gewesen. Er öffnete die Tür in den Vorraum. Da saß er ja, der Bursch, saß auf dem Stockerl neben dem kleinen, eisernen Ofen, und stellte sich stramm: »Melde gehorsamst, Herr Leutnant, ich habe Herrn Leutnant marod gemeldet.«

»Marod? Wer hat Ihnen das g'schafft ... Ah so.« – Leopoldine –! Sie hätte auch gleich den Auftrag geben können, ihn tot zu melden, das wäre einfacher gewesen. – »Gut ist's. Machen S' mir einen Kaffee«, sagte er und schloss die Tür.

Wo war die Visitenkarte nur? Er suchte – er suchte in allen Laden, auf dem Fußboden, in allen Winkeln – suchte, als hinge sein eigenes Leben davon ab. Vergeblich. Er fand sie nicht. – So sollte es eben nicht sein. So hatte Bogner eben auch Unglück, so waren ihre Schicksale doch untrennbar miteinander verbunden. – Da plötzlich, in der Ofennische, sah er es weiß schimmern. Die Karte lag da, die Adresse stand darauf: Piaristengasse zwanzig. Ganz nah. – Und wenn's auch weiter gewesen wäre! – Er hatte also doch Glück, dieser Bogner. Wenn die Karte nun überhaupt nicht zu finden gewesen wäre –?!

Er nahm die Banknote, betrachtete sie lange, ohne sie eigentlich zu sehen, faltete sie, tat sie in ein weißes Blatt, überlegte zuerst, ob er ein paar erklärende Worte schreiben sollte, zuckte die Achseln: »Wozu?« und setzte nur die Adresse aufs Kuvert: Herrn Oberleutnant Otto von Bogner. Oberleutnant – ja! – Er gab ihm die Charge wieder, aus eigener Machtvollkommenheit. Irgendwie blieb man doch immer Offizier – da mochte einer angestellt haben, was er wollte –, oder man *wurde* es doch wieder – wenn man seine Schulden bezahlt hatte.

Er rief den Burschen, gab ihm den Brief zur Bestellung. »Aber tummeln S' sich.«

»Is' eine Antwort, Herr Leutnant?«

»Nein. Sie geben's persönlich ab und – es ist keine Antwort. Und in keinem Fall wecken, wenn Sie zurückkommen. Schlafen lassen. Bis ich von selber aufwach'.«

»Zu Befehl, Herr Leutnant.« Er schlug die Hacken zusammen, machte kehrt und eilte davon. Auf der Stiege hörte er noch, wie der Schlüssel in der Tür hinter ihm sich drehte.

XV

Drei Stunden später läutete es an der Gangtür. Joseph, der längst wieder zurückgekommen und eingenickt war, schrak auf und öffnete. Bogner stand da, dem er befehlsgemäß vor drei Stunden den Brief seines Herrn überbracht hatte.

»Ist der Herr Leutnant zu Hause?«

»Bitt' schön, der Herr Leutnant schlaft noch.«

Bogner sah auf die Uhr. Gleich nach erfolgter Revision, in dem lebhaften Drang, seinem Retter unverzüglich zu danken, hatte er sich für eine Stunde frei gemacht, und er legte Wert darauf, nicht länger auszubleiben. Ungeduldig ging er in dem kleinen Vorraum auf und ab. »Hat der Herr Leutnant keinen Dienst heute?«

»Der Herr Leutnant ist marod.«

Die Tür auf dem Gang stand noch offen, Regimentsarzt Tugut trat ein. »Wohnt hier der Herr Leutnant Kasda?«

»Jawohl, Herr Regimentsarzt.«

»Kann ich ihn sprechen?«

»Herr Regimentsarzt, melde gehorsamst, der Herr Leutnant ist marod. Jetzt schlaft er.«

»Melden S' mich bei ihm, Regimentsarzt Tugut.«

»Bitte gehorsamst, Herr Regimentsarzt, der Herr Leutnant hat befohlen, nicht zu wecken.«

»Es ist dringend. Wecken S' den Herrn Leutnant, auf meine Verantwortung.«

Während Joseph nach unmerklichem Zögern an die Tür pochte, warf Tugut einen misstrauischen Blick auf den Zivilisten, der im Vorraum stand. Bogner stellte sich vor. Der Name des unter peinlichen Umständen verabschiedeten Offiziers war dem Regimentsarzt nicht unbekannt, doch tat er nichts dergleichen und nannte gleichfalls seinen Namen. Von Händedrücken wurde abgesehen.

Im Zimmer des Leutnants Kasda blieb es still. Joseph klopfte stärker, legte das Ohr an die Tür, zuckte die Achseln, und wie beruhigend sagte er: »Herr Leutnant schlaft immer sehr fest.«

Bogner und Tugut sahen einander an, und eine Schranke zwischen ihnen fiel. Dann trat der Regimentsarzt an die Tür und rief Kasdas Namen. Keine Antwort. »Sonderbar«, sagte Tugut mit gerunzelter Stirn, drückte die Klinke nieder – vergeblich.

Joseph stand blass mit weit aufgerissenen Augen.

»Holen S' den Regimentsschlosser, aber g'schwind«, befahl Tugut.

»Zu Befehl, Herr Regimentsarzt.«

Bogner und Tugut waren allein.

»Unbegreiflich«, meinte Bogner.

»Sie sind informiert, Herr – von Bogner?«, fragte Tugut.

»Von dem Spielverlust, meinen Herr Regimentsarzt?« Und auf Tuguts Nicken: »Allerdings.«

»Ich wollte sehen, wie die Angelegenheit steht«, begann Tugut zögernd. – »Ob es ihm gelungen ist, sich die Summe – wissen Sie etwa, Herr von Bogner –?«

»Mir ist nichts bekannt«, erwiderte Bogner.

Wieder trat Tugut an die Tür, rüttelte, rief Kasdas Namen. Keine Antwort.

Bogner, vom Fenster aus: »Dort kommt schon der Joseph mit dem Schlosser.«

»Sie waren sein Kamerad?«, fragte Tugut.

Bogner, mit einem Zucken der Mundwinkel: »Ich bin schon *der.*«

Tugut nahm von der Bemerkung keine Notiz. »Es kommt ja vor, dass nach großen Aufregungen«, begann er wieder, – »es ist ja anzunehmen, dass er auch in der vergangenen Nacht nicht geschlafen hat.«

»Gestern Vormittag«, bemerkte Bogner sachlich, »hatte er das Geld jedenfalls noch nicht beisammen.«

Tugut, als hielte er es für denkbar, dass Bogner vielleicht einen Teil der Summe mitbrächte, sah ihn fragend an, und wie zur Antwort sagte dieser: »Mir ist es leider nicht gelungen ... den Betrag zu beschaffen.«

Joseph erschien, zugleich der Regimentsschlosser, ein wohlgenährter, rotbäckiger, ganz junger Mensch, in der Uniform des Regiments, mit den nötigen Werkzeugen. Noch einmal klopfte Tugut heftig an die Tür – ein letzter Versuch, sie standen alle ein paar Sekunden mit angehaltenem Atem, nichts rührte sich.

»Also«, wandte sich Tugut mit einer befehlenden Geste an den Schlosser, der sich sofort an seine Arbeit machte. Die Mühe war gering. Nach wenigen Sekunden sprang die Tür auf. Der Leutnant Kasda, im Mantel mir hochgestelltem Kragen, lehnte in der dem Fenster zugewandten Ecke des schwarzen Lederdiwans, die Lider halb geschlossen, den Kopf auf die Brust gesunken, schlaff hing der rechte Arm über die Lehne, der Revolver lag auf dem Fußboden, von der Schläfe über die Wange sickerte ein schmaler Streifen dunkelroten Bluts, der sich zwischen Hals und Kragen verlor. So gefasst sie alle gewesen waren, es erschütterte sie sehr. Der Regimentsarzt als erster trat näher, griff nach dem herunterhängenden Arm, hob ihn in die Höhe, ließ ihn los, und sofort hing er wieder wie früher schlaff über die Lehne herab. Dann knöpfte Tugut zum Überfluss noch Kasdas Mantel auf, das zerknitterte Hemd darunter stand weit offen. Bogner bückte sich unwillkürlich, um den Revolver aufzuheben. »Halt!«, rief Tugut, das Ohr an der nackten Brust des Toten. »Alles hat zu bleiben, wie es war.«

Joseph und der Schlosser standen noch immer regungslos an der offenen Tür, der Schlosser zuckte die Achseln und warf einen verlegen-bangen Blick auf Joseph, als fühlte er sich mitverantwortlich für den Anblick, der sich hinter der von ihm aufgesprengten Tür geboten.

Schritte näherten sich von unten, langsam zuerst, dann immer rascher, bis sie stille standen. Bogners Blick wandte sich unwillkürlich dem Ausgang zu. Ein alter Herr erschien in der angelehnten Tür in hellem, etwas abgetragenem Sommeranzug, mit der Miene eines vergrämten Schauspielers, und ließ das Auge unsicher in der Runde schweifen.

»Herr Wilram«, rief Bogner. »Sein Onkel«, flüsterte er dem Regimentsarzt zu, der sich eben von der Leiche erhob.

Aber Robert Wilram fasste nicht gleich, was geschehen war. Er sah seinen Neffen in der Diwanecke lehnen mit herabhängendem, schlaffem Arm, wollte auf ihn zu; – ihm ahnte wohl Schlimmes, das er doch nicht gleich glauben wollte. Der Regimentsarzt hielt ihn zurück, legte die Hand auf seinen Arm. »Es ist leider ein Unglück geschehen. Zu machen ist nichts mehr.« Und da der andre ihn wie verständnislos anstarrte: »Regimentsarzt Tugut ist mein Name. Der Tod muss schon vor ein paar Stunden eingetreten sein.«

Robert Wilram – und allen erschien die Bewegung höchst sonderbar – griff mit der Rechten in seine Brusttasche, hielt plötzlich ein Kuvert in der Hand und schwang es in der Luft. »Aber ich hab's ja mitgebracht, Willi!«, rief er. Und als glaubte er wirklich, dass er ihn damit zum Leben erwecken könnte: »Da ist das Geld, Willi. Heut früh hat sie's mir gegeben. Die ganzen elftausend, Willi. Da sind sie!« Und wie beschwörend zu den andern: »Das ist doch der ganze Betrag, meine Herren. Elftausend Gulden!« – als müssten sie nun, da das Geld herbeigeschafft war, doch wenigstens einen Versuch machen, den Toten wieder zum Leben zu erwecken.

»Leider zu spät«, sagte der Regimentsarzt. Er wandte sich an Bogner. »Ich gehe, die Meldung erstatten.« Dann im Kommandoton: »Die Leiche ist in der Stellung zu belassen, in der sie gefunden wurde.« Und endlich mit einem Blick auf den Burschen, streng: »Sie sind dafür verantwortlich, dass alles so bleibt.« Und ehe er ging, sich noch einmal umwendend, drückte er Bogner die Hand.

Bogner dachte: Woher hat er die tausend gehabt – für mich? Jetzt fiel sein Blick auf den vom Diwan weggerückten Tisch. Er sah die Teller, die Gläser, die geleerte Flasche. Zwei Gläser ...?! Hat er sich ein Frauenzimmer mitgebracht für die letzte Nacht?

Joseph trat neben den Diwan an die Seite seines toten Herrn. Stramm stand er da wie ein Wachtposten. Trotzdem unternahm er nichts dagegen, als Robert Wilram plötzlich vor den Toten hintrat, mit aufgehobenen, wie flehenden Händen, in der einen immer noch das Kuvert mit dem Geld. »Willi!« Wie verzweifelt schüttelte er den Kopf. Dann sank er vor den Toten hin und war ihm nun so nahe, dass von der nackten Brust, dem zerknitterten Hemd ihm ein Parfüm entgegenwehte, das ihm seltsam bekannt vorkam. Er sog es ein, hob den Blick empor zum Antlitz des Toten, als wäre er versucht, eine Frage an ihn zu richten.

Aus dem Hof tönte der regelmäßige Marschtritt des zurückkehrenden Regiments. Bogner hatte den Wunsch, zu verschwinden, ehe, wie es wahrscheinlich war, frühere Kameraden das Zimmer beträten. Seine Anwesenheit war hier in jedem Fall überflüssig. Einen letzten Abschiedsblick sandte er dem Toten hin, der unbeweglich in der Ecke des Diwans lehnte, dann, von dem Schlosser gefolgt, eilte er die Treppe hinunter. Er wartete im Toreingang, bis das Regiment vorbei war, dann schlich er, an die Wand gedrückt, davon.

Robert Wilram, immer noch auf den Knien vor dem toten Neffen, ließ nun den Blick wieder im Zimmer umherschweifen. Jetzt erst gewahrte er den Tisch mit den Resten des Mahls, die Teller, die Flaschen, die Gläser. Auf dem Grund des einen schimmerte es noch goldgelb und feucht. Er fragte den Burschen: »Hat der Herr Leutnant denn gestern Abend noch Besuch gehabt?«

Schritte auf der Treppe. Stimmengewirr; Robert Wilram erhob sich.

»Jawohl«, erwiderte Joseph, der immer noch stramm stand wie ein Wachtposten: »bis spät in der Nacht – – ein Herr Kamerad.«

Und der sinnlose Gedanke, der dem Alten flüchtig durch den Kopf gefahren war, verwehte in nichts.

Die Stimmen, die Schritte kamen näher.

Joseph stand noch strammer als vorher. Die Kommission trat ein.

Editorische Notiz

Leutnant Gustl entstand zwischen dem 14. und 19. Juli 1900 und erschien zuerst am 25. 12. 1900 in der *Neuen Freien Presse.*

Der blinde Geronimo und sein Bruder entstand zwischen dem 19. und 27. Oktober 1900 und erschien zuerst zwischen dem 22. 12. 1900 und dem 12. 1. 1901 in *Die Zeit.*

Das Schicksal des Freiherrn von Leisenbohg entstand zwischen Mai 1902 und September 1903 und erschien zuerst im Juli 1904 in *Die Neue Rundschau.*

Fräulein Else entstand zwischen 1921 und 1923 und erschien zuerst im Oktober 1924 in *Die Neue Rundschau.*

Traumnovelle entstand zwischen dem 12. 10. 1921 und dem 26. 7. 1925 und erschien zuerst von Dezember 1925 bis März 1926 in *Die Dame.*

Spiel im Morgengrauen entstand zwischen dem 3. 10. 1923 und dem Sommer 1926 und erschien zuerst zwischen dem 5. 12. 1926 und dem 9. 1. 1927 in der *Berliner Illustrierten Zeitung.*

Die Texte dieses Bandes folgen der Ausgabe Arthur Schnitzler: *Die erzählenden Schriften.* Frankfurt am Main 1961. Sie wurden unter Wahrung des Lautstandes, der Interpunktion sowie sprachlich-stilistischer Eigenheiten den Regeln der neuen deutschen Rechtschreibung angepasst.